शब्द और कर्म

(आलोचनात्मक निबंध)

शब्द और कर्म

मैनेजर पाण्डेय

वाणी प्रकाशन

वाणी प्रकाशन
4695, 21-ए, दरियागंज, नयी दिल्ली 110 002
शाखा
अशोक राजपथ, पटना 800 004
फ़ोन : +91 11 23273167 फ़ैक्स : +91 11 23275710
www.vaniprakashan.in
vaniprakashan@gmail.com
sales@vaniprakashan.in

SHABD AUR KARM
by Manager Pandey

ISBN : 978-81-7055-543-8
A Collection of Critical Essays

परिवर्द्धित संस्करण : 1997
आवृत्ति 2017

मूल्य : ₹595

आर. टेक ऑफ़सेट प्रिंटर्स, दिल्ली-110 032 में मुद्रित

वाणी प्रकाशन का लोगो मक़बूल फ़िदा हुसेन की कूची से

दूसरा संस्करण

जब 'शब्द और कर्म' का पहला संस्करण छपा था तब कर्म से शब्द का अलगाव वैसा न था जैसा आज है। इस बीच कर्म से शब्द की आत्मीयता को तोड़ने वाली प्रक्रिया की ऐसी आंधी चली है कि शब्द की संस्कृति और उसकी सार्थकता संकट में पड़ गई है। उस प्रक्रिया ने शब्द को कर्म से ही नहीं, अर्थ से भी अलग किया है। हाल के वर्षों में व्यक्ति के जीवन और समाज में कर्म के प्रेरक और मार्ग-दर्शक अनेक शब्दों के अर्थ बदले हैं, बिगड़े हैं; बल्कि भ्रष्ट और नष्ट भी हुए हैं। शब्द को निरर्थक बनाने वाली सर्वग्रासी प्रक्रिया का प्रभाव समाज और साहित्य पर ही नहीं, दोनों के रिश्तों पर भी पड़ रहा है।

लेकिन शब्द की सार्थकता की रक्षा के लिए भी संघर्ष समाज में चल रहा है। विभिन्न जन आंदोलनों के माध्यम से विचार और व्यवहार के स्तर पर शब्दों को कर्म से जोड़ कर उनमें अर्थ के पुनर्वास की प्रक्रिया भारत में और बाकी दुनिया में भी चल रही है। उस प्रक्रिया के भविष्य पर निर्भर है शब्द की सार्थकता के विकास का भविष्य। 'शब्द और कर्म' के दूसरे संस्करण का प्रकाशन उसी प्रक्रिया से प्रेरित है।

पिछले कुछ वर्षों से पाठक 'शब्द और कर्म' की लगातार माँग कर रहे थे, लेकिन पुस्तक अनुपलब्ध थी। अब उसका नया संस्करण आपके सामने है। इसमें ऐसे पाँच नये निबन्ध और दो भाषण जोड़ दिये गये हैं जो सोच-विचार की दृष्टि से पहले के निबन्धों से मिलते-जुलते हैं।

मई, 1997 **मैनेजर पाण्डेय**

भारतीय भाषा केन्द्र
जवाहरलाल नेहरू विश्वविद्यालय,
नई दिल्ली-110067

दो शब्द

सातवें दशक के अन्त में भारतीय जनता की संघर्षशील चेतना का जो नया विकास हुआ उसका आठवें दशक की सांस्कृतिक और साहित्यिक गतिविधियों पर गहरा असर पड़ा। नए विचारधारात्मक टकराव के बीच से विकसित रचना और आलोचना से नए सवाल पैदा हुए और पुराने प्रश्नों पर पुनर्विचार की जरूरत महसूस हुई। इस बदले हुए सन्दर्भ में आलोचना के सामने नए दायित्व आए। हिन्दी आलोचना के इतिहास की उपलब्धियों और सीमाओं से सीखते हुए और रचना तथा आलोचना की जन-विरोधी प्रवृत्तियों से संघर्ष करते हुए शब्द को कर्म से जोड़ने का काम इस काल की आलोचना के जिम्मे रहा है। यह पुस्तक इसी आलोचनात्मक वातावरण से जुड़ी हुई है। यही कारण है कि इसमें आलोचना को रचना-कर्म की तरह ही एक सामाजिक कर्म और विचारधारात्मक संघर्ष का साधन मानकर दूसरे सामाजिक व्यवहारों और विचारों से उसके गहरे सम्बन्ध पर बार-बार बल दिया गया है।

इस पुस्तक के अधिकांश निबन्ध सैद्धान्तिक लगते हुए भी रचना और आलोचना के व्यवहार की वर्तमान समस्याओं से जुड़े हुए हैं। ध्यान से देखने पर सैद्धान्तिक बहस के मुद्दों के व्यावहारिक आधार और प्रयोजन स्पष्ट हो जाएँगे। इन निबन्धों में विभिन्न विचारों, धारणाओं और प्रवृत्तियों का खण्डन या समर्थन करते समय प्रायः नाम न गिनाने के दो कारण रहे हैं। एक तो हिन्दी में आलोचना से बिदकने और उसे बरदाश्त न कर पाने की स्थिति और दूसरे, व्यक्तियों के बदले प्रवृत्तियों पर पाठकों का ध्यान केन्द्रित करने की भावना। फिर भी, जहाँ अनिवार्यता महसूस हुई है वहाँ प्रवृत्तियों के प्रतिनिधियों के नाम भी हैं। इन निबन्धों में जो समस्याएँ उठाई गई हैं और जो सुझाव दिए गए हैं, उनसे अगर पाठकों को नई दिशा में कुछ सोचने और करने की जरूरत महसूस हुई तो मैं इस दिशा में अपना प्रयास जरूरी समझकर जारी रखूँगा।

इस पुस्तक के सभी निबन्ध 1973 से 1980 के बीच के हैं। ये निबन्ध आलोचना, पहल, कंक, उत्तरगाथा, युगपरिबोध, बहस, मधुमती, धरातल और कथन आदि पत्रिकाओं में समय-समय पर प्रकाशित हुए हैं। मैं इन पत्रिकाओं के सम्पादकों के प्रति विशेष आभारी हूँ, क्योंकि वे ही इन निबन्धों के लिखने के प्रेरक कारण रहे हैं।

जनवरी 1981 — **मैनेजर पाण्डेय**

भारतीय भाषा केन्द्र
जवाहरलाल नेहरू विश्वविद्यालय, नई दिल्ली—110067

अनुक्रम

यथार्थवाद बनाम विचारधारा

आजकल एक बार फिर यथार्थवाद बहस के केन्द्र में है। कई पत्र-पत्रिकाओं में—कहीं सहज और कहीं सुनियोजित रूप में—यथार्थवाद पर बहस चल रही है। यह बहस उपन्यास, कहानी और नाटक तक ही सीमित है। कविता बहस के बाहर है। क्या कविता यथार्थवाद के लिए वर्जित प्रदेश है ? यथार्थवाद के समर्थक कविता के क्षेत्र में प्रवेश करने में हिचक रहे हैं और विरोधी खुश हैं कि उनके स्वच्छन्द विचरण के लिए एक क्षेत्र छूटा हुआ है। क्या नागार्जुन, त्रिलोचन, केदारनाथ अग्रवाल आदि की कविता भी यथार्थवाद पर बहस की सही जमीन नहीं है ? प्रायः यथार्थवाद पर बात करते समय कविता की अपेक्षा होती है। कविता के प्रतिमानों की खोज के दौरान भी यथार्थवाद याद नहीं आता। फलतः जन काव्य और अभिजन काव्य में फर्क करना मुश्किल हो जाता है। कभी अभिजन काव्य के मूल्यों की कसौटी पर जन काव्य को कसने की विडम्बनापूर्ण कोशिश होती है और कभी वस्तुपरक विवेक के बदले और अटकल के सहारे जन काव्य की व्याख्या की कोशिश। ऐसी स्थिति में आलोचना विवेक-व्यवहार के बदले 'मनमाने की बात' बन जाती है।

आधुनिक हिन्दी-साहित्य का इतिहास गवाह है कि जब भी जन-जागरण के साथ साहित्य में यथार्थवाद का विकास हुआ है तब यथार्थवाद-विरोधी कोलाहल भी बढ़ा है। यथार्थवाद का विरोध करने में रूढ़िवादी, आधुनिकतावादी और कलावादी एक साथ होते हैं। वे बोलते हैं अलग-अलग स्वरों में, लेकिन समान उद्देश्य से। प्रयोगवाद नई कविता के काल से यथार्थवाद विरोध का झण्डा आधुनिकतावादी और कलावादी थामे हुए हैं। यथार्थवाद का विरोध करते समय ये लोग बात कला की स्वायत्तता की करते हैं, लेकिन उनकी नजर विचारधारा और राजनीति पर होती है। अक्तूबर 1953 की 'आलोचना' में विजयदेव नारायण साही का एक लेख छपा था—'मार्क्सवादी आलोचना और उसकी कम्युनिस्ट परिणति।' इस लेख में जितनी निन्दा यथार्थवाद की है, उससे अधिक मार्क्सवाद की, मार्क्सवादी साहित्य-दृष्टि की,

साहित्य को विचारधारात्मक रूप मानने की धारणा की और सबसे अधिक कम्युनिस्ट पार्टी और विचारधारा से साहित्य के सम्बन्ध की। लेख का शीर्षक देखकर किसी को यह भ्रम हो सकता है कि शायद साही के अनुसार मार्क्सवादी आलोचना तो ठीक है, लेकिन उसकी कम्युनिस्ट परिणति गलत है। लेख पढ़ने पर यह भ्रम दूर हो जाएगा। साही के अनुसार मार्क्सवादी आलोचना तो गलत है ही, उसकी कम्युनिस्ट परिणति और भी गलत है। कलावादी और आधुनिकतावादी आमतौर पर यथार्थवाद का और खासतौर पर समाजवादी यथार्थवाद का विरोध उसके विचारधारात्मक और राजनीतिक अभिप्रायों के कारण ही करते हैं।

एक और आधुनिकतावादी लक्ष्मीकांत वर्मा ने 1967 में 'कल्पना' के चार अंकों में 'हिन्दी साहित्य के पिछले बीस वर्ष' शीर्षक लेखमाला लिखी थी। 1947 से 67 के बीच आधुनिकतावादियों की गतिविधियों का लेखा-जोखा प्रस्तुत करते हुए उन्होंने स्पष्ट लिखा है कि उनका एक उद्देश्य था हिन्दी साहित्य में कम्युनिस्ट विचारधारा के बढ़ते हुए प्रभाव का विरोध करना। यह आधुनिकतावादियों का एक उद्देश्य था या एकमात्र उद्देश्य ? उस काल के इतिहास पर विचार करनेवाले यह देख सकते हैं कि यथार्थवादी रचनाशीलता के विरोध के पीछे आधुनिकतावादियों का यही मुख्य उद्देश्य था, बाकी व्यक्ति स्वातन्त्र्य, मानव-मूल्य, सौन्दर्यवाद आदि के ताने-बाने से बुना गया कलावाद का भ्रमजाल तो उसे छिपाने के लिए था।

आजकल आधुनिकतावाद और कलावाद का झण्डा 'परिमल' मण्डली से 'पूर्वग्रह' मण्डली ने छीन लिया है। 1980 में पूर्वग्रह-मंडली के नेता अशोक वाजपेयी ने घोषणा की थी—"अपना रथ पै हम जोते रहे।" अशोक वाजपेयी का दावा है कि वे जिस रथ को जोते रहे हैं वह नया है और उनका अपना है। लेकिन यह रथ एकदम नया नहीं है। प्रयोगवाद नई कविता के काल में आधुनिकतावादी कलावादी इस रथ पर सवार थे। अब इस रथ के पहिए बदल गए हैं, नए घोड़े आ गए हैं, लेकिन रथ पर फहरानेवाला ध्वजा-पताका वही है, आधुनिकतावाद-कलावाद का ध्वजा-पताका। अशोक वाजपेयी ने इस रथ पर बैठकर घोषणा की है कि अनुभव और विचारधारा एक-दूसरे के विरोधी हैं। इसके बाद कविता को विचारधारा से, अन्य मानव-व्यवहारों से और राजनीति से पूर्णतः स्वतन्त्र बताना सरल है। ऐसे व्यक्ति को 'किसी दिशा-विशेष' की ओर पाठकों को प्रेरित करनेवाली कविता से अगर चिढ़ होती है तो आश्चर्य की कोई बात नहीं है। जहाँ दिशाहीनता कविता की मुख्य विशेषता हो वहाँ भला पक्षधरता का क्या काम ! कविता की इस स्वायत्ततावादी और अनुभववादी धारणा का मुख्य प्रयोजन है आज की हिन्दी कविता को यथार्थवाद-विरोधी विचारधाराविहीन अराजनीतिक रास्ते पर चलना। यही कलावाद के रथ का राजमार्ग है।

क्या यह संयोग की बात है कि यथार्थवाद का विरोध करनेवाले विचारधारा

से साहित्य के सम्बन्ध और राजनीति से साहित्य की एकता का विरोध करते हैं। आखिर यथार्थवाद से विचारधारा का सम्बन्ध आवश्यक है या आकस्मिक, स्वाभाविक है या आरोपित ?

आधुनिकतावादी यथार्थवाद से विचारधारा और राजनीति के आत्मीय सम्बन्ध का विरोध करें, यह स्वाभाविक है। आश्चर्य की बात यह है कि जनवादी-लेखक संगठन के एक कोने से भी विचारधारा विहीन और अराजनीतिक यथार्थवाद की माँग हो रही है, साहित्य की विचारधारा और राजनीति से आत्मीयता के विरोध की आवाज उठ रही है। यह जनवादी लेखक संगठन को उदार बनाने-बताने के लिए हो रहा है। हर कीमत पर जनवादी लेखक संगठन को बचाने की चिन्ता है—विचारधारा और राजनीति की कीमत पर भी। जो लोग विचारधारा विहीन और अराजनीतिक यथार्थवाद की माँग कर रहे हैं वे अशोक वाजपेयी की तरह अनुभव और विचारधारा को परस्पर विरोधी समझते हैं, विचारधारा को यथार्थबोध और कलात्मक अनुभव में बाधक मानते हैं और राजनीति तथा सौन्दर्यबोधी मूल्यों में विरोध देखते हैं। यह सब यथार्थवाद से विचारधारा और राजनीति के सम्बन्ध की उलझी हुई समझ का परिणाम है या जानबूझकर उलझन पैदा करने की कोशिश ? इसके पीछे कोई राजनीतिक प्रयोजन है या शुद्ध कला प्रेम ? सम्भव है उनके सामने और साथ कुछ ऐसे लेखक हों जो अपने लेखन में जीवनानुभव, यथार्थबोध और कला-क्षमता के अभाव को 'विचारधारा' और 'राजनीति' से भरकर अवास्तविक यथार्थवाद का प्रचार-प्रसार कर रहे हों। लेकिन क्या ऐसे लेखन के आधार पर यथार्थवाद की धारणा बनाना और उससे विचारधारा तथा राजनीति को दूर रखने की सलाह देना उचित है ? अगर विचारधारा और राजनीति से यथार्थवाद को खतरा है तो लेखकों से प्रतिबद्धता और पक्षधरता की माँग क्यों ? फिर यह कहने का क्या अर्थ है कि जनवादी क्रान्ति के दौर में जनवादी कला और साहित्य की जरूरत है ? जनवाद कोई अलंकार तो है नहीं कि उसका प्रयोग करते ही रचना जनवादी हो जाती है। जनवाद का निश्चित विचारधारात्मक आधार और राजनीतिक प्रयोजन होता है। उस विचारधारात्मक आधार और राजनीतिक प्रयोजन से असम्बद्ध कोई रचना जनवादी कैसे हो सकती है ?

जब यथार्थवाद के विरोधी ही नहीं, उसके समर्थक भी विचारधारा और राजनीति से यथार्थवाद के सम्बन्ध को उलझा रहे हों तब समस्या की गम्भीरता और जटिलता पर ध्यान देना जरूरी है। यह उलझन कुछ अतीत की देन और कुछ वर्तमान की उपज है। इसका एक स्त्रोत यथार्थवाद और विचारधारा के सम्बन्ध की व्याख्या के इतिहास में है और दूसरा वर्तमान राजनीतिक समझ में।

साहित्य के सामाजिक आधार को स्वीकार करना माार्क्सवादी साहित्य-दृष्टि की कोई अनन्य विशेषता नहीं है। अनेक गैर-मार्क्सवादी साहित्य-चिन्तक भी स्वीकार करते हैं कि साहित्य और कला का सामाजिक आधार होता है। मार्क्सवादी साहित्य-चिन्तन की विशेषता साहित्य के वर्गीय आधार, विचारधारात्मक स्वरूप और क्रान्तिकारी भूमिका पर बल देने में है। मार्क्सवादियों के बीच सबसे अधिक विवाद और मतभेद कला तथा साहित्य के विचारधारात्मक स्वरूप को लेकर है। विवाद केवल कला तथा साहित्य के विचारधारात्मक रूप को स्वीकार करने के बारे में ही नहीं है, विचारधारा की धारणा के बारे में भी है। वास्तव में विचारधारा से कला और साहित्य के सम्बन्ध के बारे में मतभेद के मूल में विचारधारा की धारणा सम्बन्धी मतभेद है।

मार्क्स-एंगेल्स की रचनाओं में विचारधारा का अर्थ सब जगह एक ही नहीं है, विचारधारा की धारणा में परिवर्तन और विकास हुआ है। 'जर्मन-विचारधारा' (1845-46) नामक पुस्तक में मार्क्स-एंगेल्स ने विचारधारा को 'छद्‌मचेतना' कहा है, उसके कल्पना-प्रधान स्वरूप पर बल दिया है और उसे आधार से निर्धारित माना है। उन्होंने यह भी लिखा है कि विचारधारा में यथार्थ के वास्तविक बोध के बदले यथार्थ का भ्रम अधिक होता है। विचारधारा की इस धारणा के अनुसार विचारधारा का यथार्थ से सम्बन्ध होता है, भले ही उसमें यथार्थ का उल्टा प्रतिबिम्ब हो। ऐसी विचारधारा की भी एक सामाजिक भूमिका होती है और उसमें जीवन-स्थितियों का प्रतिबिम्ब होता है ! यह ध्यान देने लायक बात है कि 'जर्मन-विचारधारा' में जहाँ मार्क्स-एंगेल्स ने विचारधारा को भ्रम, छद्‌मचेतना, यथार्थ का उल्टा प्रतिबिम्ब, अवास्तविक आदि कहा है वहाँ मुख्य रूप से धर्म और दर्शन की चर्चा की है, कला और साहित्य की नहीं। इसी प्रसंग में यह भी ध्यान देने लायक है कि जो लोग कला और साहित्य के विचारधारात्मक स्वरूप को नहीं मानते और यथार्थवाद तथा विचारधारा के बीच विरोध देखते हैं, उनमें से अधिकांश विचारधारा की 'जर्मन-विचारधारा' में व्यक्त धारणा को ही महत्त्व देते हैं। प्रायः वे 'राजनीतिक अर्थशास्त्र की आलोचना को योगदान' (1859) में व्यक्त विचारधारा की धारणा पर ध्यान नहीं देते।

'राजनीतिक अर्थशास्त्र की आलोचना को योगदान' नामक पुस्तक में मार्क्स ने विचारधारा को एक विशेष ऐतिहासिक सन्दर्भ की विशिष्ट सामाजिक चेतना कहा है। इसे वर्ग-चेतना भी कहा जा सकता है, क्योंकि मार्क्स के अनुसार 'विचारधारात्मक रूपों के दायरे में मनुष्य अपने संघर्षों के प्रति सचेत होते हैं और विजय तक संघर्ष करते हैं।' यहाँ मार्क्स ने विचारधारा की आर्थिक आधार से सापेक्ष स्वतन्त्रता की चर्चा की है। एंगेल्स ने 1894 के एक पत्र में, और उसके आसपास के दूसरे पत्रों में भी, विचारधारा की सापेक्ष स्वतन्त्रता को महत्त्व दिया है। वहीं दूसरे विचार-धारात्मक रूपों के साथ कला और साहित्य का भी उल्लेख किया है। स्वयं मार्क्स

ने 'राजनीतिक अर्थशास्त्र की आलोचना को योगदान' में जहाँ विचारधारा को विशिष्ट सामाजिक चेतना या वर्ग-चेतना कहा है वहाँ कानूनी, राजनीतिक, धार्मिक और दार्शनिक विचारधारात्मक रूपों के साथ सौन्दर्यबोधी विचारधारा का भी उल्लेख किया है। लेनिन ने विचारधारा का वही अर्थ स्वीकार किया है जो 'राजनीतिक अर्थशास्त्र की आलोचना को योगदान' में है, इसलिए उन्होंने समाजवाद को मजदूर वर्ग की विचारधारा कहा है। यह मार्क्सवाद को विकसित करने का लेनिनवादी ढंग है।

विचारधारा के बारे में मार्क्स-एंगेल्स के विचारों का सारांश यह है कि विचारधारा केवल विचारों की धारा नहीं है, उसमें विचार, आस्था, विश्वास और मूल्य चेतना का भी योग होता है। वह एक विशेष ऐतिहासिक सन्दर्भ में बनी सामाजिक चेतना है, उस चेतना की गतिविधियों की संघटना है, उसमें चेतना को अपने अनुकूल बनाने की क्षमता भी होती है। एक विचारधारा में अपने समय के यथार्थ से काल्पनिक सम्बन्ध व्यक्त होते हैं तो दूसरी में यथार्थ से वास्तविक सम्बन्ध भी, उसमें यथार्थ का भ्रम होता है और वास्तविकता भी, यथार्थ का सच्चा बोध होता है और यथार्थ की विकृति भी। अपने युग के यथार्थ से सम्बन्ध के रूप के अनुरूप ही विचारधारा का स्वरूप बनता है। इस सम्बन्ध के अनुसार ही वह प्रतिक्रियावादी या क्रान्तिकारी होती है। विचारधाराएँ परम्परा और रूढ़ि के रूप में मिलती हैं, वे विकसित होती हैं, निर्मित की जाती हैं। विचारधारा जबरन थोपी भी जाती है और सामाजिक विकास प्रक्रिया की प्रेरक शक्ति के रूप में स्वीकार भी की जाती है। विचारधारा का ऐतिहासिक सन्दर्भ, जीवन-स्थिति और वर्ग से अनिवार्य सम्बन्ध होता है। एक विचारधारा शोषण और दमन का साधन बनती है तो दूसरी मुक्ति का माध्यम भी होती है।

सौन्दर्यबोधी विचारधारा में यथार्थ से चेतना का एक विशिष्ट सम्बन्ध—सौन्दर्यपरक सम्बन्ध—व्यक्त होता है। मार्क्स के अनुसार सौन्दर्यबोधी विचारधारा आर्थिक आधार से और राजनीतिक, दार्शनिक विचारधाराओं से भी सापेक्षतः स्वतन्त्र होती है। साहित्य के विचारधारात्मक रूप का खण्डन करनेवाले प्रायः विचारधारा को राजनीतिक विचारधारा का पर्याय समझते हैं, जबकि मार्क्स दोनों को एक नहीं मानते।

मार्क्सवादियों के बीच कला और साहित्य से विचारधारा के सम्बन्ध के बारे में तीन तरह के दृष्टिकोण मौजूद हैं। कुछ मार्क्सवादी कला और विचारधारा में तादात्म्य देखते हैं, कुछ दोनों के बीच विरोध मानते हैं और कुछ दोनों में विशिष्ट सम्बन्ध स्वीकार करते हैं।

इस सदी के चौथे दशक में, खासतौर से रूस में और उसके प्रभाव से अन्यत्र भी, विचारधारा को राजनीति का पर्याय समझने और उससे कला का तादात्म्य मानने की प्रवृत्ति प्रबल थी। कला और विचारधारा में तादात्म्य देखनेवाले आर्थिक आधार से विचारधाराओं की सापेक्ष स्वतन्त्रता की उपेक्षा करते हैं और विभिन्न विचारधारात्मक रूपों के बीच की दूरियों पर भी ध्यान नहीं देते। इस दृष्टिकोण के विपरीत अर्न्स्ट

फिशर और हर्बर्ट मारकूज आदि कला और विचारधारा में विरोध देखते हैं। वे कला की सापेक्ष स्वतन्त्रता की जगह कला की समानान्तर स्वतन्त्रता स्थापित करते हैं। फिशर विचारधारा-विरोधी कला को ही सच्ची और प्रामाणिक कला कहते हैं। मारकूज मजदूरों-किसानों की क्रान्तिकारी क्षमता में अविश्वास करते हैं; लेकिन कला की क्रान्तिकारिता में विश्वास रखते हैं। उनका खयाल है कि कला स्वभावतः क्रान्तिकारी होती है इसलिए उसे विचारधारा की सीमाओं से मुक्त रखना जरूरी है। फिशर और मारकूज विचारधारा की उस धारणा को महत्त्व देते हैं जो 'जर्मन-विचारधारा' में है, उसे नहीं जो 'राजनीतिक अर्थशास्त्र की आलोचना को योगदान' में है।

लुई आल्थुसेर की मान्यता है कि कला विचारधारा नहीं है, लेकिन दोनों के बीच विशिष्ट सम्बन्ध होता है। उन्होंने लिखा है—मैं सच्ची कला को विचारधाराओं में नहीं गिनता, लेकिन कला का विचारधारा से विशिष्ट सम्बन्ध होता है। कला उस विचारधारा को देखने, अनुभव करने और उसका बोध करने में हमारी मदद करती है जो यथार्थ की ओर संकेत करती है। कला विचारधारा से पैदा होती है, लेकिन पैदा होने के साथ ही आन्तरिक अलगाव की प्रक्रिया के सहारे वह विचारधारा से स्वतन्त्र हो जाती है। कला विचारधारा से स्वतन्त्र होकर विचारधारा की ओर संकेत करती है।

आल्थुसेर की मान्यता कला से विचारधारा के सम्बन्ध की जटिलता का बोध कराती है, उससे सम्बन्ध की विशिष्टता को समझने में कुछ मदद भी मिलती है, लेकिन उससे समस्या का पूरा समाधान नहीं होता। समस्या तब और उलझ जाती है जब आल्थुसेर कहते हैं कि कला से यथार्थ का अनुभव होता है, ज्ञान नहीं। वे कला और विज्ञान में अन्तर बताते हुए कहते हैं कि कला से यथार्थ का अनुभव प्राप्त होता है और विज्ञान से यथार्थ का ज्ञान। सवाल उठता है कि क्या कला से यथार्थ का ज्ञान नहीं मिलता ? और यह भी कि क्या अनुभव का कोई ज्ञानात्मक मूल्य नहीं होता ? आल्थुसेर मानते हैं कि कला का प्रभाव केवल सौन्दर्यबोधी ही नहीं, विचारधारात्मक भी होता है। अगर कला का विचारधारात्मक प्रभाव भी होता है तो कोई कारण नहीं कि कला से यथार्थ का ज्ञान न हो। वास्तव में कलात्मक अनुभव संश्लिष्ट अनुभव होता है, उसमें विचार, भाव और इन्द्रियबोध का योग होता है, इसलिए कला के माध्यम से यथार्थ का जो सौन्दर्यबोधी अनुभव होता है वह ज्ञानशून्य नहीं हो सकता। आल्थुसेर की विचारधारा सम्बन्धी मान्यताएँ काफी कुछ 'जर्मन-विचारधारा' में स्थापित विचारधारा की धारणा पर टिकी हुई हैं। उनके चिन्तन में एक कठिनाई आत्यन्तिक विज्ञानवादी दृष्टिकोण से पैदा हुई है और दूसरी, अनुभव तथा ज्ञान के बीच आत्यन्तिक अलगाव से। इस प्रसंग में मुक्तिबोध को याद किया जा सकता है जो कलात्मक अनुभव के सन्दर्भ में संवेदना और ज्ञान के अलगाव के बदले दोनों की एकता को महत्त्व देते हैं और 'संवेदनात्मक ज्ञान' तथा 'ज्ञानात्मक

संवेदना' की बात करते हैं।

कला और साहित्य से यथार्थ का ज्ञान होता है, भले ही वह ज्ञान विज्ञान से प्राप्त होनेवाले ज्ञान से भिन्न हो। कभी-कभी कला के माध्यम से प्राप्त यथार्थ का ज्ञान विज्ञान के ज्ञान से बेहतर साबित होता है। मार्क्स एंगेल्स ने लिखा है कि उन्हें इंग्लैण्ड और फ्रांस के समाज के यथार्थ का जैसा ज्ञान डिकेन्स और बालज़क के उपन्यासों से मिला वैसा समाज वैज्ञानिकों के लेखन से नहीं। क्रूप्सकाया ने लेनिन के बारे में लिखा है कि वे रूसी समाज के यथार्थ के ज्ञान के लिए रूसी-साहित्य, खासतौर से कथा-साहित्य, का अध्ययन करते थे। तोल्सतोय पर लिखे लेनिन के लेखों से भी यही साबित होता है।

कला का सौन्दर्यबोधी प्रभाव जितना महत्त्वपूर्ण होता है उतना ही महत्त्वपूर्ण उसका विचारधारात्मक प्रभाव भी होता है। सच बात तो यह है कि सौन्दर्यबोधी प्रभाव भी विचारधारात्मक प्रभाव से एकदम अछूता नहीं होता। फिर भी सौन्दर्यबोधी प्रभाव और विचारधारात्मक प्रभाव में अन्तर होता है। प्रभावों की इस भिन्नता को आलोचना के दो रूपों में देखा जा सकता है। विचारधारात्मक आलोचना और सौन्दर्यबोधी आलोचना में यही भिन्नता दिखाई देती है। मुक्तिबोध ने कामायनी का जो विवेचन किया है वह विचारधारात्मक आलोचना है, सौन्दर्यबोधी आलोचना नहीं। मुक्तिबोध की कविता की डॉ. रामविलास शर्मा ने जो आलोचना लिखी है वह भी मुख्यतः विचारधारात्मक आलोचना ही है, सौन्दर्यबोधी आलोचना नहीं।

किसी समाज की विशेष ऐतिहासिक अवस्था के सम्पूर्ण सामाजिक यथार्थ के अन्तर्विरोधों और जटिलताओं की अभिव्यक्ति विचारधाराओं में होती है। विचारधाराओं में विभिन्न वर्गों के जीवन की वास्तविकताएँ और आकांक्षाएँ भी व्यक्त होती हैं। विभिन्न विचारधारात्मक रूपों में इन सबकी अभिव्यक्ति एक जैसी नहीं होती। इनकी अभिव्यक्ति राजनीति, धर्म और दर्शन में जिस तरह होती है उसी तरह कला और साहित्य में नहीं होती। एक विशेष ऐतिहासिक काल-खण्ड के विभिन्न विचारधारात्मक रूपों पर विचार करते समय विभिन्न विचारधारात्मक रूपों में निहित एकता के साथ-साथ व्यक्त अन्तर्विरोधों पर भी ध्यान देना जरूरी है, उनकी ऐतिहासिकता के साथ-साथ विशिष्टता को भी देखना जरूरी है। सौन्दर्यबोधी विचारधारा के विभिन्न रूपों को दूसरे विचारधारात्मक रूपों की तरह देखने-समझने से उनकी ऐतिहासिकता तो समझ में आ सकती है, लेकिन विशिष्टता छूट जाती है, इसलिए सौन्दर्यबोधी विचारधारा की विशिष्टता को ध्यान में रखकर ही कला और विचारधारा के सम्बन्ध पर विचार करना बेहतर होगा।

समाज में प्रभुत्वशाली विचारधारा के विरोध में विकल्पी विचारधारा भी होती है। इन दोनों से स्वतन्त्र 'विचारधारा-विहीन देशकाल' में किसी कलाकार के होने की कल्पना करना भी मुश्किल है, इसलिए कला और कलाकार की विचारधारा

विहीनता एक भ्रम है। कभी-कभी कुछ कलाकार प्रभुत्वशाली विचारधारा के विकल्प में एक आत्मनिर्मित विचारधारा खड़ी करते हैं। ऐसी विचारधारा भी प्रभुत्वशाली या विकल्पी विचारधारा से किसी न किसी रूप में जुड़ी होती है। इस विचारधारा की सार्थकता- निरर्थकता उस समय के सामाजिक यथार्थ से उसके सम्बन्ध से निर्धारित होती है।

मार्क्सवाद के अनुसार कला-रचना मानवीय श्रम का एक विशिष्ट रूप है। मार्क्स ने मानवीय श्रम की प्रक्रिया की विशिष्टता की जो व्याख्या की है उससे कला-रचना की प्रक्रिया की समानता को देखें तो कला-रचना में विचारधारा की भूमिका स्पष्ट हो जाएगी। कला-रचना मानवीय श्रम के दूसरे रूपों की तरह एक प्रयोजनयुक्त मानवीय क्रिया है। मार्क्स ने लिखा है कि श्रमिक (कलाकार) किसी वस्तु (कृति) के निर्माण के पहले उसकी धारणा बनाता है। श्रम की प्रक्रिया (कला की रचना प्रक्रिया) के अन्त में जो फल (कृति) प्राप्त होता है उसकी मूल धारणा श्रमिक (कलाकार) के मन में पहले से होती है। निर्माण के दौरान वह न केवल उत्पादन के उपादान (यथार्थ-भाषा) को रूपांतरित करता है बल्कि वह परिवर्तित रूप में अपना प्रयोजन साकार करता है। वह अपने प्रयोजन के प्रति निर्माण काल में निरन्तर सचेत रहता है और प्रयोजन के अनुरूप ही निर्माण की प्रक्रिया और पद्धति का विकास होता है। ('पूँजी' खण्ड–1) विचारधारा रचना के मूल में प्रयोजन के रूप में मौजूद होती है, उसी के अनुरूप रचना प्रक्रिया का स्वरूप बनता, रचना का रूप विकसित होता है और कृति के रूप में वही प्रयोजन साकार होता है। कला की विचारधारा विहीनता के वकील चेखव को अपना विश्वसनीय गवाह समझते हैं। लेकिन चेखव कहते हैं कि जो व्यक्ति कुछ चाहता नहीं, कोई आशा नहीं करता वह कलाकार हो ही नहीं सकता। यहाँ चाहने और आशा करने का सन्दर्भ व्यक्तिगत नहीं, सामाजिक है। निरुद्देश्य, स्वतःस्फूर्त रचनाशीलता के दावेदारों को चेखव पागल समझते हैं। सामाजिक प्रयोजनीयता विचारधारा का ही एक पक्ष है।

कृति के निर्माण में ही नहीं उसके पाठकीय ग्रहण में भी विचारधारा की भूमिका होती है। कोई पाठक अपनी विचारधारा और अपने यथार्थ बोध को ताक पर रखकर किसी कृति के पास नहीं जाता। वह रचना के पास निष्प्रयोजन भी नहीं जाता। रचना के अनुभव से गुजरते समय रचनाकार के प्रयोजन और पाठक के प्रयोजन, रचना की विचारधारा और पाठक की विचारधारा, रचना के यथार्थबोध और पाठक के अपने यथार्थबोध के बीच कभी एकता कायम होती है, कभी विरोध पैदा होता है। इस पूरी प्रक्रिया में रचना का सम्पूर्णता में बोध पाठक प्राप्त करता है।

जॉर्ज लूकाच ने लिखा है कि विचारधारा कोई झण्डा नहीं है जिसे लड़ाई के मैदान में ले जाकर गाड़ना है। साहित्य के सन्दर्भ में यह बात और भी सच है। कला और साहित्य के प्रसंग में विचारधारा न तो झण्डा है और न रचना लड़ाई

का मैदान, इसलिए रचना प्रक्रिया की दौड़ से गुजरकर रचना में विचारधारा का झण्डा गाड़ना एक गलत प्रयास है। जो लेखक अपनी रचनाओं में हमेशा विचारधारा का झण्डा लहराते-फहराते रहते हैं वे रचना और विचारधारा दोनों को हानि पहुँचाते हैं। विचारधारा सम्पूर्ण रचना में निहित और व्यक्त होती है।

जो लोग विचारधारा को विचारों की धारा समझते हैं वे विचारधारा को रचना की अन्तर्वस्तु के अनेक तत्त्वों में से एक तत्त्व समझते हैं और वे ही रचना में विचारधारा की कमी या अधिकता पर बहस करते हैं। सच्चाई यह है कि विचारधारा रचना का केवल एक तत्त्व नहीं है। वह रचना की उत्पत्ति में होती है और प्रभाव में भी। वह अन्तर्वस्तु में होती है और रूप में भी, बल्कि दोनों की संघटना में होती है। वह जीवन-जगत् के प्रति रचनाकार के दृष्टिकोण में ही नहीं होती, उसकी रचना-दृष्टि में भी होती है। वह यथार्थ के बोध और पुनर्सृजन में होती है। वह कृति की सम्पूर्ण संरचना में होती है, यहाँ तक कि वह भाषा, शैली और टेकनिक में भी मौजूद होती है। कलात्मक रचना स्वयं विचारधारा से निकलकर विचारधाराओं के संसार को समृद्ध करती है, मनुष्य को जीवन-संघर्ष और मुक्ति-संघर्ष की चेतना देती है, समाज में चलनेवाले विचारधारात्मक संघर्ष को गति देती है।

कला को ऐतिहासिक दृष्टि से देखने पर उसका समाज, वर्ग और विचारधारा से सम्बन्ध प्रकट होता है। तभी व्यापक सामाजिक प्रक्रिया में कलाकृति की क्रान्तिकारी या प्रतिक्रियावादी भूमिका स्पष्ट होती है। कला की क्रान्तिकारी भूमिका को स्वीकार करने का अर्थ है समाज के क्रान्तिकारी परिवर्तन की अनिवार्यता को स्वीकार करना। जो व्यक्ति या वर्ग समाज में क्रान्ति नहीं चाहता वह कला की क्रान्तिकारी भूमिका को क्यों महत्त्व देगा। समाज में यथास्थिति का पोषक दृष्टिकोण कला की पूर्ण स्वायत्तता के दृष्टिकोण का स्वाभाविक सहयोगी होता है। जो सामाजिक क्रान्ति से डरते हैं वे कला की क्रान्तिकारी भूमिका से भी डरते हैं, वे दोनों का विरोध करतें हैं। ऐसा काम मार्क्सवाद विरोधी करें तो बात समझ में आती है, लेकिन जब अपने को मार्क्सवादी कहनेवाले यही काम करते हैं तो आश्चर्य होता है। सामाजिक क्रान्ति और क्रान्तिकारी कला से भयभीत मार्क्सवादी कहते हैं कि कला का समाज से सम्बन्ध होता है, लेकिन उसे वर्ग, विचारधारा और राजनीति से जोड़ना गलत है। वे यह भी कहते हैं कि साधारण कला वर्ग-संघर्ष, विचारधारा और राजनीति से जुड़ी हुई होती है लेकिन महान् कला इन सबसे परे होती है। आप देख सकते हैं कि ऐसे कथनों में मूल मन्तव्य 'लेकिन' के बाद प्रकट होता है। यह कौन सा मार्क्सवाद है—लेकिनवादी या लेनिनवादी ? लेनिन ने वर्ग, विचारधारा और क्रान्ति से कला के गहरे सम्बन्ध की व्याख्या की है, सामाजिक क्रान्ति में कला की क्रान्तिकारी भूमिका स्पष्ट की है। निश्चय ही वर्ग, विचारधारा और क्रान्ति से कला की एकता का खण्डन करनेवाले लेनिनवादी नहीं हो सकते। सभी मार्क्सवादी लेनिनवादी ही

नहीं होते, कुछ लेकिनवादी भी होते हैं। आजकल हिन्दी में लेकिनवादी मार्क्सवादियों की भरमार है।

आमतौर पर 'लेकिनवादी' मार्क्सवादी कहते हैं कि वर्ग, विचारधारा और राजनीति के प्रभाव से कला सीमित होती है। वे कला की स्वतन्त्रता के लिए उसे वर्ग, विचारधारा और राजनीति से दूर रखने की सलाह देते हैं। अर्न्स्ट फिशर विचारधारा विरोधी कला को सच्ची कला घोषित करते हैं और एडोर्नो कला की स्वायत्तता की रक्षा के लिए प्रतिबद्धता का विरोध करते हैं। हर्बर्ट मारकूज कला को विचारधारात्मक सीमाओं से मुक्त रखना चाहते हैं। क्योंकि उनके अनुसार कला स्वभावतः क्रान्तिकारी होती है। रोजर गारोदी विचारधारा और यथार्थवाद में विरोध मानते हैं इसलिए वे विचारधाराविहीन 'सीमाहीन यथार्थवाद' की वकालत करते हैं। एक ओर डेनियल बेल जैसे बुर्जुआ व्यवस्था के रक्षक समाजशास्त्री 'विचारधारा के अंत' की घोषणा करते हैं और दूसरी ओर फिशर, गारोदी जैसे मार्क्सवादी कला तथा साहित्य के क्षेत्र से विचारधारा को खदेड़ने का अभियान चलाते हैं। विचारधारा-विरोधी अभियान में, कला और राजनीति के क्षेत्र से विचारधारा को निकाल बाहर करने के अभियान में डेनियल बेल और फिशर जैसे मार्क्सवादी की एकता महज एक संयोग है या और कुछ ? ब्रेख्त ने ठीक ही लिखा है कि विचारधारा के विरोध की भी एक विचारधारा है। हिन्दी में भी अर्न्स्ट फिशर, एडोर्नो और रोजर गारोदी के समानधर्मा मार्क्सवादी हैं। भले ही उनमें फिशर, एडोर्नो और गारोदी जैसी प्रतिभा न हो, लेकिन प्रवृत्ति वही है। जहाँ क्रान्तिकारी विचारधारा, राजनीति और कला के विरोध से सुविधा और सुरक्षा की गारंटी मिलती हो वहाँ लेकिनवादी मार्क्सवादियों का अभाव कैसे हो सकता है।

यथार्थवाद मार्क्सवादी सौन्दर्यशास्त्र और आलोचना की केन्द्रीय धारणा है। रचना के क्षेत्र में यथार्थवाद का अस्तित्व मार्क्सवाद से पुराना है, लेकिन उसकी समुचित व्याख्या का काम मार्क्सवादी सौन्दर्यशास्त्र और आलोचना द्वारा ही हुआ है। मार्क्सवाद रचना के क्षेत्र में यथार्थवाद के विकास का प्रेरक और आलोचना में उसके विश्लेषण-मूल्यांकन का सुसंगत दृष्टिकोण है। मार्क्सवादियों के बीच यथार्थवाद के महत्त्व के बारे में कोई विशेष विवाद भले ही न हो, लेकिन उसका स्वरूप निर्विवाद नहीं है। सबसे अधिक विवाद यथार्थवाद और विचाराधारा के सम्बन्ध पर है।

यथार्थवाद के स्वरूप और विचारधारा से उसके सम्बन्ध की बात उठते ही एंगेल्स का वह पत्र ध्यान में आता है जो उन्होंने 1888 में मार्गरेट हार्कनेस को लिखा था। उस पत्र में एंगेल्स ने यथार्थवाद के स्वरूप, प्रातिनिधिकता की धारणा और यथार्थवाद से विचारधारा के सम्बन्ध पर विचार करते हुए 'यथार्थवाद की विजय'

की धारणा स्थापित की है। यथार्थवाद और विचारधारा के बीच विरोध को महत्त्व देनेवाले बार-बार उस पत्र का हवाला देते हैं।

एंगेल्स ने अपने पत्र में लिखा है—'मैं जिस यथार्थवाद की बात कर रहा हूँ वह लेखक के विचारों के बावजूद प्रकट हो सकता है। इस बात को समझने के लिए बालज़क का उदाहरण लिया जा सकता है। बालज़क राजनीतिक दृष्टि से लिजिटिमिस्ट था। उसकी महान् रचनाएँ एक अच्छे समाज के अनिवार्य विनाश पर लिखे गए सच्चे शोकगीत के समान हैं। बालज़क अपने राजनीतिक पूर्वग्रहों और वर्गीय सहानुभूति के विपरीत जाने को मज़बूर होता है। उसने अपने प्रिय सामन्तों के पतन की अनिवार्यता को देखा और उनका उसने उसी रूप में चित्रण किया। उसने भविष्य की उन वास्तविक शक्तियों को भी देखा जो उस समय उपलब्ध थीं। मैं, इसे यथार्थवाद की महान् विजय समझता हूँ।'

यथार्थवाद और विचारधारा को परस्पर विरोधी बतानेवाले इस वाक्य को बार-बार उद्धृत करते हैं—'यथार्थवाद लेखक के विचारों के बावजूद प्रकट हो सकता है।' इस वाक्य में एंगेल्स ने एक सम्भावना की ओर संकेत किया है। कुछ लोग इसको यथार्थवाद का स्थायी नियम समझते हैं। उनकी नज़र एंगेल्स के वाक्य में आये 'बावजूद' पर टिकी रहती है। इस 'बावजूद' को ऐसे लोगों ने एक सिद्धान्त बना दिया है। पहले जिस 'लेकिनवाद' की चर्चा हो चुकी है उसका इस 'बावजूदवाद' से गहरा सम्बन्ध है। लगभग सभी 'लेकिनवादी' बावजूदवादी भी हैं। एम. ख्रापचेंको ने इन बावजूद-वादियों की ठीक आलोचना की है। इन बावजूदवादियों में जॉर्ज लूकाच भी शामिल हैं।

जॉर्ज लूकाच यथार्थवाद के महत्त्वपूर्ण व्याख्याता और सिद्धान्तकार हैं। उन्होंने अपने अनेक लेखों में यथार्थवाद और विचारधारा के सम्बन्ध पर विचार किया है। लूकाच ने एक निबन्ध 'मार्क्स-एंगेल्स आन ईस्थेटिक्स' में एंगेल्स के इस पत्र के सहारे सिद्ध किया है कि यथार्थवाद और लेखक के सामाजिक-राजनीतिक दृष्टिकोण में विरोध होता है। यदि हम इस मान्यता को स्वीकार कर लें कि लेखक की विचारधारा और रचना के यथार्थवाद में विरोध स्वाभाविक या जरूरी होता है तो सवाल उठता है कि यथार्थबोध की प्रेरणा और शक्ति का स्रोत क्या है। और यह भी कि लेखक की चेतना और यथार्थबोध में क्या सम्बन्ध होता है। लूकाच के सामने भी ये सवाल जरूर रहे होंगे। उन्होंने बालज़क के प्रसंग में सवालों के उत्तर दिए हैं और उन उत्तरों को यथार्थवाद के नियम के रूप में पेश किया है।

लूकाच ने विचारक बालज़क और रचनाकार बालज़क में पार्थक्य स्थापित किया है। (क्या यह टी. एस. एलियट द्वारा स्थापित भोक्ता मनुष्य और सर्जक मनीषा के बीच पार्थक्य जैसा है ?) लूकाच ने यथार्थवाद की विजय को विचारक बालज़क पर रचनाकार बालज़क की विजय बताया है। यह अन्तर और यथार्थवाद की विजय

की व्याख्या बहुत सन्तोषजनक नहीं है, इसलिए उन्होंने एक दूसरी व्याख्या रखी है। वे कहते हैं कि यथार्थबोध के लिए 'दम्भ रहति अटल ईमानदारी' जरूरी है, जो महान् लेखकों में होती है। 'स्टडीज इन यूरोपियन रियलिज़्म' की भूमिका में लूकाच ने ईमानदारी को सच्चे यथार्थवाद की कसौटी कहा है। हिन्दी में चर्चित 'अनुभूति की ईमानदारी' और भोगा हुआ यथार्थ की सीमाओं से सब परिचित हैं। जाहिर है रचनाकार की ईमानदारी यथार्थबोध के लिए पर्याप्त नहीं है, रचनाकार की 'दम्भ रहित अटल ईमानदारी' से यथार्थबोध और उसकी व्यंजना की व्याख्या नहीं हो पाती। लूकाच ने तथाकथित वर्ग-मनोविज्ञान के सहारे लेखक के राजनीतिक दृष्टिकोण के आधार पर रचना का मूल्यांकन करनेवाली आलोचना को कुत्सित कहा है और उसकी आलोचना की है। ठीक। लेकिन क्या यथार्थवाद की विजय की व्याख्या के लिए लेखक की ईमानदारी को आधार बनाना व्यक्ति-मनोविज्ञान का सहारा लेना नहीं है। क्या व्यक्ति-मनोविज्ञान का सहारा लेनेवाली आलोचना वर्ग-मनोविज्ञानवादी आलोचना से बेहतर है ? लूकाच ने यथार्थवाद की विजय के लिए लेखक में 'सत्य की प्यास' और यथार्थ से बेहद लगाव आदि को जरूरी माना है। सत्य की प्यास और तथ्य की भूख को यथार्थवाद की अनिवार्य शर्त समझनेवाले लेखकों की रचनाओं में जो भूखा-प्यासा यथार्थवाद मिलता है उससे सब परिचित हैं और उसकी सीमाओं से भी। सुनिश्चित प्रयोजन और दृष्टिकोण के अभाव में केवल सत्य की प्यास और यथार्थ से बेहद लगाव के आधार पर ही सार्थक यथार्थवादी कृति की रचना सम्भव नहीं होती।

विचारधारा से यथार्थवाद के विरोध और यथार्थवाद की विजय का रहस्य खोजने के लिए लूकाच लेखक की चेतना की गहराई में उतरे हैं। उन्होंने लिखा है कि लेखक की विश्वदृष्टि और यथार्थ-चित्रण के बीच विरोध, वास्तव में, लेखक की चेतना के दो स्तरों में बसनेवाली विश्वदृष्टियों के बीच का विरोध है। रचनाकाल में रचनाकार की चेतना के ऊपरी स्तर और भीतरी अन्तर्दृष्टि में द्वन्द्व होता है। अन्तर्दृष्टि की विजय में यथार्थवाद की विजय निहित है। क्या किसी लेखक की चेतना के ऊपरी स्तर की विश्वदृष्टि प्रतिक्रियावादी और भीतरी अन्तर्दृष्टि प्रगतिशील हो सकती है ? क्या कोई लेखक सचेत रूप में प्रतिक्रियावादी होने के बावजूद अवचेतन में प्रगतिशील हो सकता है ? ये सवाल यों ही नहीं उठाये जा रहे हैं। ये सवाल बालज़क के प्रसंग में यथार्थवाद की विजय की लूकाच की व्याख्या से उठे हैं। बेचारा बालज़क ! वह जो चाहता था वह कर नहीं पाता था और जो नहीं चाहता था वह हो जाता था। चेतना के इन दो स्तरोंवाले तर्क को स्वीकार कर लिया जाय तो किसी भी प्रतिक्रियावादी रचनाकार को प्रगतिशील और प्रगतिशील को प्रतिक्रियावादी साबित करने में देर नहीं लगेगी।

यहाँ एक और सवाल विचारणीय है। लेखक की प्रतिक्रियावादी विचारधारा

की यथार्थवाद के निर्माण में क्या भूमिका है ! लूकाच ने तोल्सतोय के प्रसंग में लिखा है कि महान् यथार्थवादी लेखकों की विश्वदृष्टि की प्रतिक्रियावादी प्रवृत्तियाँ सामाजिक यथार्थ के व्यापक, सच्चे और वस्तुनिष्ठ चित्रण में बाधक नहीं होतीं। तो क्या साधक होती हैं ? जी, हाँ ! लूकाच का यही खयाल है। वे लिखते हैं, 'तोल्सतोय के भ्रम उनके यथार्थवाद को कमजोर करने के बदले, वास्तव में, उनके यथार्थवाद को महानता, गहराई और अनुभूतिशीलता प्रदान करते हैं।' अगर यह सच है तो क्रान्तिकारी विश्वदृष्टि की क्या जरूरत है ? यह लूकाच का पूर्वग्रह है या उनकी विचारधारात्मक परिणति ? सच तो यह है कि गलत विचारधारा महान् से महान् लेखकों की रचनाओं को भी किसी न किसी रूप में कमजोर करती है। तोल्सतोय और प्रेमचन्द की अनेक रचनाएँ ऐसे प्रभावों से बच नहीं पायी हैं।

जॉर्ज लूकाच को बीसवीं सदी में यथार्थवाद का व्यापक ह्रास दिखाई देता है, केवल टामस मान और सोल्जेनित्सिन ही अपवाद प्रतीत होते हैं। 19वीं सदी के यथार्थवाद के विकास की विस्तृत छान-बीन करने के बाद 'तोल्सतोय और यथार्थवाद का विकास' नामक लेख में वे इस निष्कर्ष पर पहुँचे हैं कि 1848 के बाद बुर्जुआ समाज के विकास ने महान् यथार्थवाद की सम्भावना की आत्मपरक दशाओं का नाश कर दिया। 1848 के पहले यथार्थवादी लेखक सामाजिक प्रक्रिया में भाग लेते थे और उसका अनुभव करते थे जबकि बीसवीं सदी के लेखक सामाजिक प्रक्रिया के दर्शक और पर्यवेक्षक रह गए हैं। लूकाच ने ठीक ही लिखा है कि सामाजिक प्रक्रिया में लेखक की सक्रिय हिस्सेदारी से उसके अनुभव में व्यापकता, गहराई और प्रामाणिकता आती है, इसलिए यथार्थवाद के विकास की सम्भावना बनती है। यह केवल लेखक के आत्मपरक प्रयास पर ही निर्भर नहीं होता। लूकाच के अनुसार यह इस पर निर्भर है कि लेखक जिस समाज में रह रहा है उसमें ऐतिहासिक दृष्टि से सार्थक सामाजिक और विचारधारात्मक प्रवृत्तियाँ मौजूद हैं या नहीं।

बीसवीं सदी में यथार्थवाद के ह्रास के बारे में जॉर्ज लूकाच की मान्यता से कई सवाल पैदा होते हैं। क्या 1848 के बाद पूँजीवाद की विकृतियों के बावजूद यूरोप में ऐतिहासिक दृष्टि से सार्थक सामाजिक और विचारधारात्मक प्रवृत्तियाँ मौजूद नहीं रही हैं ? क्या 1848 के बाद सामाजिक प्रक्रिया में सक्रिय भाग लेनेवाले लेखक नहीं रहे हैं ? 1848 में ही 'कम्युनिस्ट घोषणा पत्र' प्रकाशित हुआ जो 19वीं सदी के विचारधारात्मक इतिहास में एक नया मोड़ और बीसवीं सदी के विचारात्मक संघर्ष को नई दिशा देनेवाला साबित हुआ है। 1848 के बाद का इतिहास महान् सामाजिक राजनैतिक आन्दोलनों और संघर्षों से भरा पड़ा है। पेरिस कम्यून और रूस की समाजवादी क्रान्ति के अलावे साम्राज्यवाद के विरुद्ध दुनिया की शोषित-पीड़ित जनता का व्यापक मुक्ति आन्दोलन इसी बीच विकसित हुआ है जिनसे मानव-मुक्ति का द्वार खुला है। 1848 के बाद के इतिहास की महान् सामाजिक राजनैतिक घटनाओं

और मुक्ति आन्दोलनों की अनदेखी करके अगर कोई कहता है कि बीसवीं सदी में यथार्थवाद के विकास की सम्भावना का नाश हो गया है तो मानना होगा कि उसकी नज़र वर्तमान पर नहीं अतीत की ओर है। 1848 के बाद खासतौर से बीसवीं सदी में, एक-दो नहीं असंख्य लेखकों की पूरी पंक्ति मौजूद है जिन्होंने सामाजिक प्रक्रिया में—मुक्ति आन्दोलनों और संघर्षों में—न केवल भाग लिया है बल्कि शहीद भी हुए हैं। क्या बीसवीं सदी के इतिहास में समाजवादी विचारधारा की मौजूदगी और समाजवाद की विजय ने यथार्थवाद के विकास और विजय की नई सम्भावनाओं का निर्माण नहीं किया है ?

जॉर्ज लूकाज पर कुछ विस्तार से बात करने के दो कारण हैं। एक तो यह कि हिन्दी में जॉर्ज लूकाच की तरह सोचनेवाले, उनकी मान्यताओं से सहमत बहुत से लोग हैं। दूसरा यह कि कुछ लोग मार्क्स-एंगेल्स की यथार्थवाद सम्बन्धी मान्यताओं को लूकाच के मार्फत समझते हैं।

आइए, अब मूल सवाल की ओर लौटें। क्या सचमुच 'यथार्थवाद की विजय' का अर्थ विचारधारा की पराजय है ? यहाँ यह याद दिलाना जरूरी है कि विचारधारा का मतलब केवल राजनीतिक विचारधारा नहीं है और राजनीतिक विचारधारा केवल राजनीतिक पूर्वग्रह नहीं है। एंगेल्स के पत्र से स्पष्ट है कि बालज़क की वर्गीय सहानुभूति से उसका यथार्धवाद प्रभावित हुआ है, अन्यथा यह कहने का क्या अर्थ है कि बालज़क की महान् रचनाएँ उसके प्रिय वर्ग और समाज के अनिवार्य अन्त पर लिखे गए सच्चे शोकगीत हैं। एंगेल्स ने लिखा है कि बालज़क अपने प्रिय वर्ग और समाज के अन्त की अनिवार्यता को देखता है और भविष्य की वास्तविक शक्तियों को भी। क्या इस देखने के पीछे कोई दृष्टि या दृष्टिकोण नहीं है ? असल में समाज के इतिहास के यथार्थ की विकास-प्रक्रिया की अनिवार्यताओं और सम्भावनाओं को, वर्तमान की अनिवार्यताओं और भविष्य की सम्भावनाओं को, ह्रासशील शक्तियों के अन्त की अनिवार्यता और प्रगतिशील शक्तियों के विकास की सम्भावनाओं को देखने में ही यथार्थवाद की विजय है। यहाँ इतिहास-प्रक्रिया की अनिवार्यताओं और सम्भावनाओं को देखने-दिखाने की क्षमता ही विचारधारा है। इस क्षमता के कारण ही कोई रचना यथार्थवादी होती है। यह बात बालज़क ही नहीं प्रेमचन्द के प्रसंग में भी सच है। प्रेमचन्द ने अपनी रचनाओं में साम्राज्यवाद और सामन्तवाद से जूझती भारतीय जनता के जीवन-संघर्ष और मुक्ति संघर्ष का चित्रण किया है। इस विशाल चित्र में भारतीय जनता के सामाजिक-राजनीतिक जीवन के यथार्थ के वर्तमान रूपों की अभिव्यक्ति है और भावी सम्भावनाओं की ओर संकेत भी। प्रेमचन्द ने भारतीय समाज के इतिहास की विकास-प्रक्रिया को, उस व्यापक विकास-प्रक्रिया में क्रियाशील शक्तियों को और विकास-प्रक्रिया में बदलते यथार्थ को एक जन पक्षधर रचनाकार की दृष्टि से देखा है। यही दृष्टि प्रेमचन्द के यथार्थवाद की मुख्य शक्ति और विशेषता

है। इस प्रकार हम देखते हैं कि यथार्थवाद की विजय विचारधारा की मदद से होती है, उसकी पराजय से नहीं। पूर्वग्रह और सहानुभूति पर विजय को विचारधारा की पराजय समझना विचारधारा को पूर्वग्रह और सहानुभूति तक सीमित करना है।

विचारधारा और यथार्थवाद के सम्बन्ध पर विचार करते समय आलोचना की पद्धति का प्रश्न भी विचारणीय है। सवाल यह है कि आलोचना में रचनाकार की विचारधारा और रचना के यथार्थवाद के सम्बन्ध की खोज हो या रचना के यथार्थवाद और उसकी विचारधारा के सम्बन्ध की। रचनाकार की विचारधारा को रचना की विचारधारा मान लेने और उससे रचना के यथार्थवाद के सम्बन्ध की खोज करने पर अनेक कठिनाइयाँ उठ ख़ड़ी होती हैं। जहाँ रचनाकार की विचारधारा और उसकी रचना के यथार्थबोध के बीच विरोध नहीं होता वहाँ कोई विशेष कठिनाई नहीं होती, लेकिन जहाँ विरोध होता है वहाँ संगति खोजने में कठिनाई होती है। ऐसी स्थिति में असंगति को सुलझाने के लिए तरह-तरह के समाधान खोजे जाते हैं। कभी रचनाकार के विचारक और लेखक व्यक्तित्व में अन्तर किया जाता है और कभी चेतना के स्तरों के बीच द्वन्द्व की कल्पना की जाती है।

किसी व्यक्ति की विचारधारा केवल उसके कथनों और घोषणाओं के आधार पर नहीं जानी जा सकती। विचारधारा तो व्यक्ति के सामाजिक जीवन के क्रिया-व्यापार में व्यक्त होती है और उसी के सहारे जानी जा सकती है। रचनाकार की विचारधारा उसके रचना कर्म में व्यक्त होती है और उसी के आधार पर उसे समझा जा सकता है। केवल उसके कथनों के आधार पर नहीं। रचनाकर्म का प्रमाण रचना ही है। रचनाकर्म एक विचारधारात्मक कर्म है। रचना उसका फल है। रचनाकार की विचारधारा को जानने का विश्वसनीय साधन उसकी रचना ही है। ऐसी स्थिति में जाहिर है कि वस्तुपरक आलोचना-दृष्टि के विकास के लिए रचना की विचारधारा और उसके यथार्थवाद के सम्बन्ध की खोज करना जरूरी है।

यहाँ रचना-केन्द्रित आलोचना पर जोर देने का उद्देश्य लेखक के रचनात्मक अभिप्राय और विचारधारा के महत्त्व को कम करना नहीं है। आग्रह केवल यह है कि पहचान का आधार रचना को बनाया जाय और रचना की विचारधारा से उसके यथार्थवाद के सम्बन्ध की खोज की जाय। लेखक की विचारधारा को जानने के लिए उसके कथनों और घोषणाओं पर निर्भर होने से बेहतर है उसकी रचना पर विश्वास करना। कई बार लेखक के विचारधारात्मक छद्म का भेद उसकी रचना खोल देती हैं, इसलिए लेखक अपने रचनात्मक उद्देश्य और विचारधारा के बारे में जो कुछ कहता है उससे अधिक महत्त्वपूर्ण यह है कि उसकी रचना क्या कहती हैं। शमशेर जी ने ठीक ही लिखा है–'बात बोलेगी। हम नहीं। भेद खोलेगी। बात ही।'

आमतौर पर यथार्थवाद की चर्चा में यथार्थ पर कम और वाद पर अधिक बात होती है। अगर हम यथार्थ के बोध और उसकी अभिव्यक्ति की प्रक्रिया पर

ध्यान दें तो यथार्थवाद और विचारधारा के सम्बन्ध के कई महत्त्वपूर्ण पक्ष सामने आएँगे। यथार्थ स्थिर और जड़ नहीं होता। वह गतिशील, परिवर्तनशील और व्यापक विकास-प्रक्रिया का हिस्सा होता है। कला और साहित्य में यथार्थ का ऐतिहासिक और मानवीय रूप व्यक्त होता है। रचनाकार जिस समाज और परिवेश में जीता है उसके यथार्थ का अनुभव अनेक रूपों में करता है। यथार्थ का सामान्य और तात्कालिक अनुभव जब विशिष्ट और सुनिश्चित बोध बनता है तब रचना का विषय बनता है। सामान्य और तात्कालिक अनुभव को विशिष्ट और सुनिश्चित बोध में रूपांतरित करने की प्रक्रिया में रचनाकार के दृष्टिकोण की महत्त्वपूर्ण भूमिका होती है। सामाजिक यथार्थ यथार्थ के दूसरे रूपों से अधिक गतिशील, परिवर्तनशील और इतिहासबद्ध होता है। लेखक सामाजिक प्रक्रिया में हिस्सा लेते हुए सामाजिक यथार्थ के विभिन्न पक्षों और रूपों का अनुभव करता रहता है। रचना के लिए उसे अपने अनगिनत अनुभवों में से कुछ का चुनाव करना पड़ता है, उसे कुछ को अपनाना और कुछ अनुभवों को छोड़ना पड़ता है। इस चुनाव में वह यह देखता है कि विकास-प्रक्रिया में सामाजिक यथार्थ का कौन-सा रूप तथा पक्ष अधिक सार्थक और सम्भावनापूर्ण और कौन-सा रूप निरर्थक और अनावश्यक है। और यह भी कि क्या प्रतिनिधिक है और क्या नहीं। लेखक एक सुनिश्चित दृष्टिकोण और इतिहास-प्रक्रिया की समझ के अभाव में इन सवालों का सामना नहीं कर सकता और सही चुनाव भी नहीं कर सकता। अनुभववादी और यथार्थवादी में यह फर्क होता है कि अनुभववादी यथार्थ के अनुभव की तात्कालिकता को ही महत्त्व देता है जबकि यथार्थवादी यथार्थ के अनुभव के व्यापक सन्दर्भ पर भी ध्यान देता है। यथार्थ के चयन की प्रक्रिया में कई बार यथार्थ के नए रूप और पक्ष लेखक के सामने आते हैं। तब लेखक को पहले के अनुभवों से बने यथार्थ सम्बन्धी अपने पूर्वग्रहों और नए पक्षों के बीच चुनाव करना होता है। सच्चा यथार्थवादी यथार्थ के नए पक्षों पर अपने पूर्वग्रह नहीं लादता, नए उभरे पक्ष की उपेक्षा भी नहीं करता, वह यथार्थ की विकास-प्रक्रिया और विवेक सम्मत परिणति को स्वीकार करता है। यही विवेकशील यथार्थवादी दृष्टिकोण है। प्रायः जिसे लेखक की विचारधारा पर यथार्थवाद की विजय कहा जाता है वह वास्तव में यथार्थ के मामूली अनुभव पर यथार्थ के विवेक की विजय है, मामूली और तात्कालिक अनुभव से निर्मित पूर्वग्रह पर सुनिश्चित विवेक की विजय है।

लेखक चुने हुए यथार्थ की व्याख्या करता है, उसकी सम्भावना की पहचान करता है, उसे अपने रचनात्मक अभिप्राय के अनुरूप नए रूप में रचता है। वह पूरी प्रक्रिया एक निश्चित मूल्य-दृष्टि के तहत सम्पन्न होती है। उसके बाद यथार्थ का अनुभव रचना की अन्तर्वस्तु बनता है। यह ऐतिहासिक यथार्थ का कलात्मक रूपांतरण है। इस रूपांतरण की प्रक्रिया में विचारधारा की महत्त्वपूर्ण भूमिका होती है और रचना की अन्तर्वस्तु में मूल्य-चेतना के रूप में विचारधारा मौजूद होती है। ऐतिहासिक

यथार्थ के कलात्मक रूपांतरण की प्रक्रिया में रचना की संरचना का विकास होता है। उसके साथ ही अभिव्यक्ति के विभिन्न तत्त्वों का चयन और संगठन होता है। यथार्थबोध को यथार्थवाद में विकसित करने की प्रक्रिया व्यापक और जटिल होती है इसलिए विचारधारा का यथार्थवाद से सम्बन्ध यथार्थबोध से सम्बन्ध की तुलना में अधिक व्यापक और जटिल होता है। विचारधारा रचना में अन्तर्वस्तु से लेकर रूप तक व्याप्त होती है, इसलिए यथार्थवाद से विचारधारा के सम्बन्ध की खोज अन्तर्वस्तु से लेकर रूप तक करने की जरूरत होती है।

यथार्थ के अनुभव, चयन, व्याख्या, मूल्यांकन, रूपांतरण और अभिव्यक्ति की प्रक्रिया स्वतः चालित प्रक्रिया नहीं होती। इसमें रचनाकार की विश्वदृष्टि के साथ-साथ कला-दृष्टि की महत्त्वपूर्ण भूमिका होती है। कला-दृष्टि के अभाव में यथार्थ के अनुभव के बावजूद यथार्थवादी कलाकृति नहीं बन पाती। ग्राम्शी ने ठीक ही लिखा है कि 'एक ही ऐतिहासिक यथार्थ की अभिव्यक्ति करनेवाले दो लेखकों में से एक उस यथार्थ का कलाकार बन जाता है और दूसरा केवल प्रवक्ता।' यह अन्तर कला-क्षमता के अन्तर के कारण होता है।

यथार्थवाद और विचारधारा के सम्बन्ध का एक और पक्ष रचना में व्यक्त यथार्थ के पाठकीय ग्रहण के सन्दर्भ में प्रकट होता है। पाठक रचना के पास खाली दिमाग लेकर नहीं जाता। रचना में व्यक्त यथार्थ के बोध के समय उस यथार्थ का पाठक का अपना ज्ञान, उस यथार्थ के बारे में उसका दृष्टिकोण सदा सक्रिय रहता है। कई बार लेखक के यथार्थबोध और यथार्थ के प्रति दृष्टिकोण से पाठक के यथार्थबोध और यथार्थ के प्रति दृष्टिकोण की टकराहट होती है। पाठक रचना के बोध के समय व्यापक इतिहास-प्रक्रिया में अपनी स्थिति और रचना की स्थिति के बारे में सजग होता है। इस तरह विचारधारा और यथार्थवाद के सम्बन्ध का सवाल केवल रचनाकार की विचारधारा से रचना के यथार्थवाद या रचना की विचारधारा से उसके यथार्थवाद के सम्बन्ध का ही सवाल नहीं है। यह सवाल रचना के पाठकीय ग्रहण से भी जुड़ा हुआ है।

कुछ आलोचक यथार्थ के इन्द्रियानुभव और भावानुभव के चित्रण में ही यथार्थवाद देखते हैं। वे कविता के प्रसंग में इन्द्रियबोध और भावबोध में ही यथार्थवाद खोजते हैं। यथार्थवाद की इस धारणा में यथार्थ के बोध और चित्रण में विचारधारा की भूमिका की उपेक्षा होती है। रचना में इन्द्रियबोध और भावबोध रचना की विचारधारा के अंग के रूप में ही सार्थक होते हैं। केवल इन्द्रियबोध और भावबोध तक सीमित यथार्थवाद जीवन के तात्कालिक अनुभवों और तथ्यों से आगे नहीं जाता, उसमें अनुभव और तथ्य के व्यापक सन्दर्भ नहीं होते। जीवन के अनुभव और तथ्य जिस सामाजिक यथार्थ की जटिल समग्रता के अंग होते हैं उसका बोध ऐसा यथार्थवाद नहीं जगा पाता। यथार्थवाद की यह धारणा अनुभववादी है। अनुभववादी यथार्थवाद

अन्तर्वस्तु और शिल्प के स्तर पर नई खोज और आविष्कार की चेतना के अभाव में यथास्थितिवादी होता है।

यथार्थवाद व्यक्तियों, वर्गों और वस्तुओं के बाहरी रूप के मूर्त चित्रण तक सीमित नहीं होता, उसमें विभिन्न प्रकार के सम्बन्धों की भी अभिव्यक्ति होती है। सामाजिक जीवन के सतह के यथार्थ तक सीमित यथार्थवाद की कमजोरी सब जानते हैं, सतह के नीचे तह का यथार्थ भी यथार्थ ही होता है। सामाजिक-राजनीतिक व्यवस्था और संस्थाओं की संरचनाओं की पहचान से वंचित यथार्थवाद अधूरा होता है। यथार्थ के मूर्त रूप के साथ-साथ उसके अमूर्त प्रभावों का चित्रण करना यथार्थवाद की सीमा लाँघना नहीं है। यथार्थ की सारसत्ता, विभिन्न प्रकार के सामाजिक-राजनीतिक तथा मानवीय सम्बन्ध, सामाजिक व्यवस्था तथा संस्थाओं की संरचनाएँ और सामाजिक-राजनीतिक जीवन में सक्रिय विभिन्न प्रकार की दृश्य-अदृश्य शक्तियों के मूर्त-अमूर्त प्रभावों की पहचान विचारधारा की मदद से होती है, इसलिए विचारधारा यथार्थवाद का दुश्मन नहीं है। जिस यथार्थवादी रचना में सामाजिक यथार्थ की जटिल समग्रता और इतिहास-प्रक्रिया में परिवर्तनशील यथार्थ के विकास की दिशा का बोध नहीं होता, तात्कालिक अनुभवों से आगे बढ़कार उनके व्यापक सन्दर्भों की खोज नहीं होती, जीवन के तथ्यों में निहित सत्य की पहचान नहीं होती और अभिव्यंजना की प्रचलित प्रवृत्तियों तथा शैलियों से आगे बढ़कर नए आविष्कारों की कोशिश नहीं होती वह रचना अपने समय में भी पाठकों को प्रभावित नहीं करती। ऐसी रचना कालजयी क्या होगी !

किसी रचना की विचारधारा से उसके यथार्थवाद के सम्बन्ध की खोज तीन स्तरों पर हो सकती है—रचना की विचारधारा और यथार्थवाद की ऐतिहासिकता, रचना में दोनों का विशिष्ट स्वरूप, और रचना की सम्पूर्ण संरचना में दोनों का सम्बन्ध। इनमें से किसी भी स्तर की उपेक्षा करनेवाली आलोचना विचारधारा और यथार्थवाद के सम्बन्ध के बारे में सरलीकरण का शिकार होती है।

विचारधारा चाहे प्रभुत्वशाली हो या वैकल्पिक, उसमें सामाजिक यथार्थ के साथ किसी न किसी तरह के सम्बन्ध की अभिव्यक्ति जरूर होती है। यह सम्बन्ध काल्पनिक हो सकता है और वास्तविक भी। अपने समय के सामाजिक यथार्थ के साथ सम्बन्ध सभी विचारधारात्मक रूपों में एक जैसा नहीं होता। राजनीतिक विचारधारा और सौन्दर्यबोधी विचारधारा में सम्बन्ध की अभिव्यक्ति एक-सी नहीं होती। वर्गीय आधार की एकता के कारण उससे सम्बद्ध सभी विचारधारात्मक रूपों में एक स्तर पर समानता होती है, लेकिन सम्बन्धों के बोध और व्यंजना की पद्धतियाँ अलग-अलग होती हैं। विचारधारा और यथार्थबोध की ऐतिहासिकता की खोज का अर्थ है दोनों के विकास के मूल सामाजिक सन्दर्भ की खोज। कला और साहित्य में विचारधारा धारणात्मक और तार्किक रूप में नहीं होती, वह यथार्थ के बोध और

व्यंजना के दृष्टिकोण के रूप में प्रकट होती है। यथार्थ के बोध और व्यंजना में विचारधारा की विशिष्ट भूमिका की पहचान से ही विचारधारा और यथार्थवाद के विशिष्ट स्वरूप की पहचान होती है। एक ही विचारधारा के विभिन्न लेखकों की रचनाओं में या एक लेखक की विभिन्न रचनाओं में विचारधारा और यथार्थ की समान ऐतिहासिक स्थिति के बावजूद यथार्थ के बोध और व्यंजना में विचारधारा की भूमिका एक-सी नहीं होती। प्रत्येक रचना में विचारधारा और यथार्थबोध के विशिष्ट स्वरूप से रचना की विशिष्ट संरचना का विकास होता है, इसलिए विचारधारा और यथार्थवाद का सम्बन्ध रचना की पूरी संरचना में व्यक्त-अव्यक्त रूप में मौजूद होता है। यहाँ तक कि रचना की भाषा के स्वरूप में भी विचारधारात्मक प्रभाव मौजूद होते हैं। ग्राम्शी ने लिखा है कि 'भाषा एक साथ ही एक जीवित वस्तु भी है और जीवन तथा सभ्यता का अजायबघर भी।' यथार्थवादी लेखन के सामने भाषा के इन दोनों रूपों से एक के चुनाव की समस्या होती है। इस चुनाव पर यथार्थवाद की सफलता निर्भर होती है। भाषा का भोलापन एक भ्रम है। व्यवहार में भाषा का विचारधारात्मक प्रभाव एक सच्चाई है।

गांधीवाद से प्रेमचन्द के सम्बन्ध पर हिन्दी में काफी बहस हुई है। बहस इस सवाल पर होती रही है कि प्रेमचन्द गांधीवादी हैं या नहीं। लेकिन महत्त्वपूर्ण सवाल यह है कि कथाकार प्रेमचन्द का गांधीवाद से क्या सम्बन्ध है। गांधीवाद प्रेमचन्द के काल की प्रभावशाली विचारधारा थी, उसके राजनीतिक ही नहीं, दार्शनिक और नैतिक आयाम भी थे। उस समय का कोई लेखक गांधीवाद का सामना करने से कैसे बच सकता था। यह अलग बात है कि सामना होने पर किसने क्या रुख अपनाया और किस तरह का सम्बन्ध बनाया। प्रेमचन्द गांधीवाद के साम्राज्यवाद से संघर्ष और भारतीय जनता को जगाने के प्रयत्न से जुड़ते हैं, लेकिन साम्राज्यवाद से समझौता करने और जन आन्दोलनों को क्रान्तिकारी दिशा में बढ़ने से रोकने की आलोचना करते हैं। वे भारतीय जन-जीवन के यथार्थ को, खासतौर से किसान-जीवन के यथार्थ को, हमेशा गांधीवादी पूर्वग्रहों से नहीं देखते। वे यथार्थ के अपने विवेक को महत्त्व देते हैं, लेकिन कई बार यथार्थ के बोध, चरित्रों के निर्माण और कथा की संरचना में गांधीवादी पूर्वग्रहों और यथार्थ के विवेक का द्वन्द्व भी होता है। जहाँ पूर्वग्रह प्रबल होता है वहाँ हृदय परिवर्तन होता है, सदन और आश्रम स्थापित होते हैं। समस्या का समाधान रचना के अन्त को प्रभावित करता है, विचारधारा संरचना को प्रभावित करती है। जहाँ विवेक विजयी होता है वहाँ किसानों का जीवन संघर्ष पूरे समाज की समग्र वास्तविकता के अंग के रूप में चित्रित होता है। प्रेमचन्द के यथार्थवाद और विचारधारा को केवल पूर्वग्रहों, पूर्वग्रहों से उत्पन्न समाधानों और उन समाधानों से प्रभावित संरचनाओं में खोजना गलत है, लेकिन इन सबकी उपेक्षा करके केवल विवेक के विजय की बात करना भी अधूरी पहचान है।

विचारधारा और रचनाशीलता के जटिल सम्बन्ध को समझने के लिए एक और उदाहरण लिया जा सकता है—आधुनिकतावादी रचनाशीलता का उदाहरण। यूरोप में आधुनिक कला तथा आधुनिकतावाद की ऐतिहासिक स्थिति और भूमिका इटली, इंग्लैण्ड और जर्मनी में समान नहीं रही है। इटली में आधुनिकतावाद का फासिज्म से गठजोड़ हुआ था। उदाहरण हैं पिरेन्देलो। इंग्लैण्ड में वह प्रतिक्रियावादी भूमिका निभा रहा था। टी. एस. एलियट ने कहा था—'मैं राजनीति में राजतन्त्रवादी, धर्म में कैथोलिक और साहित्य में परम्परावादी हूँ।' जर्मनी में अधिकांश आधुनिकतावादी हिटलरशाही का विरोध कर रहे थे। प्रमाण के लिए नाजियों द्वारा आधुनिकतावादी कला और कलाकरों के दमन को देखा जा सकता है। ऐसी स्थिति में क्या आधुनिकतावाद की किसी सामान्य विचारधारा के आधार पर इटली, इंग्लैण्ड और जर्मनी की आधुनिकतावादी कलाकृतियों को समझना और कलाकारों का मूल्यांकन करना उचित है ? जॉर्ज लूकाच ने आधुनिकतावाद को कला के क्षेत्र में पतनशील बुर्जुआ विचारधारा की अभिव्यक्ति मानकर आधुनिकतावादी रचनाओं और रचनाकारों को सन्देह की नज़र से देखा है। लूकाच ने आधुनिक रचनाकारों में सबसे अधिक काफ़्का की आलोचना की है। कहते हैं कि जब लूकाच हंगरी के 1956 के उथल-पुथल के कारण रूमानिया में कैद थे तो उन्हें काफ़्का की रचनाओं का ठीक-ठीक अर्थ समझ में आया। महत्त्वपूर्ण रचनाओं को समझने के लिए न जाने कैसा और कितना मूल्य चुकाना पड़ता है।

आजकल कुछ लोग मुक्तिबोध की आलोचना आधुनिकतावाद की विचारधारा की सामान्य विशेषताओं के आधार पर कर रहे हैं। वे न तो मुक्तिबोध की रचनाओं की आधुनिकतावादी प्रवृत्ति की ऐतिहासिक स्थिति और विशिष्टता को देख रहे हैं और न उस दौर के दूसरे आधुनिकतावादियों से मुक्तिबोध की रचनाशीलता के फर्क को। इन आलोचकों का दृष्टिकोण सन्देहवादी है। वे कहते हैं कि मुक्तिबोध की रचनाओं में कुछ तो ऐसा है जिसके कारण उन्हें पूर्वग्रह मण्डलीवाले स्वीकार कर रहे हैं।

यथार्थवाद और विचारधारा के सम्बन्ध पर की वह चर्चा अधूरी होगी जिसमें राजनीति से इन दोनों के सम्बन्ध पर विचार न हो। यथार्थवाद के विकास से राजनीति की महत्त्वपूर्ण भूमिका रही है। आधुनिक हिन्दी साहित्य में यथार्थवाद का विकास राजनीति से जुड़कर ही हुआ है। हंसराज रहबर ने ठीक ही लिखा है कि 'जाने अनजाने साहित्य की यथार्थवादी विचारधारा और हमारा स्वाधीनता आन्दोलन एक-दूसरे से सम्बन्धित हो गए और यह सम्बन्ध अनिवार्य था। यथार्थवादी साहित्य ने स्वाधीनता आन्दोलन को आगे बढ़ाया और स्वाधीनता संग्राम ने हमारे यथार्थवादी चिन्तन को निखारा।' भारतेन्दु युग से प्रगतिशील आन्दोलन तक विकसित यथार्थवाद का मुख्य प्रेरणा-स्रोत स्वाधीनता आन्दोलन ही था। इस काल के जिन लेखकों की रचनाओं

में जितना अधिक सुसंगत ढंग से साम्राज्यवाद विरोधी और संघर्ष व्यक्त हुआ है वे उतने ही बड़े के यथार्थवादी लेखक हैं। यथार्थवाद से राजनीति के गहरे सम्बन्ध को यथार्थवाद के अधकचरे समर्थक भले ही न समझें और नासमझी में अराजनीतिक यथार्थवाद की माँग करें, लेकिन यथार्थवाद के पक्के विरोधी यथार्थवाद से राजनीति के सम्बन्ध को खूब समझते हैं, इसलिए वे राजनीति के कारण ही यथार्थवाद का विरोध करते हैं। जो लोग विचारधारा का अर्थ केवल राजनीतिक विचारधारा समझते हैं वे यथार्थवाद के प्रसंग में दोनों का एक साथ विरोध करते हैं।

मार्क्सवादी साहित्य-चिन्तन की परम्परा में यथार्थवाद पर जो बहसें हुई हैं उनमें रचनाकारों और रचनाओं की राजनीति बहस का मुख्य मुद्दा रही है। प्रवृत्यात्मकता, प्रतिबद्धता और पक्षधरता सम्बन्धी बहसों में यथार्थवाद और राजनीति का सम्बन्ध बार-बार सामने आया है। मार्क्स-एंगेल्स के कला और साहित्य सम्बन्धी विचारों में राजनीति की चिन्ता हर जगह मौजूद है। उन्होंने आधुनिक नाटकों और उपन्यासों के सन्दर्भ में जहाँ भी यथार्थवाद पर विचार किया है वहाँ राजनीति पर भी ध्यान दिया है। मार्क्स-एंगेल्स ने यथार्थवादी कला में राजनीति के आने पर नहीं उसे गलत ढंग से लाने पर एतराज किया है। लेनिन की साहित्य-चिन्ता के केन्द्र में राजनीति है। उन्होंने तोल्सतोय की रचनाओं के यथार्थवाद के ऐतिहासिक सन्दर्भ, उनके यथार्थबोध और विचारधारा के विशिष्ट रूप का विश्लेषण करते हुए तोल्सतोय की महानता और मौलिकता की व्याख्या की है। वह मुख्यतः राजनीतिक आलोचना है, क्रान्तिकारी राजनैतिक आलोचना। क्या इस आलोचना का मार्क्सवादी आलोचना के विकास में कोई योगदान नहीं है ? कुछ रूपवादी मार्क्सवादी लेनिन की उस आलोचना को राजनीतिक आलोचना कह कर भले ही खारिज करें, लेकिन आज जबकि 'राजनीतिक सौन्दर्यशास्त्र' के विकास का प्रयास हो रहा है और कला तथा साहित्य की 'व्याख्या की राजनीति' पर बहस हो रही है तब लेनिन की राजनीतिक आलोचना विशेष प्रासंगिक और महत्त्वपूर्ण हो गई है।

इस सदी के चौथे दशक में लूकाच और ब्रेख्त के बीच यथार्थवाद पर जो विवाद हुआ था उसमें भी यथार्थवाद से विचारधारा और राजनीति का सम्बन्ध ही मुख्य विषय था। लूकाच ने यथार्थवाद के प्रसंग में समाजवादी विचारधारा और राजनीति पर जोर देने का विरोध किया। विरोध के पीछे लोकप्रिय मोर्चे की राजनीति थी। लूकाच कला और साहित्य के क्षेत्र में फासिज्म-विरोधी मोर्चा बनाने के लिए समाजवाद की जगह मानववाद को रख रहे थे। वे समाजवादी यथार्थवाद की जगह 19वीं सदी के आलोचनात्मक यथार्थवाद का महत्त्व बतला रहे थे, उसकी महानता का गुणगान कर रहे थे, उसे नए रचनाकारों के सामने आदर्श रचनाशीलता के रूप में पेश कर रहे थे और टामस मान को उसका आधुनिक प्रतिनिधि सिद्ध कर रहे थे। लूकाच के ठीक विपरीत ब्रेख्त क्रान्तिकारी राजनीतिक दृष्टिकोण से नए सामाजिक

यथार्थ के बोध और अभिव्यक्ति के लिए लोकप्रिय यथार्थवाद के विकास पर बल दे रहे थे। लोकप्रिय यथार्थवाद की धारणा में विचारधारा और राजनीति का विरोध न था, उसमें समाजवादी विचारधारा और राजनीति से कला की एकता पर जोर था। ब्रेख्त स्वयं ऐसे यथार्थवाद के महान् कलाकार थे। लूकाच की धारणा विचारधाराविहीन और अराजनीतिक न थी, उसमें एक विचारधारा की जगह दूसरी विचारधारा और एक राजनीति की जगह दूसरी राजनीति थी।

आजकल हिन्दी में यथार्थवाद पर जो बहसें हो रही हैं और उनमें यथार्थवाद से विचारधारा और राजनीति के सम्बन्ध के बारे में जो दृष्टिकोण सामने आ रहे हैं, उन सबको समझने में लूकाच-ब्रेख्त विवाद की जानकारी से मदद मिल सकती है। आजकल जो लोग चुनाव की राजनीति में निरंकुशतावादी दल का विरोध करने के लिए वर्ग और विचारधारा की राजनीति की जगह सिद्धान्तहीन और अवसरवादी संयुक्त मोर्चे की राजनीति का प्रचार-प्रसार कर रहे हैं वहीं साहित्य में विचारधाराविहीन अराजनीतिक यथार्थवाद की माँग कर रहे हैं। ये लोग जाने अनजाने जॉर्ज लूकाच के बताये रास्ते पर चल रहे हैं। जाहिर है यह साहित्यिक समझ और यथार्थवाद की धारणा संयुक्त मोर्चावादी राजनीतिक समझ से पैदा हुई है।

प्रायः यथार्थवाद पर बात करते समय आलोचकों पर कला की देशकाल निरपेक्ष महानता का आदर्श इतना हावी होता है कि सामाजिकता और स्थानीयता की चिन्ता ही नहीं रहती। इस तरह सोचते समय सामने बालज़क और तोल्सतोय की महानता खड़ी होती है और आलोचक अभिभूत मनोदशा में बालज़क और तोल्सतोय के बाद के समाज और साहित्य के इतिहास की और उस इतिहास में अपनी स्थिति की सुधि भूल जाते हैं। क्या बालज़क और तोल्सतोय के बाद के सामाजिक विकास से और रूसी, चीनी आदि क्रान्तियों से विचारधारा और यथार्थवाद के सम्बन्ध में कोई फर्क नहीं आया है ? क्या यूरोप के देशों में और राष्ट्रीय मुक्ति संघर्ष में लगे तीसरी दुनिया के देशों में यथार्थवाद का रूप एक जैसा होगा ? क्या पूँजीवादी देशों और समाजवादी देशों के साहित्य के यथार्थवाद में कोई अन्तर नहीं होगा ? क्या यथार्थवाद का स्वरूप ऐतिहासिक और सामाजिक सन्दर्भ से प्रभावित नहीं होता ? यह कैसे सम्भव है कि यथार्थ भिन्न हो लेकिन यथार्थवाद भिन्न न हो, यथार्थ बदले, लेकिन यथार्थवाद न बदले, यथार्थवाद से विचारधारा और राजनीति का सम्बन्ध न बदले। क्या 19वीं सदी के यथार्थवाद को आज के यथार्थवाद का आदर्श बनाकर आज के सन्दर्भ में प्रासंगिक यथार्थवाद का विकास हो सकता है ? ये सारे सवाल यथार्थवाद के स्वरूप और यथार्थवाद से विचारधारा तथा राजनीति के सम्बन्ध पर नए ढंग से सोचने की माँग करते हैं। ब्रेख्त ने ठीक ही लिखा है कि यथार्थवाद का प्रश्न केवल साहित्यिक प्रश्न नहीं है। वह महत्त्वपूर्ण राजनीतिक, दार्शनिक और व्यावहारिक प्रश्न है। उसे इसी रूप में समझने-समझाने की जरूरत है।

साहित्य और सर्वहारा

"दार्शनिकों ने संसार की भिन्न-भिन्न ढंग से केवल व्याख्या की है, किन्तु असली काम उसे बदलना है।"

संस्कृति और उसके विभिन्न रूपों की मूलगामी ऐतिहासिक मीमांसा का उद्देश्य केवल विचार के लिए विचार करना या आत्मतोष के लिए चिन्तन करना नहीं है, बल्कि समाज-व्यवस्था और सामाजिक सम्बन्धों के बुनियादी बदलाव के लिए आवश्यक चेतना जगाना है, सामाजिक सम्बन्धों की समग्रता का बोध जगाकर परिवर्तन की प्रेरणा देना है। संस्कृति सम्बन्धी चिन्तन में केवल व्याख्या को चिन्तन का उद्देश्य वे समझते हैं जो वर्तमान को शाश्वत् मानते हैं, लेकिन जो शोषणयुक्त समाज-व्यवस्था को बदलकर शोषणमुक्त समाज-व्यवस्था कायम करने की कोशिश करते हैं, जो मानव-समाज के बेहतर भविष्य की चिन्ता करते हैं, वे बुनियादी बदलाव की अनिवार्यता की पहचान को सम्भव बनाने के लिए व्याख्या और विश्लेषण का सहारा लेते हैं। साहित्य को जीवन और समाज की केवल व्याख्या कहना अगर उसके महत्त्व को घटाना है, तो उसे जीवन की केवल आलोचना कहना अपर्याप्त है। साहित्य सामाजिक जीवन की व्याख्या और आलोचना से आगे बढ़कर बुनियादी बदलाव का साधन बनकर ही मानव-मुक्ति के संघर्ष की व्यापक प्रक्रिया का अंग बन सकता है। साहित्य को बुनियादी बदलाव का साधन समझना उसके महत्त्व को घटाना नहीं, वास्तव में उसके महत्त्व को बढ़ाना और उसे अधिक गम्भीरता से लेना है।

साहित्य मनुष्य की सामाजिक चेतना और सामाजिक चिन्ता की देन है, इसलिए उसमें मानव-जीवन की वास्तविकता और सम्भावना की अभिव्यक्ति होती है। वह यथार्थ और चेतना के सम्बन्ध-बोध का माध्यम ही नहीं, सामाजिक चेतना के निर्माण और सामाजिक जीवन की रूपांतरणशीलता का साधन भी है। साहित्य की सामाजिकता और सामाजिक प्रयोजनशीलता को साहित्य की अभिजातवादी धारणा के समर्थक

भी अब किसी-न-किसी रूप में स्वीकार करने लगे हैं, लेकिन साहित्य की जनवादी धारणा के अन्तर्गत साहित्य की सामाजिकता और प्रयोजनीयता का मूलगामी अर्थ उसे बुनियादी बदलाव का साधन मानने में निहित है।

साहित्य की किसी बुनियादी समस्या पर विचार करते समय साहित्य, समाज और इतिहास-प्रक्रिया के सम्बन्धों पर ध्यान देना आवश्यक है। साहित्य के स्वरूप, उद्देश्य और विकास का सामाजिक विकास से गहरा सम्बन्ध है। साहित्य मानव-समाज के विकास का परिणाम है और प्रमाण भी। वह मनुष्य की सामाजिक चेतना की उपज है और सामाजिक चेतना को उपजानेवाला भी। साहित्य में मनुष्य की ऐतिहासिकता और मानवीयता की अभिव्यक्ति होती है, उसमें कभी-कभी ऐतिहासिकता के विरुद्ध मानवीयता की पुष्टि, समर्थन और व्यंजना का प्रयत्न होता है। मनुष्य अपनी अस्तित्वात्मक आवश्यकताओं के ऊपर उठकर, अपनी मानवीयता के प्रति सहज होकर ही, अपने इन्द्रियबोध, भाव और चिन्तन को साहित्य और कला में व्यक्त करता है। मनुष्य की चेतना उसके सामाजिक-भौतिक अस्तित्व से निर्धारित होती है, लेकिन मनुष्य की चेतना अपने परिवेश की सीमाओं और दबावों से मुक्ति के प्रयत्न में बार-बार साहित्य और कला का सहारा लेती है। लेकिन यह भी सच है कि वास्तविक मुक्ति सामाजिक-भौतिक परिवेश के बुनियादी बदलाव पर निर्भर है, केवल चेतना की मुक्ति पर नहीं। साहित्य सारतः समाज-व्यवस्था के ऊपरी ढाँचे का एक अंग है और ऊपरी ढाँचे का चरित्र आधार के चरित्र से कमोबेश प्रभावित होती है। शासक वर्ग अपना प्रभुत्व बनाये रखने के लिए संस्कृति और साहित्य का एक साधन के रूप में उपयोग करता है, लेकिन साहित्य शोषक समाज-व्यवस्था के विरुद्ध मुक्ति कामी वर्ग के वैचारिक संघर्ष का एक शक्तिशाली माध्यम और हथियार भी होता है। साहित्य की आंतरिक द्वन्द्वात्मक प्रक्रिया की एक विशेषता यह है कि एक ओर वह सामाजिक यथार्थ, सामाजिक सम्बन्धों और समाज में सक्रिय भौतिक वैचारिक शक्तियों की क्रियाशीलता का प्रतिबिम्बन करता है तो दूसरी ओर अपने प्रभावी रूप में सामाजिक परिवर्तन की प्रेरक शक्ति और चेतना का निर्माता भी होता है। यह साहित्य की प्रतिबिम्बात्मक और सर्जनात्मक प्रवृत्तियों का द्वन्द्वात्मक सम्बन्ध है।

समाज की विकास-प्रक्रिया और उस विकास-प्रक्रिया के अन्तर्गत सक्रिय भौतिक वैचारिक शक्तियों के स्वरूप को समझने के लिए इतिहास की द्वन्द्वात्मक भौतिकवादी विकास-प्रक्रिया की समझ आवश्यक है। किसी समाज के विकास के दौरान उस समाज-व्यवस्था का चरित्र एक ओर उसके भौतिक सामाजिक आधार और उस आधार को समर्थन प्रदान करनेवाली समानधर्मी विचारधारा में व्यक्त होता है, तो दूसरी ओर उस आधार और ऊपरी ढाँचे के विरुद्ध संघर्षशील भौतिक वैचारिक शक्तियों के सम्बन्ध से भी निर्धारित होता है। साहित्य का सम्बन्ध समाज और जीवन के

यथार्थ से होता है और यथार्थ का चरित्र समाज-व्यवस्था के चरित्र से बनता है, इसलिए यथार्थ का स्वरूप समाज-व्यवस्था के ऐतिहासिक स्वरूप से निर्धारित होता है। यही कारण है कि कला और साहित्य में व्यक्त यथार्थ का एक अनिवार्य आयाम उसकी ऐतिहासिकता का होता है। इतिहास की विकास-प्रक्रिया में वर्ग-संघर्ष केन्द्रीय और निर्णायक कारण होता है। इस वर्ग-संघर्ष की अभिव्यक्ति विभिन्न विचारधारात्मक रूपों में होती है, लेकिन जैसे समाज-व्यवस्था के आधार और ऊपरी ढाँचे का सम्बन्ध सीधा, सरल और एकपक्षीय नहीं होता, वैसे ही वर्ग-संघर्ष और विचारधारात्मक रूपों का सम्बन्ध भी सीधा, सरल और एकपक्षीय नहीं होता। एंगेल्स ने लिखा है कि विचारधारा इतिहास-प्रक्रिया की देन ही नहीं होती, वह इतिहास-प्रक्रिया को प्रभावित भी करती है, दोनों का सम्बन्ध कार्य-कारण जैसा नहीं होता, उनमें परस्पर क्रिया-प्रतिक्रिया भी होती है। साहित्य को सारतः विचारधारात्मक रूपों के अन्तर्गत मानने का तात्पर्य है उसकी ऐतिहासिकता को स्वीकार करना और कला तथा साहित्य को विचारधारात्मक रूपों के अन्तर्गत न मानने का तात्पर्य है उसकी इतिहास सापेक्षता की उपेक्षा करके उसे इतिहास निरपेक्ष मानना। यह एक आश्चर्यजनक बात है कि कुछ मार्क्सवादी आलोचक मार्क्स की इस स्थापना को तो स्वीकार करते हैं कि कला और साहित्य का भौतिक-सामाजिक आधार होता है, लेकिन वे मार्क्स के इस निष्कर्ष को अस्वीकार करते हैं कि कला और साहित्य सारतः विचारधारात्मक रूपों के अन्तर्गत आते हैं। वास्तव में ऐसी मौलिकता का एक कारण यह है कि वे विचारधारा को 'मिथ्या चेतना' ही समझते हैं, 'वर्ग-चेतना' नहीं। दूसरे, वे कला और साहित्य के वर्गगत स्वभाव के बदले उनके वर्गातीत स्वभाव को अधिक महत्त्व देते हैं।

2

वर्ग-संघर्ष को इतिहास-प्रक्रिया का केन्द्रीय कारण समझने, कला और साहित्य के वर्गगत स्वरूप को स्वीकारने और साहित्य को बुनियादी बदलाव तथा मानव-मुक्ति का साधन मानने के बाद ही साहित्य और सर्वहारा के सम्बन्ध पर विचार करने की सम्भावना बनती है। सर्वहारा वर्ग पूँजीवादी समाज-व्यवस्था की उपज है। पूँजीवादी व्यवस्था में बुर्जुआ वर्ग और सर्वहारा वर्ग का संघर्ष इतिहास-प्रक्रिया की अनिवार्यता है। इस अनिवार्यता को पहचानते हुए सिद्धान्त और व्यवहार की एकता कायम रखकर क्रियाशील होने से ही बुनियादी बदलाव सम्भव होता है। जो शोषणमुक्त समाज-व्यवस्था की स्थापना के लिए प्रतिबद्ध हैं वे सर्वहारा के पक्षधर इसलिए हैं कि पूँजीवादी समाज-व्यवस्था में सर्वाधिक शोषित और सब कुछ हारा हुआ सर्वहारा वर्ग ही सर्वाधिक क्रान्तिकारी वर्ग भी है। वह वर्ग चेतन है, मानव-मुक्ति के अपने ऐतिहासिक दायित्व

के प्रति संजग है, इतिहास-प्रक्रिया में उसका ही भविष्य है, उसके भविष्य के हाथों में मानव-समाज का भविष्य सुरक्षित है और उसके भविष्य के साथ ही कला और साहित्य का भविष्य भी जुड़ा हुआ है। सर्वहारा वर्ग में बुनियादी बदलाव के लिए संघर्ष के नेतृत्व की क्षमता को समझना तथा उसे मजबूत बनाना ही बुनियादी बदलाव के लिए प्रतिबद्ध साहित्यकारों-कलाकारों का काम है।

बुनियादी बदलाव के लिए वस्तुगत परिस्थितियों के साथ-साथ आत्मगत तैयारी की भी जरूरत होती है। जो लोग केवल वस्तुगत परिस्थितियों के अभाव का रोना रोते हैं और आत्मगत तैयारी की जाने-अनजाने उपेक्षा करते हैं, वे या तो भ्रम में जीते हैं या बुनियादी बदलाव की प्रक्रिया को नहीं समझते या फिर भारी धोखेबाज हैं। केवल वस्तुगत परिस्थितियों पर बुनियादी बदलाव की सारी जिम्मेदारी डालकर किसी शुभ दिन का इन्तजार करनेवाले यह भूल जाते हैं कि मार्क्स ने कहा था कि मनुष्य इतिहास की उपज है, लेकिन मनुष्य अपना इतिहास स्वयं बनाता है। मानव और मानव-समाज का इतिहास वस्तुगत परिस्थिति और चेतना के द्वन्द्वात्मक विकासशील सम्बन्ध का इतिहास है। बुनियादी बदलाव की प्रक्रिया में साहित्य की भूमिका यह है कि साहित्य समाज की वस्तुगत परिस्थितियों, सामाजिक सम्बन्धों, जीवन के यथार्थ और चेतना के स्वरूप का प्रामाणिक यथार्थवादी चित्रण करके, समाज-व्यवस्था और उसके अन्तर्गत मनुष्य की जीवन-दशा का वास्तविक रूप सामने लाकर, जनता को जीवन की वास्तविकता का बोध कराता है और दूसरी ओर क्रान्तिकारी वर्ग और उसकी सहायक शक्तियों को पहचानते हुए क्रान्तिकारी चेतना को मजबूत करने तथा संघर्ष को दिशा और दृष्टि देने का काम करता है।

बुनियादी बदलाव के प्रयत्न का केन्द्र तो राजनीतिक-आर्थिक संघर्ष ही होता है, लेकिन शोषक सत्ता के सांस्कृतिक-वैचारिक प्रभुत्व को तोड़ने के लिए सांस्कृतिक-वैचारिक संघर्ष की आवश्यकता होती है। साहित्य इस सांस्कृतिक-वैचारिक संघर्ष का साधन बनकर ही बुनियादी बदलाव की मदद करता है। सर्वहारा वर्ग के संघर्ष के उद्देश्य से अपनी रचनाशीलता को जोड़कर रचना करनेवाले साहित्यकार ही बुनियादी बदलाव के सहायक होते हैं। दुनिया भर के कला और साहित्य के इतिहास से यह सिद्ध होता है कि हर युग के महान् रचनाकार अपनी रचना में पतनशील वर्ग की निर्मम आलोचना करते हैं और प्रगतिशील वर्ग से सहानुभूति व्यक्त करते हैं। यह वास्तव में अपने युग के सामाजिक जीवन के यथार्थ की सही समझ और उसकी ईमानदार प्रामाणिक अभिव्यंजना के कारण सम्भव होता है। दूसरे शब्दों में, हर युग का महान् साहित्य वह होता है जिसमें अपने युग के सामाजिक-मानवीय यथार्थ के ऐतिहासिक स्वरूप की प्रामाणिक व्यंजना होती है, जिसमें समाज में संघर्षशील शक्तियों में से प्रगतिशील शक्तियों की पहचान होती है और जिसमें उस युग की समाज-व्यवस्था के अमानवीय चरित्र के विरुद्ध संघर्ष करनेवाली जनता की आशा-निराशा, विजय-

पराजय, वास्तविकता और आकांक्षा के द्वन्द्व के रूप में उसकी मानवीयता प्रकट होती है।

पूँजीवादी युग में बुर्जुआ और सर्वहारा वर्ग का संघर्ष और सर्वहारा की विजय-यात्रा मानव इतिहास की प्रक्रिया की अनिवार्यता है। जो साहित्यकार सर्वहारा की विजय में मानव-समाज का भविष्य देखते हैं, वे सर्वहारा की विचारधारा, उद्देश्य और संघर्ष से अपनी रचनाशीलता को जोड़ते हैं। आज के जमाने में यह कहना पर्याप्त नहीं है कि रचनाकार की विचारधारा चाहे जो हो, अगर उसे यथार्थ की सही पहचान है और वह अपनी कला में कुशल है, तो वह महत्त्वपूर्ण रचनाकार हो सकता है। एक तो सही विश्व-दृष्टि के अभाव में यथार्थ की सही पहचान कठिन है और दूसरे, इतिहास-प्रक्रिया और उसमें सर्वहारा की क्रान्तिकारी भूमिका की समझ भी असम्भव है। पूँजीवाद के इस दौर में रचनाकार का केवल यथार्थवादी होना ही पर्याप्त नहीं है, उसका जनवादी होना भी जरूरी है। लेकिन सर्वहारा की विचारधारा, संघर्ष और उद्देश्य के साथ तादात्म्य की बात करना सरल है, उसे जीवन-व्यवहार में उतारना कठिन है। पूँजीवादी समाज-व्यवस्था अपने अस्तित्व की सुरक्षा के लिए जानबूझ कर सर्वहारा वर्ग के सांस्कृतिक उत्थान को दबाती है और उसके साहित्य और कला का दमन करती है। पूँजीवादी व्यवस्था के क्रूर, शोषक और अमानवीय चरित्र के कारण श्रमिक अपने श्रम, परिवार, समाज और अन्ततः अपने मानवीय स्वभाव से अलगाव की जिन्दगी जीता हुआ विवशता, निरर्थकता, अकेलापन, आत्म-परायापन का शिकार होता है। ऐसी स्थिति में जबकि वह अपनी जिन्दगी की अस्तित्वात्मक समस्याओं से ही जूझता रहता है, उसे अपने सांस्कृतिक विकास और रचनात्मक क्षमता के उपयोग का अवकाश और अवसर कहाँ मिल पाता है ? यही कारण है कि आवश्यकता और सम्भावना के बावजूद सर्वहारा वर्ग से ऐसे रचनाकार उभर कर सामने नहीं आ पाते जो अपने वर्ग की विचारधारा, चेतना, उद्देश्य और संघर्ष की कलात्मक अभिव्यक्ति कर सकें। दूसरे वर्गों से आए हुए रचनाकार अपने वर्गगत संस्कारों, विचारों और प्रवृत्तियों से प्रायः मुक्त नहीं हो पाते। भारत जैसे देश में, जहाँ पूँजीवाद के साथ-साथ सामन्ती समाज के अवशेष बचे हुए हैं, रचनाकार का भावात्मक-वैचारिक आत्मसंघर्ष अधिक जटिल और कठिन हो जाता है। मध्यवर्ग या पेटी-बुर्जुआ वर्ग से आए हुए रचनाकारों को अपनी 'मिथ्या चेतना' से मुक्त होकर सर्वहारा की 'वर्ग-चेतना' को अपनाने के लिए कठोर आत्म-संघर्ष से गुजरना होगा। सर्वहारा के पक्षधर लेखकों के लिए संघर्ष का कोई विकल्प नहीं हो सकता, सुविधावादियों के लिए वहाँ कोई जगह नहीं है। सर्वहारा के पक्षधर रचनाकारों को अपने अतीत की मानसिकता से मुक्ति और कलात्मकता के मोह से बचने के लिए अपना ही दुश्मन बनना पड़ता है, आत्मालोचन और आत्म-संघर्ष से गुजरना पड़ता है। मध्यवर्ग से आए हुए रचनाकार जब सर्वहारा की

वर्गचेतना को ठीक से अपना नहीं पाते हैं तो उनकी आकांक्षा और उपलब्धि के बीच अन्तराल आ जाता है, और अन्ततः रचना और पाठक या साहित्यकार और जनता के बीच की खाई बनी रहती है। यह सच है कि लोकप्रिय सर्वहारा साहित्य सर्वहारा वर्ग के वर्गचेतन रचनाकारों की रचनाशीलता से ही सम्भव होता है, लेकिन यह भी एक सच्चाई है कि बुनियादी बदलाव की अनिवार्यता को पहचाननेवाले और सर्वहारा वर्ग के उद्देश्यों से गहरी सहानुभूति रखनेवाले दूसरे वर्गों के रचनाकार भी सहयोगी शक्ति के रूप में काम करते हैं या कर सकते हैं। काड्वेल के अनुसार सर्वहारा वर्ग के साथ बुर्जुआ वर्ग के रचनाकारों के सम्बन्ध के तीन रूप हो सकते हैं; एक—विरोध, दो—सहयोग, और तीन—आत्मसात्करण। सर्वहारा का विरोध करने वाले प्रतिक्रियावादी होते हैं, क्योंकि वे इतिहास-प्रक्रिया में नए के बदले पुराने का समर्थन करते हैं। सर्वहारा वर्ग से सहयोग करनेवाले कुछ लेखक सर्वहारा से महज बौद्धिक सहानुभूति रखते हैं, इसलिए ऐसे लोग सर्वहारा को एक अत्यन्त पीड़ित वर्ग के रूप में देखते हैं, उसे क्रान्तिकारी वर्ग के रूप में नहीं देखते। जो लेखक अपने वर्गीय विचारों और उद्देश्यों से मुक्त होकर समाज और जीवन के प्रति सर्वहारा के दृष्टिकोण को आत्मसात करते हैं, वे सर्वहारा के विश्वसनीय रचनाकार बन पाते हैं। लेकिन ऐसे रचनाकार जब अपनी रचना में अन्तर्वस्तु और रूप के अन्तर्विरोध के शिकार होकर 'जनवादी अन्तर्वस्तु और बुर्जुआ कला-रूप की एकता' स्थापित करने की कोशिश करते हैं तो वे सर्वहारा से दूर पड़ जाते हैं और इस तरह रचना में 'अभिप्राय और प्रभाव की एकता' खण्डित होती है। साहित्य और कला के क्षेत्र में प्रगतिशीलता, जनवादिता और क्रान्तिकारिता में अन्तर, वास्तव में, साहित्य और सर्वहारा के सम्बन्ध के रूप पर निर्भर है। सच्चे सर्वहारा साहित्य और कला की सम्भावना समाजवादी समाज में ही हो सकती है, क्योंकि वहाँ समाज-व्यवस्था और सर्वहारा की चेतना में संघर्ष नहीं एकता होती है। पूँजीवादी समाज में, सर्वहारा साहित्य में बुर्जुआ व्यवस्था के विरुद्ध सर्वहारा वर्ग के संघर्ष की व्यंजना होती है, इसलिए पूँजीवादी समाज में सर्वहारा साहित्य प्रायः विरोध का साहित्य बन जाता है। लेकिन सच्चा सर्वहारा साहित्य केवल विरोध का साहित्य या आन्दोलनकारी साहित्य नहीं होता, क्योंकि उसमें सामाजिक सम्बन्धों की जटिल समग्रता की व्यंजना होती है, पूँजीवादी सामाजिक सम्बन्धों में खोयी हुई मानवीयता की खोज होती है और उसमें बुर्जुआ साहित्य तथा कला से बेहतर साहित्य और कला के निर्माण का प्रयत्न भी होता है। यह याद रखना होगा कि केवल मार्क्सवादी शब्दावली और मुहावरों के उपयोग से कोई रचना जनवादी नहीं बन जाती, उसका वास्तविक महत्त्व उसमें चित्रित सामाजिक यथार्थ और सामाजिक सम्बन्धों की समग्रता की प्रामाणिकता पर निर्भर होता है। शब्द, कर्म से बचाव का नहीं, लगाव का साधन है। भाषा, कर्म और चिन्तन के बीच मध्यस्थता करके ही सार्थक होती है।

किसी रचनाकार की चिन्ता का मुख्य विषय जीवन का यथार्थ है और जीवन का यह यथार्थ बहुआयामी होता है। रचनाकार सामाजिक यथार्थ और सामाजिक सम्बन्धों की समग्रता का चित्रण करते समय मानव-सम्बन्ध के वैयक्तिक, सामाजिक और मानवीय पक्षों का उद्‌घाटन करता है, वह मनुष्य की वैयक्तिक, सामाजिक और मानवीय संवेदनशीलता की व्यंजना करता है। रचना में जीवन-जगत् के यथार्थ के प्रति रचनाकार की संवेदनशीलता, जिसमें इन्द्रियबोध, भावबोध और चिन्तन का योग होता है, व्यक्त होती है। यह संवेदनशीलता रचना-प्रक्रिया के दौरान विशेष से सामान्य में बदलती है और पुनः रचना में विशेष के माध्यम से उसका सामान्यीकरण होता है। रचनाकार विशेष व्यक्तियों, घटनाओं और वस्तुस्थितियों के माध्यम से जो जीवनानुभव प्राप्त करता है, उसका वह सामान्यीकरण करता है, फिर अभिव्यक्ति के दौरान वह विशेष व्यक्तियों, घटनाओं और वस्तुस्थितियों के माध्यम से व्यक्त करता है। यहाँ यह कहना आवश्यक है कि रचना में अभिव्यंजित व्यक्तियों, घटनाओं और वस्तुस्थितियों में विशिष्टता और सामान्यता या वैयक्तिकता और प्रतिनिधिकता का संश्लेष होता है। रचना के रूप में पाठक जब लेखक के जीवनानुभव का पुनः अनुभव करता है तो उस अनुभव का एक बार फिर सामान्यीकरण या साधारणीकरण होता है। रचनाकार रचना-प्रक्रिया में व्यक्ति की वैयक्तिकता के साथ-साथ उसकी सामाजिकता की भी व्यंजना करता है, लेकिन वैयक्तिक संवेदना के निजीपन और सामाजिक संवेदना की समकालीनता तथा ऐतिहासिकता तक ही वह सीमित नहीं रहता। वह मानव-संवेदना के मानवीय पक्ष का भी उद्‌घाटन करता है जिसके कारण रचना ऐतिहाकता की सीमा के परे भी प्रभावकारी सिद्ध होती है। साहित्य में मनुष्य की ऐतिहासिकता और मानवीयता का द्वन्द्व वास्तव में उसके अस्तित्व और सत्व का द्वन्द्व है। मनुष्य अपने अस्तित्व की सीमाओं से मुक्त होकर अपनी मानवीयता की रक्षा, अभिव्यक्ति और सम्प्रेषण की कोशिश करता है। मार्क्स ने जिसे 'समग्र मनुष्य का बोध' और 'मानवीय यथार्थ का आविर्भाव' कहा है, वही साहित्य में मनुष्य की वैयक्तिकता और सामाजिक-ऐतिहासिकता के अतिरिक्त उसकी मानवीयता की अभिव्यंजना में प्रकट होता है। पूँजीवादी समाज-व्यवस्था में मनुष्य की यह मानवीयता नष्ट हो जाती है। यहाँ लगभग सबकुछ अमानवीकरण की प्रक्रिया का शिकार हो जाता है। पूँजीवादी समाज-व्यवस्था और उसके साथ-साथ व्यक्तिगत सम्पत्ति के अन्त के बाद ही मनुष्य की मनुष्यता पुनः प्रतिष्ठित होती है। साहित्य पूँजीवादी व्यवस्था के अमानवीकरण की प्रक्रिया के विरुद्ध संघर्ष का साधन भी होता है। यहाँ यह भी कहना जरूरी है कि किसी समाज की वास्तविकता और उनमें मौजूद मानव सम्बन्धों के चित्रण में मानव सम्बन्धों की वैयक्तिकता, सामाजिकता और मानवीयता के अभाव का चित्रण उतना ही महत्त्वपूर्ण है जितना आविर्भाव का, बशर्ते कि उस चित्रण में सच्चाई, व्यापकता, गहराई और ईमानदारी हो। 'जो है' उसके आधार पर 'जो कुछ'

हो सकता है उसकी सम्भावना व्यक्त करना एक सृजनशील रचनाकार का काम है, लेकिन 'जो कुछ' नहीं है उसके आधार पर 'सब कुछ' की कल्पना कर लेना किसी कल्पनाविलासी स्वप्नजीवी का काम हो सकता है।

साहित्य में सामाजिक यथार्थ और सामाजिक सम्बन्धों की समग्रता, जनता के सामाजिक संघर्ष और इतिहास-प्रक्रिया की दिशा का चित्रण करके रचनाकार जनता का यथार्थ बोध विकसित करता है जिससे जनता की चेतना तीव्र और जागरित होती है। चेतना के जागरण का अर्थ है अपनी सामाजिकता और मानवीयता का बोध और जाग्रत सामाजिक चेतना ही अग्रगामी परिवर्तनकारी चेतना बनती है। लेकिन इसके लिए यह आवश्यक है कि रचनाकार की विश्व-दृष्टि और पाठक की विश्व-दृष्टि में साझेदारी की सम्भावना हो, क्योंकि विश्व-दृष्टि से ही यथार्थबोध अनुशासित होता है। जहाँ रचनाकार और पाठक की विश्वदृष्टि में सामंजस्यपूर्ण सम्बन्ध का अभाव होगा, वहाँ रचना में व्यक्त यथार्थ का पाठकीय बोध मुश्किल हो जाएगा। रचनाकार और पाठक की विश्व-दृष्टि में एकता के अतिरिक्त यह भी आवश्यक है कि रचनाकार की कलात्मक चेतना और सामाजिक चेतना में एकता हो। सामाजिक चेतना के ऐतिहासिक आयाम का बोध ही वर्ग-चेतना का बोध है। रचनाकार की रचनाशीलता सामाजिक चेतना के ऐतिहासिक आयाम के बोध तक ही समाप्त नहीं होती; बल्कि वह इतिहास की प्रक्रिया और दिशा का बोध प्राप्त कर ऐतिहासिक दृष्टि से प्रगतिशील वर्ग की उस चेतना के स्वरूप की पहचान भी करती है जिसे जॉर्ज लूकाच ने 'सम्भावित चेतना' कहा है। यह 'सम्भावित चेतना' उस वर्ग की चेतना होती है जिसका वर्ग-संघर्ष में भविष्य होता है। निश्चय ही पूँजीवादी समाज-व्यवस्था में चलनेवाले वर्ग-संघर्ष में ऐसी 'सम्भावित चेतना' सर्वहारा वर्ग की चेतना होती है, क्योंकि उसी का भविष्य होता है। पूँजीवादी समाज में वही रचना महान् होगी जिसमें इस 'सम्भावित चेतना' की पहचान हो। सच्चा सर्वहारा साहित्य व्यक्ति को वैयक्तिक चेतना की संकुचित सीमा से मुक्त कर उसकी सामाजिक चेतना को जगाता है और मानवीय चेतना को अधिक व्यापक और गहरा बनाता है।

पूँजीवादी समाज में सर्वहारा वर्ग की स्थिति और उसके वर्ग-संघर्ष के उद्देश्य के सन्दर्भ में साहित्य की सहायक और उपयोगी भूमिका पर विचार करते हुए यह कहा जा सकता है कि सर्वहारा के पक्षधर साहित्य का उद्देश्य है; (1) पतनशील बुर्जुआ जीवन पद्धति और मरणोन्मुख बुर्जुआ संस्कृति की वास्तविकता की छानबीन करना और उसकी कमजोरियों का चित्रण करना, (2) समाज के सम्पूर्ण जीवन के साथ बुर्जुआ जीवन पद्धति की असंगति और समाज के विकास में बुर्जुआ समाज-व्यवस्था और जीवन पद्धति के बाधक स्वरूप का उद्घाटन करना, (3) बुर्जुआ वर्ग के सांस्कृतिक और राजनीतिक प्रभुत्व के टूटने की प्रक्रिया और तोड़ने के तरीकों का वर्णन करना, (4) सामाजिक सम्बन्धों की समग्रता के बीच सर्वहारा के जीवन-संघर्ष

का चित्रण करना, (5) सर्वहारा दृष्टिकोण के अनुरूप एक अधिक मानवीय संसार की रचना की कोशिश करना, (6) सामाजिक जीवन के यथार्थ का चित्रण करते समय वर्ग संघर्ष की प्रक्रिया और रूप को समझना तथा वर्ग-संघर्ष के प्रत्येक रूप के राजनीतिक प्रयोजन को पहचानना, क्योंकि "प्रत्येक वर्ग-संघर्ष राजनीतिक संघर्ष होता है", (7) सर्वहारा के सामाजिक संघर्ष का चित्रण करते हुए सर्वहारा वर्ग की एकता को मजबूत करने और उसे आगे बढ़ाने की कोशिश करना, (8) सर्वहारा को 'मिथ्या चेतना' से मुक्त करने और उसकी वर्ग चेतना और मानवीय चेतना को विकसित करने का प्रयत्न करना और (9) सर्वहारा को इतिहास-प्रक्रिया की दिशा और गति का बोध कराते हुए उसके ऐतिहासिक दायित्व का बोध जगाना।

सर्वहारा साहित्य के स्वरूप पर विचार करते समय साहित्य की लोकप्रियता और कलात्मक श्रेष्ठता का आपसी सम्बन्ध भी विचारणीय है। प्रायः लोकप्रियता और कलात्मक श्रेष्ठता को परस्पर विरोधी प्रवृत्तियों के रूप में उपस्थित किया जाता है। लोकप्रियता को समकालीनता से जोड़ा जाता है और कलात्मक श्रेष्ठता को कालातीतता से। कभी कलात्मक श्रेष्ठता को लोकप्रियता का आधार माना जाता था, लेकिन अब पूँजीवादी व्यवस्था की व्यक्तिवादिता के कारण कलात्मक श्रेष्ठता और लोकप्रियता बीच पार्थक्य स्थापित हो गया है। कुछ व्यक्तिवादी रचनाकार आत्माभिव्यक्ति को ही पर्याप्त समझते हैं, वे सम्प्रेषण को अनावश्यक मानते हैं। कुछ अन्य लेखकों के अनुसार अभिव्यक्ति के लिए अब कुछ भी शेष नहीं है। कुछ ऐसे भी रचनाकार हैं जो सम्प्रेषण को असम्भव मानते हैं। जाहिर है, रचना सम्बन्धी ऐसे दृष्टिकोण के वातावरण में लोकप्रियता के लिए कोई जगह नहीं हो सकती। लोकप्रियता का प्रश्न वहीं पैदा होता है जहाँ सम्प्रेषण की आवश्यकता और सम्भावना में आस्था हो। कोई भी जनवादी रचनाकार सम्प्रेषण की आवश्यकता और लोकप्रियता की कामना से मुँह नहीं मोड़ सकता। कलात्मक श्रेष्ठता और लोकप्रियता के बीच की दूरी किसी जनवादी रचनाकार की मजबूरी हो सकती है, उसकी उपलब्धि कदापि नहीं। लेकिन पूँजीवादी समाज में लोकप्रियता न तो कलात्मक श्रेष्ठता पर निर्भर होती है और न वह कला की सहज विशेषता रह जाती है। यहाँ लोकप्रियता पूँजीवादी व्यवस्था के नियमों का शिकार होती है। पूँजीवादी व्यवस्था में हर चीज़ का व्यापारीकरण होता है, हर चीज़ खरीद-बिक्री की वस्तु बन जाती है। व्यापारीकरण की इस प्रक्रिया के परिणामस्वरूप सस्ता बाजारू साहित्य लोकप्रिय हो जाता है और कलात्मक श्रेष्ठता की उपेक्षा होती है। पूँजीवादी समाज-व्यवस्था में अगर सस्ता बाजारू साहित्य लोकप्रिय हो जाता है तो उसके अनेक कारण हैं। पहला कारण तो विज्ञापन की कला और कला का विज्ञापन ही है, जो व्यापारीकरण की प्रक्रिया का अंग है। दूसरा कारण यह है कि पूँजीवादी व्यवस्था लोकप्रियता को अपनी चालाकी और चालबाजी से घटाने-बढ़ाने की साजिश करती है। जनवादी रचनाओं के दमन और

बुर्जुआ व्यवस्था के हितों की सुरक्षा करनेवाली रचनाओं को लोकप्रिय बनाने के लिए तरह-तरह के साधनों का उपयोग होता है। बाजारू साहित्य की लोकप्रियता का तीसरा कारण यह है कि मानव-व्यक्तित्व के भावात्मक और वैचारिक अंश से गहरे स्तर तक जुड़ा हुआ साहित्य उतना लोकप्रिय नहीं होता जितना सनसनीखेज, वासना उत्तेजक साहित्य। प्रेमचन्द के शब्दों में कहें तो 'सुलाने वाला साहित्य' 'जगाने वाले साहित्य' से अधिक लोकप्रिय हो जाता है, क्योंकि वह बाजार की प्रकृति के अनुकूल होता है। बुर्जुआ व्यवस्था की विचारधारा के शिकार लोग चेतना को झकझोरने वाले, बेचैन करनेवाले साहित्य के बदले मनोरंजक साहित्य को अधिक पसन्द करते हैं। जनवादी साहित्य की अलोकप्रियता का कारण केवल उसके खिलाफ षड्यन्त्र ही नहीं है, जनता की अशिक्षा और कला चेतना का पिछड़ापन भी है, जो पूँजीवादी व्यवस्था का ही फल है। श्रेष्ठ कलात्मक जनवादी साहित्य को लोकप्रिय बनाने के लिए यह आवश्यक है कि पूँजीवादी समाज-व्यवस्था का अन्त हो और समाजवादी समाज की स्थापना हो, जिसमें जनवादी संस्कृति और कला के विकास और लोकप्रियता की सम्भावना उत्पन्न हो। लेनिन ने तोल्सतोय की महान् रचनाओं की रूसी जनता में अलोकप्रियता पर विचार करते हुए कहा था कि तोल्सतोय की रचनाओं को लोकप्रिय बनाने के लिए संघर्ष करने और पूँजीवादी समाज-व्यवस्था की जगह समाजवादी समाज की स्थापना की जरूरत है। यह एक विचित्र बात है कि हिन्दी के कुछ मार्क्सवादी आलोचक मुक्तिबोध जैसे रचनाकार की रचनाओं को लोकप्रिय बनाने के लिए बुर्जुआ व्यवस्था के खिलाफ संघर्ष करने के बदले मुक्तिबोध की लोकप्रियता के खिलाफ संघर्ष करना अपना कर्तव्य समझते हैं। विचार करने की बात यह भी है कि 'जनता में लोकप्रिय साहित्य' की माँग करते समय 'जनता' और 'लोकप्रिय' का तात्पर्य क्या है ? क्या 'जनता' से हमारा तात्पर्य शोषित किन्तु वर्गचेतनाहीन अशिक्षित जनता से है और 'लोकप्रिय' का तात्पर्य सरल, सुबोध और सपाट साहित्य से ? जी, नहीं। 'जनता' से हमारा तात्पर्य वर्ग चेतन संघर्षशील जनता से है और 'लोकप्रिय' वह है जिसमें बोधगम्यता और कलात्मकता की एकता हो। ब्रेख्त ने जनता में लोकप्रिय साहित्य के स्वरूप पर विचार करते हुए लिखा है कि जनता से हमारा तात्पर्य ऐसी जनता से है जो इतिहास-प्रक्रिया में निर्णायक भूमिका निभा रही हो, जो इतिहास का निर्माण कर रही हो और दुनिया को बदलने के साथ-साथ अपने को भी बदल रही हो। ब्रेख्त ने जुझारू जनता के सन्दर्भ में लोकप्रियता की जुझारू धारणा पर विचार करते हुए लिखा है—"लोकप्रिय वह साहित्य या कला है जो व्यापक जनता के लिए बोधगभ्य हो, जिसमें जनता के अभिव्यंजना-रूपों को अपनाया और समृद्ध बनाया गया हो, जिसमें जनता के दृष्टिकोण के स्वीकार, समर्थन और सुधार का प्रयत्न हो, जिसमें जनता के सर्वाधिक प्रगतिशील वर्ग का ऐसा चित्रण हो जिससे उसकी नेतृत्व की क्षमता प्रकट हो और इस प्रकार वह (रचना) दूसरे वर्गों के लिए

भी बोधगम्य हो सके, जिसमें परम्परा से सम्बद्धता हो और विकास का प्रयत्न भी, और जिसमें नेतृत्व करनेवाले वर्ग की उपलब्धियों की, नेतृत्व के लिए संघर्ष करने वाले वर्ग को जानकारी दी गई हो।''

लेनिन के अनुसार लोकप्रिय लेखन वह है जिसमें विचारों की गहराई हो, जो पाठक की चिन्तन शक्ति को गति दे, और जो पाठक के मन में नए प्रश्न पैदा करने में सक्षम हो। सारांश यह कि लोकप्रिय लेखक अपने पाठकों को बेवकूफ नहीं समझता। ब्रेख्त और लेनिन के विचारों के प्रकाश में यह कहा जा सकता है कि लोकप्रियता कलाहीन नहीं होती। लोकप्रिय यथार्थवादी जनवादी रचना में क्रान्तिकारी अन्तर्वस्तु और लोकप्रिय रूप की एकता होती है, उसमें अभिप्राय और प्रभाव की एकता होती है। कलात्मक श्रेष्ठता, ग्राम्शी के शब्दों में, केवल 'अन्तर्वस्तु के सौन्दर्य' या 'रूप के सौन्दर्य' में नहीं होती, वह वस्तु और रूप की सामंजस्यपूर्ण एकता में प्रकट होती है।

सर्वहारा साहित्य के सन्दर्भ में कलात्मक श्रेष्ठता और लोकप्रियता के सम्बन्ध पर विचार करते समय या दोनों की एकता का व्यवहार करते समय, दो अतिवादी दृष्टिकोणों से बचाव आवश्यक है। लोकप्रियता की उपेक्षा करके कलात्मक श्रेष्ठता को अधिक महत्त्व देने से कलावादी आग्रहों और सौन्दर्यवादी रुझानों के शिकार होने का खतरा है, जिससे रचना दुर्बोध होने के कारण जनता से अलग-थलग पड़ जाती है। फलतः जनवादी रचना के प्रयोजन की पराजय की सम्भावना उत्पन्न होती है। दूसरी ओर कलात्मकता की उपेक्षा करके केवल लोकप्रियता को महत्त्व देने से कलात्मकता का ह्रास होता है और जनता की कला-चेतना का विकास नहीं हो सकता। सुबोध के नाम पर ऐसे सस्ते सरल और सपाट साहित्य की बाढ़ आती है जिसमें सामाजिक यथार्थ और सामाजिक सम्बन्धों की जटिलता का चित्रण सम्भव नहीं होता, इसलिए ऐसे साहित्य का प्रभाव भी क्षणिक होता है। इस सन्दर्भ में यह स्मरणीय है कि मानव सभ्यता के विकास के इतिहास में सर्वहारा साहित्य और कला को बुर्जुआ साहित्य और कला की तुलना में विकास की उच्चतर अवस्था का प्रमाण देना है, अधिक समृद्ध कला, कला-संवेदना और सौन्दर्यबोध का विकास करना है।

सर्वहारा और साहित्य के सम्बन्ध पर विचार करते समय एक यह सवाल सामने आता है कि क्या 'सर्वहारा कला' या 'सर्वहारा साहित्य' जैसी कोई धारणा मार्क्सवादी सौन्दर्यशास्त्र के अन्तर्गत बनाई जा सकती है ? इस सवाल का दूसरा रूप यह है कि 'जनवादी कला' या 'जनवादी साहित्य' की धारणा और 'सर्वहारा कला या साहित्य' में क्या सम्बन्ध है ? हिन्दी में 'जनता का साहित्य', 'आम आदमी का साहित्य' और 'दलित साहित्य' को बहस का विषय बनाया गया है, लेकिन 'सर्वहारा' 'सर्वहारा कला या साहित्य' की धारणा पर पर्याप्त विचार नहीं हुआ है।

मानव-समाज के इतिहास से यह सत्य सामने आता है कि वर्गों में विभाजित

समाज-व्यवस्था में एक वर्ग शोषकों का और दूसरा शोषितों का होता है। शासक वर्ग ही शोषक वर्ग है और शोषित वर्ग 'जनता' है। इस प्रकार 'जनता' की धारणा में हर युग की शोषित जनता आ जाती है। सामन्ती सामज में शोषित जनता के अन्तर्गत किसान और दूसरे शोषित वर्ग आते हैं। पूँजीवादी समाज-व्यवस्था में शोषित जनता के अन्तर्गत सर्वहारा और दूसरे शोषित वर्ग सम्मिलित होते हैं। सामन्ती समाज में किसान और दूसरे शोषित वर्गों में अन्तर शोषण की मात्रा में अन्तर के कारण नहीं, शोषण के रूप में अन्तर के कारण होता है। पूँजीवादी समाज में सर्वहारा सर्वाधिक शोषित और सब कुछ हारा हुआ वर्ग होता है। जैसे सामन्ती समाज के क्रूर शोषण और दमन के खिलाफ जनता के संघर्ष का प्रतिनिधित्व किसान वर्ग करता है वैसे ही पूँजीवादी समाज में शोषण और दमन के खिलाफ जनता के संघर्ष का नेतृत्व सर्वहारा वर्ग करता है। जनता के संघर्ष का नेतृत्व करनेवाला वर्ग अपने मित्र वर्गों से पृथक् नहीं होता। पूँजीवादी समाज-व्यवस्था से सर्वहारा वर्ग की मुक्ति वास्तव में सम्पूर्ण समाज की मुक्ति है, इसलिए सर्वहारा का मुक्ति-संघर्ष सारे समाज का मुक्ति-संघर्ष होता है। यह मुक्ति-संघर्ष सर्वहारा के नेतृत्व और उसकी वर्ग चेतना की व्यापक जनता में स्वीकृति से सफल होता है, इसलिए सर्वहारा के उद्देश्य से शेष शोषित वर्गों का उद्देश्य भिन्न नहीं होता। पूँजीवादी समाज में सर्वहारा एक मूर्त्त ऐतिहासिक धारणा है जबकि 'जनता' की धारणा में व्यापकता के बावजूद अमूर्त्तता की सम्भावना रहती है। हिन्दी साहित्य में हाल के कुछ वर्षों में आम आदमी या 'आम जनता' की जो चर्चा हुई है, उसमें जनता की धारणा में निहित अमूर्त्तता का लाभ उठाकर ही प्रगति-विरोधी लोगों ने 'आम आदमी' या 'आम जनता' को अमूर्त्त, अपरिभाषित और अज्ञेय तक कहा है। सर्वहारा की धारणा में इस प्रकार के भ्रम फैलाने की कोई सम्भावना नहीं है। दूसरी बात यह है कि चूँकि सर्वहारा वर्ग ही पूँजीवाद के विरुद्ध संघर्ष का नेतृत्व करनेवाला वर्ग है, वह अपने ऐतिहासिक दायित्व के प्रति सजग होता है और वही क्रान्तिकारी वर्ग है, इसलिए सर्वहारा कला और सर्वहारा साहित्य या सर्वहारा संस्कृति की धारणा वर्तमान की आवश्यकता ही नहीं, भविष्य की सम्भावना की ओर भी संकेत करती है। 'जनता' कहने से कभी-कभी वर्गचेतनाविहीन, पूर्णतः आत्मनिर्वासित, मिथ्या चेतना की शिकार और निष्क्रिय भीड़ का बोध होता है, लेकिन सर्वहारा की धारणा में उस भ्रांति की सम्भावना समाप्त हो जाती है।

'सर्वहारा कला' या 'सर्वहारा साहित्य' के सन्दर्भ में कुछ ज्ञानी मार्क्सवादी यह आपत्ति उठाते हैं कि "मार्क्स की रचनाओं में सर्वहारा कला की आवश्यकता और सम्भावना का कोई उल्लेख नहीं है।" इस आपत्ति के उत्तर में यह कहा जा सकता है कि मार्क्स और एंगेल्स ने अपनी रचनाओं में कला के वर्गगत स्वरूप, कलाकृतियों में वर्गगत मूल्यों की स्थिति और कला के विचारधारात्मक रूप का विवेचन

किया है। मार्क्स ने एक वर्ग के राजनीतिक और साहित्यिक प्रतिनिधियों का अपने वर्ग के साथ सम्बन्ध का विश्लेषण किया है। मार्क्स ने शेली के बारे में कहा था कि वह पक्का क्रान्तिकारी था और अगर जीवित रहता तो समाजवादी हरावल (सर्वहारा) का साथ देता। एंगेल्स ने सर्वहारा युग के आगमन का संकेत देनेवाले दान्ते की आकांक्षा व्यक्त की है, उन्होंने इग्लैण्ड के सर्वहारा वर्ग और साहित्य के सम्बन्ध पर विचार किया है। क्या इन प्रमाणों के आधार पर यह कहना उचित नहीं है कि मार्क्स और एंगेल्स ने 'सर्वहारा कला' और 'सर्वहारा साहित्य' की 'आवश्यकता और सम्भावना' पर विचार किया है ? इस प्रसंग में यह स्मरणीय है कि लेनिन ने सर्वहारा संस्कृति की चर्चा की है। उन्होंने वर्गीय पक्षधरता के विरोधी साहित्यिक अतिमानवों की आलोचना करते हुए कहा है कि साहित्य को निश्चित रूप से सर्वहारा के सामान्य उद्देश्य का अंग बनना चाहिए। वर्ग-संघर्ष और उसकी अनिवार्य परिणति 'सर्वहारा के अधिनायकत्व' को स्वीकार करनेवाले सर्वहारा संस्कृति और सर्वहारा कला की 'आवश्यकता और सम्भावना' को अस्वीकार नहीं कर सकते।

इसी प्रसंग में कुछ दूरदर्शी मार्क्सवादी यह आशंका भी व्यक्त करते हैं कि चूँकि वर्ग संघर्ष का उद्देश्य अन्ततः वर्गविहीन समाज की स्थापना है, इसलिए वर्गविहीन समाज में सर्वहारा कला की क्या स्थिति होगी ? या सर्वहारा कला की धारणा की क्या सार्थकता रहेगी ? इस प्रकार की आशंका व्यक्त करने वाले सर्वहारा साहित्य या कला के केवल आन्दोलनकारी रूप को महत्त्व देते हैं और उसकी सामयिकता पर ही विचार करते हैं। वे यह भूल जाते हैं कि सर्वहारा साहित्य का एक ऐतिहासिक पहलू होता है तो दूसरा, मानवीय पहलू भी होता है, इसलिए वर्गविहीन समाज में भी क्रान्तिकारी सर्वहारा कला या साहित्य की सार्थकता और महत्ता समाप्त नहीं हो जाती। सामाजिक यथार्थ और मानवीय सम्बन्धों की जटिल समग्रता के चित्रण में ऐतिहासिकता के साथ-साथ मानवीयता की व्यंजना के कारण ही हर युग का महान् साहित्य युगीन और युगातीत दोनों होता है। इस सन्दर्भ में यह भी कहना जरूरी है कि सच्ची लोकप्रिय सर्वहारा कला की सम्भावना वर्गविहीन समाज में ही होगी क्योंकि उसमें सर्वहारा चेतना और मानवीय चेतना का पार्थक्य समाप्त हो जाएगा।

सर्वहारा कला और सर्वहारा साहित्य के सन्दर्भ में यह सवाल भी विचारणीय है कि क्या बुनियादी बदलाव के दौर में रचित सर्वहारा साहित्य में सर्वहारा के अतिरिक्त दूसरे शोषित वर्गों का समावेश नहीं होगा ? इस प्रश्न के उत्तर में यह कहा जा सकता है कि बुनियादी बदलाव के लिए संघर्ष में सर्वहारा के सभी सहयोगी वर्गों का समावेश होना चाहिए, क्योंकि एक तो बुनियादी बदलाव केवल सर्वहारा वर्ग की आवश्यकता नहीं है और दूसरे, बुनियादी बदलाव की प्रक्रिया में सम्पूर्ण शोषित जनता शामिल होती है। सर्वहारा साहित्य में सर्वहारा के दृष्टिकोण से सामाजिक

सम्बन्धों की समग्रता का चित्रण होता है, इसलिए सर्वहारा के मित्र वर्गों की उपेक्षा नहीं हो सकती। जिन देशों में पूँजीवाद के साथ-साथ सामन्ती समाज के अवशेष भी कायम हैं, उन देशों के बुनियादी बदलाव में मजदूर और किसान वर्ग की समान महत्त्वपूर्ण भूमिका होगी और बुनियादी बदलाव से सहानुभूति रखनेवाले मध्यवर्ग और पेटी-बुर्जुआ वर्ग को भी सर्वहारा साहित्य में स्थान मिलेगा। वास्तव में अब तक का सारा साहित्य अल्पमत का साहित्य रहा है, लेकिन सर्वहारा साहित्य सच्चे अर्थों में बहुमत का साहित्य होता है क्योंकि इसमें सभी शोषित वर्गों के जीवन-संघर्ष और चेतना की व्यंजना होती है। अगर किसी साहित्य में सभी शोषित वर्गों का समावेश होता है, लेकिन उसमें सर्वहारा के क्रान्तिकारी रूप और भूमिका की व्यंजना होती है तो ऐसे साहित्य को जनवादी या सर्वहारा साहित्य कहने से कोई खास फर्क नहीं पड़ता।

सर्वहारा और साहित्य के सम्बन्ध पर विचार करते समय अन्त में श्रम और कला तथा कलाकार के श्रमिक रूप और श्रमिक के कलाकार रूप के सम्बन्ध पर विचार करना आवश्यक है। श्रम के माध्यम से मनुष्य की सामाजिकता ही नहीं उसकी मानवीयता का भी विकास होता है। श्रम की प्रक्रिया में, मार्क्स के शब्दों में, मानवीय इन्द्रियों और इन्द्रियों की मानवीयता (अर्थात् इन्द्रियबोध) का विकास और निर्माण होता है। इस प्रक्रिया में ही मनुष्य प्रकृति को मानवीय बनाता है। श्रम की प्रक्रिया में मनुष्य अपने अस्तित्व और चेतना को वस्तु के रूप में बदलता है और मानवीय अस्तित्व और चेतना के मूर्तीकरण की इस प्रक्रिया में ही सौन्दर्यानुभूति का भी विकास होता है, क्योंकि मनुष्य श्रम के सहारे जो कुछ पैदा करता है उसे वह केवल अपने अस्तित्व की आवश्यकताओं के लिए ही पैदा नहीं करता बल्कि, मार्क्स के शब्दों में, "सौन्दर्य के नियमों के अनुसार भी पैदा करता है।" इस प्रकार मनुष्य द्वारा उत्पादित वस्तुओं का केवल उपयोगितावादी मूल्य नहीं होता, उनका सौन्दर्यबोधी मूल्य भी होता है। श्रम और कला के स्वाभाविक विकास के लिए स्वतन्त्रता और सृजनशीलता की आवश्यकता होती है, इन दोनों के माध्यम से ही मनुष्य अपने अस्तित्व और सत्य की व्यंजना का प्रयत्न करता है, ये दोनों ही स्वतन्त्र और रचनात्मक मानवीय क्रियाएँ हैं। कला-रचना एक विशिष्ट प्रकार का श्रम है जिसमें मनुष्य अपने अस्तित्व से अधिक सत्य को महत्त्व देता है। स्वतन्त्रता और सृजनशीलता ऐसी मानवीय विशेषताएँ हैं जिनके अभाव में श्रम और कला की स्वाभाविकता और मानवीयता नष्ट हो जाती है। लेकिन पूँजीवादी समाज इन दोनों का दुश्मन है, इसीलिए मार्क्स ने कहा था कि पूँजीवाद कला का दुश्मन है। पूँजीवादी समाज में हर चीज़—चाहे वह कलाकृति हो या श्रम से उत्पन्न कोई दूसरी चीज़—व्यापार की वस्तु बन जाती है, उसका विनिमय मूल्य शेष सभी प्रकार के मूल्यों से अधिक महत्त्वपूर्ण होता है। पूँजीवादी समाज में श्रम का कलात्मक रूप नष्ट हो जाता है,

श्रमिक की स्वतन्त्रता और रचनाशीलता समाप्त हो जाती है और कलाकार मजदूरी पर जीवन गुजारनेवाला बन जाता है। पूँजीवादी व्यवस्था में श्रमिक जिस अलगाव की प्रक्रिया से गुजरता है, उसका कलाकार भी शिकार होता है। इस प्रकार दोनों ही अपने अस्तित्व के लिए अपने सत्व को खो देने को मजबूर होते हैं। मार्क्स ने लिखा है कि, "निश्चय ही लेखक को जीने के लिए जीविका की जरूरत होती है लेकिन वह केवल अपनी जीविका के लिए जीना और लिखना नहीं चाहता। लेखक अपनी रचना को कभी भी साधन (जीविका का साधन) नहीं समझता। अगर आवश्यक हो तो वह अपनी रचनाओं के अस्तित्व के लिए अपने अस्तित्व का बलिदान कर देता है।" पूँजीवादी समाज में जीनेवाले, अपनी रचनाओं में पूँजीवादी समाज की अमानवीयता की व्यंजना करनेवाले और पूँजीवादी समाज के बाजारूपन से अपने सत्व की रक्षा करनेवाले दुनिया भर के अनेक जनवादी रचनाकारों ने अपनी रचना के अस्तित्व के लिए अपने अस्तित्व का बलिदान किया है। हिन्दी साहित्य में निराला और मुक्तिबोध इस प्रकार के जानलेवा संघर्ष और आत्म-बलिदान के ज्वलन्त उदाहरण हैं।

पूँजीवादी समाज और कला के परस्पर विरोधी सम्बन्ध को ध्यान में रखकर अगर विचार किया जाय तो यह स्पष्ट हो जाएगा कि पूँजीवादी व्यवस्था और कलाकार के बीच लगभग छः प्रकार के सम्बन्धों की सम्भावना है। ऐसे सम्बन्धों का पहला रूप वह है जिसमें कलाकार पूँजीवादी सत्ता, संस्कृति और विचारधारा के प्रति आत्मसमर्पण करता है या ग्राम्शी के शब्दों में पूँजीवादी व्यवस्था का 'आवयविक बुद्धिजीवी' बनकर उसके विचारों, हितों और उद्देश्यों का समर्थन, संचालन और संगठन करता है। इसे ही मुक्तिबोध ने 'रावण के घर पानी भरना' कहा है। सम्बन्ध का दूसरा रूप वह है जिसमें लेखक पूँजीवादी व्यवस्था की विकृतियों से ऊब कर आध्यात्मिकता या रहस्यलोक की ओर पलायन करता है। ऐसा करके वह अपने को उस समाज के बन्धनों से मुक्त मानता है जिसमें वह जीता है। यह पूँजीवाद से बचने के प्रयत्न में सामन्तवाद की गोद में जाना है। पूँजीवाद से कलाकार के सम्बन्ध का तीसरा रूप वह है जिसमें वह पूँजीवादी मूल्य व्यवस्था को अस्वीकार करता हुआ अन्तर्मुखी होकर 'कला के लिए कला' की रचना करता है। इस कछुआधर्मी प्रवृत्ति की सुविधा वहीं होती है जहाँ कलाकार अपने अस्तित्व सम्बन्धी चिन्ताओं से किसी-न-किसी कारण से मुक्त होता है। पूँजीवादी समाज के साथ लेखक के सम्बन्ध का चौथा रूप वह है जिसमें वह अपने व्यक्तित्व का विभाजन करता है, वह अपने कलात्मक व्यक्तित्व को व्यावसायिक व्यक्तित्व से पृथक् करता है और एक ओर कलात्मक लेखन और दूसरी ओर व्यावसायिक लेखन करता है। कलात्मक लेखन से वह अपने सत्व की रक्षा करता है और व्यावसायिक लेखन से अपने अपने अस्तित्व की। लेकिन व्यक्तित्व के इस विभाजन का प्रभाव अन्ततः उसके लेखन

पर पड़ता है, उसका कलात्मक लेखन उसके व्यावसायिक लेखन से प्रभावित होता है। कुछ लेखक पूँजीवादी समाज-व्यवस्था की वास्तविकता को समझ कर उससे विद्रोह करते हैं, वे बुर्जुआ समाज-व्यवस्था और सामाजिक सम्बन्धों की निर्मम आलोचना करते हैं, लेकिन उनकी दृष्टि में बुर्जुआ व्यवस्था से मुक्ति का कोई मार्ग नहीं होता। ऐसे रचनाकार जब अपनी रचना में बुर्जुआ समाज की वास्तविकता की यथार्थवादी अभिव्यंजना करते हैं, बुर्जुआ मानव-सम्बन्धों और मूल्य व्यवस्था की आलोचना करते हैं तो रचना महान् होती है, लेकिन जब वे समझौतावादी समाधान प्रस्तुत करते हैं तो रचना कमजोर होती है। यह पूँजीवाद और उस समाज में जीनेवाले लेखक के सम्बन्ध का पाँचवाँ रूप है। पूँजीवादी समाज-व्यवस्था और लेखक के सम्बन्ध का छठा रूप वह है जिसमें लेखक बुर्जुआ व्यवस्था, उसकी संस्कृति और विचारधारा के खिलाफ विद्रोह करता है, वह इतिहास की प्रक्रिया और दिशा को समझकर संघर्षशील क्रान्तिकारी सर्वहारा वर्ग के उद्देश्यों के साथ एकता स्थापित करता है और सर्वहारा के दृष्टिकोण से पूँजीवादी समाज को देखता है। ऐसा लेखक पूँजीवादी व्यवस्था के अन्त को मानव-मुक्ति की शुरुआत समझता है।

मार्क्स ने पूँजीवादी समाज में अपनी श्रमशक्ति बेचकर मजदूरी के सहारे जीने वाले श्रमिक और कलाकार दोनों को सर्वहारा कहा है क्योंकि दोनों के पास अपने जीवन-निर्वाह के लिए श्रमशक्ति के अतिरिक्त और कोई पूँजी नहीं होती। पूँजीवादी समाज-व्यवस्था के अमानवीयकरण और अलगाव की प्रक्रिया के शिकार होकर दोनों सर्वहारा बन जाते हैं। लेकिन प्रश्न यह है कि दोनों की मुक्ति का उपाय क्या है ? निश्चय ही दोनों की मुक्ति का रास्ता एक ही है और वह है सर्वहारा की वर्गचेतना का बोध। सर्वहारा की वर्गचेतना के बोध का अर्थ है उसके संघर्ष और उद्देश्य से एकता कायम करना। श्रमिक और कलाकार की मुक्ति अलग-अलग नहीं हो सकती, सर्वहारा की मुक्ति से ही सम्पूर्ण समाज की मुक्ति हो सकती है। मुक्तिबोध ने इस सम्पूर्ण प्रक्रिया की प्रामाणिक, प्रभावशाली और काव्यात्मक अभिव्यंजना इस प्रकार की है :

"अरे : जन-संग-उष्मा के
बिना, व्यक्तित्व के स्तर जुड़ नहीं सकते।
प्रयासी प्रेरणा के स्रोत,
सक्रिय वेदना की ज्योति,
सब साहाय्य उनसे लो।
तुम्हारी मुक्ति उनके प्रेम से होगी।
कि तद्‌गत लक्ष्य में से ही
हृदय के नेत्र जागेंगे,
वह जीवन-लक्ष्य उनके प्राप्त
करने को क्रिया में से

उभर-ऊपर

विकसते जाएँगे निज के
तुम्हारे गुण
कि अपनी मुक्ति के रास्ते
अकेले में नहीं मिलते।''

नए मार्क्सवादी सौन्दर्यशास्त्र की आवश्यकता

आज जब नए सौन्दर्यशास्त्र की आवश्यकता महसूस की जा रही है और उसकी सम्भावना पर विचार करना जरूरी लगता है तो इससे यह जाहिर होता है कि समकालीन साहित्य के रचनात्मक व्यवहार में ऐसा बदलाव आया है, कुछ नया घटित हो रहा है, जिसकी व्याख्या और मूल्य-मीमांसा के लिए नए मूल्यपरक सिद्धान्त चिन्तन की आवश्यकता है। सौन्दर्यशास्त्रीय चिन्तन के इतिहास से यह सिद्ध है कि जब रचनाकर्म के स्वरूप और उद्देश्य में क्रान्तिकारी परिवर्तन होता है तो ऐसी नई कलाकृतियाँ रची जाती हैं जिनसे नए कलाबोध और कलात्मक मूल्यों का सृजन होता है। नवीन कला बोध और कलात्मक मूल्यों के कारण कलात्मक सौन्दर्य और सौन्दर्यबोधीय मूल्यों की नई धारणा का विकास होता है। इस प्रक्रिया से उत्पन्न नवीन कला-चेतना और कला की धारणा की व्याख्या और औचित्य-विचार के लिए नए सौन्दर्यशास्त्र की आवश्यकता होती है। ऐसी स्थिति में कलात्मक सौन्दर्य के सृजन और उसकी अनुभूति का मार्ग-दर्शक बन कर सौन्दर्यशास्त्र अपनी सार्थकता सिद्ध करता है। सौन्दर्यशास्त्र रचनाकर्म और आस्वादन क्रिया के बीच सहायक-मध्यस्थ की भूमिका में रहते हुए आस्वादन क्रिया के अनुभवों, प्रभावों और संवेदनाओं से निष्कर्षित ज्ञान के आलोक में रचना व्यवहार की प्रक्रिया और परिणामों का मार्गदर्शक बन सकता है।

सौन्दर्यशास्त्र का सम्बन्ध सभी कलाओं से है और नए पुराने सौन्दर्यशास्त्र के स्वरूप की चर्चा करते समय सभी कलाओं को ध्यान में रखना जरूरी है। साहित्य को एक कला मान कर दूसरी कलाओं के साथ ही उसके सौन्दर्यशास्त्र पर विचार करना बेहतर होगा ! लेकिन हम साहित्य कला के सौन्दर्यशास्त्र, विशेषतः हिन्दी के नए साहित्य के सौन्दर्यशास्त्र, से सम्बन्धित सवालों तक ही अपनी चर्चा सीमित रखना चाहेंगे, क्योंकि एक तो इस परिसंवाद में भाग लेनेवालों में से अधिकांश के ज्ञान और क्रिया का क्षेत्र साहित्य है, दूसरे हमारे देश में साहित्य के अतिरिक्त दूसरी

कलाओं के क्षेत्र में ऐसे क्रान्तिकारी परिवर्तन लक्षित नहीं हो रहे हैं जिनके आधार पर उनका नया सौन्दर्यशास्त्र विकसित हो सके। अगर ऐसे परिवर्तन हो रहे हैं तो हमें उनका ज्ञान नहीं है, जिन्हें हो उन्हें इस दिशा में प्रयत्न करना चाहिए। तीसरी बात यह है कि अनेक कारणों से हमारे यहाँ विभिन्न कलाओं का ऐसा समन्वित विकास नहीं हो पाया है कि एक नए समन्वित सौन्दर्यशास्त्र का स्वरूप-चिन्तन सम्भव हो। साहित्य तक इस चर्चा को सीमित रखने का एक चौथा कारण यह भी है कि पुराना सौन्दर्यशास्त्र जिस प्रकार के अमूर्त्तन, अतिसामान्यीकरण और तत्त्ववाद का शिकार रहा है उससे बचने और अनुभवाश्रित सौन्दर्यशास्त्र विकसित करने के लिए यह जरूरी है कि हम रचना और आस्वादन के अपने अनुभव-क्षेत्र (साहित्य) से ही नए सौन्दर्यशास्त्रीय चिन्तन की शुरुआत करें।

नए सौन्दर्यशास्त्र की आवश्यकता पर विचार करने से पहले यह भी विचारणीय है कि आजकल हिन्दी साहित्य के सन्दर्भ में नई आलोचना (नई आलोचना से मेरा तात्पर्य कुख्यात 'नई समीक्षा' से नहीं है) के बदले नए सौन्दर्यशास्त्र की बात क्यों की जाती है ? नई आलोचना के बदले नए सौन्दर्यशास्त्र की बात करने के पीछे कहीं यह विचार तो नहीं है कि आलोचना की बात करना पुरानेपन या पिछड़ेपन का प्रमाण है। क्या आलोचना अपर्याप्त सिद्ध हो गई है ? ऐसा तो नहीं है कि हिन्दी में आलोचना के सिद्धान्त और व्यवहार की जो दशा है उसके कारण आलोचना अविश्वसनीय, अनावश्यक और अनुपयोगी हो गई है। आजकल कुछ रचनाकार हिन्दी आलोचना की वर्तमान स्थिति से असन्तुष्ट और आलोचकों के आलोचनात्मक व्यवहार से नाराज होने के कारण आलोचना को ही अनुपयोगी समझने लगे हैं। आलोचना के धर्म और आलोचना-कर्म की सार्थकता के प्रश्न पर विवाद का इतिहास उतना ही पुराना है जितना रचना और आलोचना के सम्बन्ध का। प्रायः हर काल के रचनाकार समकालीन आलोचना से असन्तुष्ट होते हैं और कभी-कभी असफल रचनाकार आलोचक भी बन जाते हैं, लेकिन इससे आलोचना की अनिवार्यता समाप्त नहीं होती। जब यह कहा जाता है कि 'आलोचक उसूल बक रहा है और अलग पड़ रहा है, पाठक मूल पढ़ रहा है और अमल कर रहा है' तो इससे आलोचक की अक्षमता या असफलता का बोध होता है, रचना और आलोचना का अलगाव प्रकट होता है, लेकिन इससे आलोचना की निरर्थकता साबित नहीं होती। जिस तरह आलोचक के लिए रचनाओं को समझने की जरूरत है वैसे ही रचनाकारों को अपनी आलोचना से बिदकने की नहीं, उसे सहने और उससे सीखने की जरूरत है। आलोचना के बदले नए सौन्दर्यशास्त्र की माँग करनेवाले कुछ ऐसे भी लोग हो सकते हैं जो आलोचना और सौन्दर्यशास्त्र को अभिन्न समझते हैं। आलोचना रचना की मुख्यतः अस्वादपरक व्याख्या है और सौन्दर्यशास्त्र मूल्यपरक मीमांसा; लेकिन मूल्यांकन आलोचना का अनिवार्य अंग है और कलात्मक अनुभव सौन्दर्यबोधी मूल्यों की पहचान

की आवश्यक प्रक्रिया का अंग। सौन्दर्यशास्त्र और आलोचना परस्पर पूरक हैं, हमें दोनों की जरूरत है, दोनों को विकसित करना है।

हिन्दी का कोई अपना सौन्दर्यशास्त्र अब तक विकसित नहीं हो पाया है, इसलिए यहाँ जो सौन्दर्यशास्त्र विकसित होगा—अगर वह समकालीन रचना को ध्यान में रखकर विकसित किया जाएगा तो वह नया ही होगा। यह सौन्दर्यशास्त्र की चिन्ता करनेवालों पर निर्भर है कि वे उसे कितना समकालीन और सामाजिक बना पाते हैं। आचार्य रामचन्द्र शुक्ल और मुक्तिबोध ने साहित्य के सन्दर्भ में कलात्मक सौन्दर्य और सौन्दर्यानुभूति की मूलभूत समस्याओं पर महत्त्वपूर्ण सैद्धान्तिक चिन्तन किया है। हिन्दी साहित्य के नए सौन्दर्यशास्त्र को विकसित करते समय उनके विचारों पर ध्यान देना जरूरी है। नए सौन्दर्यशास्त्र के स्वरूप पर विचार करते समय यह भी विचारणीय है कि हमें नए साहित्य के सौन्दर्यशास्त्र की आवश्यकता है या साहित्य के नए सौन्दर्यशास्त्र की ? फिलहाल तो यही कहना ठीक होगा कि नया साहित्य नए सौन्दर्यशास्त्र की माँग करता है, इसलिए हमें नए साहित्य का नया सौन्दर्यशास्त्र विकसित करना है। अगर नया साहित्य नई जनवादी चेतना का साहित्य है तो उस जनवादी चेतना की अन्तर्वस्तु और रूप के समानान्तर प्रगतिशील सौन्दर्यशास्त्र को साहित्य, समाज और इतिहास के सम्बन्धों की विवेचना के साथ-साथ रचनाकर्म के सिद्धान्त और व्यवहार तथा जीवन-तथ्य और मूल्य-चेतना की संगति-असंगति का विश्लेषण करते हुए जीवन के विचारक्षेत्र और कार्यक्षेत्र की एकता का बोध विकसित करना होगा।

नए सौन्दर्यशास्त्र के स्वरूप पर विचार करते समय सौन्दर्यशास्त्र का 'नयापन' भी विचारणीय है। प्रत्ययवादी सौन्दर्यशास्त्र की एक सुदीर्घ परम्परा है, प्रत्ययवादी सौन्दर्यशास्त्र ही पुराना सौन्दर्यशास्त्र भी है। लेकिन यह ध्यान रखने की बात है कि आधुनिक काल में कला रचना के क्षेत्र में नई रचनाशीलता के विकास के साथ-साथ प्रत्ययवादी सौन्दर्यशास्त्र के स्वरूप में भी विकास हुआ है, उसमें भी नयापन आया है। प्रत्ययवादी सौन्दर्यशास्त्र की दार्शनिक, मनोवैज्ञानिक, कलावादी और सामाजिक धाराओं का इतिहास पुराना है। मार्क्सवादी सौन्दर्यशास्त्र प्रत्ययवादी सौन्दर्यशास्त्र की तुलना में नया है और यह नया इसलिए भी है कि वह नए युग की प्रगतिशील मानव चेतना के विकास में सहायक है। नए के नाम पर कुछ लोग भ्रमवश या चालाकी से नए प्रत्ययवादी सौन्दर्यशास्त्र को, जो बुर्जुआ संस्कृति और कला के संरक्षण का शास्त्र है, हमारे लिए उपयोगी न सिद्ध करने लगें, यह जरूरी है कि हम यह तय कर लें कि हमें नए प्रत्ययवादी सौन्दर्यशास्त्र की आवश्यकता है या मार्क्सवादी सौन्दर्यशास्त्र की ? मुझे ऐसा लगता है कि नए सौन्दर्यशास्त्र की माँग करनेवाले निश्चय ही मार्क्सवादी सौन्दर्यशास्त्र को ही नया और आवश्यक समझते हैं। लेकिन मार्क्सवादी सौन्दर्यशास्त्र भी जनवादी कला के विकास के साथ-साथ लगभग एक शताब्दी में पर्याप्त विकसित हुआ है। विभिन्न समाजवादी देशों में उन

देशों की अपनी कला और समाज सम्बन्धी अनिवार्यताओं की माँग के अनुरूप मार्क्सवादी सौन्दर्यशास्त्र का विकास हुआ है। जो देश जनवादी क्रान्ति के दौर से गुजर रहे हैं उन देशों में जीवन की वास्तविकता और कला की आवश्यकताएँ वैसी ही नहीं हैं जैसी समाजवादी देशों में, इसलिए समाज और कला के स्वरूप की भिन्नता के कारण उनके सौन्दर्यशास्त्रीय चिन्तन में भी भिन्नता है और होगी। अनुपलब्ध को उपलब्ध मानकर चिन्तन करना कल्पनावाद है, मार्क्सवाद नहीं। अपने देश की राजनीतिक, सामाजिक और कला सम्बन्धी वास्तविकताओं और आवश्यकताओं को ध्यान में रखकर विकसित किया गया मार्क्सवादी सौन्दर्यशास्त्र ही हमारे लिए नया होगा और रचना-कर्म का मार्गदर्शक भी। नया वही है जो वर्तमान के लिए प्रासंगिक और भविष्य के लिए दिशा-निर्देशक है।

समकालीन सन्दर्भ में नया सौन्दर्यशास्त्र विकसित करने का उद्देश्य है ऐसा सौन्दर्यशास्त्र विकसित करना जो वर्तमान भारतीय समाज, इतिहास और साहित्य के लिए प्रासंगिक हो, जिसमें हमारी कला—परम्परा और कला-चिन्तन की परम्परा के जनवादी तत्त्वों का समावेश हो, देशी-विदेशी भाववादी अध्यात्मवादी सौन्दर्यशास्त्रीय चिन्तन के जीवन निरपेक्ष कलावादी मूल्यों के भ्रमों और भटकावों से बचाव हो और जो समकालीन रचनाशीलता के लिए उपयोगी हो। ऐसे सौन्दर्यशास्त्र के विकास के लिए हमें अनेक मोर्चों पर संघर्ष करना होगा। सबसे पहला संघर्ष तो प्राचीन और आधुनिक भारतीय सौन्दर्यशास्त्रीय चिन्तन की भाववादी अध्यात्मवादी परम्परा से करना होगा, जिसके संस्कार अब भी हमारी कला चेतना में बसे हुए हैं और जनवादी साहित्य और कला के सौन्दर्यबोध में बाधक सिद्ध होते हैं। समरसता या समन्वय में सौन्दर्य देखनेवाली दृष्टि संघर्ष में सौन्दर्य नहीं देख सकती। आत्मा की आनन्दमयता के आधार पर कविता में रस की आनन्दमयता की खोज करने वाली कलादृष्टि वर्तमान समाज की विरूपता का चित्रण करनेवाली कला की उपेक्षा ही करेगी। कलाबोध के सन्दर्भ में संस्कार और अनुभव का द्वन्द्व होता है। पुराने संस्कारों से अवरूद्ध 'जड़ीभूत सौन्दर्याभिरुचि' नवीन कलात्मक अनुभवों को स्वीकार करने में असमर्थ होती है। लेकिन हमें पुराने संस्कारों को नहीं, नए कलात्मक अनुभवों को महत्त्व देना है और नए अनुभवों के अनुरूप अपने कलाबोध को विकसित करना है। नया सौन्दर्यशास्त्र नए साहित्य के अनुरूप नया सौन्दर्यबोध विकसित करने का साधन बनकर अपनी सार्थकता सिद्ध कर सकेगा। हमारे संघर्ष का दूसरा मोर्चा पाश्चात्य प्रत्ययवादी सौन्दर्यशास्त्र की नई पुरानी प्रवृत्तियों, परम्पराओं और मान्यताओं से संघर्ष का होगा। पश्चिम में सौन्दर्यशास्त्र दर्शन के अंग के रूप में विकसित होने के कारण प्रत्ययवादी दर्शन के तत्त्ववाद और मूल्य प्रणाली से गहराई तक प्रभावित है, उस पर प्रत्ययवादी चिन्तन की आध्यात्मिकता का भी गहरा प्रभाव है। आजकल पश्चिम में कुछ सौन्दर्यशास्त्री पुराने प्रत्ययवादी सौन्दर्यशास्त्र के तत्त्ववाद, अमूर्त्तन

और सामान्यीकरण से बचकर रचनानिष्ठ सौन्दर्यशास्त्र विकसित करने का प्रयत्न कर रहे हैं लेकिन उनके चिन्तन का दायरा प्रत्ययवादी ही है, चाहे वह जितना भी संशोधित क्यों न हो। जाहिर है वस्तुवादी चिन्तन इस प्रत्ययवादी दायरे से पूरी तरह मुक्त होने के बाद ही सम्भव है, इसलिए मार्क्सवादी सौन्दर्यशास्त्र विकसित करने के लिए प्रत्ययवादी (मेटाफिजिकल) चिन्तन प्रणाली से मुक्ति और द्वन्द्वात्मक ऐतिहासिक भौतिकवादी चिन्तन प्रणाली को अपनाने की आवश्यकता है। पश्चिम के प्रत्ययवादी सौन्दर्यशास्त्र ने हमारे साहित्य-चिन्तन और कला-चेतना को इतना प्रभावित किया है कि कुछ लोग सौन्दर्यशास्त्र का अर्थ पाश्चात्य प्रत्ययवादी सौन्दर्यशास्त्र ही समझते हैं। बुर्जुआ विचारधारा ने अपने दर्शन, कला और संस्कृति को सार्वभौम और शाश्वत सिद्ध करने का ऐसा प्रयत्न किया है कि कई बार उस विचारधारा के विरुद्ध संघर्ष करने के लिए प्रतिबद्ध जन भी उसके भ्रमजाल में फँस जाते हैं। इसका एक प्रमाण तो यही है कि कुछ रचनाकार जनवादिता की दुहाई देने के बावजूद 'जनवादी अन्तर्वस्तु और बुर्जुआ कलारूप' की एकता की बात इस विश्वास और अंदाज से करते हैं मानो वस्तु और रूप में कोई आपसी सम्बन्ध ही न हो। आलोचक कृति में निहित या व्यक्त 'राजनीति' को छोड़कर केवल उसके सौन्दर्यबोधी मूल्यों की बात करते हैं, कला और विचारधारा के सम्बन्ध को ठीक से न समझ पाने के कारण ललित कलाओं को विचारधारात्मक रूपों से बाहर मान लेते हैं। जनवादी कला और साहित्य के निर्माण का दावा और बुर्जुआ सौन्दर्यशास्त्रीय प्रतिमानों या सौन्दर्यबोधीय मूल्यों, कलात्मक आदर्शों की प्राप्ति की कामना में जो असंगति है वह प्रत्ययवादी सौन्दर्य-शास्त्रीय चिन्तन के प्रभाव का द्योतक है।

नए सौन्दर्यशास्त्र के विकास के लिए संघर्ष का एक तीसरा मोर्चा है जहाँ अधिक सजगता और सावधानी की जरूरत है। मार्क्सवादी सौन्दर्यशास्त्रीय चिन्तन में समय-समय पर प्रकट होनेवाले देशी-विदेशी संशोधनवादी, संकीर्णतावादी और भोंडे समाजशास्त्रीय भटकावों से संघर्ष करना नए मार्क्सवादी सौन्दर्यशास्त्र के विकास के लिए आवश्यक है। मार्क्सवादी सौन्दर्यशास्त्रीय चिन्तन में ऐसे भटकाव मूलतः राजनीतिक मोर्चे से साहित्य और कला की ओर आते हैं, इसलिए इस संघर्ष की आधारभूमि तो राजनीति ही है, लेकिन राजनीति और संस्कृति के पारस्परिक सम्बन्ध को स्वीकारते हुए, कला और साहित्य की सापेक्ष स्वायत्तता को समझ कर, सौन्दर्यशास्त्रीय चिन्तन में इस तरह के वैचारिक संघर्ष को कायम रखना जरूरी है। आजकल अपने को मार्क्सवादी कहनेवाले कुछ लोग जब सर्वहारा के अधिनायकत्व को अस्वीकार कर रहे हैं तब इस प्रकार के वैचारिक संघर्ष की और अधिक आवश्यकता बढ़ी है। क्रान्तिकारी संघर्ष से बचने के लिए सुविधाजीवी मार्क्सवादियों को ऐसे संशोधनों की आवश्यकता सदैव महसूस होती है। हम सब जानते हैं कि आजकल बाजारों में मार्क्सवाद के न जाने कितने संशोधित संस्करण सस्ते सुलभ कराए जा

रहे हैं। लेनिन ने कहा था कि मार्क्सवादी वह है जो वर्ग-संघर्ष को सर्वहारा के अधिनायकत्व तक ले जाता है। (राज्य और क्रान्ति) सर्वहारा के अधिनायकत्व को अस्वीकार करना क्या वर्ग संघर्ष और अनिवार्य परिणतियों को अस्वीकार करना नहीं है ? दूसरों को गैर मार्क्सवादी सिद्ध करने के लिए एड़ी चोटी का पसीना एक करने वाले हिन्दी के एक मार्क्सवादी आलोचक का कहना है कि "राजसत्ता मजदूर वर्ग की डिक्टेटरशिप होगी, यह सिद्धान्त गलत है।" विचार करने की बात है कि लेनिन और इस लेखक में किसे सही और मार्क्सवादी समझा जाए ? इसी आलोचक की यह भी स्थापना है कि "ललित कलाओं को विचारधारा के रूपों में गिनना सही नहीं है।" इस कथन के बाद तो यही सवाल पैदा होता है कि क्या यह मार्क्सवादी चिन्तन है ? विचार को केवल भाषा तक सीमित मानने के बाद यह घोषणा करना कि "कोई भी ललित कला शुद्ध विचारधारा के अन्तर्गत नहीं आती, साहित्य भी नहीं आता" न केवल भ्रामक मार्क्सवादी चिन्तन का परिणाम है, बल्कि इसमें 'शुद्ध' वैचारिक असंगति भी है। ऐसे सौन्दर्यशास्त्रीय चिन्तन के मार्क्सवाद से हमें कितनी सावधानी की जरूरत है, यह अलग से बताने की जरूरत नहीं है। इस प्रकार के साहित्य चिन्तन और राजनीतिक चिन्तन में एक गहरा रिश्ता होता है। जो जनवादी साहित्य वर्ग-संघर्ष की वास्तविक और उसकी परिणतियों की समग्रता को पहचानते हुए जनवादी क्रान्ति की ओर अग्रसर होती हुई जनता की संघर्षशील चेतना के निर्माण और अभिव्यंजना के लिए प्रतिबद्ध होगा, उसका सौन्दर्यशास्त्र कला की आवश्यकताओं के साथ-साथ क्रान्ति की आवश्यकताओं को भी ध्यान में रखेगा।

नए सौन्दर्यशास्त्र के विकास के लिए हमें संघर्ष, मुक्ति और विकास की प्रक्रिया से गुजरना होगा। विरोधी विचारों से संघर्ष, हानिकर प्रभावों से मुक्ति और परम्परा के सार्थक तत्त्वों का समाहार करते हुए नया सौन्दर्यशास्त्र विकसित होगा। ध्यान रखने की बात है कि संग्रह और त्याग का काम समझदारी के साथ हो न कि अन्ध श्रद्धा या अन्धविरोध के आवेश में–"संग्रह त्याग न बिनु पहिचाने।"

ग्राम्शी ने समाज में बुद्धिजीवियों के वर्गीय स्वरूप और भूमिका पर विचार करते हुए लिखा है कि बुद्धिजीवियों को वर्गों से परे एक सामाजिक इकाई समझने की धारणा एक मिथ है। बुद्धिजीवियों की बौद्धिकता का चरित्र उसके सामाजिक कार्य से निर्धारित होता है। इस दृष्टि से दो प्रकार के बुद्धिजीवी होते हैं–एक, परम्परागत पेशेवर बुद्धिजीवी और दूसरे, आवयविक बुद्धिजीवी। परम्परागत पेशेवर बुद्धिजीवियों की समाज में एक अन्तर्वर्गीय सत्ता होती है, वे अपनी वर्गीय स्थिति को छुपाने की कोशिश करते हैं लेकिन अन्ततः उनकी सत्ता और उनके बौद्धिक कर्म का चरित्र उनके अतीत और वर्तमान के वर्गगत सम्बन्धों से ही निर्धारित होता है। आवयविक बुद्धिजीवी अपने वर्ग के विचारों और आकांक्षाओं के संगठनकर्ता के रूप में काम करते हैं। वे अपने वर्ग के विचारों और आकांक्षाओं के विधायक

और दिशा निर्देशक भी होते हैं। साहित्यकार बुद्धिजीवी माने जाते हैं। सुविधा की दृष्टि से अधिकांश साहित्यकार परम्परागत बुद्धिजीवी की भूमिका में रहने की कोशिश करते हैं या समझ जाते हैं। लेकिन जिन रचनाकारों को सच्चे अर्थों में जनवादी साहित्यकार होना है उन्हें सर्वहारा के आवयविक बुद्धिजीवी के रूप में अपने को ढालना होगा। वर्गसंघर्ष के तीव्रता से गतिशील होने के दौर में परम्परागत बुद्धिजीवी होने की किसी को सुविधा नहीं हो सकती, उसे एक न एक वर्ग से जुड़ना ही पड़ता है। आज के दौर में यह भी जरूरी है कि सर्वहारा वर्ग से रचनाकार उभरकर सामने आएँ और नए सौन्दर्यशास्त्र को ऐसे रचनाकारों की रचनाओं के कलात्मक सौन्दर्य का विश्लेषण करना है। सर्वहारा वर्ग से आए रचनाकारों की रचनाओं की समालोचना करते समय यह देखना जरूरी है कि उन रचनाओं में सर्वहारा वर्ग के विचारों, आकांक्षाओं और जीवन मूल्यों की अभिव्यंजना का कलात्मक रूप और आधार क्या है ? पेटी बुर्जुआ वर्ग से आए रचनाकारों को बुर्जुआ वर्ग से आए शरणार्थी के रूप में देखने के बदले यह देखने की जरूरत है कि ऐसे रचनाकार अपने वर्गगत संस्कारों, विचारों और आकांक्षाओं से मुक्त होकर अपने को डी-क्लास करते हुए सर्वहारा के अंग चेतना और मूल्यबोध के स्तर पर बन सके हैं या नहीं। अपने वर्गीय भ्रमों और भटकावों से मुक्ति के लिए आत्म-संघर्ष के माध्यम से अपने व्यक्तित्व का रूपान्तरण करनेवाले कलाकारों की सहानुभूतिपूर्ण आलोचना से ही जनवादी रचनाशीलता समृद्ध होगी। केवल निषेध और बहिष्कार की भावना से ही संचालित साहित्य—विवेक जनवादी साहित्य के विकास में कितना बाधक सिद्ध होता है, यह हम हिन्दी साहित्य के पुराने प्रगतिशील आन्दोलन से सीख सकते हैं। हिन्दी में सर्वहारा के आवयविक साहित्यकार अभी पर्याप्त संख्या में अगर उभरकर सामने नहीं आ रहे हैं तो इसका कारण केवल साहित्य या सौन्दर्यशास्त्रीय चिन्तन में ढूँढ़ने के बजाय समाज और जनवादी राजनीति के चरित्र में ढूँढ़ना विशेष उपयोगी होगा। हिन्दी के अधिकांश साहित्यकार मध्यम वर्ग के हैं और उनके पाठक भी अब तक अधिकांशतः मध्यम वर्ग के ही रहे हैं। लेकिन यहाँ पुराने प्रगतिशील आन्दोलन से लेकर आज तक ऐसा साहित्य पर्याप्त मात्रा में लिखा गया है जो सच्चे अर्थों में जनता का साहित्य है। ऐसे साहित्य को किसान-मजदूर वर्ग के पाठकों तक पहुँचाने या किसान-मजदूर वर्ग से ऐसे साहित्य के लिए पाठक तैयार करने का महत्त्वपूर्ण दायित्व नए सौन्दर्यशास्त्र के जिम्मे होना चाहिए। किसान-मजदूर वर्ग की कलाचेतना और जनवादी साहित्य के बीच जो खाई है उसे पाटने का काम नया सौन्दर्यशास्त्र कर सकता है। हमारे समाज में सामन्ती और बुर्जुआ जीवन-मूल्यों और सौन्दर्यबोधी मूल्यों का जो आतंककारी प्रभाव है उसे तोड़ना, जनवादी जीवन-मूल्यों और सौन्दर्यबोधी मूल्यों का विकास करते हुए मरणोन्मुख बुर्जुआ संस्कृति के प्रभुत्व को समाप्त करना और एक सशक्त जनवादी संस्कृति की निर्माण प्रक्रिया को शक्ति, गति और दिशा देना

नए सौन्दर्यशास्त्र का लक्ष्य होना चाहिए। यह ध्यान देने की बात है कि सशक्त जनवादी संस्कृति के निर्माण के लिए केवल आन्दोलनकारी साहित्य की रचना पर्याप्त नहीं है; बल्कि कला की मुक्तिधर्मी प्रवृत्ति को जनता की मुक्तिकामी चेतना से जोड़ने वाला, जनचेतना की सृजनशीलता को विकसित करनेवाला साहित्य भी आवश्यक है।

सौन्दर्यशास्त्र सृजनशीलता से लेकर सम्प्रेषण तक के रचनात्मक व्यवहार में निहित प्रक्रियाओं, मूल्यों और समस्याओं की सैद्धान्तिक मीमांसा करते हुए रचनाओं के अभिग्रहण और पाठकों के सौन्दर्यबोध को विकसित करने का प्रयत्न करता है। नए सौन्दर्यशास्त्र को कृतियों के कलात्मक सौन्दर्यबोधीय मूल्यों का ही नहीं, उनके राजनीतिक प्रयोजन और प्रभाव का भी मूल्यांकन करना है। हम एक ऐसे साहित्य-चिन्तन और कला-दर्शन में शिक्षित हुए हैं जिसमें शुद्ध कलात्मक मूल्यों के नाम पर बुर्जुआ संस्कृति और समाज-व्यवस्था के लिए 'खतरनाक' साहित्य और काव्य की पहचान के लिए आवश्यक चेतना का विकास होने ही नहीं दिया जाता है। यहाँ दुहाई शुद्ध कलात्मक मूल्यों की दी जाती है, लेकिन प्रयोजन बुर्जुआ संस्कृति की सुरक्षा का होता है। दलित जनता द्वारा या ऐसी जनता के लिए रचित अधिकांश साहित्य बुर्जुआ सौन्दर्यशास्त्रीय चिन्तन की चालाकी का शिकार है। नया सौन्दर्यशास्त्र मुट्ठी भर अल्पमतवाले सुविधाभोगी लोगों की सौन्दर्यबोधी ऐय्याशी की सेवा करने के बदले दलित मानवता के विशाल जनसमूह की पीड़ित चेतना, 'सत्‌चित्‌वेदना' की व्यंजना करनेवाली कला और साहित्य के सौन्दर्यबोधी मूल्यों को प्रकाश में लाकर, जनता के मन में सौन्दर्य की भावना जगाकर ही सार्थक होगा। बुर्जुआ सौन्दर्यशास्त्र जनवादी कला और साहित्य की मूल्यवान् विरासत से जनता को वंचित करने का षड्यन्त्र करता है। जनवादी सौन्दर्यशास्त्र को बुर्जुआ सौन्दर्य-चिन्तन के इस षड्यन्त्र से जनता को बचाना है।

साहित्य और कला के सन्दर्भ में सिद्धान्त और व्यवहार के द्वन्द्वात्मक विकासशील सम्बन्ध के बोध से ही नया सौन्दर्यशास्त्र विकसित हो सकता है। हिन्दी के अधिकांश साहित्य और कला सम्बन्धी मार्क्सवादी चिन्तन में भी व्यवहार और सिद्धान्त की एकता का अभाव मिलता है। रचना-व्यवहार और आलोचना-सिद्धान्त के अलगाव के कारण आलोचना समकालीन रचनाशीलता के साथ-साथ नहीं चल पाती है। यहाँ कुछ आलोचकों का परम्परा प्रेमी मन तब तक किसी रचना या रचनाकार पर विचार करने के लिए तैयार नहीं होता जब तक वह परम्परा का अंग न बन जाए। समकालीन रचना-परिवेश को समझने के बदले परम्परा की महानता का गुणगान करनेवाला कला-चिन्तन व्यवहार और सिद्धान्त की एकता का खण्डन करता है। जब सैद्धान्तिक चिन्तन समकालीन रचनात्मक व्यवहार से अनुप्रेरित और प्रभावित होता है और रचनात्मक व्यवहार सिद्धान्त चिन्तन से अनुशासित, तब सिद्धान्त और व्यवहार की एकता प्रकट होती है। समकालीन परिस्थिति की यह माँग है कि हमें

रचनात्मक सम्भावनाओं की तलाश करनेवाला सौन्दर्यशास्त्र चाहिए, केवल अतीत की उपलब्धियों का मूल्यांकन करनेवाला नहीं। रचनात्मक व्यवहार से पीछे रह जाने वाला सौन्दर्यशास्त्र अतीतजीवी होगा। सिद्धान्त व्यवहार के अनुभवों का संचित साररूप होता है और व्यवहार सिद्धान्त की सचाई की कसौटी। कला सम्बन्धी सिद्धान्त कला-रचना के व्यवहार की ज्ञान व्यवस्था का ही परिणाम है। हिन्दी आलोचना में 'जड़ीभूत सौन्दर्याभिरुचि' के व्यापक प्रभाव का ही यह परिणाम है कि निराला और मुक्तिबोध जैसे रचनाकार अपने रचनाकाल में उपेक्षित रह जाते हैं। निराला और मुक्तिबोध के सन्दर्भ में हिन्दी आलोचना के सिद्धान्त और व्यवहार को देखें तो स्पष्टतः उसकी तीन अवस्थाएँ दिखाई देती हैं। पहली अवस्था दुर्बोधता के आरोप और उपेक्षा की है, दूसरी अवस्था अन्वेषण और प्रचार की, और तीसरी अवस्था बोध और मूल्यांकन की है। मुक्तिबोध अभी दूसरी अवस्था में हैं और निराला तीसरी में। नए सौन्दर्यशास्त्र को इस ट्रैजिक प्रक्रिया को तोड़ना होगा। जब सौन्दर्यशास्त्र सृजनशीलता को अवरुद्ध करनेवाला हो जाए या रचनाशीलता से कटकर अलग जा पड़े, शास्त्र कर्म को कुण्ठित करने लगे अर्थात् सिद्धान्त व्यवहार में बाधक सिद्ध होने लगे तो सृजनशीलता, कर्म और व्यवहार की प्रगति के लिए शास्त्र और सिद्धान्त में परिवर्तन आवश्यक हो जाता है। सौन्दर्यशास्त्र को रचनात्मक उत्पादन का दुश्मन नहीं, सहायक होना चाहिए। सौन्दर्यशास्त्रियों को सिद्धान्तों की ऊँची मीनारों से रचनाओं और रचनाकारों पर कृपादृष्टि डालने या 'साहित्य का दरोगा' बनने के बदले साहित्य और साहित्यकारों का साथी बनना उचित है। जिस तरह राजनीति में मार्क्सवाद कर्म का मार्गदर्शक दर्शन है, कोई 'डॉग्मा' नहीं; वैसे ही साहित्य और कला के क्षेत्र में नए मार्क्सवादी सौन्दर्यशास्त्र को रचनाकर्म का मार्गदर्शक बनाना होगा। कलात्मक सौन्दर्य के सृजन और आस्वादन से कटा हुआ, केवल अमूर्त्तन और सामान्यीकरण के आधार पर टिका हुआ सौन्दर्यशास्त्र, सर्जकों और आस्वादकों के काम की चीज न होकर महज एकेडमिक दिलचस्पी का शास्त्र बन जाएगा। यही हालत आज कल पश्चिम के प्रत्ययवादी सौन्दर्यशास्त्र की है। पश्चिम में सौन्दर्यशास्त्र की असामाजिकता और नीरसता के फलस्वरूप उसकी व्यर्थता का बोध कलाकारों और यहाँ तक कि सौन्दर्यशास्त्रियों को भी होने लगा है। ऐसी स्थिति में सौन्दर्यशास्त्र कलात्मक सौन्दर्य के सर्जकों के लिए उपयोगी न होकर सौन्दर्य के बारे में केवल बात करनेवालों के मानसिक व्यायाम का शास्त्र बन गया है। पूँजीवादी समाज-व्यवस्था की यह एक खास विशेषता है कि इसमें उत्पादन करनेवाले श्रमिक को उतना महत्त्व नहीं दिया जाता जितना उत्पादन के निरीक्षक को या उत्पादन के सिद्धान्तशास्त्री को।

नए सौन्दर्यशास्त्र के स्वरूप की चर्चा करने के बाद यह जरूरी है कि हम कलाकृतियों के मूल्यांकन की एक संक्षिप्त रूपरेखा पर भी विचार करें। इस रूपरेखा को आप सुझाव के रूप में लें। कला मनुष्य के मानसिक जगत् को, चेतना की

क्रियाशीलता को मूर्त्तरूप प्रदान करती है और मनुष्य का मानसिक जगत् उसके सामाजिक भौतिक परिवेश से प्रभावित होता है। परिवेश और चेतना का सम्बन्ध केवल प्रतिबिम्बात्मक ही नहीं, रचनात्मक भी होता है। जीवन के यथार्थ की द्वन्द्वात्मक विकासशील समग्रता की व्यंजना में कलाकार की चेतना की रचनाधर्मिता प्रकट होती है। कला में यथार्थ के इन्द्रियबोधगम्य, भावात्मक और वैचारिक रूपों की रचना के पीछे रचनाकार की विश्वदृष्टि सक्रिय रहती है। सन्दर्भ चाहे रचना का हो या आलोचना का, जीवन-विवेक कला-विवेक को अनुशासित करता है। जीवन-विवेक में हमारी राजनीतिक चेतना और ऐतिहासिक दृष्टि का योगदान होता है। मुक्तिबोध ने लिखा है कि "वास्तविक जीवन की संवेदन ज्ञानात्मक और ज्ञान संवेदनात्मक समीक्षा शक्ति" का अर्जन रचनाकार आलोचक और दोनों के लिए आवश्यक है। नए सौन्दर्यशास्त्र के सामने यह एक प्रश्न है कि वह जीवन से कला की ओर की वैचारिक यात्रा करें या कला से जीवन की ओर। नए सौन्दर्यशास्त्र को यथार्थ से मनुष्य के सौन्दर्यबोधी सम्बन्ध और श्रमिक के कलाकार रूप तथा कलाकार के श्रमिक रूप की मीमांसा करते हुए रचना-कर्म को जीवन व्यवहार के रूप में व्याख्यायित करना होगा। नया सौन्दर्यशास्त्र कृति के केवल सौन्दर्यबोधी मूल्यों को ही नहीं, उसके ऐतिहासिक परिवेश, राजनीतिक प्रयोजन और कलात्मक प्रभाव को मूल्यबोध के स्तर पर परखना आवश्यक मानता है। मूल्यांकन की रूपरेखा को इस रूप में उपस्थित कर सकते हैं :

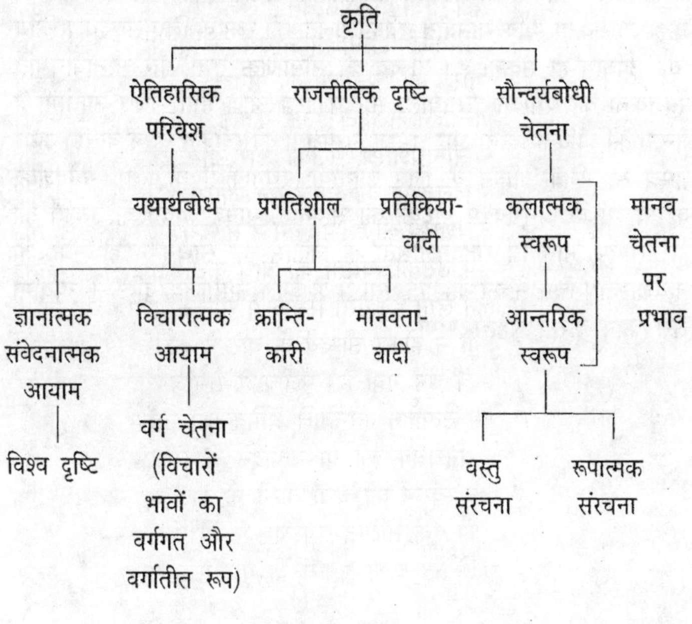

कृति की सार्थकता की परख की यह रूपरेखा समकालीन साहित्य को ध्यान में रखकर ही प्रस्तुत की गई है, इसे सार्वभौम और शाश्वत बनाने का कोई दावा नहीं है।

सौन्दर्यानुभूति केवल कलाकार या सौन्दर्यशास्त्री की ही कोई खास विशेषता नहीं है, सौन्दर्यानुभूति की क्षमता कमोबेश मनुष्य मात्र में होती है। सौन्दर्यबोध मनुष्य के सामाजिक जीवन के विकास के साथ-साथ विकसित हुआ है। सौन्दर्यबोध और सौन्दर्यबोधीय मूल्यों के विकास का आधार मनुष्य का सामाजिक सांस्कृतिक जीवन है। मनुष्य के विचार क्षेत्र और कार्यक्षेत्र के सम्बन्धबोध से ही उसके सौन्दर्यबोधीय मूल्यों का स्वरूप पहचाना जा सकता है। हमारी सामाजिक संवेदनशीलता और सौन्दर्यबोधीय संवेदनशीलता की परस्पर पूरकता से ही हमारी मानवीय संवेदनशीलता विकसित होती है। मानव-चेतना को स्वार्थ के संकुचित घेरे से मुक्त करके उसे लोक-चेतना से जोड़नेवाली मुक्ति-धर्मी क्षमता के कारण ही कला हमारी सम्पूर्ण संवेदनशीलता का परिष्कार करती हुई आदमी को 'इन्सान' बनाने का काम करती है। सौन्दर्यानुभूति हमारी मनुष्यता के विकास का कारण और परिणाम दोनों है। मुक्तिबोध ने लिखा है, ''सौन्दर्यानुभूति वास्तविक जीवन की मनुष्यता है। अपने से परे उठने और परे जाने की मनुष्यक्षमता से उसका पूरा सम्बन्ध है।'' कला की इस मुक्तिधर्मी क्षमता का विश्लेषण करना नए सौन्दर्यशास्त्र का एक अनिवार्य कर्तव्य है। हमारे सामाजिक जीवन में जिस गति से विरूपता का प्रसार हो रहा है उसे देखकर यह भी कहा जा सकता है कि मानवीय संवेदनशीलता की रक्षा के लिए सौन्दर्यशास्त्रीय चिन्तन का उपयोग हो सकता है। सौन्दर्य की सामाजिक सत्ता और सौन्दर्यानुभूति की सामाजिकता की व्याख्या करनेवाला सौन्दर्यशास्त्र आज हमारे लिए उपयोगी है न कि सौन्दर्य की व्यक्तिनिष्ठता और समाज निरपेक्षता को स्वीकार करने वाला। अगर सौन्दर्यशास्त्र सामाजिक जीवन के लिए उपयोगी, रचनाकारों के लिए मार्गदर्शक, कलात्मक सौन्दर्य के अनुभव में पाठकों का सहायक, मानव जीवन के उत्कर्ष का प्रेरक और सम्पूर्ण मानवीय संवेदनशीलता के विकास का साधन न हो सके, तो ऐसे सौन्दर्यशास्त्रीय चिन्तन की बौद्धिक ऐयाशी के बदले सामाजिक दृष्टि से उपयोगी कोई दूसरा काम करना बेहतर होगा।

साहित्य का समाजशास्त्र और मार्क्सवादी आलोचना

आजकल आलोचना के क्षेत्र में, पश्चिमी बुर्जुआ साहित्य चिन्तन के क्षेत्र में, और उसके देखा-देखी भारत में भी, यह धारणा फैलाई जा रही है कि साहित्य और समाज के सम्बन्ध-विश्लेषण के लिए साहित्य का समाजशास्त्र मार्क्सवाद से अधिक वैज्ञानिक और उपयोगी अनुशासन है, और अन्ततः साहित्य का समाजशास्त्र मार्क्सवादी साहित्य-चिन्तन का स्थान ले लेगा। इस प्रकार की धारणा के फैलाए जाने के अनेक कारण हैं। एक कारण तो यह है कि रूपवादियों की रूप-पूजा के प्रचार की लाख कोशिश के बावजूद धीरे-धीरे साहित्य की सामाजिकता में सामान्य पाठकों और जनता की दिलचस्पी बढ़ी है और 'कला के लिए कला' की साख समाप्त हो रही है। ऐसी स्थिति में साहित्य जन मुक्ति के संघर्ष का एक सहायक साधन न बन जाए, इसके लिए बुर्जुआ व्यवस्था के हितैषियों के लिए यह जरूरी है कि वे साहित्य और समाज के सम्बन्ध की बात करते हुए भी उस सम्बन्ध के असली रूप को छिपाएँ और भ्रामक सम्बन्धों की चर्चा फैलाएँ। दूसरा कारण यह है कि साहित्य और कला के सम्बन्ध में सामन्ती दृष्टिकोण अब लगभग पराजित अवस्था में है। अब साहित्य और कला की चर्चा में अलौकिक, ईश्वरीय और आध्यात्मिक कारणों तथा प्रयोजनों के लिए कोई जगह नहीं है। लेकिन साहित्य और कला के बारे में सामन्ती दृष्टिकोण का स्थान क्रान्तिकारी चिन्तन न ले ले, इसके लिए बुर्जुआ विचारक यह आवश्यक समझते हैं कि साहित्य-चिन्तन को वैज्ञानिक और वस्तुनिष्ठता के नाम पर ऐसी दिशा में मोड़ा जाए कि साहित्य का क्रान्तिकारी प्रयोजन प्रकट न हो। तीसरा कारण यह है कि जैसे दुनियाभर का शोषक शासक-वर्ग समाजवाद के नारे और समाज के योजनाबद्ध विकास की प्रणाली का दुरुपयोग अपनी शोषण की व्यवस्था बनाए रखने के लिए कर रहा है, वैसे ही वह ऐसे विज्ञानों, शास्त्रों और चिन्तन पद्धतियों का प्रचार-प्रसार कर रहा है जो ऊपर से समाजोन्मुख लगते हुए भी भीतर से जन विरोधी हैं। साहित्य का समाजशास्त्र भी जन-चेतना को भ्रमित करनेवाले बुर्जुआ वर्ग की

चालाकी का एक रूप है।

साहित्य का समाजशास्त्र अपने जनक—समाजशास्त्र—के बुनियादी अनुशासन के प्रयोजन और पद्धति से एकदम स्वतन्त्र नहीं हो सकता। समाजशास्त्र सामाजिक संरचनाओं, संस्थाओं और व्यक्ति तथा समाज के सम्बन्ध के अध्ययन का एक अनुशासन है। वह इन सामाजिक सरंचनाओं, संस्थाओं और सम्बन्धों को अधिक व्यवस्थित, कार्यकुशल, उपयोगी और सहज बनाकर वर्तमान समाज-व्यवस्था को स्थायित्व प्रदान करना चाहता है। मार्क्सवाद का उद्देश्य इसके ठीक विपरीत शोषक-व्यवस्था को समाप्त कर एक शोषण-मुक्त समाज-व्यवस्था का निर्माण करना है। कोई भी विज्ञान या शास्त्र अगर मरणोन्मुख पूँजीवादी समाज-व्यवस्था को जिलाए रखने का प्रयास करता है तो वह मानव विरोधी है और मार्क्सवाद विरोधी भी। साहित्य का समाजशास्त्र, समाजशास्त्र के बुनियादी प्रयोजन और पद्धति का ही साहित्य चिन्तन के क्षेत्र में विस्तार है।

साहित्यानुशीलन की समाजशास्त्रीय पद्धति न केवल साहित्य की वास्तविक सामाजिक प्रयोजनीयता के उद्घाटन में अक्षम है बल्कि वह साहित्य की अर्थवत्ता और सार्थकता के विश्लेषण में भी कमजोर साबित होता है। यह कमजोरी उसे समाजशास्त्र से विरासत में मिली है। समाजशास्त्र वैज्ञानिकता और वस्तुनिष्ठता के नाम पर मूल्य-मुक्तता की वकालत करता है। रचना को एक वस्तु मानकर उसका वस्तुनिष्ठ और मूल्य-निरपेक्ष विश्लेषण का प्रयास करते हुए साहित्य का समाजशास्त्र अन्ततः रूपवादी समीक्षा के करीब पहुँच जाता है। साहित्य-सृजन में रचनाकार की सृजनात्मक चेतना और कल्पना की, उसके निजी प्रयास की महत्त्वपूर्ण भूमिका होती है, इसलिए साहित्यिक कृति को पूर्णतः आत्मबद्ध, रचनाकार-निरपेक्ष वस्तु मानकर उसका विश्लेषण नहीं किया जा सकता। दूसरी ओर साहित्य और कला रचना का एक महत्त्वपूर्ण प्रयोजन मूल्य सृजन और पाठकों की मूल्यचेतना का विकास करना है। कला और साहित्य में मुख्यतः मूल्यधर्मी मानवीय सृजनशीलता प्रकट होती है, इसलिए उसका मूल्य-निरपेक्ष विश्लेषण उसके स्वभाव और प्रयोजन के विपरीत पड़ता है। वास्तव में साहित्य का समाजशास्त्र साहित्य-विश्लेषण में वस्तुनिष्ठता और मूल्य-निरपेक्षता के नाम पर रचना के मानवीय परिप्रेक्ष्य की उपेक्षा करता है। मार्क्सवादी आलोचना कला और साहित्य के रचनात्मक मानवीय परिप्रेक्ष्य को भुलाकर रचना की व्याख्या का प्रयास नहीं करती। इस वस्तुनिष्ठता और मूल्यमुक्तता के नाम पर साहित्य का समाजशास्त्र रचनाकार की आस्था और सामाजिक प्रतिबद्धता की भी उपेक्षा करता है और इस प्रक्रिया में वह रूपवादी समीक्षा के निकट पहुँच जाता है।

साहित्य का समाजशास्त्र साहित्य को सामाजिक दस्तावेज, सामाजिक साक्ष्य, सामाजिक तथ्य या सामाजिक संस्था मानकर उसका अध्ययन करता है। इस प्रक्रिया

में वह साहित्य को समाज का दर्पण मानता है जिसमें समाज प्रतिबिम्बित होता है या फिर साहित्य को समाज के रूप से निर्धारित मानता है। समाजशास्त्रीय प्रतिबिम्बन की धारणा या उसके निर्धारणवाद से साहित्य और समाज के द्वन्द्वात्मक सम्बन्ध की व्याख्या नहीं होती। साहित्य समाज का न तो निष्क्रिय प्रतिबिम्ब मात्र है और न दोनों के बीच केवल कार्य-कारण जैसा सीधा सम्बन्ध ही होता है। मार्क्सवादी साहित्य-चिन्तन साहित्य और समाज, यथार्थ और कल्पना के जटिल द्वन्द्वात्मक सम्बन्ध की व्याख्या करते हुए साहित्य की सामाजिकता और साहित्यिकता को सामने लाता है। साहित्य समाज से प्रभावित होता है तो वह समाज को प्रभावित भी करता है, उसमें मानव-चेतना की सृजनशीलता भी प्रकट होती है। साहित्य मानव चेतना की उपज ही नहीं है, वह मानव-चेतना का निर्माण व विकास भी करता है, इसलिए उसकी उत्पत्ति और प्रयोजन की इस द्वन्द्वात्मकता को भुलाकर उसकी महत्ता का मूल्यांकन नहीं हो सकता। साहित्य का समाजशास्त्र साहित्य को जब समाज का दर्पण मानकर उसकी व्याख्या करता है तो रचनाशीलता का उद्घाटन नहीं होता।

साहित्य और कला के तीन अनिवार्य आयाम हैं; सृजन, अभिव्यक्ति और सम्प्रेषण। साहित्य का समाजशास्त्र सृजन-प्रक्रिया की व्याख्या करने में अक्षम है। वह अधिक से अधिक रचना की दशाओं और परिस्थितियों का ही विश्लेषण करता है। यही स्थिति सम्प्रेषण के बारे में भी है। अभिव्यक्ति की प्रक्रिया की व्याख्या और उसके उपादानों का समुचित विवेचन साहित्य के समाजशास्त्र से सम्भव नहीं होता। साहित्य का समाजशास्त्र उत्पादन, वितरण और उपभोग की भाषा में सृजन और सम्प्रेषण की व्याख्या का असफल प्रयत्न करता है। मार्क्सवादी साहित्य-चिन्तन सृजनशीलता और उसके प्रयोजन, अभिव्यक्ति की प्रक्रिया और उसके उपादान तथा अभिग्रहण से सम्बन्धित विभिन्न समस्याओं का विवेचन-विश्लेषण करता हुआ सम्पूर्ण साहित्य-प्रक्रिया की व्याख्या करने में सक्षम है।

साहित्य का समाजशास्त्र साहित्यिक कृतियों को साहित्य की परम्परा के सन्दर्भ में नहीं देखता, वह रचना को एक स्वतन्त्र इकाई मानकर उसका विवेचन करता है। मार्क्सवादी साहित्य-चिन्तन परम्परा और प्रयोग की द्वन्द्वात्मकता से साहित्य की प्रगति को समझने का प्रयास करता है। यही कारण है कि साहित्य के इतिहास-लेखन के सन्दर्भ में साहित्य का समाजशास्त्र अनुपयोगी सिद्ध होता है, जबकि मार्क्सवादी साहित्य-चिन्तन सामाजिक विकास के साथ साहित्य के विकास का अध्ययन करते हुए साहित्य के इतिहास-लेखन का आधार निर्मित करता है। मार्क्सवादी साहित्य-चिन्तन साहित्य के विकास का अध्ययन करते हुए साहित्य की ऐतिहासिकता, उसकी समाज-सापेक्ष स्वतन्त्रता और निरन्तरता पर बल देता है। इस प्रक्रिया में वह साहित्य को मनुष्य के दूसरे सामाजिक व्यवहारों के अभिन्न अंग के रूप में एक विशिष्ट सामाजिक व्यवहार मानकर उसकी व्याख्या करता है। दूसरी बात यह

है कि साहित्य का समाजशास्त्र समाजशास्त्र की तरह ही द्वन्द्वात्मक विकास की प्रक्रिया में मात्रा के गुण में बदलने की प्रक्रिया से अपरिचित होने के कारण साहित्य के इतिहास के क्रान्तिकारी परिवर्तनों की व्याख्या करने में अक्षम है, ऐसे परिवर्तनों की व्याख्या के बिना साहित्य का इतिहास-लेखन सम्भव नहीं होगा।

साहित्य और समाज के सम्बन्ध के बारे में साहित्य के समाजशास्त्र और मार्क्सवादी साहित्य-चिन्तन के दृष्टिकोण में बुनियादी अन्तर है। समाजशास्त्रीय सापेक्षतावाद साहित्य और कला की स्वतन्त्रता को अस्वीकार करता है। दूसरी ओर वह साहित्य एवं समाज के बीच निर्धारणवादी सम्बन्ध स्वीकार करने के कारण साहित्य और समाज के सम्बन्ध की जटिलता और द्वन्द्वात्मकता को भी समझाने में असमर्थ है। कुछ लोग मार्क्सवाद पर भी निर्धारणवाद का आरोप लगाते हैं। मार्क्सीय द्वन्द्ववाद और समाजशास्त्रीय निर्धारणवाद एक-दूसरे से पूर्णतः भिन्न है। निर्धारणवादी होना द्वन्द्वात्मकता से दूर जाना है और गैर-मार्क्सवादी होना है।

साहित्य का समाजशास्त्र रचना की अन्तर्वस्तु का विश्लेषण करते हुए उसके सामाजिक सन्दर्भ को महत्त्व देता है, लेकिन सामाजिक सन्दर्भ के बदलने से रचना की सार्थकता में जो परिवर्तन होते हैं, सार्थकता में जो घट-बढ़ होती है, उस पर साहित्य का समाजशास्त्र ध्यान नहीं देता। इस स्थिति की व्याख्या रचना और सामाजिक-सांस्कृतिक सन्दर्भ के द्वन्द्वात्मक बोध से ही सम्भव है। हिन्दी में कबीरदास और उर्दू में नज़ीर की रचनाओं में व्यक्त सामाजिक चेतना का महत्त्व प्रगतिशील आन्दोलन के दौरान स्वीकार किया गया तो इन रचनाकारों की महत्ता और सार्थकता भी बढ़ी। रचनाओं और रचनाकारों की लोकप्रियता के ऐसे उतार-चढ़ाव की व्याख्या करते हुए मार्क्सवादी आलोचना साहित्य ही नहीं, साहित्य की धारणा के विकास और परिवर्तन की प्रक्रिया का भी उद्घाटन करती है।

मार्क्सवाद समाज और मानव-व्यवहार को केवल समझने और व्याख्या करने का ही दर्शन नहीं है, उसका प्रयोजन समाज और मनुष्य को बदलना भी है। साहित्य सामाजिक बदलाव की प्रक्रिया में सहायक होता है इसलिए मार्क्सवादी साहित्य-चिन्तन सामाजिक बदलाव, समाज के क्रान्तिकारी परिवर्तन के प्रसंग में साहित्य की सार्थकता की परख व पहचान विकसित करता है। साहित्य का समाजशास्त्र समाजशास्त्र की ही तरह केवल व्याख्या तक ही अपने को सीमित रखता है। जैसे समाजशास्त्र समाज के बुनियादी बदलाव से असम्बद्ध होता है वैसे ही साहित्य का समाजशास्त्र सामाजिक बदलाव में साहित्य की क्रान्तिकारी भूमिका की पहचान कराने में असमर्थ है। साहित्य का समाजशास्त्र पूँजीवादी समाज-व्यवस्था की अनेक दूसरी चीजों की तरह साहित्य को भी केवल बाजार की वस्तु या उपभोग की वस्तु समझता है। इसलिए वह अधिक से अधिक उत्पादन, वितरण तथा उपभोग की दशाओं की व्याख्या करता हुआ उत्पादन, वितरण और उपभोग की प्रक्रिया को सुगम बनाने की कोशिश करता है। मार्क्सवादी

साहित्य-चिन्तन साहित्य और कला को बाजार की वस्तु बनाने के प्रयत्न की असलीयत का विश्लेशण करता है और इस प्रक्रिया के खिलाफ संघर्ष को दिशा देता है।

मार्क्सवाद साहित्य को अनेक विचारधारात्मक रूपों में से एक रूप मानता है। वह विचारधारा को मिथ्या चेतना ही नहीं, वर्ग-चेतना भी मानता है। मार्क्सवाद समाज के इतिहास की तरह साहित्य के विकास में भी वर्ग-संघर्ष की मुख्य भूमिका को स्वीकार करता है। साहित्य को विचारधारात्मक रूप मानने का यह अर्थ नहीं है कि साहित्य को विचारों तक सीमित माना जाए, जैसा कि कुछ लोग समझते हैं। विचारधारा के अन्तर्गत भाव, विचार और मूल्य-चेतना का समावेश होता है। साहित्य को विचारधारात्मक रूप मानने का अर्थ है उसकी ऐतिहासिकता और वर्गीय स्थिति को स्वीकार करना। लेकिन इसका यह अर्थ नहीं है कि मार्क्सवाद विचारधारा की सापेक्ष स्वतन्त्रता और समाज को प्रभावित करनेवाली उसकी शक्ति की उपेक्षा करता है। साहित्य का समाजशास्त्र साहित्य के विचारधारात्मक स्वरूप की उपेक्षा करता है और उसकी वर्गीय स्थिति को भी महत्त्व नहीं देता। विधेयवादी और अनुभववादी समाजशास्त्रीयता को छोड़ भी दिया जाए तो मार्क्सवाद से समाजशास्त्र को मिलाने की कोशिश करनेवाले लुसिएँ गोल्डमान जैसे आलोचक भी विचारधारा को केवल मिथ्या चेतना समझते हैं और साहित्य-विश्लेषण के सन्दर्भ में वर्ग और विचारधारा के बदले 'समूह और विश्वदृष्टि' की धारणा का उपयोग करते हैं। साहित्य के विचारधारात्मक स्वरूप को अस्वीकार करना उसके वर्गीय स्वरूप को अस्वीकार करना है और साहित्य के वर्गीय स्वरूप को अस्वीकार करने का अर्थ है वर्ग-संघर्ष के सन्दर्भ में साहित्य की क्रान्तिकारी भूमिका को अस्वीकार करना। इस प्रकार साहित्य का समाजशास्त्र साहित्य-कर्म की सामाजिकता को ही घटाता दिखाई देता है। इसके विपरीत मार्क्सवाद सामाजिक बदलाव के सन्दर्भ में साहित्य की क्रान्तिकारी भूमिका को स्वीकार करते हुए साहित्य को विशिष्ट महत्त्व प्रदान करता है।

मार्क्सवादी आलोचना और साहित्य के समाजशास्त्र का विरोध सबसे अधिक साहित्य और राजनीति के सम्बन्ध के सन्दर्भ में प्रकट होता है। साहित्य का समाजशास्त्र लेखक की राजनीतिक प्रतिबद्धता तथा रचना के राजनीतिक प्रभाव और प्रयोजन को रचना के विश्लेषण के लिए आवश्यक नहीं मानता, बल्कि अनावश्यक मानता है। साहित्य और राजनीति के सम्बन्ध के प्रसंगों में भी साहित्य का समाजशास्त्र रूपवादी आलोचना के करीब पड़ता है। मार्क्सवादी साहित्य-चिन्तन रचनाओं, रचनाकारों और साहित्यिक आन्दोलनों के राजनीतिक पक्ष की उपेक्षा नहीं करता, लेकिन इसका यह अर्थ भी नहीं है कि वह रचनाकरों के केवल राजनीतिक दृष्टिकोण के आधार पर ही उनका मूल्यांकन करता है। रचना की उपेक्षा करके रचनाकार की राजनीतिक दृष्टि के आधार पर ही रचना का मूल्यांकन करना मार्क्सवादी साहित्य-चिन्तन की महत्त्वपूर्ण विरासत से अपरिचय प्रकट करना है। मार्क्सवादी

आलोचना रचनाकार की विचारधारा और राजनीतिक दृष्टि की चिन्ता करते हुए भी उसके यथार्थबोध और कलात्मक श्रेष्ठता को अधिक महत्त्व देती है। मार्क्स-एंगेल्स ने बालज़ाक की व्याख्या करते हुए और लेनिन ने तोल्सतोय पर लिखते हुए इन रचनाकारों की विचारधारा के गलत होने के बावजूद उनके रचनात्मक सामर्थ्य और यथार्थबोध की प्रशंसा की, तो कुछ लोगों ने अपनी गलत विचारधारा के समर्थन के लिए यह निष्कर्ष निकाल लिया कि एक तो रचनाकारों की विचारधारा पर ध्यान देना जरूरी नहीं है और दूसरे, गलत विचारधारा के बावजूद महान् कृतियों की रचना सम्भव है। हिन्दी में भी इस स्थिति के उदाहरण मिल सकते हैं। प्रेमचन्द ने कहा है कि 'लेखक स्वभावतः प्रगतिशील होता है', तो कुछ लेखकों ने प्रतिक्रियावादी होने के बावजूद केवल लेखक होने के नाते अपने को स्वभावतः प्रगतिशील मान लिया। राजनीतिक दृष्टि की श्रेष्ठता अगर रचना की श्रेष्ठता की गारंटी नहीं है तो साहित्य के इतिहास के एक दो अपवादों के आधार पर गलत राजनीतिक दृष्टि को भी रचना की श्रेष्ठता की गारंटी नहीं माना जा सकता। कुछ लोग यह समझते हैं कि रचना में राजनीतिक दृष्टि नहीं, यथार्थबोध अधिक महत्त्वपूर्ण है। तो क्या राजनीतिक दृष्टि यथार्थबोध में बाधक होती है ? वह दृष्टि किस काम की जो जीवन और जगत् को देखने में मदद ही न दे। यह सच है कि रचनाकार की राजनीतिक दृष्टि से अधिक महत्त्वपूर्ण रचना में व्यक्त राजनीतिक दृष्टि है। लेनिन ने तोल्सतोय का जो विश्लेषण किया है, उससे यह मालूम होता है कि तोल्सतोय की राजनीतिक दृष्टि के सही न होने पर भी रचनाओं में व्यक्त यथार्थबोध की यह विशेषता है कि क्रान्तिकारी सर्वहारा वर्ग उसकी मदद से अपने दुश्मनों को पहचान सकता है। लेनिन ने तोल्सतोय की रचनाओं का जो विश्लेषण किया है उससे निष्कर्ष निकलता है कि रचनाकार की राजनीतिक दृष्टि की उपेक्षा की जा सकती है, लेकिन रचना के राजनीतिक प्रभाव और प्रयोजन की उपेक्षा नहीं की जा सकती। रचना में निहित या व्यक्त गलत राजनीतिक दृष्टि रचना को कला की दृष्टि से भी गलत बनाती है।

अब तक मैंने साहित्य के समाजशास्त्र और मार्क्सवादी आलोचना को परस्पर विरोधी बताने की कोशिश की है। कुछ लोग यह कह सकते हैं कि साहित्य के समाजशास्त्र की जो कमजोरियाँ बताई गई हैं, वे विधेयवादी और अनुभववादी समाजशास्त्र से विकसित साहित्य के समाजशास्त्र की हैं। अब तो मार्क्सवाद और समाजशास्त्र को मिलाकर 'मार्क्सवादी समाजशास्त्र' बनाने का प्रयास हो रहा है। मार्क्सवाद और समाजशास्त्र के मेल से बना मार्क्सवादी समाजशास्त्र पुराने समाजशास्त्र की कमजोरियों से मुक्त होगा और मार्क्सवादी समाजशास्त्र से विकसित साहित्य का समाजशास्त्र पुराने साहित्य के समाजशास्त्र की कमजोरियों से भी मुक्त होगा। मुझे ऐसा लगता है कि मार्क्सवाद और समाजशास्त्र को मिलाने का प्रयास एक गलत प्रयास है और उसके आधार पर साहित्य का समाजशास्त्र विकसित करने का

प्रयास और भी अधिक गलत है। ऐसे प्रयास मार्क्सवाद को समाज की अधूरी व्याख्या की एक पद्धति मात्र बना देने और उसको क्रान्तिकारी कर्म का दर्शन न रहने देने की मनोकामना से प्रेरित प्रतीत होते हैं।

मार्क्सवाद को इस तरह विकृत करने के प्रयास मार्क्स-एंगेल्स के समय में भी हुए थे जिनको देखकर मार्क्स ने कहा होगा कि अगर यही सब मार्क्सवाद है तो मैं मार्क्सवादी नहीं हूँ। मार्क्सवाद को समाजशास्त्र बनाने या मार्क्सवाद और समाजशास्त्र को मिलाने की कोशिश बहुत पहले बुखारिन ने की थी जिसकी ग्राम्शी ने मुसोलिनी की जेल में मौत से जूझते हुए भी लम्बी और तीखी आलोचना की थी। मार्क्सवाद और समाजशास्त्र को मिलाने के प्रयास के विरुद्ध ग्राम्शी की तरह संघर्ष करने की जरूरत है।

साहित्य के समाजशास्त्र के इतिहास में इस बात के प्रमाण हैं कि मार्क्सवाद और समाजशास्त्र को मिलाकर साहित्य का समाजशास्त्र विकसित करने के लिए प्रयत्नशील साहित्य-चिन्तक अपनी सारी प्रतिभा और विश्लेषण क्षमता के बावजूद समाजशास्त्र की बुनियादी कमजोरियों से मुक्त नहीं हो पाए हैं। उनमें से सब के सब कुत्सित समाजशास्त्री भले ही बन गए हों, लेकिन इस काजल की कोठरी में जाने के बाद बिना कालिख लगे कोई भी बाहर नहीं आ सका है। लुसिएँ गोल्डमान एक ऐसे ही प्रसिद्ध साहित्य के समाजशास्त्री थे जो मार्क्सवाद, फ्रायडवाद, संरचनावाद और समाजशास्त्र को मिलाकर साहित्य-विश्लेषण की एक नई पद्धति विकसित करने की कोशिश कर रहे थे। अनेक वादों और शास्त्रों के मेल से निर्मित अपनी पद्धति से साहित्य और समाज के जीवन भर के विश्लेषण के बाद वे इस निष्कर्ष पर पहुँचे थे कि मार्क्सवाद अब पुराना पड़ चुका है और सर्वहारा की क्रान्तिकारी शक्ति में विश्वास करना मिथ में जीना है। लुसिएँ गोल्डमान जैसे समर्थ और प्रतिभाशाली व्यक्ति का अगर ऐसा अन्त हुआ तो प्रतिभा की थोड़ी पूँजी लेकर इस मैदान में उतरनेवालों से क्या उम्मीद की जा सकती है। कुछ आलोचक मार्क्सवाद से सामाजिक सन्दर्भ और अन्तर्वस्तु विश्लेषण की पद्धति ले लेते हैं और रूपवाद से शिल्प-विश्लेषण का तरीका, फिर दोनों को मिलाकर एक बेहतर आलोचना-पद्धति के विकास का भ्रामक प्रयास करते हैं और अन्ततः रूपवाद या समाजशास्त्रीयता के जाल में जा फँसते हैं। वैसे ही कुछ आलोचक मार्क्सवादी आलोचना और समाजशास्त्रीय आलोचना को मिलाकर बेहतर आलोचना की उम्मीद में प्रारम्भ करके अन्ततः समाजशास्त्रीय आलोचक बनकर रह जाते हैं।

अन्त में एक बात और। साहित्य के समाजशास्त्र की आलोचना रूपवादी और कलावादी भी करते हैं। निश्चय ही उनकी आलोचना का प्रयोजन दूसरा है। वे साहित्य और कला के सन्दर्भ में समाज की चर्चा से चिढ़ते हैं। इसको साहित्य और कला के आत्मबद्ध, स्वायत्त-संसार पर आक्रमण समझते हैं। वे साहित्य की साहित्यिकता

में आस्था रखते हैं और उनकी साहित्यिकता शब्दों में सिमट जाती है। निश्चय ही हम इस रूपवादी, कलावादी साहित्य-चिन्तन की तुलना में साहित्य के समाजशास्त्र को अधिक उपयोगी मानते हैं, क्योंकि वह साहित्य की सामाजिकता पर बल देता है, साहित्य और समाज के सम्बन्धों को समझने का प्रयत्न करता है। नए-पुराने, देशी-विदेशी रूपवादी-कलावादी साहित्य-चिन्तन से साहित्य का समाजशास्त्र अधिक उपयोगी है, लेकिन उसे मार्क्सवादी आलोचना के विकल्प के रूप में समझना या पेश करना गलत है।

आलोचना की समकालीनता

हिन्दी आलोचना की वर्तमान दशा से असन्तुष्ट लोगों का अभाव नहीं है। असन्तोष रचनाकारों को है और पाठकों को भी। कभी-कभी कुछ आलोचक भी हिन्दी आलोचना की वर्तमान दशा से असन्तुष्ट दिखाई देते हैं। असन्तोष वास्तविकता के बोध से उत्पन्न होता है और भ्रम में जीने की कामना से भी। असन्तोष जागरूकता का भी लक्षण है और अतिभावुकता का भी। असन्तोष जब वास्तविकता के बोध से उत्पन्न होता है तो विकास की सम्भावना बनती है, लेकिन असन्तोष का स्थायी दर्द एक मानसिक बीमारी है जिसकी दवा 'दर्द का हद से गुजरना' ही है। हिन्दी आलोचना की वर्तमान दशा से असन्तुष्ट लोग दोनों प्रकार के हैं। समकालीन आलोचना की असमर्थता की शिकायत समकालीन रचनाकार करते हैं और सामान्य पाठक भी। जो रचनाकार अपनी रचनात्मक कमजोरियों की आलोचना से वकालत चाहते हैं और उसे न पाकर असन्तुष्ट और दुखी रहते हैं उनकी शिकायत अनुचित और उपेक्षणीय हो सकती है, लेकिन जो रचनाकार आलोचना से सही मूल्यांकन और मार्गदर्शन की आशा करते हैं, उनकी अपेक्षाओं की उपेक्षा आलोचना अपनी सार्थकता की कीमत पर ही कर सकती है।

समकालीन हिन्दी आलोचना को अपनी सार्थकता अर्जित करने और सही दिशा में विकास करने के लिए इस प्रश्न पर विचार करना आवश्यक है कि आलोचना किसके लिए है। आलोचना समकालीन रचनाकारों के लिए है या सामान्य पाठकों के लिए, या दोनों के लिए ? आलोचना को केवल छात्रोपयोगी होना चाहिए या व्यापक जनसमुदाय के लिए भी ? कहीं ऐसा तो नहीं है कि आलोचना केवल दूसरे आलोचकों के लिए लिखी जा रही है। ऐसी आलोचना से रचनात्मक लेखन का कुछ बनने-बिगड़ने वाला नहीं है। ऐसी स्थिति में आलोचना की सार्थकता ही खतरे में पड़ जाएगी। यह आलोचना के हित में है कि वह व्यापक जन समुदाय को ध्यान में रखकर विकसित हो, वह व्यापक जन समुदाय की आशाओं, आकांक्षाओं और

जीवन उद्देश्यों के अनुरूप विकसित हो। जिन रचनाकारों की रचनाशीलता के केन्द्र में आज के व्यापक जन समुदाय का जीवन है उनकी रचनाओं से ऐसी आलोचना अनिवार्यतः जुड़ेगी क्योंकि दोनों का केन्द्र एक ही है। अगर हमें सामान्य पाठकों और छात्रों के साहित्य-विवेक को उनके जीवन-विवेक से जोड़ना है और उस जीवन-विवेक को शोषण और दमन के खिलाफ जनता के संघर्ष का पक्षधर बनाना है तो यह जरूरी है कि उनके सामने साहित्य की ऐसी आलोचना हो जो जनता के मुक्ति-संघर्ष के सन्दर्भ में सार्थक हो। ऐसी आलोचना तभी सम्भव होगी जब उसे व्यापक सांस्कृतिक प्रक्रिया की आलोचना के रूप में विकसित किया जाए, आलोचना को साहित्य की सीमित दुनिया से निकाल कर उसे व्यापक सामाजिक जीवन के यथार्थ की गतिशील प्रक्रिया से जोड़ा जाए और आलोचना को साहित्य के माध्यम से अपने समय के समाज की आलोचना बनाया जाए।

जीवन्त आलोचना में अपने समय के समाज के विचारधारात्मक संघर्ष की अभिव्यक्ति होती है। आलोचना विचारधारात्मक संघर्ष का एक महत्त्वपूर्ण माध्यम है। आलोचना का चरित्र मुख्यतः विचारधारात्मक होता है। आलोचना की विचारधारात्मक अन्तर्वस्तु और आलोचक के विचारधारात्मक दृष्टिकोण से आलोचना का स्वरूप निर्धारित होता है। यही कारण है कि गलत विचारधारा के बावजूद कोई रचनाकार भले ही अपने यथार्थबोध और रचना-कौशल के बल पर सार्थक रचनाकार बन जाए, लेकिन गलत विचारधारा का शिकार आलोचक सार्थक आलोचक नहीं हो सकता। रचना का वर्गीय चरित्र जितना प्रच्छन्न हो सकता है और होता है, आलोचना का वर्गीय चरित्र उतना प्रच्छन्न नहीं होता।

आज की हिन्दी आलोचना के क्षेत्र में सक्रिय विभिन्न आलोचना-दृष्टियों की विचारधारात्मक स्थिति पर विचार किया जाए तो यह देखा जा सकता है कि आलोचना-दृष्टियों में भिन्नता और संघर्ष सामाजिक स्तर पर व्याप्त विचारधारात्मक भिन्नता और संघर्ष के अनुरूप है। आलोचना-दृष्टियों की भिन्नता और संघर्ष में विचारधारा की महत्त्वपूर्ण भूमिका के प्रति सजग और सचेत आलोचक हैं तो उससे बेखबर लेकिन उसके शिकार आलोचक भी। हिन्दी आलोचना के विचारधारात्मक चरित्र पर विचार करते समय यह भी ध्यान देने योग्य है कि वर्तमान भारतीय समाज-व्यवस्था के वर्गीय स्वरूप और उसके विचारधारात्मक संघर्ष की अभिव्यक्ति हिन्दी आलोचना में भी हो रही है। हिन्दी आलोचना के क्षेत्र में अब भी सामन्ती आलोचना दृष्टि का प्रभाव है और बुर्जुआ आलोचना-दृष्टि भी सक्रिय है। इन दोनों आलोचना-दृष्टियों के विरुद्ध संघर्ष करनेवाली मार्क्सवादी-जनवादी आलोचना-दृष्टि भी मौजूद है। हिन्दी आलोचना में अगर इन तीनों आलोचना-दृष्टियों का अस्तित्व और संघर्ष है तो उसका कारण यह है कि भारतीय समाज में सामन्ती, पूँजीवादी और जनवादी विचारधाराओं का संघर्ष चल रहा है। हिन्दी की मार्क्सवादी आलोचना

सामन्ती और पूँजीवादी आलोचना-दृष्टियों से संघर्ष करती हुई हिन्दी साहित्य की यथार्थवादी और जनवादी परम्परा को स्थापित और विकसित करने की कोशिश कर रही है। जो लोग राजनीति के क्षेत्र में यह स्वीकार नहीं करते कि इस देश की वर्तमान समाज-व्यवस्था का स्वरूप अर्द्ध-सामन्ती और अर्द्ध-औपनिवेशिक है वे भी संस्कृति और साहित्य के क्षेत्र की इस सच्चाई को अस्वीकार नहीं कर सकते कि यहाँ मूल्य के स्तर पर साहित्य और कला में सामन्ती और पूँजीवादी विचारधाराओं का गठजोड़ मौजूद है। हिन्दी आलोचना के क्षेत्र में एक ओर प्राचीन भारतीय सामन्ती आलोचना-दृष्टि रस, अलंकार, रीति, वक्रोक्ति और ध्वनिवाद के सहारे अपना प्रभाव कायम किए हुए है, तो दूसरी ओर बुर्जुआ विचारधारा के प्रतिनिधि आलोचक सौन्दर्यवाद, नई समीक्षा, शैली-विज्ञान और संरचनावाद आदि पश्चिम के आधुनिक इतिहास-विरोधी और रूपवादी साहित्य-सिद्धान्तों और आलोचना-दृष्टियों को हिन्दी आलोचना में स्थापित करने की कोशिश कर रहे हैं। पिछले कुछ समय से आधुनिक पश्चिमी रूपवाद और प्राचीन भारतीय रीतिवाद के मेलजोल और एकता के प्रयास भी हो रहे हैं। पश्चिम के पूँजीवादी आधुनिक 'विज्ञान' और प्राचीन सामन्ती 'रीति' को मिलाकर हिन्दी आलोचना के क्षेत्र में 'रीति-विज्ञान' विकसित करने की कोशिश हो रही है। साहित्य और कला के क्षेत्र का रूपवाद वास्तव में दर्शन के भाववाद का ही फल है, इसलिए नए-पुराने रूपवाद में एकता आश्चर्यजनक और असम्भव नहीं है। क्या समकालीन हिन्दी आलोचना में नए-पुराने रूपवाद की एकता का राजनैतिक-सामाजिक स्तर पर शोषण की वर्तमान व्यवस्था को कायम रखने के लिए सामन्ती और पूँजीवादी वर्गों की एकता से कोई सम्बन्ध नहीं है ?

समकालीन हिन्दी आलोचना में अगर एक ओर शोषक-शासक वर्गों की विचारधारा मौजूद है तो दूसरी ओर उससे संघर्ष करनेवाली मार्क्सवादी आलोचना-दृष्टि भी है। हिन्दी आलोचना में साहित्य और कला सम्बन्धी सामन्ती और पूँजीवादी दृष्टिकोणों के विरुद्ध संघर्ष की एक लम्बी परम्परा है। हिन्दी में मार्क्सवादी आलोचना के प्रारम्भ होने के पहले से ही वस्तुवादी आलोचना-दृष्टि का विकास होता रहा था जिसने दार्शनिक स्तर पर भाववाद और रचना के स्तर पर रूपवाद के प्रभाव का स्पष्ट विरोध किया। मार्क्सवादी आलोचना-दृष्टि ने हिन्दी की वस्तुवादी और प्रगतिशील परम्परा को विकसित किया है और मजबूत बनाया है। सामाजिक-राजनैतिक स्तर पर शोषक वर्गों के खिलाफ जन-संघर्षों को दिशा और गति देनेवाली मार्क्सवादी विचारधारा सांस्कृतिक स्तर पर शोषक वर्गों की विचारधारा के खिलाफ निरन्तर संघर्ष करती हुई आगे बढ़ी है। इस विचारधारात्मक संघर्ष का एक रूप हिन्दी आलोचना के क्षेत्र में भी दिखाई देता है। सामाजिक-राजनैतिक स्तर पर मार्क्सवादी विचारधारा की शक्ति और सीमा का प्रभाव हिन्दी आलोचना पर भी पड़ा है।

जनवादी रचना और आलोचना प्रायः अपने समय के समाज में सक्रिय जनवादी

राजनीति की गति और दिशा से प्रभावित होती है। इस देश में साम्यवादी राजनीति जिस सीमा तक भ्रमों, भटकावों, बिखराव और अवसरवाद का शिकार हुई है उससे हिन्दी की मार्क्सवादी आलोचना अप्रभावित नहीं रही है। संशोधनवाद अगर राजनीति में है तो आलोचना में भी उसका आना अनिवार्य है। हिन्दी की समकालीन मार्क्सवादी आलोचना को विशुद्धतावाद और संशोधनवाद के खिलाफ दोहरा संघर्ष करते हुए आगे बढ़ना है। आलोचना के क्षेत्र में पहला यथार्थ के बदलते हुए रूप और उससे उत्पन्न रचना की नवीनता को मानने और पहचानने से इनकार करता है तो दूसरा, मार्क्सवाद को समकालीन बनाने की कोशिश में रूपवाद से समझौता करता है। असल में आलोचना में ये दोनों प्रवृत्तियाँ तब आती हैं जब आलोचक जीवन की वास्तविकता और जन-संघर्ष से पूरी तरह कटा हुआ हो और केवल बुद्धिबल के सहारे अपने आलोचक व्यक्तित्व का प्रभुत्व कायम रखना चाहता हो। हिन्दी की मार्क्सवादी आलोचना के क्षेत्र में कुछ ऐसे भी लोग सक्रिय हैं जिनकी आलोचना को देखकर लगता है कि साहित्य-विवेक न होने पर भी साहित्य की आलोचना हो सकती है। शायद ये यह नहीं जानते हैं कि अगर आलोचना की सार्थकता आलोचक की सामाजिक संवेदनशीलता, जीवन-विवेक और यथार्थ की विकासशील प्रक्रिया के बोध पर निर्भर होती है तो उसकी प्रामाणिकता आलोचक की कलात्मक संवेदनशीलता, साहित्य-विवेक और कृति की विशिष्टता की विश्लेषण-क्षमता पर निर्भर होती है। जैसे केवल मार्क्सवाद के कमोबेश ज्ञान मात्र से कोई अनिवार्यतः महत्त्वपूर्ण जनवादी रचनाकार नहीं हो सकता, वैसे ही केवल मार्क्सवादी दर्शन की सामान्य जानकारी से कोई सच्चा मार्क्सवादी आलोचक नहीं हो सकता। मार्क्सवादी दर्शन के सामान्य नियमों को रचनाओं और रचनाकारों पर लागू करने वाली आलोचना अप्रामाणिक और अविश्वसनीय हो जाती है। इससे मार्क्सवादी आलोचना की साख घटती है। आज हिन्दी में ऐसी मार्क्सवादी आलोचना के विकास की जरूरत है जो यथार्थ के बदलते हुए रूप को पहचाने, उससे जुड़ी हुई रचनाशीलता की गहरी छान-बीन करके मूल्यांकन करे, रूपवादी और सौन्दर्यवादी रुझानों से संघर्ष करते हुए भी रचना के कलात्मक तथा ज्ञानात्मक मूल्य की पहचान विकसित करे और सामाजिक-राजनीतिक बदलाव के प्रसंग में रचना की सार्थक भूमिका उजागर करे।

रीतिकाल के कुछ नकली कवियों ने अगर कविता को खेल समझ लिया था तो आजकल के कुछ आलोचक आलोचना को शाब्दिक खिलवाड़ समझते हैं। ये लोग चालाक खिलाड़ी की तरह आलोचना के अखाड़े में उतरते हैं, दूसरे आलोचकों और रचनाकारों को प्रतिद्वन्द्वी समझकर तरह-तरह के दाँवपेंच से उन्हें धराशायी करने की कोशिश करते हैं। आलोचना जब पहलवानी हो जाती है तो उसमें 'फेयर एण्ड फाउल' का कोई विचार नहीं रहता। दाँव अगर नए और चौंकानेवाले हुए तो विरोधियों की आँखों में धूल झोंककर भी उन्हें परास्त करने का प्रयत्न चल सकता है। आलोचना

में ईमानदारी का तकाजा तो यह है कि गलत को गलत और सही को सही साबित किया जाए, केवल फतवे न दिए जाएँ। आलोचना में मास्टराना अंदाज में रचनाओं और रचनाकारों को नम्बर देने या पास-फेल करने की आदत को आचार्य शुक्ल ने 'असभ्यता' कहा था। हिन्दी आलोचना के क्षेत्र में आज भी ऐसे असभ्यों का अभाव नहीं है। किसी रचना या रचनाकार को एक झटके में खारिज करने से बेहतर है कि रचना अगर बुरी है तो उसे वैसा साबित किया जाए। कोई रचना बुरी है या अच्छी, इस बात का आलोचक को इलहाम नहीं होता, रचना के विश्लेषण से ही इसे साबित किया जा सकता है। वही आलोचना विश्वसनीय होगी जिसमें मूल्य-निर्णय के साथ-साथ मूल्य-निर्णय का आधार और उसकी प्रक्रिया भी सामने आए। विश्लेषण-क्षमता के अभाव में ही इलहामवादी आलोचना पनपती है। जब आलोचना बोध, विश्लेषण, विवेक और विचारशीलता के बदले इलहाम, अतिरंजना, सरलीकरण, चुहलबाजी, लटके, फतवे और जार्गन्स के सहारे चल रही हो तो उसका अविश्वसनीय और अप्रामाणिक होना स्वाभाविक ही है।

हिन्दी के कुछ आलोचकों का केन्द्रीय दृष्टिकोण यह है कि साहित्य-चिन्तन के क्षेत्र में अन्यत्र जो कुछ है या हो रहा है वह सब हमारे यहाँ पहले से ही सुलभ है और जो कुछ हमारे यहाँ सुलभ है वह अन्यत्र दुर्लभ है। ऐसी अंधभक्ति की मनोदशा में अपनी परम्परा और विदेशी चिन्तन के सार्थक स्वरूप की समझ पूरी तरह गायब हो जाती है। ये परम्पराजीवी आलोचक 'हमारे यहाँ भी कहा गया है' की बैसाखी के सहारे सारे विचार जगत् की यात्रा करके एक साथ ही परम्परावादी और आधुनिक—दोनों बने रहने की कोशिश करते हैं। इनके विपरीत कुछ ऐसे परोपजीवी आलोचक हैं जो पश्चिम के कला और साहित्य सम्बन्धी हर प्रकार के विचार और सिद्धान्त को हिन्दी साहित्य में प्रत्यारोपित करने की कोशिश करते हैं। ये दोनों ही प्रवृत्तियाँ नई नहीं हैं। आचार्य शुक्ल ने इन दोनों प्रकार की प्रवृत्तियों की आलोचना करते हुए इनके खतरों से बहुत पहले ही सावधान किया था। अपने समय की रचना और आलोचना में दूसरी प्रवृत्ति की प्रधानता को देखकर आचार्य शुक्ल ने कहा था—"आजकल पाश्चात्यवाद—वृक्षों के बहुत से पत्ते—कुछ हरे नोचे हुए, कुछ सूखकर गिरे पाए हुए—यहाँ पारिजात पत्र की तरह प्रदर्शित किए जाने लगे हैं, जिनसे साहित्य-उपवन में बहुत गड़बड़ी दिखाई देने लगी है। इन पत्तों की परख के लिए अपनी आँख खुली रखने और उन पेड़ों की परीक्षा करने की आवश्यकता है, जिनके वे पत्ते हैं।" आचार्य शुक्ल की यह चेतावनी अब भी बहुत काम की है। विचार के क्षेत्र में बिना परख या पहचान के संग्रह और त्याग का काम खतरनाक हो सकता है। आँख मूँदकर सब कुछ स्वीकार करने की उदारता के पीछे कहीं न कहीं अपनी दरिद्रता भी छिपी होती है। पश्चिम के कला और साहित्य सम्बन्धी बुर्जुआ चिन्तन के छूटे-छटके विचारों की नवीनता की चकाचौंध से जिनकी आँखें

मूँद जाती हैं वे यह देखने में असमर्थ होते हैं कि इन विचारों का पूँजीवादी विचारधारा और वर्गहित से क्या सम्बन्ध है ? उन्हें आम खाने से मतलब है, पेड़ गिनने या पेड़ों की परीक्षा करने की क्या जरूरत है ? यह ठीक है कि बाहर की ताजा हवा और धूप के लिए अपने घर के दरवाजे और खिड़कियों को खोले रखना चाहिए, लेकिन बराबर यह भी ध्यान रखना चाहिए कि बाहर की हवा आँधी बनकर घर को धूल-धक्कड़ से न भर दे।

आलोचना के क्षेत्र में अपनी परम्परा और विदेशी चिन्तन का सार्थक उपयोग किस प्रकार करना चाहिए, यह हम आचार्य शुक्ल से सीख सकते हैं। आचार्य शुक्ल ने भारतीय साहित्य कला और दर्शन की चिन्तन-परम्परा का विवेकपूर्ण मूल्यांकन किया था और यूरोपीय साहित्य, कला और दर्शन सम्बन्धी नए-पुराने चिन्तन की सार्थकता-निरर्थकता की सम्यक् समीक्षा करते हुए उन्हें स्वीकार या अस्वीकार किया था। उन्होंने अपने समय के समाज और साहित्य की प्रगति के सन्दर्भ में उपयोगी विचारों को ही अपनाया। आचार्य शुक्ल के लिए यह बात बहुत महत्त्वपूर्ण न थी कि विचार देशी हैं या विदेशी, नए हैं या पुराने। उनके सामने अपने समय के समाज और साहित्य की प्रगति का प्रश्न मुख्य था और इस सन्दर्भ में उपयोगी देशी-विदेशी, नए-पुराने विचारों को स्वीकार करने के लिए वे बराबर तैयार रहते थे। भारतीय और विदेशी नए-पुराने साहित्य-चिन्तन का सामना आचार्य शुक्ल ने किया था, लेकिन उन्होंने अंधश्रद्धा या नवीनता की चकाचौंध में पड़कर किसी बात को कभी स्वीकार नहीं किया था। सवाल यह है कि आज के सन्दर्भ में अपनी परम्परा और विदेशी साहित्य-चिन्तन की सार्थकता की पहचान की हमारी कसौटी क्या है ? निश्चय ही आज का हमारा समाज, उस समाज में अपनी मुक्ति के लिए संघर्षशील जनता और उससे जुड़ी हुई रचनाशीलता की प्रगति की कसौटी पर कसकर ही हम किसी विचार को स्वीकार कर सकते हैं। हमारे लिए वे ही विचार प्रासंगिक हैं जो शोषण और दमन से मुक्ति के लिए संघर्षशील जनता और उससे जुड़ी रचनाशीलता की प्रगति में सहायक हों। 'बुद्धि को रुग्ण बनानेवाली' या 'पाखण्ड का प्रचार करनेवाली', विचारधाराएँ, चाहे वे स्वदेशी हों या विदेशी, नई हों या पुरानी, हमारे काम की नहीं हैं। जो विचार हमारे वर्तमान समाज और रचनाकर्म की प्रगति के लिए प्रासंगिक नहीं हैं, वे हमारे लिए न समकालीन हैं और न स्वदेशी। हमारे लिए वे ही विचार समकालीन हैं जो शोषण से मुक्ति के लिए संघर्षशील जनता और उससे जुड़ी रचनाशीलता को आगे बढ़ाने में सहायक हों। जो विचार या विचारधारा समकालीन जनवादी रचनाशीलता के विकास में सहायक है वही समकालीन है। निश्चय ही ऐसी विचारधारा मार्क्सवाद ही है। लेकिन मार्क्सवादी साहित्य-चिन्तन में ऐसे समकालीन और स्वदेशीपन का विकास आवश्यक है जो यहाँ की जनवादी क्रान्ति और जनवादी साहित्य के विकास के अनुकूल हो। अब आलोचना के क्षेत्र में बाहरी

और भीतरी अप्रासंगिक परम्परा और उसके प्रभाव की 'साहित्यिक गुलामी' से मुक्त होना जरूरी है। इसका तात्पर्य यह नहीं है कि समकालीनता का परम्परा से कोई सम्बन्ध नहीं होता। समकालीनता हवा में विकसित नहीं होती। समकालीनता की जड़ें दूर तक जीवंत परम्परा में फैलकर उससे जीवन रस प्राप्त करती हैं। हमारा आग्रह केवल यह है कि परम्परा समकालीनता के लिए होती है, समकालीनता परम्परा के लिए नहीं। समकालीनता और परम्परा के सार्थक सम्बन्ध के लिए यह जरूरी है कि समकालीनता की दृष्टि से परम्परा का मूल्यांकन किया जाए; न कि परम्परा को सही साबित करने के लिए समकालीनता का अवमूल्यन हो। समकालीनता की कीमत पर परम्परा को प्रतिष्ठित करना जड़ता का प्रचार करना है। समकालीन रचनाशीलता के विकास और प्रगति के लिए परम्परा का विवेकपूर्ण मूल्यांकन जरूरी है, लेकिन परम्परा की लाठी से समकालीन रचनाशीलता को पीटना प्रगतिशीलता नहीं है। परम्परा का तिरस्कार हानिकर है तो उसकी अंधपूजा भी लाभप्रद नहीं है। कुछ लोग परम्परा का जंजीर की तरह इस्तेमाल करते हैं तो कुछ लोग परम्परा को लाठी की तरह भाँजते हैं। दोनों तरह के लोग समकालीन रचनाशीलता के विकास में बाधक बनते हैं।

सार्थक आलोचना मूलतः समकालीन होती है। आलोचना, चाहे वह समाज की हो, इतिहास की या साहित्य की, समकालीन आवश्यकता से उत्पन्न होती है। आलोचना की समकालीनता इस बात से जाहिर होती है कि वह अपने समय के समाज और साहित्य से कितनी जुड़ी हुई है। रचना की तरह आलोचना की समकालीनता भी सामाजिक सन्दर्भ से ही निर्धारित होती है। अपने समय के सामाजिक सन्दर्भ से गहरे स्तर पर जुड़ी हुई आलोचना भी रचना की तरह ही आनेवाले समय में अपनी सार्थकता कायम रखती है। जब तक समकालीन आलोचना अपने समय की सामाजिक और साहित्यिक आवश्यकताओं के अनुकूल विकसित नहीं होती तब तक पुरानी सार्थक आलोचना प्रासंगिक बनी रहती है। सामाजिक परिवर्तन के साथ-साथ रचना और आलोचना की प्रासंगिकता में भी बदलाव आता है। ध्यान देने की बात यह है कि समाज से रचना और आलोचना का यह सम्बन्ध समाज के इतिहास की जीवन्त गतिशील प्रक्रिया में दिखाई देता है, राष्ट्रीय संग्रहालयों में नहीं।

आलोचना की सार्थकता सच्चे और गहरे अर्थों में समकालीन होने में ही है। वैसे गहरे स्तर पर समकालीन होकर ही रचना भी कालजयी रचना बनती है। रचना और आलोचना दोनों का स्थायित्व उनकी समकालीनता पर ही निर्भर है, लेकिन आलोचना की तो सार्थकता ही उसकी समकालीनता पर निर्भर होती है। आलोचना की सच्ची समकालीनता ही रचना के भविष्य और आलोचना-प्रक्रिया की निरन्तरता की सम्भावना निर्मित करती है। आलोचना की समकालीनता के अनेक पहलू हैं।

अतीत की रचनाओं की समकालीन प्रासंगिकता की तलाश करना, समकालीन रचनाशीलता और पाठकों के साहित्य-विवेक में एकता स्थापित करना, समकालीन रचनाशीलता को समकालीन जीवन और समाज के यथार्थ से जोड़ना, समकालीन साहित्य-विवेक और जीवन-विवेक को एक दिशा में मोड़ना और समकालीन जीवन तथा कर्म को एकोन्मुख करना, ये आलोचना की समकालीनता के कुछ महत्त्वपूर्ण पहलू हैं। आलोचना की समकालीनता का अर्थ तात्कालिकता नहीं है। आलोचना समकालीन होती है और पुस्तक-समीक्षा तात्कालिक। आलोचना की समकालीनता अपने समय के रचनाकर्म की विशिष्टता की पहचान की शक्ति पर निर्भर होती है। किसी युग की आलोचनात्मक चेतना का स्तर उस युग की सांस्कृतिक चेतना और आकांक्षा का द्योतक होता है। आलोचना की समकालीनता अपने समय के समाज के व्यापक आलोचनात्मक चिन्तन का एक हिस्सा है। समाज के आलोचनात्मक विवेक और आलोचना के साहित्य-विवेक में गहरा सम्बन्ध होता है। वही आलोचना सच्चे अर्थों में समकालीन होती है जो अपने युग के आलोचनात्मक मानस का प्रतिनिधित्व करती है। स्वाधीनता आन्दोलन और हिन्दी साहित्य के सम्बन्ध के सन्दर्भ में आलोचनात्मक चेतना की सार्थक भूमिका पर विचार करें तो यह बात स्पष्ट होगी। भारतेन्दु के साहित्य-विवेक की विशेषता बतलाते हुए आचार्य शुक्ल ने लिखा है कि भारतेन्दु ने जीवन और साहित्य के बीच जो विच्छेद पड़ रहा था, उसे दूर किया। उन्होंने साहित्य को समाज के विचार-क्षेत्र और कर्म-क्षेत्र से जोड़ दिया। भारतेन्दु अपने समय के आलोचनात्मक मानस के प्रतिनिधि थे। उनकी रचना और आलोचना में युग की आकांक्षाएँ व्यक्त हुईं, तभी वे युग-प्रवर्तक बन सके। स्वयं आचार्य शुक्ल ने अपनी आलोचना को अपने समय की सामाजिक, राजनीतिक और सांस्कृतिक आकांक्षा के अनुरूप विकसित किया। आचार्य शुक्ल की आलोचना-पद्धति से आज के आलोचकों की आलोचना-पद्धति की तुलना करें तो यह विचित्र बात सामने आती है कि जहाँ आचार्य शुक्ल की आलोचना में जगह-जगह समाज और उसके यथार्थ के विविध रूप सामने आते हैं, उनके बारे में आचार्य शुक्ल का अपना दृष्टिकोण भी प्रकट होता है, वहीं एकाध अपवादों को छोड़कर, आज के अधिकांश आलोचकों की आलोचना से प्रायः समकालीन समाज गायब ही रहता है। यहाँ आलोचना में समाज उतना भी नहीं होता, जितना वह आलोच्य रचना में होता है।

आलोचना रचना की तरह ही मनुष्य की एक बुनियादी प्रवृत्ति है। मनुष्य अपनी रचना की आलोचना करते हुए ही नई रचना की ओर बढ़ता है। वह अपनी आलोचना-बुद्धि से अपने कर्म और रचना की सार्थकता और उपयोगिता की पहचान करता है। मनुष्य की विवेकशीलता इस बात में प्रकट होती है कि वह अपनी ही रचना और अपने कर्म से अपने को अलग करके भी उनकी आलोचना कर सकता है और इसी प्रक्रिया में उसके कर्म, चिन्तन और रचनाशीलता का निरन्तर विकास

होता है। मनुष्य की यह आलोचना-बुद्धि ही उसकी सामाजिक प्रगति और सांस्कृतिक सृजनशीलता का एक महत्त्वपूर्ण कारण है। वह अपनी आलोचना-बुद्धि से जीवन-जगत् को समझने और उसे बेहतर बनाने के लिए बदलने का प्रयत्न करता है, और इस प्रकार वह सामाजिक विकास की विभिन्न मंजिलों को पार करता हुआ निरन्तर आगे बढ़ता है।

प्रश्न उठता है कि आलोचना के इस बुनियादी स्वभाव और प्रयोजन से साहित्य की आलोचना का क्या सम्बन्ध है ? वास्तव में साहित्य मनुष्य की सृजनशीलता का ही एक विशिष्ट रूप है जिसमें उसकी रचनात्मक और आलोचनात्मक क्षमता व्यक्त होती है। साहित्य को जब जीवन की आलोचना कहा जाता है तो उसका तात्पर्य यही है कि मनुष्य साहित्य के माध्यम से अपने सामाजिक जीवन को समझने और उसको बदलने की कोशिश करता है। प्रत्येक महत्त्वपूर्ण रचना में साहित्य का यह बुनियादी स्वभाव मौजूद रहता है और इस स्वभाव के कारण ही आलोचना भी रचना होने का दावा कर सकती है। एक दूसरे स्तर पर भी आलोचना यह क़ाम करती है। वह रचनाओं को समझने, उनकी व्याख्या करने और बेहतर रचनाओं के निर्माण के लिए उचित वातावरण निर्मित करने का काम करती है। महत्त्वपूर्ण आलोचना पाठकों के साहित्य-विवेक को विकसित करके नई रचनाशीलता के विकास के लिए वातावरण बनाती है।

रचना का जीवन एक ओर उसकी आन्तरिक क्षमता पर निर्भर होता है तो दूसरी ओर वह आलोचना की रचनाशीलता पर भी निर्भर होता है। सार्थक आलोचना रचना को नया जीवन देती है, उसकी सार्थकता की तलाश करती हुई वह रचना को बार-बार जीवित करती है। एक जानी-पहचानी बात है कि आचार्य शुक्ल ने 'पद्मावत' को नया जीवन दिया। आलोचना रचना की पहचान बताती है, उसकी पहचान विकसित करती है। रचना के पाठकीय अनुभव के सन्दर्भ में आलोचना की भूमिका यह है कि वह रचना के भीतर तक जाने के लिए मार्ग निर्मित करती है। आलोचना पाठक को रचना के भीतर तक पहुँचाकर अलग हो जाती है और पाठक रचना को पुनर्रचित करता हुआ उसका अनुभव करता है। इस प्रक्रिया में पाठक को अपनी आलोचना-बुद्धि के विकास का अवसर मिलता है। लेकिन कभी-कभी आलोचना, रचना के अनुभव के समय बराबर पाठक के साथ बनी रहती है। ऐसी आलोचना शायद पाठक की बुद्धि पर विश्वास नहीं करती इसलिए वह पाठक की बुद्धि के लिए कुछ भी बाकी नहीं छोड़ती। ऐसी स्थिति में खतरा यह है कि अगर आलोचना स्वयं भटकी हुई हो तो वह पाठक को भी भटकाती है और पाठक की आलोचना बुद्धि के विकास को अवरुद्ध करती है। आलोचना पाठक और रचना के बीच मध्यस्थता का काम करती है। हिन्दी में ऐसी आलोचना का भी अभाव नहीं है जो रचना के बोध में पाठक की मदद करने के बदले पहेली बुझाती है।

कुछ ऐसे भी आलोचक हैं जिनकी आलोचना में अर्थशून्य बागाडम्बर और जॉर्गन्स की भरमार होती है। ऐसी हवाई आलोचना में वस्तु-विश्लेषण और विचारशीलता के बदले वाग्जाल से काम चलाया जाता है।

आलोचना रचना और पाठक के बीच ही मध्यस्थता नहीं करती, वह रचना, पाठक और समाज के बीच भी मध्यस्थता का काम करती है। आलोचना का सम्बन्ध रचना और समाज दोनों से होता है। अपने सामाजिक दायित्व के प्रति सजग आलोचक एक समाजचेता संवेदनशील कलाकार के सामाजिक-मानवीय व्यवहार के फल के रूप में रचना की आलोचना करता है और आलोचना के दौरान रचना और समाज के सम्बन्ध को स्पष्ट करता चलता है। अगर केवल रचना की उत्पत्ति पर विचार करते समय या उसका मूल्यांकन करते समय ही रचना को समाज से जोड़ने का प्रयत्न होता है, तो समाज रचना के सन्दर्भ में एक सीमा तक बाहरी तत्त्व बन जाता है। किसी रचना में समाज प्रेरणा और प्रभाव के हाशियों पर ही नहीं होता, वह रचना के केन्द्र में भी होता है, समाज रचना के विभिन्न तत्त्वों और उनकी संघटना में होता है, वह रचना के अभिप्राय और प्रभाव में भी होता है। सारतः समाज रचना के अस्तित्व और अस्मिता का विधायक होता है। रचना की व्याख्या करते समय लगातार समाज की उपस्थिति का बोध होना चाहिए और इस बोध के लिए आवश्यक है कि आलोचक रचना से अलग खुद भी समाज की वास्तविकता से जुड़ा हो। जो आलोचना केवल रचना के भीतर ही समाज को देखती है और स्वयं उस समाज से अपरिचित होती है जिससे वह रचना पैदा हुई है, वह आलोचना अपने सामाजिक दायित्व का ठीक से निर्वाह नहीं कर सकती। यही कारण है कि समकालीन समाज के यथार्थ से रचनाकार का ही नहीं आलोचक का भी गहरा और अटूट सम्बन्ध होना चाहिए। अपने सामाजिक सन्दर्भ से कटी हुई आलोचना या तो रचना के सामने आत्मसमर्पण करती है या रूपवाद का शिकार होती है। निश्चय ही रचना के सन्दर्भ में रचनाकार के व्यक्तिगत रचनात्मक प्रयत्न की बहुत महत्त्वपूर्ण भूमिका होती है, लेकिन उस रचनात्मक प्रयत्न के अनेक सूत्र समाज से जुड़े होते हैं। किसी रचना को लेखक के सामाजिक-मानवीय व्यवहार के रूप में देखने के साथ-साथ रचनाकार की सृजनशीलता और रचना की विशिष्टता को भी पहचानना जरूरी होता है। रचनाकार की सृजनशील चेतना और उसके रचनाकर्म पर समाज की ऐतिहासिक प्रक्रिया के साथ-साथ साहित्य की परम्परा का भी प्रभाव पड़ता है। रचना-कर्म रचना-परम्परा से भी प्रभावित होता है। किसी रचना को समाज की ऐतिहासिक प्रक्रिया, रचना-परम्परा और रचनाकार के निजी सृजनात्मक प्रयत्न की देन के रूप में व्याख्यायित करते हुए उसकी नवीनता और सार्थकता पर विचार होना चाहिए। यही कारण है कि साहित्य और कला की विशिष्टता को समझते हुए समाज से उसके आत्मीय सम्बन्ध का विश्लेषण करने के लिए समाज को भूमिका या उपसंहार

की स्थिति में देखने के बदले रचना की साहित्यिकता और सामाजिकता के बीच के जटिल सम्बन्ध का विश्लेषण होना चाहिए। आलोचना में किसी रचना की साहित्यिकता की खोज के लिए उसकी सामाजिकता की उपेक्षा करना ठीक नहीं है, लेकिन रचना की सामाजिकता की खोज के नाम पर उसकी साहित्यिकता के विश्लेषण से बचना आलोचना को अविश्वसनीय बनाना है।

आलोचना को 'आलोचना के हथियार' बनाने के लिए जरूरी है कि उसे सम्पूर्ण सांस्कृतिक प्रक्रिया की आलोचना के रूप में विकसित किया जाए। साहित्य की आलोचना सामाजिक और सांस्कृतिक प्रक्रियाओं से जुड़कर ही अपने समय के विचारधारात्मक संघर्ष में महत्त्वपूर्ण सक्रिय भूमिका निभा सकती है। यह एक प्रकार से मूलगामी आलोचना को विकसित करना है। मूलगामी आलोचना व्यापक राजनैतिक और सांस्कृतिक मूलगामी दृष्टिकोण का ही एक हिस्सा है जिसमें समाज, संस्कृति और साहित्य की परस्पर सम्बद्धता की खोज करनेवाली विचार-प्रक्रिया काम करती है। मूलगामी आलोचना का उद्देश्य मनुष्य की सृजनशीलता को पूरी व्यापकता और समग्रता में समझना है। ऐसी आलोचना मानवीय चेतना की अग्रगामिता को रोकने, तोड़ने और मोड़नेवाली विचारधारा के विरुद्ध संघर्ष करती है और जनचेतना को तरह-तरह के भ्रमों और भटकावों से मुक्त करके उसके यथार्थ-बोध तथा क्रान्तिकारी चेतना के विकास में मदद करती है। केवल साहित्य की सौन्दर्यबोधीय बारीकियों के जाल में उलझी और साहित्य की भाषा के विश्लेषण के दौरान बाल की खाल निकालनेवाली आलोचना बौद्धिक विलासिता का साधन हो सकती है, लेकिन वह सामाजिक परिवर्तन का साधन नहीं बन सकती। मूलगामी आलोचना को समाज के सांस्कृतिक, दार्शनिक और नैतिक प्रश्नों—विचारधारात्मक प्रश्नों—से टकराना होगा। कई बार जनता की राजनीतिक, सामाजिक आकांक्षाएँ सांस्कृतिक रूपों में व्यक्त होती हैं, इसलिए आलोचना को जनता की राजनीतिक आकांक्षाओं को पहचानने और संस्कृति के विभिन्न रूपों में उनकी अभिव्यक्ति को देखने-परखने का प्रयत्न करना होगा। जनता के राजनीतिक-सामाजिक संघर्षों की प्रगति और जनवादी संस्कृति तथा साहित्य की प्रगति को एक-दूसरे से जोड़कर देखनेवाली आलोचना ही वर्तमान दौर के विचारधारात्मक संघर्ष में अपनी सार्थक भूमिका निभा सकती है।

सामाजिक सत्य और रचना का माध्यम

साहित्य की आलोचना को मूलगामी आलोचना या साहित्य के साथ-साथ अपने समय के समाज और संस्कृति की आलोचना बनाने के लिए साहित्य की एक ऐसी धारणा की आवश्यकता है, जो साहित्य और समाज के सम्बन्ध को अधिक व्यापक रूप में व्यक्त करे। साहित्य की यह धारणा ऐसी होनी चाहिए जो साहित्य और समाज के आपसी सम्बन्ध की अनिवार्यता, गहराई, जटिलता और द्वन्द्वात्मकता को सामने लाए। इस नई धारणा से साहित्य और समाज के सम्बन्धबोध के साथ-साथ साहित्य के विशिष्ट स्वरूप का बोध उसके बिधागत सन्दर्भ की विशिष्टता में भी होना चाहिए।

साहित्य की नई धारणा यह है कि साहित्य मानवीय सामाजिक व्यवहार (सोशल ह्यूमन प्रैक्सिस) का एक विशिष्ट रूप है। 'प्रैक्सिस' का एक अर्थ व्यवहार है और दूसरा 'अनुभव'। इस तरह साहित्य एक ओर सामाजिक मानवीय व्यवहार का एक विशिष्ट रूप है, तो दूसरी ओर सामाजिक मानवीय अनुभव का एक विशिष्ट रूप भी। साहित्य-रचना को 'प्रैक्सिस' कहने का एक अर्थ यह भी है कि वह विज्ञान से भिन्न है। वह केवल ज्ञान नहीं है। 'प्रैक्सिस' की प्रक्रिया में मनुष्य की सृजनशीलता व्यक्त होती है और उसके अनुभव जगत् का विस्तार और विकास भी होता है। इस 'प्रैक्सिस' के माध्यम से ही मनुष्य, प्रकृति, समाज और अपने को बदलता है।

इस तरह 'प्रैक्सिस' मानव समाज के विकास का एक महत्त्वपूर्ण कारण है। साहित्य सामाजिक मानवीय व्यवहार होने के कारण ही समाज और मनुष्य की चेतना के बदलाव का कारण बनता है। मानव-व्यवहार मनुष्य के जैविक, सामाजिक और वैयक्तिक पहलुओं से जुड़ा होता है। यह उसके भौतिक उत्पादन से लेकर बौद्धिक-मानसिक उत्पादन तक (जीवन के लिए आवश्यक वस्तुओं से लेकर कलाकृतियों तक) व्याप्त है। श्रम मानवीय व्यवहार की प्रक्रिया की एक बुनियादी वस्तु है और श्रम की सम्पूर्ण प्रक्रिया से मानवीय व्यवहार की प्रक्रिया आगे बढ़ती है। मानव-समाज के इतिहास में मानवीय श्रम की प्रक्रिया के विकास के साथ-साथ ही मानवीय व्यवहार

का स्वरूप भी विकसित हुआ है। मानव-समाज और सभ्यता के विकास के दो अनिवार्य तत्त्व हैं—मानवीय श्रम और मानवीय व्यवहार। सभ्यता, संस्कृति, कला और साहित्य को मानवीय श्रम और व्यवहार की विकास-प्रक्रिया की देन कहा जा सकता है।

कला और साहित्य को मानवीय व्यवहार कहने का यह अर्थ नहीं है कि ज्ञान या सिद्धान्त से उसका कोई सम्बन्ध नहीं। अनुभव, सिद्धान्त और व्यवहार का जो सम्बन्ध सामाजिक जीवन के दूसरे क्षेत्रों में होता है, वह यहाँ भी है। क्रान्तिकारी व्यवहार बुनियादी तौर पर मानवीय व्यवहार के प्रत्येक क्षेत्र में लगभग एक-सा होता है। कुछ लोग यह कहते हैं कि साहित्य और कला मूलतः सैद्धान्तिक मानवीय क्रियाएँ हैं। फिलहाल इस विवाद में न पड़कर यही कहना उचित होगा कि साहित्य और कला के निर्माण में मानवीय व्यवहार का एक विशिष्ट रूप प्रकट होता है और इसका मानवीय चेतना की सैद्धान्तिक और ज्ञानात्मक गतिविधियों से भी गहरा सम्बन्ध है।

कला और साहित्य को मानवीय व्यवहार का एक विशिष्ट रूप कह देने से ही कला और साहित्य की मूलगामी आलोचना की समस्याएँ समाप्त नहीं हो जातीं, बल्कि इसके बाद ही उनकी जटिलता का अहसास होता है। इस सन्दर्भ में सर्वाधिक महत्त्वपूर्ण बात यह है कि कला और साहित्य को मानवीय व्यवहार मानने पर उनकी सामाजिकता स्थापित होती है और दूसरे सामाजिक व्यवहारों से उनके सम्बन्ध के बोध की अनिवार्यता भी प्रकट होती है। यहीं यह महत्त्वपूर्ण सवाल भी सामने आता है कि प्रत्येक सामाजिक व्यवहार का एक विशिष्ट रूप होता है, सामाजिक व्यवहारों की परस्पर सम्बद्धता के साथ-साथ उनकी अपनी सापेक्ष स्वायत्तता भी होती है, इसलिए साहित्य और कला को सामाजिक मानवीय व्यवहार मानने के साथ-साथ उनकी निजता, विशिष्टता और सापेक्ष स्वायत्तता की पहचान आलोचना के लिए जरूरी है।

मानवीय व्यवहार के एक विशिष्ट रूप के तौर पर कलात्मक और साहित्यिक व्यवहार का एक निजी स्वरूप होता है। प्रत्येक मानवीय व्यवहार के उपादान, प्रक्रिया और प्रयोजन के अनुसार ही उसका विशिष्ट स्वरूप विकसित होता है। साहित्य और कला के उपादान, रचना-प्रक्रिया और प्रयोजन की भिन्नता के कारण दूसरे सामाजिक व्यवहारों से उसकी भिन्नता कायम होती है। यही नहीं कि कलात्मक और साहित्यिक व्यवहार दूसरे मानवीय व्यवहारों से भिन्न होता है, बल्कि कला के मानवीय व्यवहार के क्षेत्र के भीतर भी विभिन्न कला-रूपों का रचनात्मक व्यवहार एक-दूसरे से सम्बद्ध होते हुए भी कई स्तरों पर एक-दूसरे से भिन्न भी होता है। अतः आलोचना के लिए कलात्मक और साहित्यिक व्यवहार की विशिष्ट प्रकृति की पहचान जरूरी है।

कला सम्बन्धी मानवीय व्यवहार की विशिष्टता और जटिलताओं को समझने के लिए हम कलात्मक व्यवहार के एक पक्ष—माध्यम—पर विचार करना चाहते हैं, जिसकी कलात्मक व्यवहार में महत्त्वपूर्ण भूमिका होती है। माध्यम, या व्यापक अर्थ

में भाषा, साहित्य और कला का एक महत्त्वपूर्ण तत्त्व है। विभिन्न कलाओं में माध्यम के अलग-अलग रूप होते हैं। माध्यमों के अपने स्वरूप का प्रभाव और परिणाम विशिष्ट कलात्मक व्यवहार पर पड़ता है। माध्यम सम्बन्धी इस जटिलता को हम साहित्य और कला की रचना और अनुभव के सन्दर्भ में देख सकते हैं।

साहित्य का माध्यम है भाषा, जो अनिवार्यतः सामाजिक होती है और इसका दूसरे मानवीय व्यवहारों से गहरा सम्बन्ध होता है। भाषा मानवीय व्यवहारों की प्रक्रिया से ही विकसित होती है इसलिए सामाजिकता इसका सहज गुण है। दूसरी कलाओं के माध्यम के साथ ठीक यही स्थिति नहीं है। संगीत, चित्र, मूर्तिकला और वास्तुकला के माध्यम सहज ही सामाजिक नहीं होते। इन कलाओं में माध्यम के प्रयोग की परम्परा सामाजिक होती है, स्वयं माध्यम सामाजिक नहीं होता। इसलिए हर कलाकर को अपनी रचना-प्रक्रिया के दौरान अपने कला-माध्यम को अधिकाधिक सामाजिक बनाने की समस्या से जूझना पड़ता है। माध्यम के साथ-साथ प्रयोजन के कारण भी सामाजिकता में अन्तर आता है। माध्यमों के विशेष स्वभाव के कारण ही चित्रकला और संगीत में रूपवाद की जितनी सम्भावना होती है, उतनी साहित्य में नहीं। यह एक ऐतिहासिक तथ्य है कि कला के अधिकांश रूपवादी आन्दोलन चित्रकला और संगीत से ही शुरू हुए हैं। मूर्तिकला और वास्तुकला में प्रयोजन बहुत सीमा तक माध्यम की सामाजिकता को निर्धारित करता है। 'कला के लिए कला' की साधना की जितनी गुंजाइश संगीत और चित्रकला में होती है, उतनी मूर्ति और वास्तुकला में नहीं। एक प्रकार से यह गुंजाइश संगीत में सबसे अधिक और वास्तुकला में सबसे कम होती है, क्योंकि वास्तुकला का उपयोगितावादी मूल्य उसके कलात्मक मूल्य को अनुशासित करता है; जबकि संगीत में कलात्मक मूल्य-चेतना सर्वोपरि होती है।

रचना-प्रक्रिया के दौरान भाषा या माध्यम की समस्या से कलाकार के संघर्ष पर विचार किया जाए तो जाहिर होगा कि संगीत और चित्रकला के सर्जक की समस्या भाषा या माध्यम को सामाजिक बनाने की होती है, जबकि साहित्य के माध्यम भाषा की सहज सामाजिकता के कारण साहित्यकार की समस्या भाषा को निजी बनाकर सामाजिक बनाने की होती है। संगीत या चित्रकला का सर्जक, अपने कला-माध्यम को अधिकाधिक सामाजिक बनाकर अपनी सर्जनात्मकता की अभिव्यक्ति करता है लेकिन कविता, कहानी या उपन्यास में रचनाकार प्रचलित भाषा को निजी बताते हुए रचनात्मक स्तर पर उसकी सामाजिकता की वृद्धि करता है। रचना के स्तर पर माध्यम की इस स्थिति पर विचार करने से यह जाहिर हो जाता है कि आलोचना में माध्यम के सवाल की उपेक्षा ठीक नहीं है।

साहित्य-रचना को मानवीय व्यवहार मानने के बाद यह जरूरी हो जाता है कि साहित्यिक रचनात्मक व्यवहार के क्षेत्र के भीतर के विभिन्न व्यवहारों के रूपों की विशिष्टता को भी पहचाना और स्वीकार किया जाए। हम एक कुम्हार की निर्माण-

प्रक्रिया और प्रयोजन को वैसे ही नहीं समझ सकते, जैसे एक बढ़ई की निर्माण-प्रक्रिया को। यही स्थिति साहित्यिक व्यवहार के क्षेत्र में भी है। हमें कविता और कहानी की निर्माण-प्रक्रिया में अन्तर समझते हुए, दोनों की विशिष्टताओं को पहचानते हुए, उनकी आलोचना करनी चाहिए। माना कि कविता और कहानी के मूल उपादान (जीवनानुभव), माध्यम (भाषा) और प्रयोजन (पाठकीय चेतना का बदलाव) के बीच सामान्य एकता होती है, लेकिन दोनों की रचना-प्रक्रियाएँ एक-दूसरे से भिन्न होती हैं। इसलिए रचना के दौरान रचनाकारों का रचनात्मक संघर्ष भी एक जैसा नहीं होता। जब आलोचक हर प्रकार की रचनाओं में से कुछ सामान्यताओं की खोज करने लगते हैं तो वे रचनाओं की विशिष्टता की उपेक्षा करते हैं।

आलोचना में रचना के रूप (साहित्य-रूप और कलात्मक रूप) पर ध्यान देना बहुत जरूरी है। रूपवाद के आतंक से भयभीत होकर रूप की चर्चा से बचना रचना और आलोचना दोनों के लिए हानिकर हो सकता है। जो लोग रचना के विशिष्ट रूप और उसके बोध की विशेष पद्धति की उपेक्षा करके केवल हर जगह अमूर्त सामाजिक सत्य की खोज करते रहते हैं उनसे मार्क्स का कहना है कि "आप वस्तु (कला-वस्तु) और चेतना (पाठकीय चेतना) के अधिकारों का हनन कर रहे हैं, आप सत्य को अमूर्त समझ रहे हैं और उस मजिस्ट्रेट की तरह व्यवहार कर रहे हैं जो बिना किसी लगाव के हर मुकदमे के बयान और पैरवी को सुनता और लिखता है।"

यह ठीक है कि रचनाकार अपनी रचना में सामाजिक सत्य की अभिव्यक्ति करता है, लेकिन रचनाकार उस सामाजिक सत्य को पाने और व्यक्त करने के लिए जीवनानुभव, यथार्थ-बोध, रचना-प्रक्रिया और अभिव्यक्ति के स्तर पर जो प्रयत्न और संघर्ष करता है, उसकी उपेक्षा नहीं की जा सकती। रचना में व्यक्त सामाजिक सत्य का जितना महत्त्व है, उतना ही महत्त्व उस सत्य की खोज और अभिव्यक्ति के लिए किए गए रचनात्मक संघर्ष का भी है। जब आलोचक रचनाकार के आलोचनात्मक संघर्ष या सामाजिक सत्य की खोज और अभिव्यक्ति के लिए की गई रचनात्मक यात्रा की उपेक्षा करके केवल उपलब्ध सत्य को ही महत्त्व देता है, तो वह रचना और रचनाकार के साथ न्याय नहीं करता। रचनाकार की सामाजिक सत्य की उपलब्धि के लिए की गई यात्रा और रचना में उसकी अभिव्यक्ति की विशिष्टता के विश्लेषण से ही आलोचक सामाजिक सत्य पा सकता है। सामाजिक सत्य रचना में निहित होता है, केवल व्यक्त ही नहीं होता। रचना में व्यक्त सामाजिक सत्य पानी में सूखे काठ की तरह उतराया नहीं फिरता कि आलोचना का जाल डालकर उसे चट से छान लिया जाए।

आलोचना में रचना के रूप, उसकी विशिष्टता, वस्तुनिष्ठता और रचनाकार के रचनात्मक संघर्ष पर ध्यान देना वास्तव में सामाजिक सत्य की खोज की प्रक्रिया और अभिव्यक्ति की प्रणाली पर ध्यान देना है। रचना के रूप की विशिष्टता पर

ध्यान देना गलत नहीं है, रूप को ही सत्य मान लेना या रूप में ही सत्य की खोज करना रूपवाद का शिकार होना है। मार्क्स-एंगेल्स ने साहित्य और कला की जो चर्चा की है, उसकी एक बड़ी विशेषता यह है कि उन्होंने रचनाओं को समग्र वस्तु के रूप में देखा है, रचनाओं और रचनाकारों की विशिष्टता का विवेचन किया है और इन सबके बाद रचनाओं से सामाजिक सत्य पाने का प्रयत्न किया है। उन्होंने कृतियों का विवेचन करते हुए ही कला और साहित्य सम्बन्धी विभिन्न धारणाओं के विकास का प्रयत्न किया है।

रचना की ऐतिहासिकता और रचनाकार की विचारधारा रचना की अन्तर्वस्तु में ही सीमित नहीं होती, रचना के रूप में भी उस ऐतिहासिकता और विचारधारा की अभिव्यक्ति होती है। रचना की अन्तर्वस्तु का विश्लेषण करते हुए उसकी ऐतिहासिकता और विचारधारा को खोज निकालना जितना सरल है, उतना सरल कलात्मक रूप की विचारधारा का विश्लेषण करना नहीं है। रचना की संरचना अपने समय की सामाजिक संरचना से प्रभावित होती है और उसकी अभिव्यक्ति भी करती है। रचना के रूप और शिल्प में न केवल लेखक का व्यक्तित्व प्रकट होता है, बल्कि यथार्थ के प्रति उसका दृष्टिकोण भी प्रकट होता है। साहित्य परम्परा में रूप और शिल्प सम्बन्धी परिवर्तन, सामाजिक परिवर्तन के सूचक और परिणाम होते हैं। ऐसी स्थिति में रचना का विश्लेषण और मूल्यांकन करते समय उसके रूप और शिल्प की उपेक्षा करना रचना और उसके सामाजिक सम्बन्ध के कई स्तरों की उपेक्षा करना है।

रचना के स्तर पर सामाजिक सत्य जहाँ एक ओर सामाजिक अनुभव का सत्य होता है, वहीं वह रचनाकार का अपना अनुभूत सामाजिक सत्य भी होता है, इसलिए उसमें सामाजिक सामान्यता के साथ-साथ रचनाकार की निजता भी व्यक्त होती है। फिर रचनाकार अभिव्यक्ति के स्तर पर मूर्त्त, इन्द्रियसंवेद्य बिम्बों, प्रतीकों, आख्यान या जीवन के क्रिया-व्यापार के माध्यम से सामाजिक सत्य की अभिव्यक्ति करता है। सामान्य तौर पर एक युग का सामाजिक सत्य सबका होता है, लेकिन एक रचनाकार जब उस सामाजिक सत्य की अभिव्यक्ति करता है तो वह उसकी विश्व-दृष्टि से जुड़कर उसका निजी भी हो जाता है। रचना का सामाजिक सत्य अपनी विशिष्टता के कारण ही महत्त्वपूर्ण होता है। सामाजिक सत्य के सार्वजनिक रूप और किसी रचना में उसके व्यक्त रूप में संवादिता आवश्यक होती है और रचना की सामाजिक सार्थकता बहुत कुछ इस संवादिता पर ही निर्भर होती है।

कला और साहित्य के माध्यम से सामाजिक सत्य की अभिव्यक्ति और उपलब्धि की प्रक्रियाएँ सामाजिक विज्ञानों से भिन्न होती हैं। कला और साहित्य के माध्यम से व्यक्त और प्राप्त सामाजिक सत्य मूर्त्त, जीवन्त, अनुभवजन्य और संवेदनीय होता है, इसलिए वह अधिक प्रभावकारी भी होता है। रचना में व्यक्त सामाजिक सत्य की विशिष्टता और सामाजिकता का विश्लेषण करना आलोचक का दायित्व है।

इस विश्लेषण के दौरान ही वह एक प्रकार के सामाजिक सत्य की अभिव्यक्ति करने वाले अनेक रचनाकारों की रचनाओं की विशिष्टताओं की पहचान करा पाता है या एक रचनाकार की अनेक रचनाओं की विशिष्टताओं का बोध करा पाता है।

बहुत सम्भव है कि एक ही काल के दो महत्त्वपूर्ण रचनाकारों की रचनाओं में एक व्यापक सामाजिक सत्य अलग-अलग ढंग से व्यक्त हुआ हो। यह भी सम्भव है कि एक रचनाकार की रचनाओं में सामाजिक सत्य का एक रूप प्रकट हुआ हो और दूसरे रचनाकार की रचनाओं में दूसरा रूप। सामाजिक सत्य की अभिव्यक्ति का यह अन्तर अलग-अलग साहित्य-रूपों में भी दिखाई पड़ सकता है। यह भी सम्भव है कि एक ही रचनाकार की अनेक रचनाओं में एक व्यापक सामाजिक सत्य के अनेक पक्ष अलग-अलग व्यक्त हुए हों। आलोचक का दायित्व है कि वह प्रत्येक रचना में व्यक्त सामाजिक सत्य के विशिष्ट रूप की पहचान कराए।

प्रेमचन्द की रचनाओं में अपने समय के सामन्तवाद और साम्राज्यवाद द्वारा भारतीय जनता के शोषण तथा गुलामी से मुक्ति के लिए सामन्तवाद और साम्राज्यवाद के खिलाफ़ जनता के संघर्ष का प्रामाणिक चित्रण हुआ है। प्रेमचन्द की विभिन्न रचनाओं में सामन्ती और साम्राज्यवादी शोषण की प्रक्रिया, जनता के जीवन-संघर्ष और मुक्ति-संघर्ष की प्रक्रिया का जीवन्त अंकन हुआ है। कहने का तात्पर्य यह है कि प्रेमचन्द की रचनाओं में अपने समय की सामाजिक-राजनीतिक वास्तविकता की जटिल समग्रता की अभिव्यक्ति हुई है। यही उस समय का व्यापक सामाजिक सत्य भी है। लेकिन प्रेमचन्द की विभिन्न रचनाओं में यह व्यापक सामाजिक-राजनीतिक सत्य अलग-अलग ढंगों से व्यक्त हुआ है और हर रचना में व्यक्त सामाजिक सत्य का एक विशिष्ट रूप भी है। यह विशिष्टता ही प्रत्येक रचना की स्वतन्त्र महत्ता का कारण है। सारतः यह सामाजिक-राजनीतिक सत्य प्रेमचन्द की सभी रचनाओं की केन्द्रीय वस्तु होते हुए भी प्रत्येक रचना में अपने विशिष्ट सामाजिक-राजनीतिक सन्दर्भ और रूप के साथ मौजूद है। इस एक व्यापक सामाजिक-राजनीतिक सत्य तक पहुँचने के लिए रचनाकार प्रेमचन्द ने जो रचनात्मक यात्रा की है, उस यात्रा का स्वतन्त्र महत्त्व है।

जिस समय प्रेमचन्द अपना कथा-साहित्य रच रहे थे, लगभग उसी समय हिन्दी कविता में छायावादी आन्दोलन सक्रिय था। प्रेमचन्द की सभी रचनाओं का मूल स्वर सामन्तवाद-विरोधी और साम्राज्यवाद-विरोधी है—और जैसा कि रामविलास शर्मा ने लिखा है, छायावाद का भी मूल स्वर सामन्तवाद-विरोधी और साम्राज्यवाद-विरोधी है। प्रेमचन्द के कथा-साहित्य और छायावाद की कविता के मूल स्वर में एकता होने के बावजूद दोनों के सामन्तवाद-विरोध और साम्राज्यवाद-विरोध की रचनात्मक अभिव्यक्ति में कितना फर्क है, यह अलग से बताने की जरूरत नहीं है। यह फर्क अलग-अलग रचनाकारों की विश्व-दृष्टि और कला-क्षमता के कारण ही नहीं है, दो

साहित्यरूपों (कथा-साहित्य और कविता) की अपनी विशिष्टताओं—रचना-प्रक्रिया, अभिव्यक्ति-प्रणाली और बोध-प्रक्रिया—के कारण भी है।

प्रेमचन्द अपने सामन्तवाद-विरोध और साम्राज्यवाद-विरोध को, जनता के जीवन-संघर्ष और मुक्ति-संघर्ष को, सामाजिक-राजनैतिक यथार्थ की ऐतिहासिक विकास-प्रक्रिया की पूरी जटिलता का विवेचन-विश्लेषण करते हुए सामने लाते हैं। वे जीवन-व्यवहार में सक्रिय संवेदनशील और विचारशील पात्रों के जीवन-व्यवहार से निर्मित घटनाओं का विशिष्ट संयोजन करके कथा के माध्यम से समाज का सम्पूर्ण गतिशील चित्र प्रस्तुत करते हैं और इस प्रक्रिया में वे अपने युग के व्यापक सामाजिक सत्य की अभिव्यक्ति करते हैं। छायावाद के कवि कविता की विशिष्ट प्रकृति के कारण पूरी तरह ऐसा नहीं कर सकते थे। इसलिए वे बिम्बों, प्रतीकों, रूपकों और ऐतिहासिक सन्दर्भों के माध्यम से अपने सामन्तवाद-विरोध, साम्राज्यवाद-विरोध और जनता के जीवन-संघर्ष तथा मुक्ति-संघर्ष की अभिव्यक्ति करते हैं।

इस प्रकार हम देखते हैं कि प्रेमचन्द और छायावादी कवि व्यापक रूप में एक तरह के ही सामाजिक सत्य की अभिव्यक्ति करते हैं। लेकिन उस सामाजिक सत्य की अभिव्यक्ति का रूप साहित्य-रूप की भिन्नता के कारण एक जैसा नहीं है और उसका प्रभाव भी एक जैसा नहीं पड़ता। प्रेमचन्द के कथा-साहित्य और छायावाद की कविता में व्यक्त सामाजिक सत्य के विशिष्ट रूप को समझने के लिए और बहुत सारी चीजों के साथ-साथ कथा-साहित्य और कविता की प्रकृति के अन्तर को भी समझना जरूरी है। कविता और कथा-साहित्य में सामाजिक सत्य की अभिव्यक्ति के फर्क और कविता तथा कथा-साहित्य की रचनाशीलता की प्रकृति के फर्क को ठीक से न समझ पाने के कारण ही बहुत दिनों तक छायावादी कविता को अयथार्थ और पलायन की कविता कहा जाता रहा, और प्रेमचन्द के कथा-साहित्य को कला की दृष्टि से द्वितीय श्रेणी का कथा-साहित्य घोषित किया गया। हिन्दी के प्रगतिशील आलोचकों ने छायावादी कविता में व्यंजित यथार्थ तत्त्व को खोजने और प्रेमचन्द के कथा-साहित्य की कलात्मक श्रेष्ठता सिद्ध करने का आवश्यक काम किया।

इस लेख में साहित्य-रूपों की विशिष्टता पर ध्यान देने का उद्देश्य साहित्य-रूपों की विशुद्धता की वकालत करना नहीं है। विशुद्ध साहित्य की धारणा की तरह साहित्य-रूपों की शुद्धता की धारणा भी भ्रामक है। साहित्य-रूपों की ऐतिहासिकता और समाज-सापेक्षता की उपेक्षा करके उनकी विशिष्टता को भी समझना मुश्किल ही है।

साहित्य-रूपों के विशिष्ट स्वरूप की ओर रचनाकारों और आलोचकों का ध्यान खींचने का उद्देश्य यह बताना है कि साहित्य-रूप की सीमाएँ रचनाशीलता को बाँधने वाली बेड़ियाँ नहीं हैं, और सम्भावनाओं की तलाश करना साहित्य-रूपों की व्यवस्था

में अराजकता उत्पन्न करना भी नहीं है। जो आलोचक कथा-साहित्य में कवि-दृष्टि का अभाव या आविर्भाव खोजते हैं, अथवा कविता के प्रतिमानों के आधार पर कथा-साहित्य का विश्लेषण-मूल्यांकन करते हैं, वे कविता और कथा-साहित्य दोनों के साथ अन्याय करते हैं। उपन्यास और कहानी की कविता जैसी आलोचना करने की प्रवृत्ति हिन्दी में कथा-साहित्य की अच्छी आलोचना के विकास में बाधक रही है। दूसरी ओर जो लोग कविता, उपन्यास, कहानी और नाटक की निजी स्वरूपगत विशेषताओं की परवाह न कर हर जगह सामाजिक सत्य की अपनी अमूर्त्त धारणा की केवल पुष्टि या व्यंजना खोजते फिरते हैं, वे साहित्य और कला में यथार्थ के बोध और व्यंजना के विशिष्ट स्वरूप से अपना अपरिचय जाहिर करते हैं। वास्तव में रूपवाद और अरूपवाद से मुक्त आलोचना ही रचना के विशिष्ट रूप में रूपायित सामाजिक सत्य की पहचान करके नई रचनाशीलता के विकास में सहायक हो सकती है।

परम्परा और प्रतिभा

परम्परा का सम्बन्ध केवल अतीत से नहीं है बल्कि इसकी रेखा अतीत से चलकर वर्तमान में समाई हुई है। समृद्ध, स्वस्थ, विकासोन्मुख परम्परा के क्रोड़ में अतीत और वर्तमान समाये होते हैं। अतीत परम्परा की पृष्ठभूमि है और वर्तमान उसका प्रस्तुत चित्र। संस्कार अतीत के ही नहीं, वर्तमान के भी हो सकते हैं, तभी युग जीवन से युगातीत जीवन का सामंजस्य हो पाता है। परम्परा एक ऐतिहासिक बोध है, जो अतीत के व्यतीत का नहीं, उसकी वर्तमानता का दर्शन है। बहुधा समसामयिक रचनाकार अतीत में एक प्रकार के परम्पराबोध के लिए प्रत्यावर्तित होते हैं।

जब कलाकार-विशेष की प्रतिभा समसामयिक सन्दर्भ में विवेचित होगी तो वर्तमान में उसकी स्थिति होगी। वैयक्तिक प्रतिभा वर्तमान की है परन्तु किसी राष्ट्र के साहित्य के अतीत की सामूहिक प्रतिभा ही वर्तमान के लिए परम्परा बन जाती है। प्रतिभा स्वयं भी पूर्णतः वैयक्तिक नहीं होती, क्योंकि उसमें प्रतिभाशाली की प्रवृत्ति ही नहीं, उसके परिवेश का भी अंश होता है। व्यक्तित्व के विधायक तत्त्वों का विभाजन जब प्रवृत्ति और परिवेश में होता है तो यह स्मरण रखना चाहिए कि मनुष्य की प्रवृत्ति स्वयं परिवेश के संयोजन की देन है। मनुष्य की अपनी सहज विशिष्टता और सामाजिक परिवेश के सांस्कृतिक तत्त्वों के माध्यम से सचेत होकर संयोजित संवेदनशीलता से ही कवि का व्यक्तित्व पूर्ण होता है यद्यपि संयोजन के दो स्तरों, सहज या प्रवृत्तिमूलक तथा सचेत या सांस्कृतिक, में तनाव की स्थिति उत्पन्न हो सकती है किन्तु कलाकार के लिए दोनों का सन्तुलन आवश्यक है। व्यक्ति के लालित्य बोध को जाग्रत करने के लिए सांस्कृतिक संयोजन अनिवार्य है। कवि के व्यक्तित्व के दो भाग होते हैं—एक उसकी अपनी प्रवृत्तिगत सहज विशिष्टता और दूसरा उसका विकसित सांस्कृतिक बोध। युंग ने संकल्पित चिन्तन की चर्चा की है, जिससे चिन्तन विवेकसम्पन्न होता है और सचेत यथार्थ-ज्ञान सम्पन्न भी। सचेत ज्ञान सामान्य प्रत्यक्ष जगत् से प्राप्त होता है। संकल्पित चिन्तन वैज्ञानिक चिन्तन

है और वह सामाजिक चेतना का द्योतक है। काडवेल ने युंग के संकल्पित चिन्तन के आधार पर ही संकल्पित भावना की धारणा को विकसित किया है। उसके अनुसार जब हम अपनी बोधशक्ति को औचित्य, आत्मबोध, सौन्दर्य और आदर्श की ओर प्रेरित करते हैं तो संकल्पित भावना की स्थिति होती है। जिस प्रकार संकल्पित चिन्तन विवेक अनुशासित होता है और सत्य के सामाजिक निकष को स्वीकार करता है, उसी प्रकार संकल्पित भावना रागात्मक वृत्तियों से अनुशासित होती है और सौन्दर्य तथा शिवत्व के सामाजिक निकष को स्वीकार करती है।[1] एक सफल कवि के व्यक्तित्व के बोधांश और रागात्मक अंश में आन्तरिक सुसंगति होती है।

व्यक्तित्व के इस विश्लेषण के आधार पर कहा जा सकता है कि परम्परा संचित सामूहिक चेतना है और प्रतिभा वैयक्तिक चेतना जिसके मूल में संकल्पित चिन्तन और संकल्पित भावना का अस्तित्व है। सामूहिक चेतना अपनी अभिव्यक्ति के लिए वैयक्तिक चेतना का आश्रय लेती है। जब सामूहिक चेतना का वैयक्तिक चेतना से सम्पर्क होता है तब दोनों चेतनाएँ अपनी-अपनी विशिष्टताएँ छोड़कर सामान्य बन जाती हैं और कलाकार के व्यक्तित्व के माध्यम से अभिव्यक्त होकर अपनी सम्प्रेषणीयता में लोक-चेतना का रूप धारण कर लेती हैं। इस प्रकार युग-युग की चेतना व्यक्ति-चेतना से संशोधित होकर युग-चेतना बनती है और उस युग-चेतना का ही अंश युगातीत चेतना का आधार बनता है। इस प्रकार परम्परा और प्रतिभा का सम्बन्ध पूरक क्रिया-प्रतिक्रिया का होता है। कभी-कभी संकुचित अर्थ में परम्परावादी प्रतिक्रियावादी बन जाता है जबकि प्रतिभा मौलिकता और नवीनता को प्रश्रय देने के कारण क्रान्तिकारिता का पक्ष लेती है। वैसे एक सफल, सशक्त कवि के लिए, चाहे वह परम्परावादी हो या क्रान्तिकारी, यह आवश्यक है कि वह अपने परिवेश के अनुरूप अपनी संवेदनशीलता का नवीनीकरण करे।[2]

प्रतिभा का विरोध या द्वन्द्व परम्परा के सजीव, विकासोन्मुख और स्वस्थ रूप से नहीं है अपितु रूढ़ि से है। इसलिए परम्परा की सुरक्षा के प्रति आग्रह महत्त्वपूर्ण नहीं है वरन् परम्परा की वृद्धि, उसके सर्जन और विकास के लिए प्रयास महत्त्वपूर्ण है। जो परम्परा प्रयोग और प्रगति को प्रश्रय नहीं देती, वह आत्मघात कर लेती है, उसका अस्तित्व खतरे में पड़ जाता है। प्रत्येक प्रयोग, जो प्रतिभा की देन है, कालान्तर में परम्परा बन जाता है इसलिए प्रयोग की प्रेरणा देने में असमर्थ परम्परा और नवीन परम्परा को स्थापित करने में असमर्थ प्रयोग दोनों ही निरर्थक हैं।

परम्परा का जो अंश कवि को संस्कार देता है और संस्कार भी ऐसा जिसमें उदारता हो, जो समूचे व्यक्तित्व में उदात्त चेतना समाहित करने के साथ आत्मपरक पृथक्त्व को बनाए रखे, वही महत्त्वपूर्ण है। निश्चय ही अपनी भाषा और साहित्य की परम्परा के प्रति श्रद्धा से, असम्पृक्त समर्पण से ही सच्चा साहित्य उत्पन्न होता है। कृतिकार की सारी साधना दोहरे आत्मसंयम से होती है। साहित्यकार भी उपनिषद्

के उस तरु की शाखा की भाँति होता है जिस पर बैठा हुआ एक पक्षी फल चखता है और दूसरा तटस्थ होकर उसे देखता है। कवि अपनी रचना का स्रष्टा और भोक्ता, लेखक और पाठक दोनों होता है। इस प्रकार परम्परा का अर्थ है अतीत का अनुभव और परिवेश का अर्थ है वर्तमान का अनुभव तथा प्रतिभा है इन दोनों के ग्रहण, धारण, संशोधन और समन्वित अभिव्यक्ति की शक्ति।

किसी साहित्य या कला की परम्परा का इतिहास एक पृष्ठभूमि है, जिस पर नवीन सृजन होता है। नवीन प्रयोगों की सम्भावनाओं से सम्पन्न रचना अपनी परम्परा की एक नई कड़ी होती है। युगबोध से सम्पन्न कलाकार पूर्ववर्ती संवेदनशीलता को नवीन अर्थ देता है, पुराने में नई जान डालता है और कभी-कभी पुरानी जान को नई काया देता है और पुराने शब्दों में नया अर्थ भरता है, क्योंकि 'पुराने शब्दों में नया अर्थ भरने का प्रयास, वैचारिक क्रान्ति की प्रक्रिया है' और इस प्रकार वह अपनी प्रतिभा के सहारे अपनी परम्परा का संरक्षक भी है और सर्जक भी। परम्परा की चेतना से साहित्य के विकास में नई दृष्टियों का समाहार होता है और जीवन की विवेचना अनेक दिशाओं से आती हुई किरणों की भाँति संवेदन-बिन्दुओं पर केन्द्रीभूत होकर जीवनगत सत्य को अनुप्राणित करती है। रचनाकार की प्रतिभा परम्परा की चेतना के कारण पूर्वकाल की विशिष्ट अनुभूतियों से अपनी अनुभूति का समन्वय और सन्तुलन प्रस्तुत करती है।

प्रतिभा नवीनता के प्रति आग्रहशील है और वह रचनाकार की स्वतन्त्रता का कायल है। प्रतिभाशाली परम्परा को तोड़ता है, उसका पुनःसर्जन करता है और उसे सँवारता भी है। 'जब तक काव्य का सम्बन्ध जीवन और उसकी व्यापकता से रहेगा तब तक काव्यप्रतिभा सीमाबद्ध नहीं रह सकती, वह पुरानी परम्पराएँ तोड़ेगी, नई बनाएगी, नई से भी आगे नई सम्भावनाओं की ओर विकसित होगी, क्योंकि मानवचेतना सतत् नई अनुभूतियों से अनुप्राणित होती रहती है। जीवन का प्रत्येक क्षण उसे नयी अनुभूति देता है, नई प्रेरणाशक्ति देता है, नया स्वर, नए लय और नए प्रतिबिम्ब, प्रतीक, शब्द और रचनाशक्ति का ओज उसमें विकसित होता रहता है, इसलिए प्रतिभासम्पन्न कलाकार परम्परा की रूढ़िवादी व्यंजना को कभी ग्रहण नहीं कर सकता। वह सदैव नए जीवन सत्यों की विकसित प्रवृत्ति की ओर उत्सुक होगा।[3]

प्रतिभा अगर एक नैसर्गिक शक्ति है तो उसकी स्थिति परिवेश निरपेक्ष है किन्तु उसका विकास निश्चित ही परिवेशगत अनुभव सापेक्ष है। 'प्रतिभा है' यह एक बात है और प्रतिभा विकसित है, विकासोन्मुख है या अविकसित है यह एक दूसरी स्थिति है। प्रतिभा है, यह प्रतिभा के परिवेश निरपेक्ष रूप को सिद्ध करता है किन्तु प्रतिभा विकसित है या अविकसित है, यह प्रतिभा को परिवेशगत अनुभव सापेक्ष सिद्ध करता है। प्रतिभा अगर सहजात शक्ति है या संस्कार है तो संस्कार

में व्यक्ति का अपना और उसके समाज का अतीत सुरक्षित रहता है, क्योंकि–'संस्कार मात्र ज्ञान-जन्य स्मृतिः'–संस्कार ज्ञान-जन्य स्मृति ही है। इसलिए प्रतिभा भी संचित ज्ञान-जन्य स्मृति ही है। ज्ञान अनुभव सापेक्ष है इसलिए अनुभव प्रतिभा के भी विकास का कारण तत्त्व है। परम्परा के तत्त्व किसी समाज की संवेदनशीलता और अनुभव-परम्परा में सुरक्षित रहते हैं इसलिए परम्परा प्रतिभा के विकास का कारण है या परम्परा ही कालान्तर में प्रतिभा का अंग बन जाती है। यही कारण है कि प्रतिभाशाली के लक्षणों की चर्चा करते हुए अज्ञेय ने लिखा है–'अथक श्रमसामर्थ्य और अध्यवसाय, बहुमुखी क्रियाशीलता, प्राचुर्य, चिर-जाग्रत, चिर निर्माणशील कल्पना, सतत् जिज्ञासा और पर्यवेक्षण, देश-काल या युग-सत्य के प्रति सतर्कता, परम्परा-ज्ञान, मौलिकता और आत्मविश्वास[4] के सक्रिय संघात से एक प्रतिभाशाली व्यक्तित्व का निर्माण होता है। इस प्रकार परम्परा प्रतिभा के मूल में भी है और विकास की प्रक्रिया में भी।' प्रतिभा के निर्माण में परम्परा के दो रूप हो सकते हैं–अतीत के संस्कार के रूप में जीवित परम्परा और वर्तमान के अनुभव के रूप में विकसित होनेवाली परम्परा। वास्तव में परम्परा और प्रतिभा का द्वन्द्व संस्कार और नवीन अनुभव का द्वन्द्व है।

प्रतिभा परम्परा से निर्मित होती है और पुनः परम्परा का सर्जन भी करती है। केवल प्रतिभाशाली व्यक्तित्व ही परम्परा में परिवर्तन, संशोधन और परिवर्धन कर सकता है, परम्परा की नई कड़ी निर्मित करता है, विशृंखलित परम्परा को नया रूप, नया सन्दर्भ और नए अर्थ देता है। युगचेतना अपनी अभिव्यक्ति के लिए प्रतिभा की राह देखती है जिससे परम्परा का सृजन होता है। लोकमेधा व्यक्ति की प्रतिभा के विकास में सहायक है और प्रतिभाशाली लोकमेधा की शक्ति की अभिवृद्धि में समर्थ है।

कला-रचना कलाकार के अन्तर्जगत् और बाह्यजगत् के समंजित स्वरूप का परिणाम है। कलाकार के अन्तर्जगत् या मानस के विधायक तत्त्वों की व्याख्या मनोवैज्ञानिक कला-विचारकों ने की है। फ्रायड ने व्यक्ति मानस को इदम् (इद), अहं (इगो) और नैतिक मन (सुपर इगो) में विभाजित किया है। इदम् में व्यक्ति को अनायास उत्तराधिकार के रूप में जन्म के साथ मूल प्रवृत्तियाँ प्राप्त होती हैं। अहं में जागतिक अनुभवों और संवेदनाओं का संचयन और संरक्षण होता है। अहं बाह्य संवेदनाओं को ग्रहण करता है, स्मृति में अनुभवों का संचयन करता है तथा आत्यंतिक उत्तेजनाओं का बहिष्कार करते हुए बाह्य जगत् को अपने अनुकूल बनाने का प्रयास करता है। इदम् और नैतिक मन दोनों अतीत के प्रभावों का प्रतिनिधित्व करते हैं, इदम् सहजात संस्कारों का और नैतिक मन समाज से प्राप्त अनुभवों के प्रभाव का। अहं व्यक्ति के अपने अनुभवों से निश्चित होता है। बाह्य जगत् के प्रभावों के कारण इदम् का ही अहं में विकास होता है। फ्रायड के मनस्तत्व की इस व्याख्या से स्पष्ट है कि जहाँ व्यक्ति-मानस में इदम् और नैतिक मन के रूप

में परम्परा जीवित रहती है, वहीं उसके अहं में उसकी अपनी प्रतिभा विकसित होती है। इदम् के अहं में विकसित होने का अर्थ है, परम्परा से प्रतिभा का उन्मेष। कला-सर्जन में कलाकार का सम्पूर्ण मानस सक्रिय होता है। हर्बर्ट रीड के अनुसार कलाकार इदम् से सर्जन की प्रेरणा ग्रहण करता है, इसमें रचना के सूत्र मिलते हैं। इदम् से प्राप्त रचना की प्रेरणा को अपने अहं के माध्यम से जागतिक अनुभवों और संवेदनाओं के सम्पर्क में रखकर कलाकार रूपात्मक संश्लेषण प्रदान करता है और अन्त में नैतिक मन की देन वैचारिक तत्त्वों और आत्मिक आकांक्षाओं को उससे समन्वित करता है।[5] कला-सर्जन के मूल में अगर कलाकार की प्रकृत इच्छाओं को ही माना जाए तब भी कलारचना के लिए कलाकार की प्रकृत इच्छाओं का परिमार्जन आवश्यक है। कलाकार की प्रकृत इच्छाएँ उसकी कला परम्परा की जाली में छन कर ही परिमार्जित हो पाती हैं। यदि अचेतन मन की दमित इच्छाओं की अभिव्यक्ति को कलासर्जन माना जाए, तथा कला प्रेरणा और स्वप्न-सृष्टि को समानान्तर माना जाए—जैसाकि हर्बर्ट रीड का मत है[6]—तब भी परम्परा-बोध के कारण ही कला प्रेरणा और स्वप्न-सृष्टि का अन्तर ज्ञात होता है। स्वप्न में दमित इच्छाओं की स्वच्छन्द अभिव्यक्ति होती है, जबकि कला में दमित इच्छाएँ परिमार्जित और संशोधित रूप में अभिव्यक्त होती हैं। कला-रचना में कलाकार के चेतन मानस का सक्रिय योग होता है, जिसके निर्माण में संस्कार और परम्परा का पर्याप्त सहयोग होता है।

युंग ने कला-रचना का सम्बन्ध सामाजिक एवं सांस्कृतिक विकास से जोड़ा है। उसने अवचेतन मन को व्यक्ति अवचेतन मन और सामूहिक अवचेतन मन में बाँटा है। व्यक्ति अवचेतन मन में दमित भावनाएँ, विकृत बातें तथा जीवन के विभिन्न अनुभवों का संचयन होता है। सामूहिक अवचेतन मन में वंश परम्परा के अनुभव, जातीय विशेषताएँ, मूल प्रवृत्तियाँ तथा आद्यबिम्ब संचित रहती हैं। प्रत्येक आद्यबिम्ब मानवीय स्वभाव, उसके दुःख-सुख, आनन्द का इतिहास लेकर पूर्वजों के जीवन से आज तक उसी रूप में स्थानान्तरित होती हुई आ रही हैं। युंग ने कला सर्जन के साथ इसी आद्यबिम्ब का सम्बन्ध स्थापित कर उसकी सार्वभौमिकता और निर्वैयक्तिकता की ओर संकेत किया है। कला-रचना में निर्वैयक्तिकता का युंग का यह सिद्धान्त इलियट की निर्वैयक्तिकता के सिद्धान्त से काफी साम्य रखता है। इलियट ने भी साहित्य को आत्माभिव्यक्ति नहीं, वरन् व्यक्तित्व से पलायन माना है। कविता व्यक्तिगत भावोच्छ्वास न होकर, भाव तटस्थता है, यह उसकी मान्यता है। युंग ने सामूहिक अवचेतन मन में प्रतिष्ठित आद्यबिम्ब को कलाकार के लिए अनायास स्वतः उपलब्ध माना है। किन्तु इलियट कलाकार के लिए परम्परा की चेतना को अध्ययन, मनन और चिन्तन का परिणाम मानता है। युंग और इलियट दोनों ने कला-रचना को एक निर्वैयक्तिक और सार्वभौम प्रक्रिया मानकर कला की रचना-प्रक्रिया में परम्परा की महत्ता को स्वीकार किया है।

कला-सर्जन के लिए विकसित सौन्दर्य चेतना, तीव्र भावबोध, सम्यक् मूल्यबोध और सन्तुलित तथा संकल्पित जीवन-चिन्तन अनिवार्य तत्त्व हैं। सौन्दर्यबोध के मूल्य परम्परागत सामाजिक संस्कारों से विकसित होते हैं और उनके स्वरूप निर्धारण में युगबोध भी सक्रिय होता है। सृजन-प्रक्रिया के बिना सौन्दर्य बोध असम्भव है; क्योंकि 'सौन्दर्य तब उत्पन्न होता है जब सृजनशील कल्पना के सहारे संवेदित अनुभव का ही विस्तार हो जाए'।[7] कला की रचना ही नहीं, उसका आस्वादन भी सर्जनात्मक होता है। कला और सौन्दर्य जीवन के परिष्करण और उससे उत्पन्न सामंजस्य के पर्याय हैं। भावबोध व्यक्ति की संवेदनशीलता की शक्ति पर निर्भर करता है और संवेदनशीलता की शक्ति तथा सीमा का विस्तार कला के सर्जन और आस्वादन से होता है—ऐसा प्रो. रिचर्ड्स का मत है।[8] इलियट ने मूल्यदृष्टि के लिए ऐतिहासिक चेतना को आवश्यक माना है। इस ऐतिहासिक चेतना के सहारे सर्जक समय के विशाल प्रवाह में अपनी स्थिति के दायित्व को समझता हुआ युग संवेदना का उत्तरोत्तर विकास करता है। अंधविश्वास और गतानुगतिकता से मुक्त रचनाकार की यह अतीत-दृष्टि ही उसकी सृजनशीलता के गाम्भीर्य का प्रतिमान है। उसकी प्रतिभा में निहित मौलिक क्षमताएँ अतीत और वर्तमान के बीच पार्थक्य निश्चित करती हैं। इलियट ने इसे अतीत की सचेतन जागरूकता (कांशस अवेयरनेस आफ दि पास्ट) कहा है।[9] संवेदनों का निरन्तर संवर्द्धन करता हुआ कवि जब इस चेतना को पा लेता है, तब वह अतीत के अतीतपन को ही नहीं वरन् अतीत के नएपन को भी उद्घाटित करने की योग्यता प्राप्त कर लेता है। यही मूल्यदृष्टि सर्जक की कृति को कुछ ऐसी भंगिमा से स्पंदित कर देती है कि वह अतीत से सम्पृक्त होकर भी उसके समकक्ष वर्तमान के जीवनक्षण में साँस लेता हुआ दिखाई पड़ता है। इलियट कलाकार के अनुभव-क्षेत्र के विस्तार पर बल देता है जिसमें सम्पूर्ण परम्पराएँ तैरती हैं। कला-परम्परा सर्जक की जीवनदृष्टि को व्यापक और समृद्ध करती है। कलाकार का महत्त्व इसी में है कि वह अपने अन्तर्जगत् के साथ अतीत की वैचारिक परम्परा को एकाकार करके चेतना का सम्प्रसारण करता है।

कला-सर्जन एक प्रदीर्घ मानसिक प्रक्रिया का परिणाम है, जिसमें कलाकार के संचित अनुभव तथा चिन्तन संश्लिष्ट और रूपायित होकर अभिव्यक्त होते हैं। कला बिम्बात्मक चिन्तन और अनुभूति का संयोजन है। कला के रूपायन के पूर्व की तीन स्थितियों की विवेचना करते हुए ओमप्रकाश दीपक ने लिखा है कि 'एक स्थिति अनुभव की, यथार्थ की, जिसका अपना एक रूप होता है। दूसरी स्थिति उस यथार्थ की, भोक्ता या द्रष्टा के मनोजगत में अनुभूति की, जो इस पर निर्भर होती है कि इसमें ग्रहण शक्ति कितनी है और उसके देखने का कोण क्या है ? और तीसरी स्थिति रचना प्रक्रिया की, जिसमें व्यक्ति अनुभूत यथार्थ को अपने संस्कार प्रदान करता है और फिर किसी माध्यम द्वारा प्रेषणीय अभिव्यक्ति प्रदान करता

है।[10] जब कलाकार अपने अनुभव के क्षण में संवेदनों के माध्यम से अनुभूति करता है तो भोक्ता के मानस में यथार्थ का मूल रूप क्रमशः तिरोहित हो जाता है और उसकी संवेदना मात्र शेष रह जाती है। कलाकार उन संवेदनों के माध्यम से ही यथार्थ का नवीन रूप निर्मित करता है; क्योंकि सर्जना का ध्येय जगत् का पूर्ण नवीनीकरण होता है। कलाकार के मानस में यथार्थ के नवीन रूप के सर्जन में उसका जीवन और जगत् के प्रति दृष्टिकोण प्रतिबिम्बित होता है और इस दृष्टिकोण के निर्माण में उसका सांस्कृतिक बोध, परम्परा की चेतना और युग बोध सहायक तत्त्व हैं। कलाकार के मानस में निर्मित या पुनःसर्जित यथार्थ का नवीन रूप ही विभिन्न कला माध्यमों से अभिव्यक्त होता है। कोई एक कलाकृति केवल किसी कला-परम्परा की विशिष्ट कड़ी या समाज की सांस्कृतिक निधि ही नहीं होती बल्कि कलाकार की विशिष्ट अनुभूति की अभिव्यक्ति या प्रतिभा की सृष्टि भी होती है।

कला की रचना-प्रक्रिया में कलाकार को अतीत और वर्तमान तथा परम्परा और अनुभव के तनाव की स्थिति से गुजरना पड़ता है। किन्तु इस बोध के साथ ही, कि परम्परा अतीत के अनुभवों का ही संचित रूप है और अनुभव वर्तमान की चेतना, यह तनाव मिट जाता है। कभी-कभी कलाकार युग-बोध और कला-संवेदना की द्वन्द्वात्मक स्थिति की अनुभूति करता है। कला रचना के लिए इस द्वन्द्व या तनाव का शमन आवश्यक है। इस द्वन्द्व की स्थिति की समाप्ति के लिए कलाकार दो विकल्पों से काम लेता है, एक या तो वह अपनी कला के ऐतिहासिक विकास का अन्वेषण कर सच्ची परम्परा से अपना सम्बन्ध स्थापित करता है या दूसरे वह एक नवीन मौलिक संवेदनशीलता की स्थिति में प्रवेश कर समकालीन चेतना के सामंजस्य में एक नवीन परम्परा का सर्जन करता है और प्राचीन परम्परा के प्रति विद्रोह। एक कलाकृति के सृजन में कलाकार को जिस प्रक्रिया से गुजरना पड़ता है उसी प्रक्रिया से प्रत्येक पूर्ववर्ती या परवर्ती कलाकार को गुजरना पड़ता है। कला के स्थित नमूने एक आदर्श का विन्यास करते हैं जो विन्यास या परम्परा किसी नवीन कलाकृति के आने पर परिवर्तित हो जाती है। जिस प्रकार वैज्ञानिक के सिद्धान्त-सर्जन के लिए सिद्धान्तकल्प (हाइपोथेसिस) प्रस्थान बिन्दु है, उसी प्रकार कलाकार के लिए परम्परा कलारचना का प्रेरणा-स्रोत है। भले ही सृजन के प्रेरक तत्त्व परम्परा में स्थित हों, किन्तु प्रत्येक सृजन नवीन होता है, इसलिए वह नई परम्परा को जन्म देता है। परम्परा रचना-प्रक्रिया में प्रतिभा को गति देती है और प्रतिभा परम्परा को जीवन।

कला कलाकार की सजग चेतना की अभिव्यक्ति है। किन्तु कलाकार अपने व्यक्तिगत रागद्वेष का नहीं अपितु समाज के सामान्य भाव जगत् के सहभोक्ता की चेतना का प्रतिनिधित्व करता है। वह आत्म-सम्प्रसारण के द्वारा अपनी कलात्मक अभिव्यक्ति के स्तर पर निर्वैयक्तिक होकर सार्वभौम बन जाता है। वास्तव में 'मानव

की चेतना उसके अस्तित्व का विधायक नहीं बल्कि इसके विपरीत उसका सामाजिक अस्तित्व ही उसकी चेतना का विधायक है' मार्क्स का यह कथन सही है। यही कारण है कि कवि आत्म-चेतना के माध्यम से युग-चेतना की अभिव्यक्ति करता है। 'कलाकार समाज का एक अनिवार्य और अविभाज्य अंग है' कला रचना के मूल में यह भावना निहित होती है। व्यक्ति कला के सर्जन और आस्वादन में सक्षम है किन्तु सच्ची सर्जना की सम्भावनाएँ लोकमेधा में ही सन्निहित हैं। परम्परा में लोकमेधा ही संचित और सजीव होती है। व्यक्ति के सांस्कृतिक बोध का अर्थ है लोकमेधा के विकासशील संचित स्वरूप का बोध और युगबोध का तात्पर्य है वर्तमान लोक चेतना के प्रति सचेतन जागरूकता। सांस्कृतिक बोध और युगबोध से सम्पन्न कलाकार ही अपनी नव नवोन्मेषशालिनी प्रतिभा के सहारे परम्परा के सन्दर्भ में नवीन उन्मेष में सक्षम होता है।

सन्दर्भ

1. क्रिस्टोफर कॉडवेल : 'इलूज़न एंड रिएलिटि', पृ. 19
2. हर्बर्ट रीड : 'दि फिलासफी ऑफ माडर्न आर्ट', पृ. 21
3. लक्ष्मीकांत वर्मा : 'आलोचना' 17, पृ. 23
4. अज्ञेय : 'सूरज का सातवाँ घोड़ा' की भूमिका, पृ. 12
5. हर्बर्ट रीड : 'कलेक्टेड एसेज़ इन लिटरेरी क्रिटिसिज़्म', पृ. 137
6. हर्बर्ट रीड : 'दि फिलासफी ऑफ माडर्न आर्ट', पृ. 129
7. मुक्तिबोध : 'एक साहित्यिक की डायरी', पृ. 21
8. आई. ए. रिचर्ड्स : 'दि प्रिंसिपुल्स ऑफ लिटरेरी क्रिटिसिज़्म', पृ. 133
9. टी. एस. इलियट : 'सिलेक्टेड एसेज', पृ. 16
10. ओमप्रकाश दीपक : 'माध्यम', नवम्बर 1965, पृ. 3-4

अनुभूति और सहानुभूति

साहित्य संवेदनशील रचनाकार की जीवन और जगत् के प्रति रागात्मक और वैचारिक प्रतिक्रिया का परिणाम है। समाज और प्रकृति से लेखक अनुभव संचित करता है, उस अनुभव को वह सजग और सचेत होकर कलात्मक रूपात्मक अनुभूति में बदलता है और अन्त में उस अनुभूति को वह भाषा के माध्यम से अभिव्यक्त करता है। अनुभूति और अभिव्यक्ति की इस सम्पूर्ण प्रक्रिया में जीवन का बोध और रागात्मक सम्बन्धों की खोज तथा पहचान प्रकट होती है। अनुभव की व्याप्ति इन्द्रियानुभव से लेकर चिन्तन-मनन तक है। मनुष्य विचारशील प्राणी है; इसी कारण वह अधिक संवेदनशील और अनुभूतिशील भी है। विचारशीलता के कारण ही अनुभूतिशीलता में व्यापकता और गहराई आती है। अनुभूति के तीन सोपान हैं—(1) संवेदन, (2) अनुभव और (3) भावना। भावना में संसर्ग, स्मृति, अनुभव और विचार का संयोग होता है। रचनाकार सचेतन अनुभूति तथा शेष सृष्टि के साथ रागात्मक एवं वैचारिक सम्बन्ध के बोध को ही रचना के आधारभूत तत्त्व के रूप में ग्रहण करता है। लेखक की अनुभूति के विस्तार का अर्थ है उसकी चेतना की प्रगति और विस्तार तथा चेतना के विस्तार का अर्थ है आत्म चेतना का लोक-जीवन और लोक-चेतना से संयुक्त होना। कलाकार की आत्म-चेतना और लोक-चेतना के द्वन्द्व और समाहार से ही उसकी 'मानवीय चेतना' अधिक गहरी होती है। कला-सृजन में रचनाकार का 'मूल-चित्त' जो संस्कार और नवीन अनुभवों का सम्पुंज है, और 'निर्माण चित्त' जो संस्कार और अनुभवों को कलात्मक स्वरूप प्रदान करता है, दोनों की सक्रियता व्यक्त होती है। एक रचनाकार के मानस में संस्कार और अनुभव का द्वन्द्व तथा तनाव सदा वर्तमान रहता है और जो लेखक इस तनाव की प्रक्रिया, उसके स्वरूप और कारण को पूर्णतः समझता है, वही आत्म-संघर्ष के माध्यम से समाज की संघर्षशील चेतना की व्यंजना में सक्षम होता है। जो कवि अपनी चेतना के रागांश और बोधांश में सन्तुलन कायम नहीं रख सकते, वे ही भावुकता के शिकार होते हैं। भावुकता

में भाव प्रतिगामी होते हैं, अनुभूति अवैज्ञानिक होती है और यथार्थ बोध का अभाव होता है। काव्य-रचना में विरोध बौद्धिकता और भावुकता में होता है, बौद्धिकता और रागात्मक अनुभूति में परस्पर विरोध नहीं होता। कविता में 'ज्ञानात्मक-संवेदना' और 'संवेदनात्मक-ज्ञान' का संयोग ही उसे शक्ति और गति प्रदान करता है। भावुकता की अधिकता के परिणामस्वरूप कविता में अनुभूति की अभिव्यक्ति न होकर अनुभूति का वर्णन होने लगता है।

कला मानवीय संवेदना की क्रिया है, वह व्यक्ति-चेतना की संवेदनशीलता की देन है, मानव की मानवीयता को जाग्रत और परिष्कृत करने की क्रिया का परिणाम है। व्यक्ति-चेतना अपने सामाजिक क्रियाशील अस्तित्व के अनुरूप बनती है। चेतना मानव के चेतन अस्तित्व और उसके क्रियाशील व्यक्तित्व के अतिरिक्त कुछ भी नहीं है। इसलिए लेखक सम्पूर्ण मानव-व्यक्तित्व की चेतना के संघर्षशील विकास की गति और दिशा को पहचानने का प्रयत्न करता है। लेखक समाज में केवल दर्शक ही नहीं, सहभोक्ता भी है; इसलिए दर्शक का ज्ञान और भोक्ता की संवेदना के संयोग से ही कवि की चेतना निर्मित होती है। कविता की आत्मपरक वस्तुनिष्ठता में ही निर्वैयक्तिकता होती है। कला मानव की जीने की कामना और जीवन में विश्वास की देन है। कला की रचना की समस्या केवल 'व्यक्ति' की समस्या नहीं है बल्कि वह 'मानव' की क्रिया है। व्यापक मानवीय रचनाशीलता के सन्दर्भ में ही कवि की रचनाशीलता की भी व्याख्या होनी चाहिए। मानव की रचनाशीलता उसकी सामाजिक क्रियाशीलता में व्यक्त होती है, इसलिए कवि की रचनाशीलता का सम्बन्ध मानव की सामाजिक क्रियाशीलता से है। कविता रचना ही नहीं सम्प्रेषण भी है; इसलिए उसके विश्लेषण की परिधि में सम्पूर्ण मानव-व्यक्तित्व या मानव का सामाजिक व्यक्तित्व भी है। अगर लेखक समाज की संघर्षशील चेतना का संवाहक और मानव-मुक्ति का अग्रदूत है, तो उसे यह जानना चाहिए कि मानव-मुक्ति का अर्थ है समाज में 'मानवीय संसार' और 'मानवीय सम्बन्धों' की वापसी और स्थापना। यही कारण है कि मानव-मुक्ति का प्रश्न वैयक्तिक नहीं, सामाजिक है।

मानवीय अनुभूति और समसामयिक सामाजिक यथार्थ के संवेदनशील बोध से सम्पृक्त रचना ही सार्थक होती है। साहित्य में यथार्थवाद सामाजिक जीवन की सतत विकासशीलता में विश्वास और जनचेतना की सहानुभूतिपूर्ण अभिव्यक्ति से विकसित होता है। समाज के यथार्थ के प्रति लेखकों की प्रायः चार मनःस्थितियाँ दिखाई देती हैं। एक मनःस्थिति वह है जिसमें कलाकार इस जगत् को अवास्तविक मानकर किसी सुखद दुनिया की कल्पना करता है और उस काल्पनिक दुनिया में रहने का प्रयत्न करता है। दूसरी मनःस्थिति का कलाकार इस जगत् को सामान्यतः गम्भीरता से नहीं ग्रहण करता है, बल्कि वह इसके सतही रूप और छिछलेपन पर व्यंग्य करता है, हँसता है। तीसरी मनःस्थिति का कलाकार समाज की विकृतियों

और विडम्बनाओं की दुखद अनुभूति से व्याकुल होता है तथा इसके भीतर ही खोई हुई सच्चाई और अच्छाई की खोज का प्रयत्न करता है। एक चौथी मनःस्थिति ऐसी भी होती है जिसमें कलाकार यथार्थ के स्वरूप का सम्यक् बोध प्राप्त कर, समाज की वास्तविकता को पहचानकर, उसे तोड़कर एक नवीन मानवीय समाज की रचना की क्रान्तिकारी प्रेरणा देता है। लेखक के इस निर्माणोन्मुख ध्वंस में सामाजिक जीवन की विकासशीलता में आस्था निहित होती है। जीवन और यथार्थ के प्रति सुधारवादी, समझौतावादी और क्रान्तिकारी—ये तीन दृष्टिकोण सम्भव हैं। समाज के यथार्थ से ऊबने, उसमें डूबने, उसे सहने, उससे समझौता करने और उसे तोड़कर नवीन सृजन की प्रेरणा देने की विभिन्न वैचारिक तथा भावात्मक जीवन-दृष्टियों के अनुरूप ही किसी रचनाकार की रचना का स्वरूप निर्मित होता है। जाहिर है कि निराशावादी, समझौतावादी या सुधारवादी लेखक जनता की संघर्षशीलता को कुण्ठित और दिग्भ्रमित करते हैं। प्रत्येक युग का मानवीय यथार्थ अपने भौतिक परिवेश के साथ बदलता है, इसलिए प्रत्येक युग की संवेदनशीलता और यथार्थ-बोध के स्वरूप में भी परिवर्तन होता है। मानवीय यथार्थ के अन्तर्गत केवल मानव का सामाजिक-भौतिक अस्तित्व ही नहीं है, बल्कि उसके रागात्मक और वैचारिक सम्बन्ध भी हैं। काव्यालोचन में किसी एक कविता में व्यक्त यथार्थ के रूप, उसकी बोध-प्रक्रिया, कवि की चेतना और यथार्थ से उसके सम्बन्ध के स्वरूप की खोज अनिवार्य है। कला की सामाजिकता या प्रयोजनशीलता की माँग केवल मार्क्सवादी आलोचना का आग्रह नहीं है, बल्कि वह कला के आधारभूत तत्त्व—जीवनानुभव, बोध-प्रक्रिया, रचना-प्रक्रिया और अभिव्यक्ति के साधनों के स्वरूप में निहित है। कोई लेखक अगर जीवन और जगत् के यथार्थ से हटकर या कटकर अपने अन्तर्मन से ही संवाद करने लगे तो उसकी रचना असामाजिक होने के कारण निश्चय ही अर्थहीन होगी।

किसी कलाकृति में व्यक्त अनुभूति की गहराई और व्यापकता का स्वरूप उसमें निहित व्यापक मानवीय सहानुभूति के अनुरूप ही निर्मित होता है। रचना में रचनाकार की सहानुभूति की दिशा, गति और शक्ति के अनुरूप ही उसकी महत्ता निर्धारित होनी चाहिए। जनता की संघर्षशील भावना की पहचान और उससे सहानुभूति की सच्चाई से ही कोई भी कवि युगीन होकर भी युगातीत होता है। कुछ कवि शाश्वत होने और बनने के लोभ में समसामयिक होने से डरते हैं; जबकि वास्तविकता यह है कि कोई भी लेखक गहरे स्तर पर समकालीन होकर ही, समकालीन सम्पूर्ण मानवीय चेतना की पहचान के कारण कालजयी लेखक बन पाता है। कवि की विचारधारा से उसकी सहानुभूति की शक्ति पूर्णतः आक्रांत नहीं होती, लेकिन अगर विचारधारा और सहानुभूति की दिशा एक हो तो सहानुभूति गहरी होती है। लेखक की विचारधारा कभी-कभी उसकी अनुभूति और सहानुभूति की दिशा की खोज में भी सहायक होती है। मानवीय अनुभूति से सहानुभूति स्थापित करती हुई

कवि की भावना अपनी विशिष्टता कायम रखती है और अनुभूति की इस रचनात्मक प्रक्रिया में ही वह समानुभूति और सहानुभूति के सहारे व्यापक मानवीय अनुभूति की अभिव्यक्ति करने में सक्षम होती है। यह भी एक तथ्य है कि मानवीय अनुभूति की प्रभावशाली अभिव्यंजना के अभाव में जनवादी विचारधारा के व्याख्यान से भरपूर रचना भी निष्प्राण ही सिद्ध होगी। कोई भी लेखक, 'संकल्पात्मक चिन्तन' और 'संकल्पात्मक अनुभूति' के सहारे जनता की भावनाओं और आकांक्षाओं से सहानुभूति स्थापित कर पाता है। जनता की भावनाओं से सच्ची सहानुभूति स्थापित करने के लिए कवि का जन-जीवन के अनुभवों से गुजरना जरूरी है। संघर्षशील चेतना का विकास व्यावहारिक जीवन में होता है, केवल चिन्तन-मनन से नहीं। जिस लेखक को जन-जीवन की वास्तविक संघर्षमय परिस्थितियों का स्वयं अनुभव नहीं होगा वह केवल काल्पनिक सहानुभूति के सहारे जनता की संघर्षशीलता, सुख-दुःख और जीवनस्थितियों की व्यंजना का प्रयत्न करेगा। यही कारण है कि सहानुभूति के साथ प्रतिबद्धता का प्रश्न भी जुड़ा हुआ है। एक प्रतिबद्ध लेखक जन-जीवन की वास्तविक परिस्थितियों का संवेदनशील बोध प्राप्त करता है, वह जनता की भावना तथा कामना के साथ सच्ची सहानुभूति स्थापित करता है। विचार को व्यवहार की कसौटी पर कसकर परखता है और जनता की संघर्षशीलता को आगे बढ़ाने का सचेतन प्रयास करता है। वह अपने लेखन को शोषण और उत्पीड़न के खिलाफ जनता की लड़ाई में एक हथियार के तौर पर इस्तेमाल करता है। एक क्रान्तिकारी लेखक सजग और सचेत होकर अपने साहित्य द्वारा जनता में मुक्ति की कामना, संघर्ष की भावना और कर्म की प्रेरणा उत्पन्न करता है। सचेतन लेखन और विचार को व्यवहार में बदलने की तत्परता के कारण ही कोई लेखक क्रान्तिकारी कहा जा सकता है। विचार व्यावहारिक जीवन के अनुभवों से ही बनते हैं, सामाजिक जीवन की क्रियाशीलता से कटकर केवल अन्तर्दर्शन करने से नहीं। सच्ची सहानुभूति में आत्मीयता होती है। उपदेश, दया या करुणा की मुद्रा में वास्तविक सहानुभूति नहीं, सहानुभूति का छल होता है।

आधुनिक साहित्य की आलोचना करते समय उसमें व्यक्त सहानुभूति के स्वरूप पर विचार करना आवश्यक प्रतीत होता है। कविता में व्यक्त जनता की राजनैतिक, सामाजिक तथा सांस्कृतिक स्थितियों के बोध और अनुभूति के स्वरूप की परख कवि की सहानुभूति की दिशा और स्वरूप के आधार पर हो सकती है। प्रायः जनता की राजनीतिक-सामाजिक आशा-आकांक्षाओं की अभिव्यक्ति सांस्कृतिक भाषा में होती है। आम जनता की वास्तविक स्थिति के प्रति सजग और सचेत कवि की सहानुभूति जन-संघर्षों और मुक्ति के प्रयासों के साथ होगी। व्यापक मानवीय सहानुभूति के अभाव और जनता की भावनाओं से अपरिचय के कारण ही आज के अनेक कवि आत्मरति में ही अपने लेखन का आदि-अन्त कर देते हैं। सहानुभूति

आलोचना के लिए भी एक सहायक तत्त्व सिद्ध हो सकती है। आलोचक को रचना की परख के लिए यह जरूरी है कि वह सहानुभूति से रचना का विश्लेषण करे। भवभूति ने 'समानधर्मा' की जिस आवश्यकता का अनुभव किया था उसमें कवि की अनुभूति के साथ पाठक या आलोचक की सहानुभूति की ही माँग है। आलोचक एक ओर जब तक कवि की अनुभूति के विषय से और दूसरी ओर कवि की अनुभूति से सहानुभूति स्थापित नहीं कर पाता, तब तक वह कविता की सही व्याख्या और कवि-कर्म का वास्तविक उद्घाटन नहीं कर सकता। यहाँ कवि की अनुभूति से सहानुभूति का तात्पर्य उससे अनिवार्य सहमति ही नहीं है। प्राचीन भारतीय काव्यशास्त्र में 'सहृदय', 'रसिक,' 'भावक' तथा 'प्रमाता' आदि धारणाओं में सहानुभूति के तत्त्व की स्वीकृति है। रचनाकार भी जब तक अपनी अनुभूति के विषय से पूर्ण तादात्म्य स्थापित नहीं कर लेता तब तक उसकी रचना में 'तदाकार परिणति' की सम्भावना उत्पन्न नहीं होती है। आलोचक में सहानुभूति होने का अर्थ है कृति के सम्पूर्ण परिवेश, अन्तःस्वरूप, अनुभव-क्षेत्र, मूल्य-दृष्टि और सौन्दर्य-बोध के धरातल तथा रागात्मक बौद्धिक प्रक्रिया की दिशा की खोज का प्रयत्न और कवि में सहानुभूति का अर्थ है जन-जीवन की विभिन्न स्थितियों तथा भावात्मक स्तरों से आत्मीयता स्थापित करने की शक्ति।

सहानुभूति के दो रूप हो सकते हैं—रागात्मक और बौद्धिक। जहाँ कवि जन-जीवन के सीधे सम्पर्क में है, जन-जीवन से पूर्णतः आत्मीयता अनुभव करता है, वहाँ रागात्मक सहानुभूति होती है। लेकिन कुछ कवियों की कविता में प्रतिबद्धता या सप्रयोजन लेखन के नाम पर केवल बौद्धिक सहानुभूति ही दिखलाई पड़ती है। पंत की 'ग्राम्या' की आत्मस्वीकृति से यह जाहिर है कि ग्रामीण जीवन के प्रति कवि की सहानुभूति बौद्धिक है, रागात्मक नहीं। तद्‌युगीन व्यापक जन-जागरण और स्वाधीनता-आन्दोलन में वामपक्षीय राजनीति के उदय के कारण ही पंत ग्रामीण जीवन की ओर आकर्षित हुए थे। चूँकि पंत ने गाँवों को बाहर और दूर से देखा था, इसलिए उनकी सहानुभूति बौद्धिक ही हो सकती थी। 'ग्राम्या' में बौद्धिक सहानुभूति के कारण ही भाषा का अभिजात्य विद्यमान है, जबकि निराला और नागार्जुन की कविताओं में जनता के साथ रागात्मक सहानुभूति होने के कारण उनकी भाषा में लोक-जीवन और लोक-भाषा की सादगी, सच्चाई और नवीन रचनाशीलता दिखाई देती है। शोषित से सहानुभूति का अर्थ उसकी दयनीयता का चित्रण नहीं; बल्कि उसकी विद्रोह-भावना, संघर्षशीलता और कर्म-चेतना को शक्ति प्रदान करना है। सच्चा जनकवि उठते हुए जन को उठाने, उसको अपनी स्थिति के प्रति सजग-सचेत होने और शोषकों के खिलाफ विद्रोह करने की भावना जगाता है। निराला की 'भिक्षुक' तथा 'वह तोड़ती पत्थर' आदि कविताओं में सहानुभूति की सच्चाई के कारण ही गहरी प्रभावशीलता है। कभी-कभी कविता में वास्तविक सहानुभूति के बदले काल्पनिक

सहानुभूति ही मिलती है। अधिकांश प्रगतिवादी कविताओं के अल्पजीवी होने का कारण उनमें व्यक्ति सहानुभूति का काल्पनिक और बौद्धिक होना ही है। कल्पना से अनुभूति की सीमा का विस्तार होता है, किन्तु वास्तविक अनुभूति के आधार पर क्रियाशील कल्पना में ही ऐसा होता है। नागार्जुन की कविताओं में आम जनता के प्रति जो सहानुभूति है उसमें केवल दर्शक का ज्ञान ही नहीं, बल्कि सहभोक्ता की सहानुभूति भी है। कवि में जन-जीवन से सच्ची सहानुभूति जनता की संघर्षशीलता के साथ सहधर्मिता और सहकर्मिता से ही उत्पन्न होती है। सहानुभूति लोक वेदना की संवेदना को आत्मीय अनुभूति में रूपांतरित करने की प्रक्रिया है। सहानुभूति में सक्रिय सहयोग का भाव छिपा हुआ है।

भारतीय काव्य-दर्शन की परम्परा में सहानुभूति के तत्त्व पर विचार करने पर यह प्रतीत होता है कि साधारणीकरण और सहानुभूति में गहरा सम्बन्ध है। आचार्य शुक्ल के अनुसार "काव्यानुभूति जीवनानुभूति के रूप में होती है।" जीवनानुभूति में सहानुभूति मानव-जीवन की सामाजिकता की देन है। रस-बोध में भावानुभूति का साधारणीकरण सहानुभूति के कारण ही सम्भव होता है। मानव-मन में भावात्मक सामंजस्य, साहचर्य और एकता स्थापित करनेवाली शक्ति ही सहानुभूति है। सहानुभूति अनुभूति का केवल एक भेद मात्र नहीं है; बल्कि दो व्यक्तियों की समान अनुभूतियों को एकाकार करने, उनकी भावदशा में तादात्म्य स्थापित कराने और मानव को अधिक मानवीय बनानेवाली स्वतन्त्र मानसिक शक्ति है। वास्तव में सहानुभूति ही रस-बोध का मूल कारण है। सहानुभूति में तद्वत अनुभूति और तदनुभूति का योग होता है। शुक्लजी के अनुसार रसानुभूति के दो प्रकार हैं—(क) 'शील परिज्ञान से उत्पन्न अनुभूति' और (ख) 'आश्रय के साथ तादात्म्य की दशा'। शुक्लजी के ही अनुसार "जहाँ हमारी भावसत्ता का सामान्य भावसत्ता में लय हो जाता है, वही रस की पुनीत भूमि है।" लेकिन शील परिज्ञान से उत्पन्न भावानुभूति में रसानुभूति की मध्यम दशा होती है। साधारणीकरण के लिए व्यक्तित्व एवं आत्मबोध के परिहार की जो शर्त है उसे मान लेने पर आज की विचार-प्रधान कविता का आस्वादन कठिन हो जाएगा। आज की कविता का लक्ष्य रसानुभूति कराना बहुत कम और विचार- सम्प्रेषण अधिक है। रसानुभूति में केवल भाव का ही विस्तार होता है, किन्तु सहानुभूति के कारण भाव और विचार दोनों का विस्तार होता है। नई कविता के आस्वादन के लिए व्यक्तित्व और विवेक को अधिक गतिशील तथा क्रियाशील बनाने की जरूरत है। आचार्य शुक्ल ने भाव को एक वृति चक्र मानते हुए 'बोध', 'ज्ञान' या 'प्रतीति' को रसानुभूति में सहायक कहा है। आज की कविता में विचार केवल बोध-मात्र नहीं है, वह रस-बोध में केवल सहायक भी नहीं है, बल्कि स्वतन्त्र लक्ष्य तत्त्व है। आज की कविता में विचार-सम्प्रेषण महत्त्वपूर्ण है और सहानुभूति में विचार और भाव का सहअस्तित्व सम्भव होता है।

साहित्य के नवीन आन्दोलनों में युग की संवेदनशीलता के परिवर्तन के साथ-साथ अनुभूति और सहानुभूति के स्वरूप, स्तर, सन्दर्भ, परिप्रेक्ष्य, केन्द्र और दिशा में भी परिवर्तन होता है। साहित्यिक आन्दोलनों की नवीनता और मौलिकता, अनुभूति और सहानुभूति के स्वरूप और दिशा की नवीनता और गहराई पर निर्भर करती है। द्विवेदी-युग से आज तक की हिन्दी कविता में व्यक्त अनुभूति और सहानुभूति की दिशा और नवीनता विचारणीय है। साहित्य में अनुभूति की प्रामाणिकता और विश्वसनीयता सहानुभूति की सच्चाई पर निर्भर है। 'नयी कविता' में 'लघु-मानव' और 'सहज-मानव' की जो चर्चाएँ हुई हैं, उनमें सहानुभूति की नवीन दिशा का ही संकेत है, किन्तु सामान्य जन को नए विशेषणों से सुसज्जित करने के बदले उसकी संज्ञा की पहचान अधिक जरूरी है। मानव को लघु और सहज बनाने में कवि की महानता की मुद्रा अधिक प्रकट होती है और यथार्थ मानव के सामाजिक अस्तित्व की वास्तविकताओं की पहचान का प्रयास कम।

आज की कविता में आत्म-चेतना, आत्म-संघर्ष, आत्म-ग्रस्तता और आत्म-निष्ठता आदि की बहुतायत चर्चा होती है। आत्म-चेतना और आत्म-संघर्ष से आत्म-ग्रस्तता स्वभावतः एकदम भिन्न मनःस्थिति है। आत्म-चेतना में अपनी चेतना के स्वरूप के बोध के साथ ही उस चेतना के विधायक भौतिक-सामाजिक अस्तित्व का भी बोध होता है, उसमें आत्म-चेतना की सचेत अभिज्ञता के साथ ही लोक-चेतना की चेतनता भी होती है। आत्म-संघर्ष में चेतना और वस्तु, संस्कार और अनुभव, सामाजिक-अस्तित्व और व्यक्ति-चेतना तथा विचार और व्यवहार का द्वन्द्व, तनाव और संघर्ष होता है। संघर्षमय जीवन जीनेवाले और जनता की संघर्षशील चेतना से सहानुभूति रखनेवाले चिन्तक-कवियों में ही आत्म-संघर्ष की स्थिति दिखलाई देती है। जीवन और परिवेश की विषम स्थिति से उत्पन्न अन्तर्मुखी दशाओं से जुड़ी हुई आत्म-ग्रस्तता के बावजूद अगर कवि का आत्म-संवेदन समाज के व्यापकतर छोर को छूता है तो उसकी आत्म-ग्रस्तता वास्तव में आत्म-संघर्ष ही है। अपनी आत्मा की मुक्ति की साधना में लीन कवियों की आत्म-ग्रस्तता में लोक-जीवन के स्पर्श का अभाव होता है या सामाजिक यथार्थ का उलटा प्रतिबिम्ब व्यक्त होता है। जिन्हें 'जगत्-गति' की चिन्ता ही नहीं है वे भले हैं, सुखी हैं, और निश्चय ही उनकी चेतना निर्द्वन्द्व है; किन्तु किसी संवेदनशील व्यक्ति के लिए शोषण और उत्पीड़न से भरपूर वर्तमान समाज की वस्तुस्थिति का प्रत्येक क्षण एक भयानक ट्रेजेडी है। 'नई कविता' में मुक्तिबोध एक ऐसे कवि हैं जिनकी कविता 'अशान्त-प्राण' से निकली 'महान मानवीय कथा' है। मुक्तिबोध की कविता में जन-जीवन और जनता के मुक्ति-संघर्षों से सच्ची सहानुभूति है। उनकी कविता की जड़ें अपने सामाजिक परिवेश में गहरे स्तर तक व्याप्त हैं। इसलिए आज के मानसिक द्वन्द्व और सामाजिक चेतना को समझने के लिए मुक्तिबोध की कविता को पढ़ा जा सकता है और मुक्तिबोध की कविता को

समझने के लिए आज के सम्पूर्ण सामाजिक-राजनीतिक, आर्थिक तथा सांस्कृतिक परिवेश को ठीक-ठीक समझना आवश्यक है। उनकी कविता में अभिव्यक्ति भावों और विचारों की खोज का एक साधन है। उनकी 'आत्मीय-छवि' में आम जनता के विभिन्न रूपों की पहचान का प्रयास है। मुक्तिबोध की कविता में भावना और विचारों का बिम्बों, प्रतीकों और फैंटेसी में रूपान्तरण है। उनकी कविता में फैंटेसी अभिव्यक्ति का एक साधन है, साध्य नहीं; जैसा कि कुछ आलोचकों को लगता है। फैंटेसी मिथकीय चेतना की देन है और उसका प्रयोग प्रायः भाववादी कलाओं में हुआ है। लेकिन इसका यह तात्पर्य नहीं कि फैंटेसी कला का अनिवार्यतः भाववादी या प्रतिक्रियावादी तत्त्व है। साहित्य के विभिन्न रूपों की उत्पत्ति का मूल लोक-जीवन की सृजनशीलता में निहित होता है, किसी एक व्यक्ति के आत्मचिन्तन में नहीं। कला और साहित्य के विभिन्न उपलब्ध रूपों और उपादानों का प्रगतिशील उपयोग सम्भव है, बशर्ते कि रचनाकार की जीवन-दृष्टि जनवादी हो। कला के विभिन्न उपादानों और रूपों को केवल इसलिए प्रतिक्रियावादी या भाववादी घोषित नहीं किया जा सकता कि प्रतिक्रियावादियों और भाववादियों ने उनका उपयोग किया है। एक जनवादी कवि जनता के सांस्कृतिक जीवन में व्याप्त विविध कला-रूपों का ही उपयोग नहीं करता; बल्कि वह मानव-समाज द्वारा आज तक के विकसित सभी कलारूपों और अभिव्यक्ति के साधनों का जनवादी उपयोग भी कर सकता है और ऐसा अनेक रचनाकारों ने किया है। मुक्तिबोध की कविता में जो फैंटेसी का तत्त्व है उसमें यथार्थ जीवन का प्रतिबिम्बन है, सामाजिक जीवन के संघर्षों का सम्मूर्त्तन है, कवि की आन्तरिक दुविधाओं की अभिव्यक्ति है और जनता की आशा-आकांक्षाओं का स्वप्न-बिम्बों में रूपान्तरण है। मुक्तिबोध की कला की एक महत्त्वपूर्ण विशेषता यह है कि उन्होंने फैंटेसी का प्रयोग यथार्थवादी वस्तुतत्त्व और क्रान्तिकारी दृष्टिकोण की व्यंजना के लिए किया है। वहाँ फैंटेसी का एक नया रूप प्रकट हुआ। फैंटेसी के इस नए रूप में जीवन और जगत् का केवल प्रतिबिम्बन ही नहीं हुआ है, उसका उद्घाटन और उसकी पुनर्रचना भी हुई है। जो लोग कविता को 'बिम्बात्मक चिन्तन' मानते हैं, वे यह भी जानते हैं कि चिन्तन में फैंटेसी का तत्त्व निहित होता है। लेनिन ने चिन्तन में फैंटेसी की महत्ता और अनिवार्यता को पर्याप्त जोरदार शब्दों में स्थापित किया है—"किसी विशेष वस्तु के बोध या उसके बारे में धारणा निर्मित करने की मानव-मस्तिष्क की प्रक्रिया न तो सरल और तात्कालिक क्रिया जैसी होती है और न निर्जीव प्रतिबिम्बन मात्र ही है, बल्कि यह एक जटिल और वक्र प्रक्रिया है जिसमें जीवन से फैंटेसी की उड़ान की सम्भावना निहित होती है, और उससे भी अधिक अमूर्त्त धारणाओं और विचारों के फैंटेसी में ऐसे रूपान्तरण की भी सम्भावना होती है, जिससे व्यक्ति प्रायः अनभिज्ञ होता है। अत्यन्त सरल किस्म के सामान्यीकरणों में या अत्यन्त साधारण विचारों में भी फैंटेसी का थोड़ा-सा अंश जरूर होता है।

यहाँ तक कि विज्ञान में भी फैंटेसी की महत्ता को अस्वीकार करना मूर्खता ही होगी।"[1]

मुक्तिबोध की कविता में फैंटेसी के प्रयोग को देखकर भूत-भूत चिल्लाते हुए डरकर भागने की जरूरत नहीं है, बल्कि जरूरत इस बात की है कि उस फैंटेसी में निहित वस्तुतत्त्व का विश्लेषण किया जाए और यह भी देखा जाए कि उस विशिष्ट वस्तुतत्त्व के कारण फैंटेसी के स्वरूप में क्या परिवर्तन हुआ है।

साहित्य-रचना के सन्दर्भ में यह भी विचारणीय है कि क्या साहित्य क्रोध और घृणा से भी उत्पन्न होता है ? दूसरे शब्दों में साहित्य-सृजन के सन्दर्भ में क्रोध और घृणा की क्या स्थिति है ? एक आलोचक का यहाँ तक कहना है कि श्रेष्ठ साहित्य सहानुभूति से नहीं, घृणा या क्रोध से उत्पन्न होता है। विचारणीय यह है कि घृणा या क्रोध से उत्प्रेरित साहित्य का लक्ष्य क्या होगा और ऐसे साहित्य के प्रभाव-विश्लेषण में घृणा या क्रोध की सामाजिक सार्थकता क्या होगी ? क्या घृणा या क्रोध से उत्प्रेरित साहित्य का लक्ष्य पाठक के मन में भी घृणा या क्रोध ही जगाना हो सकता है ? साहित्यकार जिस व्यवस्था और व्यक्ति के प्रति अपना क्रोध व्यक्त करता है, क्या उस व्यवस्था या व्यक्ति के अतिरिक्त उनसे उत्पीड़ित जनता उसके समक्ष नहीं होती ? क्या शोषक व्यवस्था के प्रति घृणा और क्रोध की भावना से भरपूर साहित्यकार के मन में शोषितों के प्रति सहानुभूति नहीं होती ? अगर यह मान लिया जाए कि साहित्य क्रोध या घृणा से ही उत्पन्न होता है और उसका लक्ष्य भी पाठक के मन में क्रोध या घृणा ही उत्पन्न करना है तो निश्चय ही ऐसा साहित्य विध्वंसात्मक ही होगा, रचनात्मक नहीं। वास्तव में शोषक व्यवस्था के प्रति कवि के मन में क्रोध और घृणा होने के साथ ही शोषित जन के प्रति उसके मन में सहानुभूति भी होती है, बल्कि उस क्रोध और घृणा से यह सहानुभूति अधिक मूलभूत और गहरी होती है। विषमता और शोषण पर आधारित तथा वर्गों में विभाजित इस व्यवस्था के प्रति सजग कवि के मन में इस व्यवस्था के खिलाफ वास्तविक क्रोध तब तक नहीं उत्पन्न हो सकता जब तक उसके मन में शोषितों के साथ सच्ची सहानुभूति न हो। एक सही जनवादी कवि और शौकिया जनवादी कवि में यही अन्तर है कि पहले के मन में शोषक-व्यवस्था के प्रति क्रोध और घृणा के साथ ही शोषितों के प्रति सच्ची सहानुभूति भी होती है और वह शोषितों की संघर्षशीलता और क्रान्तिकारिता का समर्थक तथा सहायक भी होता है, जबकि दूसरे प्रकार के कवि कभी-कभी हवा के रुख को देखकर और कभी पाँचों सवारों में नाम लिखाने के लिए जनता के सामने शोषण और अन्याय के खिलाफ गला फाड़कर चिल्लाते नजर आते हैं लेकिन पर्दे के पीछे अपने राक्षसी स्वार्थ के कारण शोषक दल की शोभायात्रा में भी शामिल हो जाते हैं। तात्पर्य यह कि शौकिया जनवादी कवियों का शोषण के खिलाफ क्रोध उतना ही झूठा होता है जितना शोषितों के प्रति उनका सहानुभूति का भाव। वास्तव में उनकी सहानुभूति शोषकों के साथ ही

होती है लेकिन आम जनता को धोखा देने के लिए कभी-कभी वे शोषकों के खिलाफ अपने झूठे क्रोध का इजहार करते हैं।

इसी सन्दर्भ में यह भी विचारणीय है कि केवल क्रोध या घृणा की अभिव्यक्ति का उद्देश्य क्या होगा। अगर क्रोध या घृणा की व्यंजना का लक्ष्य 'सृजन की पीड़ा की व्याकुलता से मुक्ति' प्राप्त करना या 'आत्मदान की व्याकुलता' हो तब तो बात ही दूसरी है, लेकिन अगर उसका लक्ष्य घृणास्पद शोषक-व्यवस्था को समाप्त कर जनवादी व्यवस्था की स्थापना की कामना है तो केवल क्रोध और घृणा से ही काम नहीं बनेगा। ऐसी स्थिति में शोषित जनता के प्रति सक्रिय सहानुभूति स्थापित करने की जरूरत होगी। शोषण, दमन और अन्याय से भरपूर समाज-व्यवस्था के प्रत्येक युग में क्रोध और घृणा व्यक्त करने के अवसर कवियों को मिलते ही रहे हैं और संवेदनशील, ईमानदार साहित्यकारों ने क्रोध और घृणा की व्यंजना भी की है; लेकिन इसके बावजूद भी यह व्यवस्था कायम रही है तो निश्चय ही इस प्रकार का क्रोध रचनात्मक और सार्थक कम ही माना जाएगा। एंगेल्स ने ठीक ही लिखा है कि "वह क्रोध जो कवि को जन्म देता है, इन बुराइयों का वर्णन करने में और साथ ही शासक-वर्गों के टुकड़खोर मेल-मिलाप के उन पैगम्बरों पर चोट करने में, जो या तो इन बुराइयों के अस्तित्व से इन्कार करते हैं या उन पर लीपापोती करने की कोशिश में रहते हैं, यथास्थान प्रकट होता है। किन्तु किसी भी विशेष परिस्थिति में क्रोध से कोई चीज प्रमाणित नहीं होती है। यह इस बात से जाहिर है कि अभी तक जितना इतिहास बीत चुका है उसके प्रत्येक युग में इस प्रकार के क्रोध के लिए सामग्री का कभी कोई अभाव नहीं रहा।"[2]

इस प्रसंग में एक प्रश्न और विचारणीय है कि किसी समाज-व्यवस्था और व्यक्ति के प्रभावशाली चित्रण के प्रेरक भाव के रूप में क्रोध या घृणा और सहानुभूति की स्थिति और सार्थकता क्या है ? जाहिर है कि किसी शोषक-व्यवस्था का प्रभावशाली चित्रण-वर्णन अगर लेखक करता है तो इसका यह तात्पर्य नहीं कि उस व्यवस्था के साथ लेखक की सहानुभूति है और पाठकों में भी वह उस व्यवस्था के प्रति सहानुभूति ही पैदा करना चाहता है, बल्कि इसके ठीक उल्टा लेखक की सहानुभूति उस व्यवस्था से उत्पीड़ित जनता के साथ होती है और उस व्यवस्था के खिलाफ उसके मन में क्रोध या घृणा की ही भावना होती है। वास्तविकता यह है कि शोषक-व्यवस्था के खिलाफ क्रोध या घृणा के साथ ही शोषितों के साथ सहानुभूति अनिवार्यतः लेखक के मन में होती है। शोषक-व्यवस्था के खिलाफ लेखक के मन का क्रोध या उसकी रचना के आस्वादन से उत्पन्न पाठक के मन का क्रोध तब तक सार्थक नहीं सिद्ध होगा जब तक लेखक और पाठक दोनों के मन में शोषक-व्यवस्था को समाप्त करने वाली जनता के साथ सक्रिय सहानुभूति नहीं होगी। अगर कोई लेखक सामन्ती या पूँजीवादी व्यवस्था की क्रूरताओं का चित्रण करता है तो उसके साथ ही उसे उस

व्यवस्था के खिलाफ जनता के मन की विद्रोह-भावना की भी अभिव्यंजना करनी चाहिए। तोल्सतोय के उपन्यास 'युद्ध और शान्ति' तथा हावर्ड फास्ट के उपन्यास 'आदि विद्रोही' में शोषक सामन्ती समाज का जो प्रभावशाली चित्रण है उसमें यह देखा जा सकता है। इस प्रकार हम कह सकते हैं कि साहित्य-रचना की प्रेरणा और प्रभाव की शक्ति के रूप में सहानुभूति की स्थिति अनिवार्य है।

सन्दर्भ

1. लेनिन : 'फिलॉसॉफिकल नोटबुक्स', पृ. 372-73
2. एंगेल्स : 'ड्यूहरिंग मतखण्डन', पृ. 250

भक्तियुगीन कविता की लोकधर्मिता

शुनह मानुष भाई
शबारे उपरे मानुष-सत्य
ताहार उपर नाई।[1]

चण्डीदास का यह कथन भक्तिकालीन कविता की मूल चेतना की मानवतावादी प्रवृत्ति की उद्घोषणा है। 'मनुष्य सत्य' के प्रति आस्थावान भक्तकवि मानव-जगत् के विविध रूपों के भीतर ही अपनी आस्था के प्रसार का अवसर देखता है। मानवजीवन और मानवमन की प्रकृत, विकृत और संस्कृत अवस्थाओं की परख, पहचान और साक्षात्कार के सहारे ही वह मनुष्य की रागात्मिकता वृत्तियों के उदात्तीकरण का प्रयास करता है। सबसे बड़ी बात यह है कि भक्तकवि मनुष्य को हेय नहीं समझता, वह उसे तिरस्कृत नहीं करता बल्कि मनुष्य की विकासशीलता की अपार सम्भावनाओं में उसका गहरा विश्वास है। मानवमन के रागांश और बोधांश की लीलाओं का सौन्दर्य भक्तिकाव्य में है। भक्तिकाव्य में मानवमन की इच्छा, क्रिया और ज्ञान की वृत्तियों की क्रियाशीलता है और मानवजीवन के भावपक्ष, कर्मपक्ष और ज्ञानपक्ष का सौन्दर्य है। भक्तिकाव्य मानवजीवन की समग्रता का काव्य है, उसमें भाव, कर्म और ज्ञान का समन्वित विकास दिखाई देता है। कबीर जैसे संत कवियों के काव्य में उस युग के सामाजिक जीवन की वास्तविकता का बोध प्रबल है, उनकी कविता में केवल आध्यात्मिकता ही नहीं है। कबीर जीवन के अनुभव को मनुष्य के लिए आवश्यक मानते हैं, शास्त्रज्ञान को नहीं। कबीर की कविता शास्त्रीयता के ऊपर लोकजीवन के अनुभव की प्रतिष्ठा की कविता है। कबीर के 'राम' और 'प्रेम' के उद्गम और लीला की भूमि लोकजीवन ही है, कहीं और नहीं। जायसी के काव्य में 'इश्क मजाजी' से 'इश्क हकीकी' की ओर की गई यात्रा है। उस यात्रा के मार्ग में सम्पूर्ण लोकजीवन का भावसौन्दर्य है जिसे प्रेममार्गी कवि आँख खोलकर पूरी तरह देखता है, बार-बार तन्मय होता है, वह जीवनजगत् से आँख मूँदकर अपनी मंजिल की ओर नहीं बढ़ता।

सूरदास के कृष्ण की लीलाभूमि हमारे जीवन के आसपास की ब्रजभूमि है, जहाँ कृष्ण की मनोरम बालक्रीड़ाओं से लेकर रसमयी रासलीलाओं का सौन्दर्य है। उन लीलाओं में प्रत्येक मनुष्य अपने बचपन से लेकर यौवन तक की जीवन यात्रा के रागात्मक सम्बन्धों का सौन्दर्य वात्सल्य, सख्य और माधुर्य आदि भावों के आत्मीय रूप में देख सकता है। 'सियाराममय सब जग जानी' कहकर भक्तकवि इस जगत् की सत्यता को ही स्वीकार ही नहीं करता, बल्कि वह 'लोकमंगल की साधना' को अपने ईश्वर की आराधना मानता है। उसका ईश्वर लोकजीवन से परे नहीं है। तुलसी अपने राम के 'शक्ति, शील और सौन्दर्य' का साक्षात्कार लोकजीवन के विविध रूपों में करते हैं। 'राम' के मानवोचित व्यवहारों में ही रामचरित्मानस के नायक के चरित्र का सौन्दर्य व्यक्त हुआ है। रामचरित्मानस की कलात्मक श्रेष्ठता और उसके प्रभाव की व्यापकता का रहस्य उसके चरित्रों, जीवन-व्यवहारों, जीवन-मूल्यों और भावों की मानवीयता में है, न कि उसकी धार्मिकता में। भक्तिकाव्य का अधिकांश मुख्यतः मानवीय करुणा और प्रेम का काव्य है। मानवजीवन में करुणा और प्रेम की आवश्यकता का स्थायित्व ही भक्तिकाव्य के स्थायित्व का कारण है और यही उसकी सार्थकता का आधार भी है।

भक्तिकाल के कवि लोकजीवन की चिन्ता करनेवाले कवि थे। जिन्हें 'जगत्‌गति' नहीं व्यापती, ऐसे आत्मलीन लोगों को तुलसीदास ने 'मूढ़' कहा है। इस प्रकार की 'मूढ़ता' या आत्ममुग्धता से उत्पन्न सुख में जीनेवाले लोग तुलसी के व्यंग्य की मार के शिकार हुए हैं। जीवन की समग्रता को स्वीकार करनेवाले सूरदास की गोपियों ने मानवीय मनोरागों की गतिविधि से अपरिचित, नीरस ज्ञान के बोझ ढोनेवाले ज्ञानियों की खबर लेते हुए ही उद्धव से कहा था :

ऊधो, तुम हो अति बड़ भागी।
अपरस रहत सनेह तगाते,
नाहि न मन अनुरागी।[2]

भक्तकवि आत्मबद्धता को नहीं आत्मविस्तार को काम्य मानते हैं। जो व्यक्ति अपने परिवेश के प्रति सजग और जाग्रत होगा वह इस दुनिया की दशा देखकर बेचैन ही होगा। कबीर अपने परिवेश के प्रति ऐसे ही जागरूक कवि थे। उन्होंने लिखा है :

सुखिया सब संसार है, खावे अरु सोवै।
दुखिया दास कबीर है, जागे अरु रोवै।[3]

कठिनाई यही नहीं है कि जागरूक संवेदनशील कवि दुनिया की ट्रेजिक दशा देखकर बेचैन होता है। कठिनाई और बेचैनी का एक कारण संवादहीनता की वह स्थिति भी है जहाँ कवि के हृदय की बात, उसकी अनुभूति और बेचैनी को कोई निःसंशय होकर सुनता ही नहीं, जो सुनता है वह समझने और स्वीकारने के बदले पत्थर मारता

है। ऐसी मनोदशा में ही कबीर ने लिखा होगा :

ऐसा कोई ना मिले, जासूँ कहूँ निसंक।
जासूँ हिरदे की कहूँ, सो फिरि माड़े कंक।[4]

यह है ईमानदारी और दुनियादारी की विडम्बना जिसका सामना हर जमाने में प्रत्येक सुकरात या कबीर को करना पड़ता है। कबीर की कविता में मानव-चेतना की यह जो चेतनता है वह कभी पुरानी नहीं पड़ सकती, इसलिए ऐसी कविता भी कभी पुरानी नहीं पड़ती।

भक्तिकाल की कविता में उस युग का यथार्थ प्रत्यक्ष और परोक्ष दोनों रूपों में व्यक्त हुआ है। भक्तिकालीन कवियों का यथार्थ-बोध कहीं उनके संवदेनात्मक अनुभव के रूप में व्यंजित हुआ है और कहीं धार्मिक विचारधारा से प्रभावित होकर। जहाँ यथार्थ-बोध संवेदनात्मक अनुभव का परिणाम है वहाँ उसका वास्तविक रूप दिखाई देता है और जहाँ वह धार्मिक विचारधारा का अंग है, वहाँ यथार्थ का विपर्यस्त रूप है। भक्तिकाल की कविता का सामाजिक परिवेश सामन्ती समाज का है जिसमें संयुक्त परिवार एक महत्त्वपूर्ण सामाजिक इकाई है। सूर और तुलसी मध्यकाल के भारतीय पारिवारिक जीवन के सबसे कुशल चित्रकार हैं। पारिवारिक जीवन में अच्छे-बुरे रूपों की विविधता का चित्रण सूर और तुलसी की कविता की एक महत्त्वपूर्ण उपलब्धि है। भारतीय ग्रामीण समाज के सांस्कृतिक जीवन का सौन्दर्य सूर की कविता में सर्वत्र दिखाई देता है। श्रीकृष्ण की बाललीलाओं के चित्रण में ही नहीं, 'भ्रमरगीत' में भी भारतीय ग्रामीण जीवन के अनेक रूप और पक्ष मूर्तिमान हो उठे हैं। गोपियों के तर्क में शास्त्रीयता नहीं, ग्रामीण जन की निश्छल आस्था की दृढ़ता है। सूर और तुलसी की कविता में लोकोक्तियों और मुहावरों का जो अपार भण्डार है उसमें लोकजीवन के अनुभव की झाँकी देखी जा सकती है। कबीर, दादू, रैदास आदि संतकवियों की आध्यात्मिकता प्रधान कविता में भी उनके जीवन- व्यवसाय के विभिन्न साधनों का उपयोग हुआ है। अधिकांश संतकवि जीवन में शिल्पकार थे। उनकी कविता का शिल्प उनके जीवन व्यवहार के शिल्प से प्रभावित है। इन आत्मा के शिल्पी कवियों की कविता में उनके जीवन का शिल्पकार रूप बार-बार प्रकट होता है। जीवन व्यवहार और काव्यात्मक व्यवहार का जैसा तादात्म्य संतकाव्य में दिखाई देता है वैसा भारतीय कविता में अन्यत्र दुर्लभ ही है। अधिकांश संतकवि जीवन में जुलाहा, दरजी, नाई, कुम्हार, चर्मकार आदि थे। ये अपने पेशे के कुशल कारीगर भी थे। उनके जीवन की कला उनकी कविता की कला बन गई है। कबीर जब 'झीनी-झीनी बीनी चदरिया' की बात करते हैं तो उनका कुशल कलाकार और कारीगर रूप एक होता दिखाई देता है और जब वे 'ज्ञान की आँधी' की चर्चा करते हैं तो गाँव के गरीबों की टूटी-फूटी झोंपड़ी साकार हो उठती है। प्रेममार्गी कवि जायसी महल में भी झोंपड़ी को भूल नहीं पाते हैं। रानी नागमती जब कहती है कि 'हों

बिनु नाह मन्दिर को छाबा' तो पाठक का ध्यान महारानी नागमती के महल से हटकर दूर गाँव के गरीब की उस झोंपड़ी की तरफ जाता है जिसे हर बरसात में छाना पड़ता है। लोकजीवन से गहरी आत्मीयता का ही यह परिणाम है कि जायसी महल के चकाचौंध में खो नहीं जाते, ग्रामीण जीवन की मार्मिक दशा की स्मृति उनके मन पर छाई रहती है। कुछ लोगों को नागमती की जीवन-दशा और इस भावदशा में असंगति दिखाई दे सकती है। बरसात को लेकर महल में रहनेवाली महारानी की परेशानी बेतुकी लग सकती है, लेकिन जायसी की मानवतावादी दृष्टि के कारण महारानी की यह भावदशा उसे साधारण मानवी के स्तर पर लाकर अधिकाधिक लोगों की सहानुभूति और सद्भावना के योग्य बना कर साधारणीकरण की सम्भावना उत्पन्न करती है।

भक्तिकाल की कविता में सामाजिक चेतना और युगबोध का एक स्तर ऐसा है जहाँ संवेदनशील कवि की चेतना सामाजिक विषमता, पाखण्ड, धार्मिक रूढ़िवाद और जनता की पीड़ित चेतना के बोध से बेचैन दिखाई देती है। कबीर की सामाजिक चेतना में उस युग का जीवन प्रतिबिम्बित हुआ है और उनकी विद्रोह-भावना में सामाजिक वेदना से मुक्ति की कामना प्रकट हुई है। कबीर ने हिन्दू धर्म और इस्लाम की विकृतियों का पर्दाफाश किया है। हिन्दू समाज और मुसलमानों के सामाजिक जीवन में धर्म के नाम पर फैले पाखण्ड, शोषण और अंधविश्वासों का खण्डन किया है। कबीर की कविता में एक सुधारवादी सन्देश है, एक जनवादी चेतना भी है जिसे उस सामन्ती समाज के सन्दर्भ में क्रान्तिकारी कहा जा सकता है। कबीर की लोकचिन्ता से उत्पन्न कविता में एक समन्वित संस्कृति की सम्भावना पैदा हुई थी, उससे दलित जातियों में आत्मविश्वास जगा था। उस जमाने में वेद और शास्त्र के नाम पर धर्म के बहाने जनता का शोषण होता था। कबीर ने किताबी ज्ञान के बदले लोकजीवन के अनुभवों को उपयोगी और सार्थक बताते हुए शास्त्र और उस शास्त्र के सहारे होनेवाले शोषण पर चोट की। सूरदास ने सामन्ती समाज के भोग-विलास में आकण्ठ डूबे जीवन का चित्रण किया है। सूरदास ने कभी लम्बे रूपकों के सहारे और कभी उपमाओं-उत्प्रेक्षाओं के रूप में उस काल के सामाजिक जीवन की वास्तविकता का चित्रण किया है। 'चौपरि जगत मंड़े जुग बीते'[5] सूरदास का एक लम्बा पद है जिसमें उस समय के सुविधाभोगी मनुष्य के विलासमय जीवन की कहानी है। सूर के पदों में उस समय के व्यापार-व्यवहार, कृषि, ग्रामप्रबन्ध, राजदरबार, शासन-व्यवस्था और युद्ध आदि का वर्णन तो है ही, उनके पदों में सामाजिक संगठन, संस्कार और त्यौहारों के विविध रूप भी दिखाई देते हैं। सूर के पद उस युग के सांस्कृतिक जीवन (धर्म, दर्शन, चित्रकला, संगीत, नृत्य आदि।) के अक्षयकोष हैं।

भक्तिकाल के अधिकांश कवियों के संघर्षशील जीवन की कहानी लगभग वही है जो तुलसीदास की है : 'बारे तें ललात-बिललात द्वार-द्वार दीन, जानत हों

चारि फल चारि ही चनक को।' इन कवियों का अपना संघर्षशील जीवन साधारण जनता के संघर्षशील जीवन से उनका तादात्म्य स्थापित कराने में सहायक सिद्ध हुआ। ये कवि अपने जीवन में जनता के जीवन का प्रतिनिधित्व देख सकते थे और जनता के जीवन में अपने जीवन की समशीलता पहचानते थे। तुलसीदास वर्ण व्यवस्था के समर्थक माने जाते हैं, लेकिन जातिप्रथा के ज़हर को उन्होंने भोगा था इसलिए तीव्र आक्रोश में उन्होंने कहा :

धूत कहौ, अवधूत कहौ, रजपूत कहौ, जुलहा कहौ कोऊ,
काहू की बेटी सौं बेटा न व्याहब, काहू की जाति बिगार न सोऊ।[6]

प्रायः ऐसा माना जाता है कि तुलसी की कविता में लोक संग्रह की भावना धार्मिक आवरणों में ही व्यक्त हुई है, लेकिन तुलसी ने अपने युग के नग्न यथार्थ को गहरी संवेदना और आत्मिक वेदना के साथ चुभती हुई भाषा में प्रभावी ढंग से व्यक्त किया है, इस बात पर ध्यान नहीं दिया जाता। तुलसीदास ने अकाल, भुखमरी, बेरोजगारी और महामारी की विपत्ति की विभीषिका से बेचैन जनता की दारुण दशा का जो कारुणिक चित्र खींचा है, उससे तुलसी की सामाजिक चेतना, यथार्थभावना और मानवीय चिन्ता का बोध तो होता ही है, उससे यह भी साबित होता है कि वैभव, विलासिता और सौन्दर्योपासना के उस मुगल काल में सब कुछ ठीकठाक न था, आम जनता के जीवन में अकाल, भुखमरी, बेरोजगारी और महामारी का ही साम्राज्य था। शासक सौन्दर्य के लास्य का आस्वादन कर रहे थे और जनता मौत के तांडव को भयभीत कातर नजरों से देख रही थी। तुलसीदास ने लिखा है :

किसबी, किसान-कुल, बनिक भिखारी, भाट
चाकर, चपल, नट, चोर चार चेट की।
पेट को पढ़त, गुन, गढ़त, चढ़त गिरि,
अटत गहन-गन अहन अखेत की॥
ऊँच-नीच करम, धरम-अधरम करि,
पेट ही को पचत बैचत बेटा-बेटकी॥[7]

तुलसी ने यह भी लिखा है :

"खेती न किसान को, भिखारी को न भीख, बलि
बनिक को बनिज न चाकर को चाकरी।
जीविका विहीन लोग सीद्यमान सोच बस,
कहें एक एकन सों कहाँ जाई, का करी"॥[8]

उस युग में एक ओर शासकवर्ग भोग-विलास में डूब-उतरा रहा था और दूसरी ओर जनता सारे ऊँच-नीच कर्म और धर्म-अधर्म करने के बाद भी जब पेट की आग बुझाने में असमर्थ होती थी तो उसे बेटा-बेटी तक बेचना पड़ता था। बेटा-बेटी बेच कर भी पेट की आग बुझाने में जनता की असमर्थता का चित्रण करके तुलसीदास

ने उस सामन्ती समाज के अमानवीय यथार्थ को साकार कर दिया है। यह है उस मुगलकालीन सामन्ती व्यवस्था में आम जनता के जीवन का असली चित्र, जिस समाज-व्यवस्था को स्वर्णयुग कह कर कुछ लोग आज भी आत्मविभोर हो उठते हैं। तुलसी ने उस समाज-व्यवस्था द्वारा शोषित आम जनता का जो चित्र खींचा है उसके प्रकाश में इतिहासकारों और समाजशास्त्रियों को मध्यकाल सम्बन्धी अपने विचारों पर पुनर्विचार करना चाहिए।

भक्तिकाल केवल कविता के आन्दोलन का ही काल नहीं है, यह एक नए सांस्कृतिक आन्दोलन का भी काल है। दूसरे शब्दों में वह एक ऐसा सांस्कृतिक आन्दोलन है जिसकी अभिव्यंजना कविता और दूसरी ललित कलाओं में हुई है। उसमें काव्यचेतना धर्मभावना से प्रभावित और अनुशासित है। उस युग की कविता पर विचार करते समय कविता और धार्मिक विचारधारा के सम्बन्ध पर भी विचार करना आवश्यक है। भक्तिकाल की सम्पूर्ण कविता को पूर्णतः धार्मिक नहीं कहा जा सकता। उसमें ऐसी कविता भी है जिसमें धर्म के सिद्धान्त और आचरण का छन्दोबद्ध व्याख्यान मात्र है और उसे वैसे ही कविता नहीं कहा जा सकता जैसे छन्दोबद्ध पाकशास्त्र या कामशास्त्र को। भक्तिकाल की उस कविता को सच्ची कविता कहा जा सकता है जिसमें मानवीय संवेदनशीलता को जगाने और परिष्कृत करने की क्षमता है। भक्ति-आन्दोलन में विकसित धर्म का स्वरूप लोकधर्म का था। निर्गुण सन्तों की धर्मभावना तो शास्त्रीयता का खण्डन करती हुई ही आगे बढ़ी थी। सगुण भक्ति की कृष्णभक्तिशाखा में भी भक्ति का शास्त्रीय रूप बाद में बना। कृष्णभक्ति-शाखा के श्रेष्ठ कवि सूरदास का काव्य भक्तिशास्त्र के भी बन्धनों से मुक्त ही है, भले ही कुछ शास्त्र प्रेमी आलोचक उसकी शास्त्रीय व्याख्या करके अपनी आत्मा को सन्तुष्ट करते रहें। भक्ति की लोकधर्मिता के कारण ही भक्तिकवि 'लोकहृदय' की पहचान कर सके, जिससे उनकी कविता लोकहृदय की स्थायी निधि बन गई।

भक्तिकालीन कविता में वैराग्य है तो जीवन के प्रति अनुराग भी है, उसमें परलोकवाद है तो लोकजीवन की विविधता का सौन्दर्य भी है, निवृत्तिमूलक कामना है तो प्रवृत्तिपरक जीवनप्रेम भी है, रहस्यवाद है तो सामाजिक चेतना भी है, मिथकीय चेतना और फंतासी है तो जीवन के यथार्थ का प्रत्यक्ष बोध भी है, ईश्वर के मनुष्यत्व का बोध है तो मनुष्य का ईश्वरत्व भी है, जीवन से सन्यास है तो गृहस्थजीवन के पारिवारिक सम्बन्धों का चित्रण भी है, विपर्यस्त विश्वचेतना और मिथ्या चेतना की अभिव्यक्ति है तो जगत्बोध और आत्मबोध की एकता भी है। उसमें सांसारिक जीवन की निरर्थकता का वर्णन है तो जन्म से लेकर मृत्यु तक के मानवजीवन के भाव, कर्म और ज्ञानपक्ष—का चित्रण भी है। तात्पर्य यह है कि भक्तिकाल में धार्मिक विवेक और जगत्-विवेक में एकता और अन्तर्विरोध का सम्बन्ध बार-बार प्रकट होता है। आज का मनुष्य निश्चय ही उस कविता में व्यक्त जगत्विवेक को ही महत्त्व

देगा, धार्मिक विवेक को नहीं। भक्तिकालीन कविता में मानवजीवन का यथार्थ धार्मिक विचारधारा की अन्तर्विरोधी स्थितियों को पार कर बार-बार अपने काव्यात्मक सौन्दर्य को प्रकट करता है। किसी भी विचारधारा से सम्बद्ध कवि की मूल चिन्ता का विषय मानवजीवन का यथार्थ ही है। कवि के लिए यह आवश्यक है कि उसे मानवजीवन के यथार्थ की चेतना और चिन्ता हो। भक्तिकालीन कविता में कविता का सौन्दर्य वहीं है जहाँ मानवजीवन का यथार्थ है। जहाँ कविता में मानवजीवन का यथार्थ धार्मिक विचारधारा से मुक्त होकर ज्ञान-संवेदनात्मक बोध के फलस्वरूप व्यक्त हुआ है वहाँ काव्यात्मकता है, लेकिन जहाँ यथार्थबोध धार्मिक विचारधारा से आक्रान्त है वहाँ यथार्थ का विपर्यस्त रूप है या कोरा उपदेश है।

मध्यकाल की धर्मभावना सामन्ती समाज-व्यवस्था की उपज है। धर्म मध्ययुग के सामन्ती समाज का एक प्रमुख विचारधारात्मक रूप रहा है। धर्म के विचारधारात्मक रूप की सामाजिक जीवन में केवल नकारात्मक भूमिका नहीं होती, उसकी सकारात्मक भूमिका भी रही है। मार्क्स ने लिखा है : "धार्मिक वेदना एक साथ ही वास्तविक वेदना की अभिव्यक्ति और वास्तविक वेदना के विरुद्ध विद्रोह भी है। धर्म पीड़ित प्राणियों की आह है, वह एक हृदयहीन दुनिया का हृदय है और वह आत्माविहीन परिस्थितियों की अन्तरात्मा है।"[9] मार्क्स के इस कथन के आलोक में अगर भक्तिकालीन धर्मभावना और कविता के आपसी सम्बन्धों पर विचार करें तो यह स्पष्ट हो जाएगा कि भक्तिकालीन कविता में दैन्य और वेदना का भाव है उसमें सामन्ती समाज में जीनेवाली जनता की वास्तविक वेदना की व्यंजना है और उस वास्तविक वेदना के विरुद्ध विद्रोह भी। कबीर की कविता में जो विद्रोह भावना है वह समाज की वास्तविक वेदना के ही बोध का परिणाम है। सामन्ती समाज के बन्धनों से मुक्ति के प्रयास का एकरूप निर्गुण-निराकार की उपासना में मिल सकता है जहाँ समता और स्वतन्त्रता की सम्भावना है। सामन्ती समाज की गुलामी से परेशान भक्तकवि एक ऐसे कल्पनालोक की कामना करता है जहाँ प्रेम, सौन्दर्य, समता और स्वतन्त्रता की ही सत्ता है। कबीर, सूर और तुलसी की कविता में यह कल्पनालोक किसी न किसी रूप में विद्यमान है। इस रहस्यमय स्वप्नलोक की स्मृति बार-बार इस वास्तविक जीवन की अभावमयी परिस्थिति की ओर संकेत करती है। कबीर जब कहते हैं कि 'रहना नहीं देस विराना है' तो यह जाहिर होता है कि भक्तकवि की कामना इसी लोकजीवन को अपनी कल्पना के अनुरूप बनाने की है। सामाजिक जीवन में जो भेदभाव, विषमता और वेदना है, उससे मुक्ति के लिए ही कवि रहस्यमय कल्पनालोक में आध्यात्मिक स्तर पर एकता, अभेद, समता और आनन्द की कामना करता है। लेकिन कवि के इस आकांक्षाजनित विश्वास के मूल में वह मिथ्या चेतना है जो धार्मिक विचारधारा की देन है। भक्तिकाल के भक्तकवि के चिन्तन की सीमाएँ वास्तव में मध्ययुगीन धार्मिक विचारधारा की सीमाएँ हैं, लेकिन

भक्तकवि केवल भक्त ही नहीं, कवि भी है, इसलिए कविता का धर्म, धर्म की कविता के परे प्रभाव डालता है। जब धर्मभावना और कलाचेतना के संयोग से कलाकृति की रचना होती है तो कला का अपना धर्म ही प्रधान होता है, धर्म की कला नहीं। ऐसी स्थिति में कला की सामाजिक भूमिका प्रमुख हो जाती है। दुनियाभर के धर्म से अनुप्रेरित कलाकृतियों के अनुशीलन से यह सिद्ध हो सकता है। भक्ति हृदय का धर्म है, इसलिए उसका सम्बन्ध मनुष्य की रागात्मिका वृत्तियों और अनुभूतियों से है और यही कविता का निजी क्षेत्र भी है। भक्तकवि जब मानवीय अनुभूतियों की व्यंजना करता हैं तो पाठक उन अनुभूतियों से ही प्रभावित होता है, धर्मभावना बहुत पीछे छूट जाती है। लेकिन विचारणीय प्रश्न यह भी है कि भक्तिकालीन कविता में व्यक्त विचारों का महत्त्व क्या है ? भक्तकवि भी यह स्वीकार करता है कि कविता में विचार की केन्द्रीय स्थिति होती है। तुलसीदास ने लिखा है :

हृदय सिन्धु मति सीप समाना। स्वाति सारदा कहहिं सुजाना॥
जौ बरषै वर वारि विचारू। हौंहि कवित मुकुतामनि चारू॥ [10]

तुलसीदास ने यहाँ कविता के तत्त्वों की ओर ही संकेत नहीं किया है, उन्होंने कविता की निर्माण-प्रक्रिया का भी स्पष्ट उल्लेख किया है। ध्यान देने की बात है कि भाव के भीतर बुद्धि की स्थिति है जिसमें प्रेरणा के आगमन और सुन्दर विचारों की वर्षा से कविता-मुक्ता की उत्पत्ति होती है। तुलसीदास भावभावित विचारों को ही कविता के लिए आवश्यक मानते हैं, केवल बुद्धिबोधित विचारों को नहीं। इस प्रकार कविता में अनुभूत विचारों की सार्थकता तुलसी ने स्वीकार की है। तुलसी के इस काव्यचिन्तन के प्रकाश में यह कहा जा सकता है कि भक्ति काव्य में व्यक्त अनुभूत विचारों को ही कविता के अनिवार्य अंग के रूप में स्वीकार किया जा सकता है, कोरे उपदेशों या विचारधारात्मक व्याख्यानों को नहीं। कविता के सन्दर्भ में विचार और विचारधारा में फर्क करना जरूरी है। कवि की विचारधारा और कृति के कलात्मक-ज्ञानात्मक मूल्य का सम्बन्ध अविरोधी और अन्तर्विरोधी दोनों प्रकार का होता है। कृति का कलात्मक-ज्ञानात्मक मूल्य कृति में व्यक्त मानव जीवन के यथार्थ के स्वरूप पर निर्भर करता है।

भारत के सांस्कृतिक इतिहास में मध्यकाल का भक्ति-आन्दोलन केवल भक्ति और कविता का ही आन्दोलन नहीं है बल्कि वह एक अखिल भारतीय सांस्कृतिक पुनर्जागरण का आन्दोलन है। वह आन्दोलन सुदूर दक्षिण के तमिलनाडु से लेकर आसाम तक फैला हुआ था। यह चौदहवीं शताब्दी से अठारहवीं शताब्दी तक व्याप्त लगभग चार सौ वर्षों का व्यापक आन्दोलन है। इसके दौरान भारतीय धर्म, दर्शन, कला, साहित्य और भाषा के क्षेत्र में नवीन चिन्तन, मौलिक सृजन और क्रान्तिकारी परिवर्तन हुए। भक्ति आन्दोलन को मुख्यतः धर्म और कविता के आन्दोलन के रूप में समझने के प्रयास हुए हैं, लेकिन कविता के अतिरिक्त दूसरी ललित-कलाओं और

भाषा के क्षेत्र में मूलगामी परिवर्तनों की ओर कम ध्यान दिया गया है। यह भी विचारणीय है कि सामाजिक परिस्थितियों के महान् ऐतिहासिक उथल-पुथल के कारण ही जनता के विचार और दृष्टिकोणों में परिवर्तन होता है, जिसके कारण जनता के धार्मिक विचारों में क्रान्तिकारी बदलाव आता है। भक्ति आन्दोलन के स्वरूप और कारणों की पहचान के लिए यह आवश्यक है कि मध्यकाल की सामाजिक परिस्थितियों के ऐतिहासिक बदलाव का विवेचन किया जाए। सांस्कृतिक रूपों में महत्त्वपूर्ण परिवर्तन सामाजिक परिस्थितियों के आधारभूत परिवर्तन से ही उत्पन्न और प्रभावित होते हैं। मध्यकाल की सामाजिक परिस्थितियों के ऐतिहासिक परिवर्तन से सांस्कृतिक रूपों के परिवर्तन के सम्बन्धबोध के बिना यह समझना मुश्किल है कि भारतीय संस्कृति के हजारों वर्षों के इतिहास में केवल भक्तिकाल में ही पहली बार वर्ण-व्यवस्था से पीड़ित दलित जातियों में सर्जनात्मक शक्ति का ऐसा अभ्युदय क्यों हुआ ? कबीर, दादू, रैदास आदि कवि भारत की उच्चवर्गीय सांस्कृतिक परम्परा के लिए चुनौती बन कर सामने आए। सगुण भक्ति की पुराणमतवादी चिन्ताधारा से संतकवियों की उदारवादी, सुधारवादी और विद्रोही चेतना का जो संघर्ष हुआ वह उच्चवर्ग और दलितवर्ग का सांस्कृतिक संघर्ष भी था। उस सामन्ती-सामाजिक परिवेश में उच्चवर्गीय सांस्कृतिक विचारधारा की विजय हुई। उस काल में संस्कृति की लोकधर्मी चेतना कविता और दूसरी कलाओं में भी व्यक्त हुई। उस काल की विभिन्न ललित-कलाओं में एक समन्वित लोकवादी कलाचेतना दिखाई देती है।

कविता के क्षेत्र में भक्ति काव्य की सबसे बड़ी विशेषता यह दिखाई देती है कि उस सामन्ती समाज में उत्पन्न होकर भी कविता लोकाश्रयी हुई, दरबाराश्रयी नहीं। भक्तकवि लोकजीवन की अनुभूतियों के कवि थे, सामन्ती दरबारों के सेवक नहीं। उनकी कविता में लोकसंस्कृति का सौन्दर्य है, दरबारी संस्कृति की अभिव्यक्ति नहीं। भक्तिकालीन कविता में वेदमत, पुराणमत और संतमत से अधिक लोकमत की प्रधानता है। भक्तिकाल की कविता लोकभाषा में लोकजीवन की कविता है। भक्तिकाव्य की लोकधर्मिता का ही प्रभाव है कि राजरानी मीरा विशिष्ट से सामान्य बन कर लोकहृदय से जुड़ गई। उस काल की कविता की लोकधर्मिता के प्रभाव के कारण ही अकबर शाह, शाह आलम और बहादुरशाह आदि मुग़ल सम्राटों ने भी ब्रजभाषा के गेय पदों की रचना कर जनता के स्वर में स्वर मिलाने का प्रयत्न किया। आधुनिक भारतीय भाषाओं के विकास में भक्तिकाव्य की भाषा सम्बन्धी देन का पर्याप्त मूल्यांकन अभी नहीं हुआ है। दक्षिण के भक्तकवियों की कविता से दक्षिण की भाषाओं का आधुनिक रूप विकसित हुआ, लेकिन उत्तर भारत के भक्तकवियों के बिना तो मैथिली, ब्रजभाषा, अवधी, गुजराती, राजस्थानी, मराठी, उड़िया, बंगला और असमिया आदि भाषाओं का स्वरूप ही नहीं बनता। विद्यापति, सूरदास, जायसी और तुलसीदास, नरसी मेहता, मीराबाई, नामदेव और तुकाराम,

जगन्नाथदास, चण्डीदास और शंकरदेव की कविता के आधार पर ही मैथिली, ब्रजभाषा, अवधी, गुजराती, राजस्थानी, मराठी, उड़िया, बंगला और असमिया का विकास हुआ। तेलगू के भक्तकवि पोतनामात्य, कन्नड़ के पुरंदरदास और कनकदास का उन भाषाओं में वही महत्त्व है जो हिन्दी में कबीर, सूर और तुलसी का। इन कवियों ने लोक-जीवन की भाषा को काव्यभाषा के रूप में विकसित कर उसमें भावों और विचारों की व्यंजना की क्षमता उत्पन्न की। इन लोकभाषाओं के स्वरूप का निर्माण जनता ने किया था, लेकिन उन्हें काव्यभाषा का रूप इन कवियों ने ही दिया। भक्तिकाल के संत और भक्तकवियों ने कविता को संस्कृत के 'कूपजल' से निकाल कर लोकजीवन में प्रवाहित लोकभाषाओं के स्वच्छ 'बहते नीर' से अभिसिंचित किया। कबीर, सूर, जायसी और तुलसी आदि कवियों ने लोकभाषा की सृजनशीलता का ही भरपूर उपयोग नहीं किया, उन्होंने लोक-जीवन में प्रचलित विभिन्न काव्यरूपों, छन्दों, कथाओं और कथानकरूढ़ियों का भी सृजनात्मक उपयोग किया। यह सच है कि लोकप्रतिभा की सृजनशीलता का जो चरम उत्कर्ष भक्तिकाव्य में दिखाई देता है वह लोकजीवन से भक्तकवियों के पूर्ण तादात्म्य का ही फल है।

सन्दर्भ

1. मुक्तिबोध : 'नई कविता का आत्मसंघर्ष तथा अन्य निबन्ध' में उद्धृत, विश्वभारती प्रकाशन, 1964, पृ. 89
2. 'सूरसागर' : श्यामकाशी प्रेस, मथुरा, प्रथम संस्करण, पृ. 207
3. 'बीजक' : रामनारायण अग्रवाल, इलाहाबाद, 1954, पृ. 310
4. वही, पृ. 326
5. 'सूरसागर' : पृ. 415
6. 'कवितावली', लोकभारती प्रकाशन, इलाहाबाद, 1973, पृ. 157
7. वही, 1973, पृ. 151
8. वही।
9. कार्ल मार्क्स तथा फ्रेडरिक एंगेल्स : 'धर्म', एशिया पब्लिशर्स, लखनऊ, 1965, पृ. 51
10. 'रामचरितमानस' : गीताप्रेस, गोरखपुर, सं. 2029, पृ. 18

लोकप्रिय कविता का स्वरूप

लोकप्रिय साहित्य के स्वरूप और साहित्य की लोकप्रियता के बारे में अनेक प्रकार के भ्रम फैले हुए हैं। इनमें से कुछ तो वास्तविक स्थिति की उपज हैं और कुछ जान-बूझकर फैलाए गए हैं। एक भ्रान्त धारणा यह है कि बाजार में अधिक बिकनेवाला साहित्य लोकप्रिय साहित्य होता है। इस धारणा के अनुसार गुलशन नन्दा और गुरुदत्त, प्रेमचन्द से अधिक लोकप्रिय साहित्यकार मान लिए जाते हैं। जाहिर है कि बाजार की माँग और बाजारू मानसिकता के अनुरूप लिखा गया साहित्य बाजार में अधिक बिकता है, वह व्यावसायिक दृष्टि से लोकप्रिय भी हो जाता है। ऐसा साहित्य कुछ लोगों के मनोरंजन का साधन होता है और कुछ लोगों के लिए विलास की सामग्री। लेकिन यह व्यावसायिक लोकप्रियता बहुत सीमित होती है। प्रेमचन्द-जैसे लेखकों की रचनाओं को बार-बार पढ़ा जाता है, जबकि व्यावसायिक दृष्टि से लोकप्रिय उपन्यासों को एकबार पढ़कर रद्दी की टोकरी में फेंक दिया जाता है। अगर लोकप्रियता को एक निश्चित समय तक सीमित न किया जाए, उसे मानव-समाज के इतिहास के लम्बे काल के सन्दर्भ में देखा जाए तो यह स्पष्ट हो जाएगा कि अपने समय और जीवन की गम्भीर समस्याओं से सरोकार रखनेवाला साहित्य अधिक स्थायी होता है और अधिक लोगों द्वारा पढ़ा भी जाता है। बरसात की घास की तरह एकाएक उगनेवाला घासलेटी साहित्य थोड़े दिनों के बाद मुर्झाकर सूख जाता है, उनका नामोनिशान मिट जाता है। देशकाल की सीमाओं को लाँघकर व्यापक मानव समाज की चेतना का अंग बन जाने वाला साहित्य अधिक लोकप्रिय माना जाएगा, न कि एक सीमित समय में बाजार में तात्कालिक व्यावसायिक लोकप्रियता प्राप्त करनेवाला साहित्य।

लोकप्रिय साहित्य के बारे में दूसरी भ्रान्त धारणा यह है कि वह कलात्मक नहीं होता। कुछ लोग इस धारणा को दूसरे रूप में सामने लाते हैं। उनका कहना है कि कलात्मक साहित्य लोकप्रिय नहीं होता। कला और साहित्य के बारे में साम्रन्ती

और बुर्जुआ दृष्टिकोण ही लोकप्रियता और कलात्मकता को परस्पर विरोधी मानते हैं। कला और साहित्य की आभिजात्यवादी धारणा ही कला को उच्च कला और निम्न कला में बाँटकर देखती है और उच्च कला को कलात्मक और निम्न कला को कलाहीन समझती है। उसके अनुसार निम्न कला ही लोकप्रिय होती है। इस धारणा के अनुसार लोकप्रियता कला का कोई अनिवार्य गुण नहीं है, बल्कि दोष है। वर्ग-समाज में प्रभुत्वशाली वर्ग कला और साहित्य पर अपना प्रभुत्व बनाए रखने और जनता के सांस्कृतिक विकास को रोकने के लिए ही कला और जनता के सम्बन्ध के बारे में ऐसी धारणा का प्रचार करता है। यह धारणा गलत है। लोकप्रियता और कलात्मकता में कोई अनिवार्य विरोध नहीं होता। जो कला या कलाकृति व्यापक जनसमुदाय में लोकप्रिय नहीं है उसे कलात्मक कहना कला के अर्थ को सीमित, संकुचित और भ्रष्ट करना है। दुनिया-भर के साहित्य और कला का इतिहास इस बात का गवाह है कि महान् रचनाकारों की महान् कलाकृतियाँ देर-सवेर जनता के जीवन में फैलकर अपना उचित स्थान पा लेती है। जो कलावादी-सौन्दर्यवादी लेखक कलात्मक श्रेष्ठता के नाम पर रचना को अबूझ पहेली बनाते हैं वे कलात्मकता और लोकप्रियता दोनों से हाथ धो बैठते हैं। लोकप्रिय साहित्य केवल सरल, सुबोध और सपाट साहित्य नहीं होता, वह कलाहीन भी नहीं होता। कलात्मकता दुर्बोधता और अलोकप्रियता में निहित नहीं होती। कला की सार्थकता लोकप्रिय होने और जनता के जीवन में गहरे पैठने में प्रकट होती है।

लोकप्रिय साहित्य के बारे में तीसरा भ्रम यह है कि लोक-साहित्य, लोक-कथाओं और लोकप्रिय कलारूपों को अपनाने से ही कोई रचना लोकप्रिय हो जाती है। वास्तव में लोक-साहित्य और लोक-कला में सब कुछ सदैव प्रगतिशील ही नहीं होता। लोक-साहित्य और लोकप्रिय कलारूप भी कई बार शासक-वर्ग की विचारधारा की अभिव्यक्ति के माध्यम बन जाते हैं। जब जनता की सांस्कृतिक चेतना शासक-वर्ग की विचारधारा के प्रभाव में होती है तो लोक-साहित्य और लोक-कलाओं में भी वह प्रभाव प्रकट होता है। शासक-वर्ग अपने विचारों और जीवन-मूल्यों को शाश्वत और सार्वभौम विचारों और जीवन-मूल्यों के रूप में प्रचारित करता है और इस प्रचार का शिकार जनता भी होती है। लोक-साहित्य और लोक-कलाओं में व्यक्त अन्तर्वस्तु का बिना विवेकपूर्ण मूल्यांकन किए उनके रूप को यथावत् स्वीकार करना उचित नहीं है। अन्तर्वस्तु को छोड़कर केवल रूप पर ध्यान देना रूपवाद के जाल में फँसना है। अतः लोक-साहित्य, लोक-कथा और लोक-प्रचलित कलारूपों को विवेकपूर्ण मूल्यांकन करने के बाद ही स्वीकारना या अस्वीकार करना उपयोगी होगा। यह ठीक है कि लोक-प्रचलित कलारूपों को स्वीकार करने से रचना की बोधगम्यता बढ़ती है और रचना की लोकप्रियता की सम्भावना भी अधिक होती है। लेकिन केवल लोकप्रियता ही जनवादी कला का अन्तिम लक्ष्य नहीं है। उनका लक्ष्य है जनता

के यथार्थ-बोध को जाग्रत करना, उसकी चेतना को विकसित और अग्रगामी बनाना तथा जनता के मुक्ति-संघर्ष को शक्ति और दिशा देना। यही कारण है कि जनवादी रचना में रूप से अधिक अन्तर्वस्तु पर ध्यान देना जरूरी है। रचनाकार अन्तर्वस्तु के अनुरूप रूप का आविष्कार कर सकता है और नई अन्तर्वस्तु की अभिव्यक्ति के लिए उपयोगी लोकप्रिय कलारूपों को अपना भी सकता है। रचना की सुबोधता के लिए प्रचलित कलारूपों को यथावत् स्वीकार करना आवश्यक नहीं है। एक समर्थ रचनाकार लोकप्रचलित कलारूपों का सुधार-परिष्कार करके उनका उपयोग कर सकता है। लोकप्रिय रचनाकार जनता से केवल सीखता ही नहीं है, उसे सिखाता भी है। रचनाकार के लिए सीखने-सिखाने का यह काम निरन्तर चलता है। जनता और जनवादी रचनाकार के बीच यह सम्बन्ध द्वन्द्वात्मक होता है। चूंकि जनता रचना में अपना जीवन और जीवन के उद्देश्य देखना चाहती है इसलिए रचना की लोकप्रियता रूप से अधिक अन्तर्वस्तु पर निर्भर होती है।

लोकप्रियता के नाम पर कला की उपेक्षा नहीं होनी चाहिए और कला के नाम पर जनता की ओर से मुँह नहीं मोड़ना चाहिए। अगर जनवादी रचनाकारों को सामन्ती और पूँजीवादी संस्कृतियों की तुलना में एक बेहतर संस्कृति के विकास और निर्माण के लिए रचनात्मक संघर्ष करना है, तो उन्हें एक ओर उस जनता का ध्यान रखना होगा जो उस बेहतर संस्कृति के आधार के निर्माण के लिए संघर्ष कर रही है और दूसरी ओर उस कला का भी ध्यान रखना होगा जो अब तक के मानव-समाज की सृजनशीलता के फलस्वरूप विकसित हुई है। नई संस्कृति कला-परम्परा के जीवन्त और जनवादी तत्त्वों की उपेक्षा नहीं कर सकती। अगर आज कुछ रचनाएँ अपनी जनवादी अन्तर्वस्तु और उन्नत कलारूप के बावजूद लोकप्रिय नहीं हो पाई हैं तो निराश होने की कोई बात नहीं है। जनवादी रचनाकार केवल वर्तमान के लिए ही नहीं लिखते, वे भविष्य के लिए भी लिखते हैं। ऐसा कहने का यह तात्पर्य नहीं है कि जनवादी रचनाकारों को भवभूति की मनोदशा में जीना चाहिए। भवभूति ने कहा था कि काल अनन्त है और यह पृथ्वी विशाल, कभी कोई समानधर्मा जरूर पैदा होगा जो मेरी रचनाओं को समझेगा। एक जनवादी रचनाकार इस तरह भविष्यवादी होकर समकालीन सन्दर्भ में सार्थक और उपयोगी नहीं हो सकता। फिर भी जनता और समाज की विकासशीलता में आस्था रखनेवाला रचनाकार सामन्ती और पूँजीवादी समाज से बेहतर समाज-व्यवस्था में अपनी रचनाओं के बेहतर भविष्य की आशा कर सकता है।

लोकप्रियता कोई स्थिर और स्थायी स्थिति नहीं है। रचनाओं की लोकप्रियता घटती-बढ़ती रहती है। भारतीय साहित्य में प्रगतिशील आन्दोलन के कारण हिन्दी में कबीर और उर्दू में नजीर की लोकप्रियता बढ़ी। निराला की कविता का प्रारम्भ में मजाक उड़ाया गया और पंत को छायावाद का राजकुमार घोषित किया गया,

लेकिन बाद में पंत की लोकप्रियता क्रमशः घटती गई और निराला की लोकप्रियता अब भी निरन्तर बढ़ती जा रही है। आज निराला हिन्दी ही नहीं, भारतीय कविता के सर्वाधिक लोकप्रिय कवियों में से एक हैं। अब तो उनकी कविता की लोकप्रियता विश्वव्यापी हो रही है। मुक्तिबोध की स्थिति भी बहुत कुछ निराला-जैसी ही है।

समकालीन हिन्दी कविता के सन्दर्भ में लोकप्रिय कविता के स्वरूप पर बात करते समय उन कवियों की कविताओं पर विचार करना अनावश्यक है जो जनता को भीड़ समझते हैं और लोकप्रियता को कला-विरोधी मानते हैं। प्रयोगवाद, नई कविता और अकविता के व्यक्तिवादी कवि कविता के सन्दर्भ में जनता का नाम आते ही मुँह बिचकाते रहे हैं। ये 'नदी के द्वीप' धारा (जनता) से डरते हैं, क्योंकि उन्हें अपने अस्तित्व के खो जाने का खतरा महसूस होता है। इनके यहाँ कला कला के लिए होती है, जनता के लिए नहीं। लेकिन जो रचनाकार जनता को समाज के इतिहास और बुनियादी परिवर्तन की मूल शक्ति मानते हैं, और जो साहित्य को बुनियादी परिवर्तन की प्रक्रिया में सहायक समझते हैं, वे कविता लिखते समय या कविता के बारे में सोचते समय जनता की उपेक्षा नहीं कर सकते। वे लोकप्रियता को कविता का आवश्यक गुण मानते हैं। प्रगतिशील आन्दोलन के दौर में कविता की लोकप्रियता पर बल दिया गया था और उसका विकास भी हुआ था। जो लोग प्रगतिशील आन्दोलन के दौर की कविताओं पर सरलीकरण, कलाहीनता और सौन्दर्यविहीनता का आरोप लगाते हैं, वे यह भूल जाते हैं कि छायावाद की कल्पना की रानी को वास्तविकता की पथरीली धरती पर उतार लाने और चलाने का काम आसान नहीं था। वास्तविकता की कठोर जमीन पर सधे हुए कदमों से चलने के लिए सौन्दर्य से अधिक शक्ति की जरूरत थी। यह शक्ति केवल कल्पना से नहीं, वास्तविकता के बोध से मिलनेवाली थी। प्रगतिशील आन्दोलन के दौर की महत्त्वपूर्ण कविताएँ कल्पना के सौन्दर्य से अधिक वास्तविकता की शक्ति की कविताएँ हैं। जीवन की वास्तविकता से जुड़ने के कारण ही उस काल की कविताओं में लोकप्रियता का गुण भी था। प्रगतिशील आन्दोलन के कमजोर होने और प्रयोगवाद- नई कविता के रूपवादी-कलावादी रुझान के बढ़ने के कारण लोकप्रियता से कलात्मकता को अधिक महत्त्व दिया जाने लगा। इस रूपवादी-कलावादी रुझान से प्रेरित और प्रभावित आलोचना ने प्रगतिशील कविता में स्थूलता, सरलीकरण और कलाहीनता खोजना शुरू किया। प्रगतिशील आन्दोलन के वर्तमान दौर में भी कुछ कवि और कविता के आलोचक समकालीन प्रगतिशील कविता को पुराने प्रगतिशील दौर की कविता की तथाकथित आरोपित कमजोरियों से मुक्त करने का आग्रह करते दिखाई देते हैं। इस आग्रह के कारण सूक्ष्मता, अमूर्त्तन और कलावाद को बढ़ावा मिल रहा है, लोकप्रियता की उपेक्षा हो रही है। लोकप्रियता की कीमत पर कला की साधना करनेवाली कविता अपने जनवादी उद्देश्यों को पूरा करने में सफल नहीं हो सकती।

आज विचारणीय सवाल यह है कि लोकप्रिय कविता का स्वरूप क्या है ? कविता की तात्कालिक लोकप्रियता और लोकप्रिय कविता में फर्क करना जरूरी है। तात्कालिक और व्यावसायिक लोकप्रियता पा जानेवाली हर कविता लोकप्रिय कविता नहीं होती। कवि-सम्मेलनों और व्यावसायिक पत्रिकाओं के सहारे बाजारू लोकप्रियता प्राप्त करनेवाली रोमानी और हास्य-व्यंग्य की हर कविता लोकप्रिय कविता नहीं कही जा सकती। मध्यकाल के अनेक संतों की रहस्यवादी और आध्यात्मिक कविताएँ आम जनता में लोकप्रिय हैं, लम्बे काल से पाठ्यक्रम में रहने के कारण रीतिकाल के बिहारी-जैसे कवियों की कविताएँ भी पढ़े-लिखे लोगों के बीच लोकप्रिय हैं, लेकिन इन सबको लोकप्रिय कविता नहीं कहा जा सकता। लोकप्रिय कविता कविता की एक विशिष्ट धारणा है, उसका एक विशेष चरित्र होता है। अपने समय के समाज और जनता की इच्छाओं, भावनाओं, जीवन-उद्देश्यों, जीवन-स्थितियों और संघर्षों की अभिव्यक्ति करनेवाली कविता ही लोकप्रिय कविता होती है। लोकप्रिय कविता में जनता की संघर्षशीलता के साथ-साथ उसकी सृजनशीलता की भी अभिव्यक्ति होती है। लोकप्रिय कविता कलाहीन नहीं होती, लेकिन केवल कला की आराधना उसका उद्देश्य नहीं होता। वह जनता के जीवन की कविता होती है और जनता के लिए कविता होती है। लोकप्रिय कविता अपने समय के समाज और जनता की आवाज़ होती है, एक ऐसी आवाज़, जिसे जनता सुन सके और समझ भी सके।

लोकप्रिय कविता यथार्थवादी कविता होती है। ऐसी कविता दृष्टिकोण और शिल्प दोनों ही स्तरों पर यथार्थवादी होती है। यथार्थवाद जीवन की विकासशीलता में आस्था रखनेवाली रचनादृष्टि का सिद्धान्त है, वह केवल अभिव्यंजना-पद्धति ही नहीं है। रचना का स्वरूप सामाजिक यथार्थ और रचना के भीतर के यथार्थ के सम्बन्ध से निर्धारित होता है। यह ठीक है कि रचना के भीतर का यथार्थ सामाजिक यथार्थ का प्रतिबिम्ब होता है, लेकिन दोनों एक ही नहीं होते। प्रतिबिम्बन की रचनात्मक प्रक्रिया में मूल वस्तु में बहुत कुछ जुड़ जाता है और उनमें से बहुत कुछ छूट भी जाता है। रचनाकार अपने दृष्टिकोण और सर्जनात्मक कल्पना के सहारे सामाजिक यथार्थ को पुनर्रचित करके रचना में व्यक्त करता है, इसलिए उसमें बाहर के यथार्थ के साथ-साथ रचनाकार का निजी दृष्टिकोण, रचनात्मक उद्देश्य और व्यक्तित्व भी प्रकट होता है। एक रचनाकार का सामाजिक यथार्थ को देखने का दृष्टिकोण मूलवस्तु का गुणधर्म बनकर रचना में प्रकट होता है। यथार्थवादी रचनादृष्टि के अनुसार निर्मित कृति में व्यक्त यथार्थ और उसके मूलाधार यथार्थ के बीच प्रत्यक्ष और सीधा सम्बन्ध होता है। पाठक को दोनों के बीच सम्बन्ध और संगति खोजने में बहुत कठिनाई नहीं होती। रोमाण्टिक, बिम्बवादी, प्रतीकवादी और अमूर्त्तनवादी रचनाओं में सामाजिक यथार्थ और रचना के भीतर के यथार्थ के बीच का सम्बन्ध क्रमशः परोक्ष, क्षीण और असंगत होता जाता है। अमूर्त्तनवादी रचनाओं में तो यह

सम्बन्ध लगभग गायब हो जाता है। जहाँ रचना में विचार को वस्तु से और भाषा को यथार्थ से एकदम स्वतन्त्र माना जाता है, वहाँ यथार्थवाद की कोई सम्भावना नहीं होती। ऐसा नहीं है कि यथार्थवादी रचना में बिम्ब, प्रतीक और अमूर्त्तन की सम्भावना नहीं होती, उनके लिए कोई जगह नहीं होती। यथार्थवादी रचना-दृष्टि के अन्तर्गत रचना में आनेवाली बिम्ब, प्रतीक और अमूर्त्त चिन्तन का सामाजिक यथार्थ से सम्बन्ध बना रहता है, उनका विकास यथार्थवादी रचना-दृष्टि के अनुसार ही होता है। बिम्ब और प्रतीक स्वभावतः मूलवस्तु या सामाजिक यथार्थ की ओर संकेत करते हैं। यहाँ तक कि अमूर्त्तन की प्रक्रिया से उत्पन्न वैचारिक सामान्यीकरण भी अपने मूल सामाजिक यथार्थ से सर्वथा असम्बद्ध नहीं होता। जहाँ बिम्ब, प्रतीक और अमूर्त्तन रचना के साधन और अवयव न होकर स्वयं साध्य और स्वतन्त्र हो जाते हैं, वहाँ वे सामाजिक यथार्थ से असम्बद्ध और निरपेक्ष हो जाते हैं। ऐसी रचना-दृष्टि से निर्मित कविता कभी लोकप्रिय नहीं होती। समकालीन प्रगतिशील कविता का एक बहुत बड़ा हिस्सा पुरानी प्रगतिशीलता की स्थूलता, सरलीकरण और कलाहीनता से बचने के नाम पर बिम्बवादी, प्रतीकवादी और अमूर्त्तनवादी रचनादृष्टि का शिकार हो रही है, इसलिए उससे लोकप्रिय कविता का स्वरूप विकसित नहीं हो पा रहा है। यथार्थवादी रचना-दृष्टि से ही लोकप्रिय कविता का विकास सम्भव है।

लोकप्रिय कविता के विकास के लिए लोकप्रियता और यथार्थवाद की एकता आवश्यक है। इस शताब्दी के महान् जनवादी रचनाकार ब्रेख्त ने 'लोकप्रिय' और 'यथार्थवाद' की धारणाओं की जो व्याख्या की है, उस पर ध्यान देना जरूरी है। ब्रेख्त के अनुसार, ''लोकप्रिय वह है जो व्यापक जनता के लिए बोधगम्य हो, जो जनता के अभिव्यक्ति-रूपों को अपनाए और उन्हें समृद्ध बनाए, जो जनता के दृष्टिकोण को स्वीकारे और सुधारे, जो जनता के सर्वाधिक प्रगतिशील हिस्से की नेतृत्वकारी शक्ति का चित्रण करे, जो प्रगतिशील परम्पराओं की तलाश करे और उन्हें समृद्ध करे, जो वर्तमान शासक-वर्ग के बदले राष्ट्र और समाज का नेतृत्व करने के लिए संघर्षशील जनता तक पहुँच सके।'' ब्रेख्त ने यथार्थवाद की जो व्याख्या की है, वह उनकी लोकप्रियता की धारणा से अविभाज्य रूप से सम्बद्ध है। ब्रेख्त के अनुसार, ''यथार्थवाद का उद्देश्य है समाज की कार्य-कारण-प्रक्रिया की जटिलताओं की खोज करना, समाज में शासक-वर्ग की हावी विचारधारा को बेनकाब करना, वर्तमान समय में मानव-समाज जिन भीषण कठिनाइयों से गुजर रहा है उनसे मुक्ति के सर्वाधिक व्यापक उपाय पेश करनेवाले सर्वहारा-वर्ग के दृष्टिकोण से रचना करना, विकासशील तत्त्वों को महत्त्व देना, सम्भावनाओं को मूर्त्तरूप देना और ठोस वस्तुस्थिति से सम्भावित सामान्य निष्कर्ष निकालना।'' ब्रेख्त की लोकप्रियता और यथार्थवाद की धारणाओं की सच्ची एकता के आधार पर विकसित रचना-दृष्टि से ही लोकप्रिय कविता का विकास हो सकता है। ऐसा नहीं है कि समकालीन प्रगतिशील रचनाकारों

क्रे सामने ऐसी रचनाओं का अभाव है जिनमें यथार्थवाद और लोकप्रियता की एकता मौजूद हो। हिन्दी में नागार्जुन ऐसी सार्थक रचनाशीलता के सर्वाधिक समर्थ उदाहरण हैं। मुक्तिबोध, केदारनाथ अग्रवाल और त्रिलोचन से भी इस सन्दर्भ में बहुत-कुछ सीखा जा सकता है।

यथार्थवादी रचना-दृष्टि का निरन्तर विकास करते हुए अपनी रचनाओं में लोकप्रियता और कलात्मकता के बीच सर्जनात्मक एकता लाने का काम आसान नहीं है। इसके लिए जनता और रचना से गहरी प्रतिबद्धता, दोनों की विकासशीलता में गहरी आस्था और दोनों की विकास-प्रक्रिया की सही समझदारी जरूरी है। मुक्तिबोध ने कविता को 'जनचरित्री' कहा है। कविता और जनता के चरित्र की बुनियादी एकता को समझनेवाले रचनाकार ही लोकप्रिय कविता का विकास कर सकते हैं। जनता और कविता के चरित्र की बुनियादी एकता को समझने के लिए रचनाकारों का जनता से सच्ची सहानुभूति स्थापित करना जरूरी है। आज अनेक प्रगतिशील कवि इस दिशा में आगे बढ़ रहे हैं। समकालीन प्रगतिशील पत्रिकाओं में बहुत-सारी ऐसी रचनाएँ छप रही हैं जिनमें लोकप्रिय कविता की सम्भावना प्रकट हो रही है।

लेखक और लोकतन्त्र

मुक्तिबोध की एक कविता में वर्तमान भारतीय समाज-व्यवस्था और शोषक-सत्ता के भयानक सम्भावित स्वरूप का चित्रण दुःस्वप्न के रूप में किया गया है। आपातकाल के पहले वर्तमान शोषक सत्ता के दमनकारी रूप का वह चित्र कुछ लोगों को केवल सपना प्रतीत होता था, लेकिन आपातकाल के दौरान जब वह क्रूर वास्तविकता बनकर सामने आया तो बहुतों को उसकी सच्चाई का बोध हुआ। 'अन्धेरे में' कविता में वर्तमान व्यवस्था के सम्भावित रूप का जो चित्र है, उससे यह सिद्ध होता है कि वर्तमान के यथार्थ की गहरी पहचान से ही भविष्य के स्वरूप और इतिहास की दिशा का स्पष्ट बोध होता है। उस कविता में 'मृतदल की शोभा-यात्रा' में अपने 'भीतर के राक्षसी स्वार्थ' और 'छिपे हुए उद्देश्य' के कारण लेखक और बुद्धिजीवी भी शामिल दिखाई देते हैं। आपातकाल के दौरान कुछ बुद्धिजीवी किराए के विचारों का प्रचार कर रहे थे तो कुछ हतप्रभ होकर मौन की साधना कर रहे थे। कुछ कछुआधर्मी बुद्धिजीवी अपने खोखले में सिमटकर अपने को सुरक्षित समझते हुए तूफान के गुजर जाने का इन्तजार कर रहे थे। जो लोग आपातकाल के पहले रोज-रोज कहा करते थे कि "अब अभिव्यक्ति के सारे खतरे उठाने ही होंगे;" उनमें से कुछ तो विरोध की अभिव्यक्ति से कतराते हुए खतरे से बचने की कोशिश करते रहे और कुछ दूसरे इस खतरे को ही वरदान समझकर उसकी अभिव्यक्ति करते रहे। इस दौर में कुछ लोग अभिव्यक्ति के खतरे उठाने को 'रोमैंटिसिज्म' समझ रहे थे और चुप्पी को चालाकी; अब वही लोग अपनी शहादत की वीरगाथा सुनाते दिखाई पड़ते हैं।

इसका यह तात्पर्य नहीं है कि आपातकाल में दमनकारी सत्ता के विरोध और जनता की पीड़ा की अभिव्यक्ति करनेवालों का एकदम अभाव था। ऐसे समय में भी शोषक सत्ता के दमनकारी रूप का विरोध वे ही कर रहे थे जो आपातकाल के पहले भी वर्तमान व्यवस्था के असली स्वरूप को पहचानते थे और शोषित जनता

के मुक्ति-संघर्ष से सक्रिय सहानुभूति रखते थे। ऐसे लेखकों के लिए आपातकाल के अन्त के साथ संघर्ष का अन्त नहीं हो गया, बल्कि वह तब तक चलता रहेगा जब तक जनता का मुक्ति-संघर्ष चलेगा। आपातकाल के पहले व्यवस्था-विरोध की रचनाओं की बाढ़ दिखाई देती थी, व्यवस्था की भयानकता के काल्पनिक रूप के चित्रण से रचनाएँ भरी रहती थीं, लेकिन आपातकाल आते ही, व्यवस्था की असली भयानकता के उपस्थित होते ही ऐसी रचनाओं का स्रोत सूख गया; क्योंकि उन रचनाओं की कल्पना वास्तविकता से टकराकर टूट गई। असल में शोषक सत्ता की मार लगातार झेलनेवाले और उसके विरुद्ध निरन्तर संघर्ष करनेवाले सर्वहारा वर्ग से जब तक लेखक एकात्म्य स्थापित नहीं करता तब तक उसके व्यवस्था-विरोध में वह शक्ति नहीं आती जो व्यवस्था के भयानक से भयानक दमन को झेलते हुए भी कायम रह सके। जिस तरह निरन्तर संघर्ष करती हुई, विजय और पराजय के सुख-दुःख के अनुभवों को पार करती हुई जनशक्ति कभी नष्ट नहीं होती, उसी तरह जनता से जुड़ी हुई रचनाशीलता, जनचरित्री रचनाशीलता, दमनकारी सत्ता के आतंक से कभी परास्त नहीं होती।

आपातकाल के दौरान उन लेखकों को कोई कठिनाई नहीं हुई जो शाश्वतता में जीते हैं, या जिनकी कविता समाज से नहीं पूर्ववर्ती कविताओं से पैदा होती है। जाहिर है, ऐसी कविता उन कविताओं से पैदा नहीं हुई होगी जो समाज से पैदा हुई हों। ऐसे लेखक दुहरे व्यक्तित्व के धनी व्यक्ति होते हैं। वे अपने लेखक को अपने नागरिक से अलग रखने का दावा करते हैं और उनका सर्जक मन उनके भोक्ता मनुष्य से स्वतन्त्र होता है। ऐसे लेखकों को आपातकाल के कारण कोई कठिनाई नहीं होनी चाहिए थी, उनकी रचनाशीलता को अप्रभावित रहना चाहिए था। लेकिन ऐसा नहीं हुआ। कहा जाता है कि उनका नागरिक उनके लेखक पर हावी हो गया और उनका सर्जक मन उनके भोक्ता मनुष्य के संकेत सुनने लगा। 'नदी का द्वीप' तूफान से अप्रभावित न रह सका ! लेकिन उसकी परेशानी वैसी नहीं थी जैसी धारा के साथ होने यानी कि जनता के साथ होनेवालों की थी। इस दौर में ऐसे लेखकों को भी कोई कठिनाई नहीं हुई जो यह जानते हैं कि 'जैसी बहे बयार पीठ तब तैसी कीजै'। उन्हें व्यवस्था से लगाव है और व्यवस्था से अपने हितों और स्वार्थों को पूरा करवाने की कला में वे माहिर हैं। ऐसे धुरीहीन लेखक 'गंगा गए तो गंगादास और जमुना गए जमुनादास' बनकर अपना काम निकालते रहते हैं। वे आपातकाल के दौरान भी व्यवस्था के विरोधियों के विरोधी थे और आज भी व्यवस्था के विरोधियों के विरोधी हैं, वे तब भी व्यवस्था के ही थे और आज भी व्यवस्था के ही हैं, क्योंकि व्यवस्था आज भी मूलतः वही है जो तब थी। ऐसे लोग अब रोज-रोज यह कसम खाते दिखाई देते हैं कि वे आपातकालीन सत्ता के मित्र न थे, पर उनकी कथनी और करनी का भेद शब्दजाल में छुप नहीं सकता।

लोकसभा के पिछले चुनाव से यह सिद्ध हो गया कि "जनता निर्जीव नहीं है। वह सदा मूक भी नहीं रहती। 'देश का भविष्य' नेताओं और मन्त्रियों की मुट्ठी में नहीं है, देश की जनता के ही हाथ में है।" ये शब्द यशपाल के हैं। 'झूठा-सच' के दूसरे भाग के अन्त में उन्होंने जनता की शक्ति में यह विश्वास प्रकट किया है। चुनाव के पहले और आपात्काल के दौरान जनता की शक्ति में ऐसा विश्वास प्रकट करनेवाले बहुत अधिक नहीं थे। आपात्काल के दौरान और उसके पहले भी संसदीय राजनीति के कलाबाज लोग जनता को केवल भीड़ समझते थे। वे समझते थे कि जनता को फुसलाया जा सकता है, उसे धोखा दिया जा सकता है, उसे आतंकित करके अपने अनुसार हाँका जा सकता है। इसी भ्रम में इन्दिरा गांधी ने भी चुनाव की घोषणा की थी; अन्यथा जनता और जनमत का उन्हें कितना खयाल था, यह उनके लम्बे आतंकपूर्ण और तानाशाही शासन से जाहिर है। जनता मौका मिलते ही तानाशाही शासन-व्यवस्था पर चोट करने से न चूकी। आपात्काल के दौरान जिस तानाशाही शासन के आतंक और दमन के राज्य को प्रायः अधिकांश बुद्धिजीवियों ने देश का भाग्य और भविष्य मान लिया था उसको परास्त करके जनता ने अपने राजनीतिक विवेक और अदम्य शक्ति का परिचय दिया। जनचेतना के इस जागरण और आपात्कालीन तानाशाही की पराजय का इस देश की भावी राजनीति पर दूरगामी प्रभाव पड़ेगा। अपनी-अपनी राजनीतिक समझ और आकांक्षा के अनुसार इससे तरह-तरह के निष्कर्ष निकाले जा रहे हैं। शोषक-शासक वर्ग को इस बात का सन्तोष है कि संसदीय लोकतन्त्र में जनता की आस्था अब भी बनी हुई है और इस तरह की राजनीति के सहारे जनता का शोषण चल सकता है। जाहिर है शोषक वर्गों के हितों की सुरक्षा करनेवाली राजनीतिक पार्टियों को भी संसदीय राजनीति में जनता की आस्था देखकर सन्तोष ही होगा। भ्रम को मुक्ति का मार्ग समझनेवाली राजनीतिक पार्टियों का भ्रम और अधिक गहरा भी हो सकता है और टूट भी सकता है। जो लोग जनता की क्रान्तिकारी शक्ति में विश्वास रखते हैं, उन्हें जनता की इस अदम्य शक्ति और राजनीतिक चेतना को देखकर जनमुक्ति के प्रयत्नों को अधिक मजबूत करने की प्रेरणा प्राप्त हो सकती है। कुछ लोग पिछले आम चुनाव के बाद के राजनीतिक परिवर्तन को 'दूसरी आजादी' समझ रहे हैं। पहली आजादी के बारे में कुछ लोगों का भ्रम काफी देर से टूटा, लेकिन इस दूसरी आजादी का भ्रम जल्दी ही टूट जाएगा। धीरे-धीरे जनता पार्टी और उसके शासन का जनविरोधी असली रूप प्रकट होता जा रहा है।

आपात्काल के बाद के संसदीय चुनाव के कारण तीस वर्षों का कांग्रेसी शासन समाप्त हुआ और जनता पार्टी शासन में आयी। क्या यह कोई बुनियादी परिवर्तन है ? निश्चय ही नहीं। शोषक वर्ग की एक राजनीतिक पार्टी के जाने और दूसरी पार्टी के शासन में आने से शोषक सत्ता के स्वरूप में कोई बुनियादी परिवर्तन नहीं

होता। शासक वर्ग अपने हितों के अनुरूप नई पार्टियाँ बनाता है ताकि संसदीय राजनीति के सहारे शोषण की राजनीति अधिक कुशलता से चलती रहे और लोकतन्त्र के भ्रम में जनता फँसी रहे। शोषक शासन-व्यवस्था को कायम रखना और शोषक वर्ग की सुरक्षा करना एक ही बात है।

यह सच है कि लेखकों, कलाकारों और बुद्धिजीवियों के लिए लोकतन्त्र तानाशाही से एक बेहतर व्यवस्था है। तानाशाही समर्पण चाहती है। वह असहमति को बर्दाश्त नहीं कर सकती और बौद्धिकता का समर्पण से कोई मेल नहीं हो सकता। बुद्धिजीवी वही होगा जिसमें सामाजिक संवेदनशीलता है। सामाजिक संवदेनशीलता के कारण वह समाज की बहुसंख्यक जनता के दुःख-दर्द की पहचान और अभिव्यक्ति करता है। इस प्रकार वह शोषण, अन्याय और अत्याचार के विरुद्ध जनता की आवाज़ के रूप में समाज के सामने आता है। यही कारण है कि आज का लेखक, कलाकार या बुद्धिजीवी अपनी मूलगामी चेतना के कारण अमानवीय व्यवस्था के बीच बची हुई मानवीयता का संरक्षक और अमानवीय व्यवस्था के विरुद्ध संघर्ष का सहायक बनता है। तानाशाही की अमानवीय आकांक्षा और लेखकों-कलाकारों की मानवीय चेतना के बीच कभी कोई मेल नहीं बैठ सकता। इतिहास इस बात का गवाह है कि अमानवीय तानाशाही व्यवस्था के समर्थन में न कभी कोई महत्त्वपूर्ण रचना हो सकी है और न हो सकती है। भारत में आपात्काल के दौरान अन्धेरे के गीत गानेवालों का अभाव न था। भ्रम, भय या लाभ-लोभ के कारण अनेक लेखक और कलाकार उसका समर्थन कर रहे थे, लेकिन उस व्यवस्था के समर्थन में एक भी सार्थक रचना सम्भव न हो सकी। असल में भय, भ्रम या लाभ-लोभ से संचालित लेखन व्यवसाय हो सकता है, रचना नहीं। रचना के लिए जिस स्वतन्त्रता की आवश्यकता होती है, तानाशाही उसका अनिवार्य दुश्मन है। तानाशाही अपने निर्मित भ्रम को यथार्थ के रूप में उपस्थित करती है और अपनी ही शर्तों पर अपनी भाषा में उस यथार्थ की अभिव्यक्ति चाहती है। तानाशाही सच्चाई को छिपाना चाहती है, झूठ को सच के रूप में पेश करती है और लेखक झूठ के भ्रम-जाल में से सच को खोज निकालने का प्रयत्न करता है। तानाशाही सच्चाई से डरती है और लेखक सच्चाई से प्रेम करता है, इसलिए तानाशाही और लेखन में अनिवार्य विरोध होता है। एक दूसरे स्तर पर भी तानाशाही और लेखक का विरोध प्रकट होता है। तानाशाही भाषा को भ्रष्ट करती है, उसकी सामाजिक अर्थवत्ता को नष्ट करती है। वह भाषा और यथार्थ के सम्बन्ध को अविश्वसनीय बनाती है। आपात्काल के दौरान जनता, लोकतन्त्र, समाजवाद, प्रतिबद्धता, प्रगतिशीलता और न्याय जैसे शब्दों का वही अर्थ नहीं रह गया था जो जन-जीवन में इनका अर्थ होता है। लेखक भाषा को अधिक प्रामाणिक और विश्वसनीय बनाना चाहता है और प्रामाणिकता तथा विश्वसनीयता का जन्म भाषा और यथार्थ के आत्मीय सम्बन्ध से होता है। वास्तव में तानाशाही

को स्वतन्त्र चिन्तन से खतरा महसूस होता है, इसलिए वह स्वतन्त्र चिन्तन के लिए खतरनाक बन जाती है। यही कारण है कि जब और जहाँ तानाशाही व्यवस्था आई है वहाँ इसकी क्रूरता के शिकार बुद्धिजीवी भी हुए हैं। इटली में ग्राम्शी पर मुकदमा चलाते समय मुसोलिनी के एजेण्टों ने कहा था कि "पिछले बीस वर्षों से क्रियाशील इस दिमाग को अब और अधिक क्रियाशील नहीं रहने देना चाहिए।" वास्तव में तानाशाही दिमागी गुलामी चाहती है, वह चिन्तन की स्वतन्त्रता को बर्दाश्त नहीं कर सकती।

आपातकालीन तानाशाही के बाद हम जिस लोकतन्त्र में जी रहे हैं वह पूँजीवादी लोकतन्त्र ही है, और पूँजीवादी लोकतन्त्र तानाशाही की प्रवृत्तियों से मुक्त नहीं होता। वर्ग-शासन का एक रूप आपातकालीन तानाशाही के समय सामने आया था और वर्तमान लोकतन्त्र उसी वर्ग-शासन का दूसरा रूप है। वर्ग-समाज और उसका शासन-तन्त्र मूलतः दमनकारी होता है और उसका लक्ष्य है शोषक वर्ग की सत्ता को कायम रखना। शोषण पर आधारित समाज-व्यवस्था को कायम रखने के लिए शासकवर्ग दो तरीकों से काम करता है। एक तो वह विचारधारात्मक सहमति प्राप्त करने की कोशिश करता है और दूसरे बल-प्रयोग का सहारा लेता है। शासक-वर्ग अनेक प्रकार के विचारधारात्मक प्रयत्नों की सहायता से अपनी सत्ता बनाए रखने के लिए अपनी समाज-व्यवस्था के सच को सार्वभौम सच के रूप में पेश करता है और जनता की स्वीकृति तथा सहमति प्राप्त करने का प्रयास करता है। वह स्वतन्त्रता, समानता और बन्धुता के भ्रम पैदा करके जनता की चेतना को भ्रमित करता है, उसके असन्तोष को कम करने की कोशिश करता है। वर्ग-शासन-व्यवस्था जनता की राजनीतिक आकांक्षा और सांस्कृतिक चेतना को तोड़ती-मरोड़ती है और इस काम में शासक-वर्ग के आवयविक बुद्धिजीवी उसकी मदद करते हैं। पेशेवर बुद्धिजीवी अपनी वर्गस्थिति के अनुसार ही उसके सहयोगी बनते हैं। इस प्रकार जनता की चेतना को चालाकी से अपने अनुरूप ढालने की साजिश चलती है और शासक-वर्ग का विचारधारात्मक प्रभुत्व कायम रहता है। इस विचारधारात्मक प्रभुत्व से उसकी सत्ता को शक्ति और समर्थन प्राप्त होता है। लेकिन जब शासक-वर्ग जनता से विचारधारात्मक सहमति और स्वीकृति प्राप्त करने में असमर्थ होता है, तो वह अपनी सत्ता बचाये रखने के लिए बलप्रयोग का सहारा लेता है। तभी शासक-वर्ग और उसकी राजसत्ता का असली दमनकारी रूप सामने आता है। ऐसी स्थिति में लोकतन्त्र की पवित्र पोशाक अनावश्यक हो जाती है और शासक-वर्ग उसे उतार फेंकता है।

तानाशाही की तुलना में लोकतन्त्र से लेखक का सम्बन्ध अधिक जटिल होता है। तानाशाही के क्रूर और भौंड़े तरीकों को पहचानने में लेखक को विशेष दिक्कत नहीं होती। वहाँ खतरा अधिक ठोस होता है तो पक्ष या विपक्ष में जाने का निर्णय

भी स्पष्ट और तत्काल करना पड़ता है। लोकतन्त्र लेखक को धीरे-धीरे और अनेक अमूर्त्त तरीकों से प्रभावित करते हुए अपने पक्ष में करता है, इसलिए वर्ग-समाज के लोकतन्त्र में लेखक का राजनीतिक-सामाजिक दृष्टिकोण ही उसके विकल्प को तय करने में उसकी मदद करता है। ऐसे लोकतन्त्र में सत्ता के साथ सहमति और समर्पण का सम्बन्ध कायम करनेवाले लेखकों का विवेक पीड़ित नहीं होता, उनको किसी आन्तरिक बेचैनी में जीने की जरूरत नहीं होती; क्योंकि उन्हें अपनी स्थिति का औचित्य सिद्ध करने के लिए तरह-तरह के तर्क मिल जाते हैं। ऐसे लोकतन्त्र में वर्तमान की वास्तविकता के बदले अतीत या भविष्य के कल्पनालोक की चिन्ता में डूबे रहनेवाले लेखकों से व्यवस्था को कोई परेशानी नहीं होती। कुछ लेखक वर्तमान को रहस्यमय बनाते हुए जनता के यथार्थ बोध को धुँधला करने की कोशिश करते हैं और वे प्रकारान्तर से शोषक व्यवस्था की मदद ही करते हैं। व्यवस्था ऐसे मूढ़ों की भी चिन्ता नहीं करती जिन्हें जगत्-गति व्यापती ही नहीं। जो लेखक समाज की वास्तविकता की आलोचना के नाम पर हर चीज की बुराई करते हैं, वे एक प्रकार का अवसरवाद फैलाते हैं और व्यवस्था की मदद करते हैं; क्योंकि वे बेहतर भविष्य में जनता की आस्था को तोड़ते हैं। ऐसे निम्न पूँजीवादी मनोवृत्ति के लेखकों की साहित्यिक आकांक्षा उनकी राजनीतिक आकांक्षा से आगे नहीं जाती, वे दोनों क्षेत्रों में अपने वर्तमान को ही सुरक्षित रखना चाहते हैं, क्योंकि भविष्य से उन्हें भय होता है। वर्तमान समाज-व्यवस्था और जनता की समान रूप से आलोचना करनेवाले ये लेखक वास्तव में व्यवस्था को अधिक कुशल और पूर्ण देखना चाहते हैं ताकि जनता व्यवस्था के विरोध में खड़ी न हो सके। जो लोग साहित्य का व्यवसाय करते हैं और उसे केवल बाजार की वस्तु बनाते हैं, वे लेखक ही नहीं हैं; इसलिए लेखक के रूप में उनकी समस्या विचारणीय नहीं है। जो लोग साहित्य के नाम पर सनसनीखेज उपन्यास, कहानी या कविता लिखकर अपनी तरह-तरह की कुण्ठाओं को प्रकट करते हैं; वे भी इस व्यवस्था के सहायक ही हैं, क्योंकि वे जीवन और समाज की गम्भीर समस्याओं से पाठकों का ध्यान हटाकर, पाठकों की चेतना को सहलाते हुए सुलाकर उनके यथार्थबोध को क्षीण करते हैं। यह एक प्रकार का पलायनवादी साहित्य है, जो जीवन की बुनियादी समस्याओं से न तो स्वयं उलझता है और न पाठकों को उलझने देता है।

पूँजीवादी लोकतन्त्र में उन लेखकों की स्थिति विशेष रूप से विचारणीय है जो व्यवस्था के नहीं, जनता के होते हैं। जो 'रावण के घर पानी भरना' स्वीकार नहीं करते। ऐसे लेखक जन-चेतना को जगाने और जनता को समाज की वास्तविकता का साक्षात्कार कराने को अपने लेखकीय दायित्व का अनिवार्य अंग मानते हैं, वे जनता के मुक्ति-संघर्ष के साथी होते हैं। ऐसे लेखकों को जब व्यवस्था अपने भ्रमों में उलझा नहीं पाती, उन्हें खरीद नहीं पाती, तो फिर उन्हें आतंकित करती है, उनका

दमन करती है। ऐसे लेखकों की स्वतन्त्रता पूँजीवादी लोकतन्त्र में खतरनाक समझी जाती है। ऐसी स्थिति में लेखक की स्वतन्त्रता और वर्ग-व्यवस्था के लोकतान्त्रिक वादों के बीच विरोध और संघर्ष होता है। आत्माभिव्यक्ति की स्वतन्त्रता का निरन्तर जाप करनेवाली व्यवस्था विरोधी लेखकों की आत्मा और अभिव्यक्ति दोनों को तोड़ने की कोशिश करती है।

सवाल यह है कि वर्ग-व्यवस्था के स्वभाव को जानते हुए भी लेखक क्या करे ? क्या वह अपनी वैचारिक स्वतन्त्रता और अभिव्यक्ति की स्वतन्त्रता की माँग और उसके लिए संघर्ष न करे ? निश्चय ही लेखक को इस समाज-व्यवस्था में अपनी स्वतन्त्रता की माँग करनी चाहिए और उपलब्ध स्वतन्त्रता का उपयोग भी करना चाहिए। लेखक अपनी स्वतन्त्रता के लिए निरन्तर संघर्ष करते हुए ही आत्माभिव्यक्ति की स्वतन्त्रता का दावा करनेवाले इस लोकतन्त्र के इरादे, दावे और असलियत के बीच का अन्तर जनता के सामने प्रकट कर सकता है।

वर्ग-समाज के लोकतन्त्र में लेखकीय स्वतन्त्रता पर अनेक प्रकार के दबाव होते हैं। पूँजीवादी समाज-व्यवस्था में विच्छिन्नता की जो प्रक्रिया चलती है, उसका लेखक भी शिकार होता है और आत्मविच्छिन्नता के कारण उसकी चेतना प्रभावित होती है। दूसरी बात यह है कि पूँजीवादी समाज-व्यवस्था में लेखक अगर जीने के लिए लिखता है तो वह अपने लेखन का व्यवसाय करता है और व्यावसायिक लेखन के दुष्परिणामों को भोगता है। अगर लेखक लिखने के लिए जीता है तो व्यापक रूप से पूँजीवादी समाज-व्यवस्था से उसका सामाजिक अस्तित्व प्रभावित होता है। अतः उसकी चेतना भी प्रभावित होती है। तीसरी बात यह है कि पूँजीवादी समाज-व्यवस्था और विचारधारा से लेखक के मन में तरह-तरह के 'सेंसर' पैदा होते हैं और उनसे उसका लेखन प्रभावित होता है। अगर लेखक को बाहरी 'सेंसर' का सामना नहीं करना पड़ता तो भी उसे अपने भीतरी सेंसरों से लड़ना पड़ता है और कभी-कभी तो उसे दोनों से एकसाथ संघर्ष करना होता है। इस सन्दर्भ में एक और बात ध्यान देने की है। पूँजीवादी समाज में हर दूसरी चीज की तरह रचना भी बाजार की वस्तु बनती है, जहाँ उसे उत्पादन, वितरण और उपभोग की प्रक्रिया से गुजरना पड़ता है। लेखक एक ऐसे पाठक-वर्ग के लिए लिखता है जिसे वह नहीं जानता। लेखक और पाठक के बीच अनेक मध्यवर्ती तत्त्व आ जाते हैं। लेखक और पाठक के सम्बन्ध अनेक दूसरे प्रकार के तत्त्वों से प्रभावित–निर्धारित होते हैं। इस प्रक्रिया में भी लेखक की स्वतन्त्रता सीमित होती जाती है। पूँजीवादी लोकतन्त्र में लेखक अपनी स्वतन्त्रता को सीमित करनेवाले अनेक प्रकार के दबावों से मुक्त होने के लिए भी उस वर्ग से जुड़ने की कोशिश करता है जो वर्ग-व्यवस्था को समाप्त करने के लिए संघर्षशील है। सर्वहारा-वर्ग से जुड़कर ही कोई लेखक पूँजीवादी समाज के प्रभावों से बच सकता है। इस सन्दर्भ में यह भी ध्यान रखना चाहिए कि इन प्रभावों

और दबावों से मुक्त होने की प्रक्रिया केवल वैचारिक प्रक्रिया तक सीमित रहने से पूरी नहीं होती, उसे जीवन-व्यवहार और राजनीतिक कर्म तक ले जाना आवश्यक है।

विकसित पूँजीवादी देशों में व्यक्ति-स्वातन्त्र्य को महत्त्व ही नहीं दिया जाता, उसे बढ़ावा भी मिलता है, लेकिन व्यक्ति-स्वातन्त्र्य यहाँ भी व्यक्तिगत स्वतन्त्रता के रूप में ही विकसित होती है। पूँजीवादी समाज सामूहिक स्वतन्त्रता की चेतना के विकास को रोकने के लिए ही व्यक्तिगत स्वतन्त्रता को आस्था की चीज के रूप में प्रचारित करता है। व्यक्तिवाद से बुर्जुआ-व्यवस्था को सुरक्षा प्राप्त होती है और सामूहिक स्वतन्त्रता की भावना के विकास से बुर्जुआ-व्यवस्था अरक्षित होती है। भारत जैसे देश में, जहाँ पूँजीवाद और सामन्तवाद का अनमेल मिश्रण मौजूद है, विकसित पूँजीवादी देशों की तरह स्वतन्त्रता की धारणा विकसित नहीं हुई है। यहाँ व्यवस्था उतनी सहनशील नहीं है कि वह विरोध और असहमति को लेखक की स्वतन्त्रता या व्यक्ति की स्वतन्त्रता के नाम पर अधिक सीमा तक बर्दाश्त कर सके। भारत में शोषण का पूँजीवादी ढंग तो विकसित हुआ है, पर दमन का क्रूर सामन्ती तरीका अब भी मौजूद है। यही कारण है कि यहाँ लेखक और लोकतन्त्र का सम्बन्ध वैसा ही नहीं है जैसा वह विकसित पूँजीवादी लोकतान्त्रिक देशों में मिलता है। पूँजीवादी लोकतन्त्र चाहे विकसित हो या अविकसित, उसमें नागरिक स्वतन्त्रता की जो बात की जाती है उसे अमूर्त्त और आदर्श रूप में नहीं समझा जाना चाहिए। वर्ग-समाज में नागरिक स्वतन्त्रता का अर्थ भी वर्ग-व्यवस्था के दायरे में ही निश्चित होता है। पूँजीवादी समाज में पूँजीपति को कारखाने खोलने और मजदूरों के शोषण करने का तो नागरिक अधिकार होता है, लेकिन मजदूर को अपने शोषण के खिलाफ आवाज उठाने और हड़ताल करने की नागरिक स्वतन्त्रता नहीं होती। जाहिर है कि वर्ग-समाज में लेखक की वर्गीय सहानुभूति के अनुसार ही उसकी अभिव्यक्ति की स्वतन्त्रता का अर्थ भी निश्चित होगा।

लोकतन्त्र में लेखक की आजादी का सवाल जनता की आजादी के सवाल से अलग नहीं है। कुछ लेखक यह समझते हैं कि स्वतन्त्रता के बिना जनता का काम तो चल सकता है लेकिन लेखक का काम नहीं चल सकता। यही कारण है कि जब कभी लेखक की स्वतन्त्रता पर हमला होता है तो दूसरे लेखक जाग उठते हैं, लेकिन जब मजदूरों और किसानों का क्रूर दमन होता है तो लेखक सोए रहते हैं। लेखक अपनी स्वतन्त्रता खतरे में पड़ते देखकर जनता से सहायता की माँग करते हैं पर जनता की स्वतन्त्रता के हनन के मौके पर स्वयं तटस्थ हो जाते हैं। शायद इसका कारण यह है कि लेखक अपने को विशिष्ट प्राणी समझते हैं। वे यह भी मानते हैं कि लेखक की स्वतन्त्रता को बचाना जनता का दायित्व है, लेकिन जनता की स्वतन्त्रता के लिए संघर्ष करना लेखक का कर्तव्य नहीं है। वास्तव में

जनता की आजादी से ही लेखक की आजादी जुड़ी हुई है। जो समाज-व्यवस्था लेखक की स्वतन्त्रता पर हमला करती है उस समाज-व्यवस्था को बदलने का काम केवल लेखक पूरा नहीं कर सकता। जनता ही उस समाज-व्यवस्था को बदलती है और लेखक की आजादी की सुरक्षा की स्थिति पैदा करती है। वर्ग-व्यवस्था के विरुद्ध जानेवाली लेखकीय स्वतन्त्रता को जब वर्गीय सत्ता समाप्त करती है तो उसके विरुद्ध संघर्षों का काम जनता पूरा करती है। इस प्रकार लेखक की स्वतन्त्रता ही नहीं बल्कि स्वतन्त्र लेखन के लिए जनता की स्वतन्त्रता और जनतान्त्रिक चेतना का विकास आवश्यक है। स्वतन्त्र जनता का ही स्वतन्त्र लेखक और स्वतन्त्र साहित्य होता है।

कुछ लेखक लेखकीय स्वतन्त्रता के नाम पर 'परम स्वतन्त्र न सिर पर कोई' जैसी स्वतन्त्रता चाहते है। ये लोग नहीं जानते कि व्यक्तिस्वातन्त्र्य सामन्तवाद के खिलाफ जनता के लम्बे संघर्ष का परिणाम है। सामन्ती दासता से मुक्ति और व्यक्ति की स्वतन्त्रता की स्वीकृति का लक्ष्य समाज ने अपनी प्रगति के लिए प्राप्त किया था; लेकिन बुर्जुआ वर्ग ने व्यक्ति की स्वतन्त्रता को व्यक्तिवाद के रूप में विकसित करके उसे अपनी सत्ता कायम रखने का एक हथियार बना लिया। आत्मकेन्द्री जीवन-दृष्टिवाले लेखक सामूहिक स्वतन्त्रता या व्यापक जनसमुदाय की स्वतन्त्रता का तिरस्कार करते है। उनके अनुसार समाज उनके लिए है, लेकिन वे समाज के लिए नहीं हैं। ऐसे लेखक अपने को समाज से भी स्वतन्त्र और ऊपर समझते हैं। व्यक्तिवादी स्वेच्छाचारिता का यह अतिरेक है। इन अतिमानवों को यह भ्रम है कि उनका लेखकीय दायित्व उनके सामाजिक दायित्व से मुक्त है। ऐसे लेखक लेखकीय स्वतन्त्रता के नाम पर विशुद्ध कला की साधना का दम्भ पालते हैं। यह कलावाद बुर्जुआ समाज के व्यक्तिवाद की देन है। सार्त्र ने ठीक ही लिखा है कि विशुद्ध कला और खोखली कला एक ही चीज के दो नाम हैं। ऐसे कलावाद को बुर्जुआ-व्यवस्था बर्दाश्त ही नहीं करती, उसे बढ़ावा भी देती है; क्योंकि ऐसी कला सामाजिक समस्याओं से लोगों का ध्यान हटाती है। इस प्रकार की कला को पालने वाले बुर्जुआ समाज को कोई विलासी समाज कहे तो इससे बुर्जुआ समाज-व्यवस्था को कोई एतराज न होगा; क्योंकि जैसा कि सार्त्र ने लिखा है, बुर्जुआ वर्ग अपने को शोषक कहे जाने के बदले विलासी या ऐय्याश कहलाना पसन्द करेगा। लेकिन सवाल यह है कि क्या कोई व्यक्ति जिस समाज में रहता है वह उसके प्रभावों से अछूता रह सकता है ? कदापि नहीं। समाज के बाहर या समाज के विरुद्ध लेखकीय स्वतन्त्रता का कोई अस्तित्व नहीं होता। लेखक समाज में ही अपनी स्वतन्त्रता पाता और खोता है। अगर लेखक समाज से अपनी स्वतन्त्रता की माँग करता है, अपने लेखकीय व्यक्तित्व के विकास के अवसर चाहता है तो समाज भी लेखक से उसके सामाजिक दायित्व की माँग करता है। समाज से लेखक की स्वतन्त्रता अगर कभी

सीमित होती है तो समाज में ही उसकी सुरक्षा भी होती है। जो लेखक चरम स्वतन्त्रता के नाम पर या तटस्थता के नाम पर अपने सामाजिक दायित्व से बचना चाहते हैं वे समाज को ही नहीं अपने को भी धोखा देते हैं, क्योंकि समाज जिन राजनीतिक-आर्थिक परिस्थितियों और व्यवस्थाओं से गुजरता है उनका प्रभाव स्वतन्त्रता या तटस्थता का दावा करनेवाले लेखकों पर भी पड़ता है। शायद इस प्रकार की स्वतन्त्रता और तटस्थता के हिमायती लेखकों और बुद्धिजीवियों को ध्यान में रखकर ही फ्रांस के 1968 के विद्रोही छात्रों ने यह नारा दिया था—"जो चुपचाप खड़े रहते हैं और इन्तजार करते हैं, वे भी मरते हैं।"

भारत में पूँजीवादी लोकतन्त्र है और इस लोकतन्त्र से किसी भी ईमानदार लेखक का विरोध अनिवार्य है। लेकिन इस व्यवस्था के विरोध के भी अनेक रूप हैं। इस समाज-व्यवस्था और उसके यथार्थ को देखने-समझने के दृष्टिकोण की भिन्नता से विरोध की अभिव्यक्ति में भी फर्क आता है। लेखकों की वर्गीय स्थिति और उनके विचारधारात्मक लगाव से उनका यथार्थबोध प्रभावित होता है। आधुनिक हिन्दी कविता के कुछ कवियों की कविताओं के माध्यम से उनके व्यवस्था-विरोध के अन्तर को देखा जा सकता है और इस तरह लेखक और लोकतन्त्र के सम्बन्ध की पहचान का प्रयत्न किया जा सकता है।

जो रचनाकार अपनी रचनाओं में वक्तव्यों, दावों, वादों, नारों और घोषणाओं से बचते हुए इस समाज-व्यवस्था से यथार्थ के विभिन्न रूपों और आयामों की अभिव्यक्ति करते हैं, वे भी इस व्यवस्था की सच्चाई को जनता के सामने लाकर अपनी व्यवस्था विरोधी भूमिका निभाते हैं, क्योंकि वास्तविकता के सच्चे बोध से ही विरोध की सच्ची चेतना विकसित होती है। रघुवीर सहाय की कविताओं में इस व्यवस्था के छद्म, शोषण, अमानवीय रूप और इन सबके बीच में जीनेवाले व्यक्ति की जीवनदशा की अभिव्यक्ति है। उनकी कविताओं में शोषण और दमन की व्यवस्था और उसकी परिणतियों का भी चित्रण है। लेकिन कठिनाई यह है कि यह सारा यथार्थ शहरी जीवन के मध्यवर्गीय समाज का यथार्थ है। इस समाज में व्याप्त भ्रष्टाचार, अवसरवादिता, खुशामद, कायरता और समझौतापरस्ती पर कवि व्यंग्य करता है, पर स्वयं तटस्थ बना रहता है। जहाँ कवि की यथार्थ से सम्बद्धता प्रकट होती है वहाँ कविता अधिक मार्मिक और सार्थक बन जाती है।

निर्धन जनता का शोषण है
कह कर आप हँसे
लोकतन्त्र का अन्तिम क्षण है
कहकर आप हँसे
सब के सब हैं भ्रष्टाचारी
कहकर आप हँसे

चारों ओर बड़ी लाचारी
कहकर आप हँसे
कितने आप सुरक्षित होंगे
मैं सोचने लगा
सहसा मुझे अकेला पाकर
फिर से आप हँसे

यह हँसी कितनी अमानवीय है, यह कहने की जरूरत नहीं है। इस व्यवस्था की अमानवीयता का ही यह एक प्रमाण है कि रोने की बात को हँसकर टालने की कोशिश होती है। जनता के शोषण, लोकतन्त्र का अन्त, शासन के भ्रष्टाचारी रूप और जनता की लाचारी पर अगर कोई व्यक्ति हँसता है तो इन सबके बारे में उसकी चिन्ता नहीं, मक्कारी प्रकट होती है और इसी तरह की मक्कारी के सहारे यह अमानवीय व्यवस्था चल रही है। रघुवीर सहाय के यथार्थ चित्रण के साथ यह एक खास बात है कि अपनी अधिकांश कविताओं में वे व्यवस्था के यथार्थ पर तटस्थ भाव से व्यंग्य करते दिखाई देते हैं जिससे पाठक के मन में एक तरह का व्यर्थता-बोध पैदा होता है। व्यवस्था के यथार्थ का चित्रण तटस्थता की स्थिति में रहकर भी किया जा सकता है और व्यवस्था की अमानवीयता से पीड़ित जनता के साथ सहानुभूति स्थापित करते हुए भी। सहानुभूति की स्थिति में व्यवस्थाविरोध अधिक प्रामाणिक, विश्वसनीय और सार्थक होगा। रघुवीर सहाय की कविताओं के साथ एक-दूसरी कठिनाई यह है कि उन कविताओं में इस व्यवस्था के यथार्थ का एकपक्षीय रूप प्रकट होता है, उसमें व्यापक सामाजिक यथार्थ और उसकी समग्रता का बोध नहीं है, उसमें व्यापक जनजीवन के जीवन-संघर्षों के यथार्थ का भी अभाव है।

कई दूसरे कवियों की तरह रघुवीर सहाय को अपनी कविता की शक्ति के बारे में कोई भ्रम नहीं है। वे जानते हैं कि इससे सत्ता का तिलस्म टूट नहीं सकता, इसलिए वे अपनी कविता से अपने मन की कायरता को ही तोड़ना चाहते हैं। उन्होंने लिखा है :

कुछ होगा कुछ होगा अगर मैं बोलूँगा।
न टूटे न टूटे तिलस्म सत्ता का मेरे अन्दर
एक कायर टूटेगा टूट।
मेरे मन टूट एक बार सही तरह।

अपनी झूठी वीरता का प्रदर्शन करनेवालों की तुलना में आत्मविडम्बना का यह बोध बेहतर है। इसमें अपने मन की कायरता की पहचान है, उसे तोड़ने की इच्छा भी है और अगर एक बार कायर मन टूट जाए तो कुछ बेहतर की उम्मीद भी की जा सकती है। लेकिन यहाँ भी दिक्कत यह है कि वे यह नहीं पहचानते कि इस मन की कायरता का सत्ता के तिलस्म से भी एक नाता है और जब तक वह नाता

नहीं टूटता तब तक मन की कायरता भी नहीं टूटेगी। असल में विरोध की ऐसी मुद्रा, जिसमें काँख भी ढँकी रहे और मुट्ठी भी तनी रहे, विरोध और विरोधी को विडम्बनापूर्ण स्थिति में लाकर खड़ा कर देती है। ऐसी स्थिति में व्यवस्था-विरोध प्रभावहीन हो जाता है।

धूमिल वर्तमान भारतीय समाज-व्यवस्था और लोकतन्त्र को रघुवीर सहाय से भिन्न नजरों से देखते हैं। उनको इस लोकतन्त्र के असली रूप के बारे में कोई भ्रम नहीं है। उनके अनुसार इस लोकतन्त्र में जिन्दा रहने के लिए 'घोड़े और घास को' एक जैसी छूट है। इस लोकतन्त्र की विभिन्न संस्थाओं और नारों के खोखलेपन का भी धूमिल को स्पष्ट बोध है। धूमिल ने महसूस किया था कि 'मैं वक्त के/एक शर्मनाक दौर से गुजर रहा हूँ।' वक्त का यह दौर शर्मनाक इसलिए है कि इस अमानवीय व्यवस्था में जीने की मजबूरी का निरन्तर अहसास है और इसलिए भी कि 'इस वक्त सच्चाई को जानना/विरोध में होना है।' फिर भी कायरता, स्वार्थ और समझौतापरस्ती के कारण व्यवस्था के विरोध में होनेवाले कम ही हैं। धूमिल ने अपनी कविताओं में सबसे अधिक आक्रमण मध्यवर्गीय समझौतापरस्ती और कायरता पर ही किया है। इन प्रवृत्तियों पर आक्रमण करते हुए धूमिल अपने को भी नहीं छोड़ते। उन्होंने लिखा है "मैं कोई ठण्डा आदमी नहीं हूँ/मुझमें भी आग है/मगर वह भभककर बाहर नहीं आती/क्योंकि उसके चारों तरफ चक्कर काटता हुआ/एक पूँजीवादी दिमाग है/जो परिवर्तन तो चाहता है/मगर आहिस्ता-आहिस्ता।"

धूमिल इस मानसिकता से मुक्त होने के लिए निरन्तर संघर्ष करते रहे और इस निष्कर्ष पर पहुँचे कि 'सहमति ? नहीं, यह समकालीन शब्द नहीं है।' धूमिल समाज के साथ-साथ अपने-आपको भी बदलने की कोशिश करते हैं। सामाजिक बदलाव में एक रचनाकार की क्या भूमिका है और इस सम्बन्ध में धूमिल का क्या दृष्टिकोण है—यह देखना जरूरी है। धूमिल के अनुसार "कविता/भाषा में/आदमी होने की तमीज है।" यह कविता का नया चरित्र है जो उसे मनुष्यता से गहरे स्तर पर जोड़ता है। लेकिन भाषा में आदमी होने की तमीज यानी कि कवि होने की कीमत भी बड़ी है। धूमिल का कहना है कि "इस वक्त जबकि कविता माँगती है/समूचा आदमी अपनी खुराक के लिए" तब "अपने बचाव के लिए/खुद के खिलाफ हो जाने के सिवा/दूसरा रास्ता क्या है ?" इस व्यवस्था में कवि होने के लिए या कि अपनी मानवीयता विकसित करने के लिए अपने स्वार्थी, समझौतापरस्त और अवसरवादी व्यक्तित्व का बलिदान जरूरी है ? इस व्यवस्था में कोई व्यक्ति कविता और जीवन दोनों में एकसाथ सफलता प्राप्त नहीं कर सकता। निराला, मुक्तिबोध और धूमिल कविता में सफलता प्राप्त कर सके, पर जीवन में नहीं; जबकि पन्त और अज्ञेय जीवन में सफल रहे, पर कविता में नहीं। आदमीयत की चिन्ता करने वाली कविता और आदमीयत के खिलाफ साजिश करनेवाली व्यवस्था के बीच विरोध

अनिवार्य है, इसलिए धूमिल कहते हैं कि "मुझे अपनी कविताओं के लिए/दूसरे प्रजातन्त्र की तलाश है।" यहाँ तक तो ठीक है, लेकिन धूमिल की कविताओं में यह संकेत नहीं मिलता कि दूसरा प्रजातन्त्र कैसे आएगा और उसको लाने में कविता की क्या भूमिका होगी। धूमिल यह नहीं देख पाते कि वर्तमान प्रजातन्त्र की अमानवीयता के खिलाफ संघर्ष करनेवाले दूसरे और भी हैं और उन्हीं के संघर्ष से दूसरा प्रजातन्त्र आएगा, केवल कवि की आकांक्षा से नहीं। यही धूमिल की दृष्टि की सीमा है। धूमिल जब कहते हैं कि "विपक्ष में/सिर्फ़ कविता है" तो लगता है कि वे कविता के व्यवस्था-विरोध की शक्ति को जरूरत से ज्यादा महत्त्व देते हैं और इस पूँजीवादी व्यवस्था और उसके वास्तविक विरोधी सर्वहारावर्ग के संघर्ष और शक्ति को नजरअन्दाज कर देते हैं। इस प्रकार धूमिल की कविता में पूँजीवादी व्यवस्था और उसके लोकतन्त्र की पहचान है, उससे स्पष्ट विरोध का बोध भी है और उसके खिलाफ संघर्ष करने की आकांक्षा भी है, लेकिन इतिहास की गति और प्रक्रिया की समझ के अभाव में वे इस व्यवस्था और इसके लोकतन्त्र की भावी परिणतियों को नहीं देख पाते।

मुक्तिबोध की रचनाओं में भारत की पूँजीवादी समाज-व्यवस्था के जनविरोधी स्वभाव और उसके अमानवीय व्यवहार के अनेक रूपों का बार-बार चित्रण हुआ है। उनकी कविताओं में पूँजीवादी शासन-व्यवस्था का भयंकर दमनकारी रूप उभरकर सामने आता है। इस शासन-व्यवस्था के शोषण और अन्याय के खिलाफ जनता का विरोध जब अधिक शक्तिशाली रूप में प्रकट होता है तो उसके दमन के लिए राजसत्ता अधिक खूँखार हो जाती है। इस सत्ता के समर्थक बुद्धिजीवी अनेक प्रकार से व्यवस्था की मदद करते हैं। मुक्तिबोध ने ऐसे बुद्धिजीवियों की ओर बार-बार संकेत किया है। 'चाँद का मुँह टेढ़ा है' कविता में उन्होंने लिखा है—"आजकल/दिन के उजाले में ही अन्धेरे की साख है/रात्रि की काँख में दबी हुई/संस्कृति-पांखी के पंख हैं सुरक्षित/।" 'अन्धेरे में' कविता में शोषण-सत्ता की 'शोभायात्रा' में शामिल बुद्धिजीवी दिखाई देते हैं। इस शोषण-सत्ता के सक्रिय सहयोगी बुद्धिजीवियों के अतिरिक्त तटस्थता का नाटक करनेवाले बुद्धिजीवी भी हैं, लेकिन 'रक्तपायी वर्ग से नाभि-नाल-बद्ध ये लोग' अन्ततः शोषण व्यवस्था का ही साथ देते हैं।

मुक्तिबोध की कविताओं में शोषक सत्ता का दमनकारी रूप ही नहीं है, उससे संघर्ष करनेवाली जनता और उसके सहयोगी बुद्धिजीवी कलाकार भी दिखाई देते हैं। जन-संघर्ष में मजदूर और कलाकार साथ-साथ आगे बढ़ते हैं। जब जनचेतना से तादात्म्य स्थापित करनेवाला कलाकार कार्यकर्त्ता भी होता है तो पोस्टर और कविता में एकता बढ़ती है। 'अन्धेरे में' कविता में शोषक सत्ता और जनता के संघर्ष के सन्दर्भ में कवि, कलाकार और बुद्धिजीवियों की भूमिका का विस्तार से चित्रण हुआ है। मुक्तिबोध की कविता में अपनी मध्यवर्गीय चेतना के तंग दायरे से निकलकर

संघर्षशील जनता से एकता स्थापित करनेवाले व्यक्ति के आत्म-संघर्ष की जटिल प्रक्रिया की प्रभावशाली अभिव्यक्ति है। एक आत्मबद्ध व्यक्ति सामाजिक यथार्थ और राजसत्ता के वास्तविक स्वरूप की पहचान करते हुए क्रमशः जनचेतना से एकता स्थापित करने की कोशिश करता है, लेकिन उसके मध्यवर्गीय संस्कार और भाव बार-बार बाधक बनकर उसकी विकास-प्रक्रिया को रोकते हैं। उसका मन संकल्प-विकल्प की दशा से गुजरता है, लेकिन सामाजिक यथार्थ और समाज-व्यवस्था के असली रूप के साक्षात्कार से उसकी चेतना का विकास होता है। इस प्रक्रिया में ही वह दोस्त औरं दुश्मनों की पहचान करता है। शोषक सत्ता को खतरा उन्हीं लेखकों से होता है जो उसके असली रूप को पहचानते हैं और उसे जनता के सामने रखते हैं। जनचेतना से एकता क़ायम करने वाले लेखक को ही यह बोध हो सकता है कि "जनता के गुणों से ही सम्भव/भावी का उदय।" आततायी सत्ता के खिलाफ अपनी आस्था और दृष्टिकोण की जनवादिता के बावजूद अकेला लेखक संघर्ष नहीं कर सकता। मुक्तिबोध ने 'अन्धेरे में' यह दिखाया है कि स्वप्न, ज्ञान और जीवनानुभव से भरपूर एक कलाकार आततायी सत्ता द्वारा इसलिए मारा जाता है कि वह जनता से सहानुभूति रखता है, पर जनता से जुड़ा हुआ नहीं है। इससे यह भी निष्कर्ष निकलता है कि सत्ता के खिलाफ संघर्ष करनेवाले लेखक को 'सकर्मक' सत्-चित् 'वेदना-भास्कर' सहचरों की आवश्यकता होती है। राजसत्ता अपने विरोधियों को, खासतौर से जनता से सच्ची एकता स्थापित करनेवाले लेखकों-कलाकारों को यों ही नहीं छोड़ देती। ऐसे लेखकों-कलाकारों को कई बार भीषण यातना से गुजरना पड़ता है। सत्ता यातना देकर लेखक की विचारधारा, यथार्थ-बोध और आस्था को नष्ट करना चाहती है; क्योंकि इनके अभाव में कोई लेखक व्यवस्था की चिन्ता का विषय नहीं हो सकता। 'अन्धेरे में' एक जनवादी लेखक जिस यातना से गुजरता दिखाई देता है, वह अब केवल कल्पना की चीज नहीं रह गई है। पिछले कुछ वर्षों से इस देश के जनवादी लेखक और कलाकार एक भयानक वास्तविकता के रूप में उसका सामना कर रहे हैं।

मुक्तिबोध 'अन्धेरे में' कविता में शोषक सत्ता का विरोध करनेवाले और जनता से सक्रिय सहानुभूति स्थापित करनेवाले लेखकों, कलाकारों के जनवादी विचार और कर्म की एकता पर बार-बार जोर देते हैं। जब वे 'अभिव्यक्ति के खतरे उठाने' के संकल्प की बात कहते हैं तो 'अभिव्यक्ति' से उनका आशय विचारधारा, आस्था और यथार्थबोध की केवल शाब्दिक अभिव्यक्ति से ही नहीं है। लेखक का चिन्तन जब तक उसके कर्म से नहीं जुड़ता और इन दोनों की जनता के क्रान्तिकारी व्यवहार से दूरी नहीं मिटती, तब तक किसी लेखक का जनवादी होना पूरी तरह सार्थक और प्रभावशाली नहीं हो सकता।

मुक्तिबोध ने वर्तमान समाज-व्यवस्था के वास्तविक और सम्भावित रूपों का

कभी सीधे-सीधे और कभी फैंटेसी के सहारे चित्रण किया है। मुक्तिबोध के यथार्थ-चित्रण में जनता के साथ उनकी स्पष्ट सहानुभूति है, यथार्थ के ऐतिहासिक स्वरूप का बोध है और इतिहास की जटिल प्रक्रिया की समझ है। उनकी कविताओं में समाज के ऐतिहासिक अन्तर्विरोधों की पहचान दिखाई देती है। मुक्तिबोध की कविता यथार्थ के स्थिर दशाओं के चित्रण की कविता नहीं है, उसमें सामाजिक यथार्थ के विकास और परिवर्तन की प्रक्रियाओं का चित्रण है। उनकी कविता में सामाजिक यथार्थ और उससे सम्बद्ध चेतना की गतिशीलता प्रकट हुई है।

मुक्तिबोध ने यथार्थ-चित्रण और आत्म-संघर्ष के दोहरे स्तर पर निरन्तर अपने को जनता से जोड़ने और शोषक-व्यवस्था के वास्तविक रूप को उद्घाटित करने का प्रयास किया है। उनकी कविता इस बात का प्रमाण है कि रचनाकार का आत्म-संघर्ष तभी सार्थक और सर्जनात्मक होता है, जब वह व्यापक सामाजिक संघर्ष से जुड़ा है। रचनाकार के आत्मसंघर्ष को मुक्तिबोध केवल 'आत्मपरक ईमानदारी' तक ही सीमित नहीं रखते, वे उसे 'वस्तुपरक सत्यपरायणता' तक ले जाते हैं और इस प्रक्रिया में ही वे समाज-व्यवस्था और उसकी वास्तविकता का सामना करते हैं। इसी प्रक्रिया में रचनाकार की चेतना समाज-व्यवस्था से अपना सम्बन्ध तय करती हुई मुक्ति के लिए संघर्षशील शक्तियों के साथ अपनी पक्षधरता निश्चित करती है। यह आत्मसंघर्ष एक प्रकार से विचारधारा और यथार्थबोध के बीच एकता स्थापित करने का भी संघर्ष है।

मुक्तिबोध की कविताएँ व्यक्ति और समाज के रूपान्तरण की कविताएँ हैं और रूपान्तरण का लक्ष्य जनवादी चेतना और शोषणमुक्त समाज का विकास है। उनकी कविताओं में जनवादी चेतना के विकास की प्रक्रिया 'विवेक-प्रक्रिया' और 'क्रियागत परिणति' के द्वन्द्वात्मक रूप में चलती है। उसमें व्यक्ति और समाज का द्वन्द्वात्मक सम्बन्ध प्रकट होता है। यहाँ व्यक्ति की आत्मसत्ता और समाज की वस्तुसत्ता के अन्तर्विरोध और एकता का विकासशील सम्बन्ध व्यक्त होता है और इस विकासशीलता में ही सामाजिक परिवर्तन की आकांक्षा भी प्रकट होती है। मुक्तिबोध की कविताओं से वर्तमान समाज-व्यवस्था के यथार्थ का बोध ही नहीं होता, उनसे पाठक की चेतना को एक नई दिशा भी मिलती है, सामाजिक विकास की ऐतिहासिक आवश्यकता की पहचान भी विकसित होती है। उनकी कविताओं से यह निष्कर्ष निकलता है कि व्यक्ति की मुक्ति पूरे समाज की मुक्ति से जुड़ी हुई है। साहित्यकार और साहित्य की मुक्ति जनता की मुक्ति पर निर्भर है।

वाम कविता या जनवादी कविता ?

पिछले कुछ वर्षों से प्रगतिशील रचनाशीलता पर विचार करते समय कभी-कभी 'जनवादी या प्रगतिशील' के पर्याय के रूप में 'वाम' का प्रयोग होने लगा है। विभिन्न प्रगतिशील पत्रिकाओं में समय-समय पर 'युवा लेखन में वाम' ('वाम'-2-3) 'समकालीन वाम-लेखन' ('ओर'-11) और 'वाम कविता का सौन्दर्य-शास्त्र' जैसे शीर्षक वाले लेखों में समकालीन प्रगतिशील साहित्य की समस्याओं पर विचार के प्रयास हुए हैं। इस प्रसंग में कुमारेन्द्र पारसनाथ सिंह का लम्बा लेख 'काव्यभाषा का वामपक्ष' (आलोचना 34, 35) भी स्मरणीय है। श्री ओमप्रकाश ग्रेवाल का लेख 'समकालीन हिन्दी कविता में वाम' इसी विचार-परम्परा को आगे बढ़ाता है। ऐसे लेखों में बार-बार 'वाम' के प्रयोग को देखकर कई सवाल पैदा होते हैं। एक सवाल तो यही सामने आता है कि किसी रचना को प्रतिबद्ध, प्रगतिशील, जनवादी या क्रान्तिकारी कहने के बदले 'वाम' या 'वामपंथी' कहने की क्या सार्थकता और अनिवार्यता है ? दूसरे यह भी विचारणीय है कि मार्क्सवादी आलोचना और सौन्दर्य-शास्त्र में 'वाम' या 'वामपंथी' जैसी कोई धारणा है या नहीं ? तीसरा सवाल यह कि समकालीन रचनाशीलता के विभिन्न रूपों के सन्दर्भ में 'वाम' या 'वामपंथी' रचना की मुख्य विशेषताएँ क्या हैं ? मार्क्सवादी आलोचकों को इस प्रश्न पर भी विचार करना चाहिए कि देश के वर्तमान राजनैतिक वातावरण में 'वामपंथी' कहे जानेवाले दलों की विचारधारात्मक और व्यावहारिक गतिविधि के स्वरूप से साहित्य या कला की आलोचना में प्रयुक्त होनेवाली 'वाम' जैसी धारणा का क्या सम्बन्ध होगा ?

देश और विदेश के मार्क्सवादी साहित्यचिन्तन और सौन्दर्यशास्त्र में प्रगतिशीलता, प्रतिबद्धता, जनवादी और क्रान्तिकारी आदि धारणाओं पर पर्याप्त विचार-विमर्श हुआ है, इसलिए इनके बारे में भ्रम की विशेष सम्भावना नहीं है। भारत या भारत के बाहर के मार्क्सवादी कला और साहित्यचिन्तन में वाम या वामपंथी जैसी किसी धारणा की व्याख्या और विकसित रूपरेखा नहीं मिलती। कला के सन्दर्भ

में रेडिकल या मूलगामी प्रवृत्तियों की चर्चा हुई है और समाजवादी कविता के संग्रह भी निकले हैं, लेकिन वाम कला या वाम साहित्य की चर्चा अभी कहीं देखने में नहीं आई है। 'वाम' या 'दक्षिण' का प्रयोग व्यावहारिक राजनीति में, विशेषतः दलगत राजनीति के सन्दर्भ में होता है। दलनीति (पार्टी लाइन) के सन्दर्भ में वामपंथी या दक्षिण-पंथी भटकावों पर विचार हुआ है और मार्क्सवाद के सैद्धान्तिक स्वरूप के प्रसंग में वामपंथी या दक्षिणपंथी संशोधनवाद पर लगातार बहसें होती रही हैं। मार्क्सवादी दर्शन और साम्यवादी राजनीति के इतिहास में 'दक्षिण' की तरह 'वाम' भी एक बदनाम शब्द है। व्यावहारिक राजनीति में 'वाम' एक ऐसी प्रवृत्ति या धारणा है जिसका निश्चित अर्थ राजनीतिक सन्दर्भ और परिवेश से निर्धारित होता है। ऐसी स्थिति में समकालीन रचनाशीलता की एक खास प्रवृत्ति को 'वामपंथी' कहना कहाँ तक सही है—इस पर विचार होना चाहिए।

राजनीति में या कहीं भी, 'वाम' कहते ही उसके समानान्तर स्थित 'दक्षिण' का बोध होता है और एक किसी केन्द्र का भी। एक केन्द्रीय नीति या विचारधारा की सापेक्षता में ही वाम और दक्षिण की बात की जाती है। वर्तमान भारतीय राजनीति में अपने को वामपंथी कहनेवाले अनेक राजनैतिक दल हैं। दूसरे दलों की बात छोड़ भी दी जाए तो साम्यवादी दल के ही तीन रूप मौजूद हैं, जो अपने को एक-दूसरे से अधिक वाम या वामपंथी समझते हैं। इन दलों के सिद्धान्त और व्यवहार को देखते हुए 'वाम' की कोई स्पष्ट और सुलझी हुई धारणा सामने नहीं आती। विभिन्न राजनीतिक दलों से जुड़े हुए या सहानुभूति रखनेवाले रचनाकारों की राजनीतिक दृष्टि और कलादृष्टि अपने दल की नीतियों से प्रभावित और अनुशासित होती है। कुछ ऐसे भी रचनाकार हैं जो राजनीतिक दलों से दूर हैं, लेकिन जनता से जुड़े हुए हैं। ऐसे भी रचनाकार हैं जिनकी विचारधारा स्पष्ट या सही न हो, लेकिन जन-जीवन से गहरे सम्पर्क के कारण, उनकी रचनाओं में जनता के जीवन के यथार्थ का प्रामाणिक चित्रण होता है। इन सभी तरह के रचनाकारों को 'वाम' की धारणा के अन्तर्गत समेटना कैसे सम्भव होगा ?

भारतीय सन्दर्भ में 'वाम' और 'दक्षिण' की धारणाओं को समझने के लिए अगर शासक सत्ता को केन्द्र मानें तो भी ये धारणाएँ स्पष्ट नहीं होंगी, क्योंकि अनेक वामपंथी दल भी सत्ता के साझेदार रहे हैं। शासक-व्यवस्था को आधार मानकर वाम की धारणा बनाने का एक परिणाम यह भी हुआ है कि अधिकांश वामपंथी रचनाएँ केवल व्यवस्था-विरोध तक सीमित रह गई हैं, उनमें नकारात्मक प्रवृत्ति की ही प्रधानता दिखाई देती है। आजकल वाम के नाम पर व्यवस्था-विरोध की जो कविताएँ लिखी जा रही हैं उनके अनेक स्तर और रूप हैं। व्यवस्था का विरोध रघुवीर सहाय की कविताओं में भी है और आलोकधन्वा की कविताओं में भी, लेकिन दोनों की कविताओं में दो संसारों का अन्तर है।

पश्चिम में पिछले एक-दो दशकों से नव वाम की धूम मची है। ये नववामपंथी सच्चे मार्क्सवाद को क्लासिकल मार्क्सवाद, पुराना मार्क्सवाद या कट्टर मार्क्सवाद कहकर बदनाम करते हैं और अपने को नवमार्क्सवादी घोषित करते हैं। हिन्दी मार्क्सवादी आलोचना में वाम की धारणा के प्रवेश और फैलाव के पीछे कहीं जाने-अनजाने इस नव वामवाद का ही प्रभाव तो नहीं है !

हिन्दी मार्क्सवादी आलोचना में प्रतिबद्धता, प्रगतिशीलता, जनवादी और क्रान्तिकारी के बदले 'वाम' के प्रयोग की कोई विशेष अनिवार्यता नजर नहीं आती। स्वयं ओमप्रकाश ग्रेवाल ने इस लेख में कई बार 'जनवादी' और 'प्रगतिशील' का प्रयोग किया है। उन्होंने 'युग परिबोध' के नए अंक (सितम्बर, 1976) में श्रीराम तिवारी की कविता की समीक्षा करते हुए उसे 'जनवादी कविता का एक सार्थक प्रयास' कहा है। इससे भी यह स्पष्ट है कि वाम या वामपंथी जैसी नई धारणा की आलोचना में कोई सार्थक अनिवार्यता नहीं है।

ओमप्रकाश ग्रेवाल के लेख में समकालीन प्रगतिशील कविता की अनेक वास्तविक कमजोरियों पर बारीकी से विचार किया गया है। उनके लेख के अनुसार समकालीन प्रगतिशील कविता की सारी कमजोरियों के दो मुख्य कारण हैं : एक, कवियों का निम्नमध्यवर्गीय होना और दूसरे, अकविता का दुष्प्रभाव। ये दोनों कारण लगभग ठीक हैं, लेकिन इन कारणों पर विचार करते समय कविता की दुनिया से बाहर निकल कर भी सोचने की जरूरत है। अभी इस देश में अनेक राजनैतिक-सामाजिक कारणों से किसान और मजदूर वर्ग के ऐसे रचनाकार उभरकर सामने नहीं आए हैं जो अपने वर्गों के जीवनानुभव, जीवन-संघर्ष और चेतना की हलचलों की व्यंजना कर सकें। यहाँ के अधिकांश रचनाकार निम्नमध्यवर्ग के ही हैं, यह एक सच्चाई है। जिन पुराने प्रगतिशील रचनाकारों को हम जनवादी साहित्य के मानदण्ड मानते हैं, वे भी प्रायः इसी वर्ग के रहे हैं। निम्नमध्यवर्ग का होना उतना बुरा नहीं है जितना निम्नमध्यवर्गीय चेतना के घेरे में कैद रह जाना। विचार करने की बात यह है कि ये निम्नमध्यवर्गीय रचनाकार जन-जीवन से गहरा सम्पर्क स्थापित करते हुए आत्मालोचन और आत्मसंघर्ष के माध्यम से अपनी चेतना का विकास और निम्नमध्यवर्गीय संस्कारों से मुक्ति-प्रयास कितना कर पाते हैं ! ऐसे निम्नमध्वर्गीय रचनाकारों की चेतना के अविकसित या अर्द्धविकसित रह जाने की थोड़ी-बहुत जिम्मेदारी देश की जनवादी राजनीति पर भी आती है, केवल रचनाकारों को ही दोषी मानना ठीक नहीं है। ग्रेवाल ने समकालीन कविता की कमजोरियों के कारणों की तलाश करते हुए रचनाकारों की वर्गीय स्थिति और उनकी चेतना का विश्लेषण किया है और अकविता के गलत प्रभावों की जाँच-पड़ताल भी की है, लेकिन अगर वे कविता की दुनिया से बाहर के राजनीतिक-सामाजिक परिवेश से इन कमजोरियों को जोड़कर विचार करते तो बेहतर निष्कर्ष सामने आते। तब यह भी स्पष्ट होता

कि उन रचनाओं में प्रकट होनेवाली कमजोरियाँ केवल रचनाकारों की वर्गीय चेतना की उपज नहीं हैं, उनका समकालीन राजनीतिक-सामाजिक परिवेश से भी गहरा सम्बन्ध है। यह ठीक है कि अधिकांश रचनाकार अपने राजनीतिक-सामाजिक परिवेश से ऊपर उठकर रचना करने की क्षमता विकसित नहीं कर पाए हैं, पर ऐसी क्षमता विकसित करना हरेक के वश की बात भी नहीं है। राजनीतिक मोर्चे के बिखराब और भटकाव से रचनाकार भी भ्रम और निराशा के शिकार होते हैं। परिवर्तन की इच्छा के बावजूद कुछ न कर पाने की मजबूरी के अहसास से उत्पन्न आन्तरिक बेचैनी, रचना में आक्रोश, लफ्फाजी और निराशा के रूप में प्रकट होती है।

पिछले एक दशक की जनवादी कविता ने हमें केवल निराश ही नहीं किया है, उसमें जनचेतना की गतिविधि की सार्थक व्यंजना भी हुई है। देश के राजनैतिक-सामाजिक जीवन और जनता की संघर्षशील चेतना के विकास को जनवादी कवियों ने पहचाना और चित्रित किया है। यह एक सच्चाई है कि जनता के मुक्ति-संघर्ष और उस संघर्ष को आगे बढ़ानेवाली क्रान्तिकारी राजनीति के ह्रास और विकास के साथ-साथ जनवादी कविता के इतिहास में भी ह्रास और विकास के दौर आए हैं। सातवें दशक के अन्त में जो क्रान्तिकारी चेतना आई और किसानों के मुक्ति-संघर्षों में व्यक्त हुई, उसका प्रभाव जनवादी कविता पर भी पड़ा। आलोकधन्वा की कविताओं ('जनता का आदमी' और 'गोली दागो पोस्टर') में जो जनवादी चेतना व्यक्त हुई है, वह कल्पित नहीं, वास्तविक है और उसका अपने समय की जनचेतना से गहरा सम्बन्ध है। इन कविताओं में जनता की पहचान के कारण ही कविता की पहचान भी बदली है। आलोक की कविताओं में आततायी सत्ता के खिलाफ जो आक्रोश, प्रकट हुआ है, वह क्या उस चुप्पी से हजार गुना बेहतर नहीं है जिसे कुछ लोग सबकुछ देखते हुए संयम और समझदारी के नाम पर धारण किए रहते हैं ? आलोक की कविता की 'संवेदनात्मक तीव्रता' अगर किसी कविता-प्रेमी को हास्यास्पद लगती है तो उससे यही सिद्ध होता है कि कुछ लोगों के लिए आलोचना में कवितावादी होना जनवादी होने से अधिक जरूरी होता है। सत्ता और जनता के बदलते सम्बन्धों और बढ़ते संघर्षों की पहचान के प्रसंग में कुमारेन्द्र पारसनाथ सिंह की कविता 'चवरी' ('क्यों'-4) को भी याद किया जा सकता है जिसमें सत्ता के आतंक से पीड़ित जनता के प्रति गहरी मानवीय संवेदना तो है ही, कवि की दृष्टि दोनों के भावी सम्बन्धों को भी देखने से नहीं चूकती। कवि ने छोटे-से प्रसंग को व्यापक सन्दर्भों से जोड़कर कविता के प्रभाव को अधिक गहरा बनाया है।

जनवादी कविताओं में शोषक और दमनकारी शासकवर्ग के खिलाफ गुस्से का इजहार करना बुरा नहीं है लेकिन महज गुस्सा जाहिर करना ही काफी नहीं है। एंगेल्स ने लिखा है कि "वह क्रोध जो कवि को जन्म देता है, इन बुराइयों का वर्णन करने में और साथ ही शासकवर्ग के टुकड़खोर मेल-मिलाप के उन पैगम्बरों

पर चोट करने में, जो या तो इन बुराइयों के अस्तित्व से इन्कार करते हैं या उनपर लीपापोती करने की कोशिश करते हैं, यथास्थान प्रकट होता है। किन्तु किसी भी विशेष परिस्थिति में क्रोध से कोई चीज प्रमाणित नहीं होती।'' ('ड्यूहरिंग मतखण्डन', पृ. 250) केवल आक्रोश की कविताओं का प्रभाव क्षणिक होता है, आवेश में विवेक खो देने का खतरा भी होता है। जनवादी कविता के माध्यम से पाठक जनता के जीवन और सामाजिक वास्तविकता का साक्षात्कार करना चाहता है। कविता में क्रोध व्यक्त करके, समाज-व्यवस्था के बारे में केवल अपनी राय जाहिर करने और उपदेश देने के बदले जनता के जीवन की जटिल वास्तविकता को अधिक-से-अधिक पूर्णता के साथ चित्रित करना बेहतर है, ताकि पाठक का यथार्थ बोध विकसित हो और उसकी चेतना का विस्तार हो। कविता अगर पाठक को अपने परिवेश के प्रति अधिक सजग और संवेदनशील न बना सके तो वह निरर्थक ही है। आजकल की बहुत-सी कविताएँ कवि की मानसिकता से ही पाठक का परिचय कराती हैं, जन-जीवन की वास्तविकता से नहीं। ऐसी कविताओं में बार-बार पाठक के सामने कई रूपों में कवि स्वयं आता है। इन कविताओं का नायक प्रायः कवि का 'मैं' ही होता है, जो बराबर विशिष्ट बना रहता है और कविता का 'तुम', चाहे वह व्यवस्था हो या जनता, प्रायः बनावटी और अरूप-अनाम दिखाई देता है। इन कविताओं का 'मैं' एक सम्मोहित शहीद के रूप में प्रकट होता है।

मुझे लगता है कि श्री ग्रेवाल ने समकालीन प्रगतिशील कविता पर 'अकविता' के प्रभाव को काफी अतिरंजित रूप में देखा है। उनके लेख से ऐसा प्रतीत होता है कि समकालीन अधिकांश प्रगतिशील कविता या तो अकविता से पैदा हुई है या उससे गहरे स्तर तक प्रभावित है। क्या समकालीन प्रगतिशील कविता का पुरानी प्रगतिशील काव्य-धारा से कोई सम्बन्ध नहीं है ? ग्रेवाल ने समकालीन प्रगतिशील रचनाओं में पाई जानेवाली जिस लफ्फाजी और बड़बोलेपन का सीधा सम्बन्ध कवियों की अहं भावना से जोड़ लिया है, उसका कुछ सम्बन्ध पुरानी प्रगतिशील कविता से भी है। पुरानी प्रगतिशील कविता में जो झूठा आशावाद था उसका स्थान नई प्रगतिशील कविता में निराशावाद ने ले लिया है। नए प्रगतिशील दौर में मुक्तिबोध और नागार्जुन सर्वाधिक लोकप्रिय कवि रहे हैं। नई प्रगतिशील कविता पर इन दोनों के अच्छे-बुरे प्रभाव भी पड़े हैं। मुक्तिबोध की लम्बी कविताओं के शिल्प का समकालीन कविता में पर्याप्त उपयोग हुआ है। इधर की कविताओं में मुक्तिबोध के प्रभाव के कारण ही फैंटेसी रचने की आदत बढ़ी है। अनेक युवा कवि फैंटेसी की रचना-प्रक्रिया का ठीक से निर्वाह न कर पाने के कारण जटिलता और दुरूहता के शिकार हुए हैं। ऐसी अधिकांश कविताओं में यथार्थ पीछे छूट जाता है और फैंटेसी ही मुख्य हो जाती है। यह एक दुःखद सच्चाई है कि मुक्तिबोध की बोध-दृष्टि से अधिक उनके अभिव्यंजना शिल्प का ही प्रभाव समकालीन प्रगतिशील कविता

पर पड़ा है। मुक्तिबोध की लम्बी कविताओं में सामाजिक यथार्थ की जटिल समग्रता के चित्रण का जो सफल प्रयत्न है उसे आगे बढ़ाने की जरूरत है। ऐसा ही प्रयास विजेन्द्र की लम्बी कविता 'जनशक्ति' में है। जनवादी कविता की परम्परा में छोटी कविताओं का कलात्मक रूप नागार्जुन, केदारनाथ अग्रवाल और त्रिलोचन की कविताओं में दिखाई देता है। ये कविताएँ सहज शिल्प के सहारे गहरा प्रभाव पैदा करती हैं। अनेक नए कवियों ने छोटी कविता के सहज शिल्प को नई अन्तर्वस्तु के अनुरूप विकसित करते हुए सार्थक रचनाशीलता का प्रमाण दिया है। जिन कवियों के यथार्थ बोध और शिल्प में संयम, सन्तुलन और सफाई है उनकी रचनाओं में गहरे प्रभाव की क्षमता भी है। नन्द भारद्वाज की कविता 'आग की गरज' ('पहल'-5) में दैनिक जीवन के परिचित प्रसंगों के माध्यम से विरोधी परिस्थितियों के बीच क्रान्ति की चेतना को जीवित रखने और जगाने की प्रक्रिया की सफल अभिव्यक्ति हुई है। जिन छोटी कविताओं में संवेदनात्मक तीव्रता होती है या जीवन का कोई मार्मिक चित्र उभरता है वे सरलता से पाठक की चेतना को प्रभावित करती हैं, लेकिन जिन छोटी कविताओं में समकालीन जीवन के बारे में केवल रायजनी होती है उनका प्रभाव बहुत कम होता है। इधर की कविताओं में उपदेश देने की प्रवृत्ति काफी बढ़ी है। यह एक ओर अपने बारे में कवियों के गलत आत्मविश्वास का सूचक है तो दूसरी ओर जनता की शक्ति और समझ में कवियों के अविश्वास का प्रमाण भी है।

समकालीन प्रगतिशील कविता की विषय-वस्तु के विस्तार को देखकर सन्तोष होता है लेकिन प्रकृति, प्रेम और सौन्दर्य की कविताओं का अभाव खटकता है। कुछ लोग यह समझते हैं कि जनवादी कविता में प्रकृति, प्रेम और सौन्दर्य के लिए कोई जगह नहीं है। ऐसे लोगों को अपना भ्रम दूर करने के लिए माओ और हो-ची मिन्ह जैसे क्रान्तिकारियों तथा नेरूदा, नाजिम हिकमत और ब्रेख्त जैसे जनवादी कवियों की कविताओं को पढ़ना चाहिए। दुनिया भर के नए-पुराने जनवादी कवियों ने प्रकृति, प्रेम और सौन्दर्य की कविताएँ लिखी हैं। रूस के समकालीन कवियों की कविताएँ पढ़कर यह समझा जा सकता है कि प्रकृति, प्रेम और सौन्दर्य से मार्क्सवाद की कोई दुश्मनी नहीं है। हिन्दी में निराला, नागार्जुन, शमशेर, केदार, त्रिलोचन और रामविलास शर्मा की कविताओं में प्रकृति, प्रेम और सौन्दर्य के प्रति जनवादी दृष्टि व्यक्त हुई है। मनुष्य की मनुष्यता के विकास से प्रकृति, प्रेम और सौन्दर्य का गहरा सम्बन्ध है, इसलिए इनको व्यक्तिवादी स्वच्छन्दतावादियों के लिए नहीं छोड़ा जा सकता। निश्चय ही इन विषयों के सम्बन्ध में एक जनवादी कवि का दृष्टिकोण वही नहीं होगा जो व्यक्तिवादियों का होता है। अधिकांश नए प्रगतिशील कवि शायद यह समझते हैं कि केवल राजनीतिक कविता ही जनवादी कविता हो सकती है। यह ठीक है कि हिन्दी में व्यक्तिवादी और अराजकतावादी कवियों ने प्रेम और सौन्दर्य की कविता के नाम पर अपनी कुण्ठा, मानसिक विकृति और कामुकता का ऐसा

प्रदर्शन किया है जहाँ आदमी और जानवर का फर्क मिट गया लगता है। अकवितावादियों के हाथों में पकड़कर ये विषय इतने बदनाम हो गए हैं कि कोई भी जनवादी कवि इधर कदम बढ़ाने से डरता है। लेकिन अब इस बात की जरूरत है कि साहस और संयम के साथ आगे बढ़कर प्रकृति, प्रेम और सौन्दर्य के मानवीय रूप की अभिव्यक्ति कविता में की जाए।

समकालीन प्रगतिशील कविताओं में व्यक्त होनेवाले अनुभव के स्वरूप पर अगर विचार करें तो यह मालूम होगा कि वह या तो एकपक्षीय होता है या अत्यन्त सरलीकृत। कुछ कविताओं में जीवनानुभव इतना सरल होता है कि वर्तमान जीवन की जटिलता का बोध ही नहीं होता, तो कुछ दूसरी कविताएँ उलझे यथार्थ बोध के कारण जटिलता से आक्रांत होकर पहेली बन जाती हैं। अधिकांश कविताओं में जीवन की वास्तविकता के अनुपस्थित होने के कारण भाव और विचार अमूर्त्त और निराधार प्रतीत होते हैं। जिन कविताओं में जन-जीवन की वास्तविकता और जनता की चेतना की हलचल का प्रामाणिक चित्रण नहीं होगा उनसे जनता की चेतना को बदलने की आशा करना व्यर्थ है। कविता में जनता के जीवन के जटिल यथार्थ की समग्रता का चित्रण तभी होगा जब कवि को उसका बोध होगा। जनता के जीवन के जटिल यथार्थ के बोध का तात्पर्य है जनता के जीवन और उसकी चेतना के अन्तर्विरोधों की सही पहचान। इन अन्तर्विरोधों की पहचान के अभाव के कारण ही कविता में कहीं झूठा आशावाद प्रकट होता है और कहीं निराशावाद। जहाँ सामाजिक-राजनीतिक संघर्ष, जनता का मुक्ति-संघर्ष एक निश्चित दिशा और रूप न प्राप्त कर सका हो, वहाँ जनता के सामाजिक जीवन और चेतना के अन्तर्विरोधों की पहचान करना कठिन होता है। किसी जनवादी कवि के लिए यह आवश्यक है कि वह अन्तर्विरोधों को देखे और उनके बीच से विकसित होनेवाली एकता को भी। समाज और जनता की चेतना का विकास विरुद्धों के संघर्ष से होता है। एक जनवादी कवि समाज और जनता की चेतना में चलनेवाले विरुद्धों के संघर्ष का चित्रण करता है और तभी जनता ऐसी कविता के माध्यम से अपने जीवन की वास्तविकता का व्यापक सन्दर्भों के साथ बोध प्राप्त करती है। कविता के माध्यम से जनता की चेतना को जगाने, उसे आत्मचेतन और वर्गचेतन बनाने का यही तरीका है। इस प्रकार की रचनाशीलता के लिए यह जरूरी है कि रचनाकार अपने यथार्थबोध को निरन्तर विकसित करता रहे, वह अपने बोध को नए अनुभवों से विकसित करे और अनुभवों को अपनी विश्व-दृष्टि से व्यवस्थित करता रहे। यह तभी सम्भव है जब रचनाकार जनजीवन से निरन्तर गहरा सम्पर्क बनाए रखे।

ओमप्रकाश ग्रेवाल ने अपने निबन्ध में जनवादी कविता के रूप पक्ष पर अधिक ध्यान नहीं दिया है। इस सन्दर्भ में लोकप्रियता और कलात्मक श्रेष्ठता के सम्बन्ध पर विचार होना चाहिए। जनवादी कविता को आभिजात्य कविता के रूप सम्बन्धी

आदर्शों के मोह से मुक्त होना होगा, उसे कविता के रूप सम्बन्धी रहस्यवाद को तोड़ना होगा। बुर्जुआ कला और संस्कृति से बेहतर जनवादी कला और संस्कृति के निर्माण के नाम पर जनवादी कवियों को लोकप्रियता की उपेक्षा नहीं करनी चाहिए। कविता के लोकप्रिय रूप के अल्प विकसित होने के कारण ही प्रगतिशील कविता अभी तक निम्नमध्यवर्गों के पाठकों तक ही पहुँच पाती है। ओमप्रकाश ग्रेवाल ने लिखा है कि अधिकांश प्रगतिशील कवि निम्नमध्यवर्ग के हैं। यह सच है। लेकिन उनके पाठक किस वर्ग के हैं ? क्या उनके पाठक भी निम्नमध्यवर्ग के नहीं हैं ? यह एक सच्चाई है कि जनवादी कविता की यात्रा निम्नमध्यवर्ग से निम्नमध्यवर्ग तक सीमित है। जनवादी कविता के सीमित पाठक और सीमित प्रभाव का एक कारण लोकप्रियता की उपेक्षा भी है। आज जनवादी कविता के विकास के लिए यह जरूरी है कि उसकी अभिव्यंजना-शक्ति को कायम रखते हुए उसे सहज, बोधगम्य और लोकप्रिय बनाया जाए। इस प्रसंग में यह भी विचारणीय है कि जनवादी कविता को लोकप्रिय बनाने के लिए उसमें लिखित रूप के साथ-साथ मौखिक रूप को भी विकसित करना उचित है या नहीं ? ब्रेख्त, नेरूदा और मायकोवस्की जैसे जनवादी कवियों ने कविता की कलात्मकता को सुरक्षित रखते हुए उसके मौखिक रूप को विकसित किया है, कविता के सामूहिक अनुभव को सम्भव बनाया है। कविता को लोकप्रिय बनाकर ही 'अभिप्राय और प्रभाव की एकता' कायम की जा सकती है।

समकालीन जनवादी लेखन की समस्याएँ

आजकल समकालीन लेखन की चर्चा में प्रगतिशीलता की जगह जनवाद आ गया है। जनवाद की चर्चा कई रूपों में हो रही है। कुछ लोग जनवाद को 'प्रगतिशील' का विरोधी समझ रहे हैं, तो कुछ जनवाद को प्रगतिशील लेखक संघ के विरुद्ध जनवादी लेखक संघ के अस्तित्व की रक्षा का मन्त्र मान रहे हैं। कुछ लोग जनवाद को फैशन की तरह अपना रहे हैं, तो कुछ राजनीति और संस्कृति के क्षेत्र में जनवादी आन्दोलन को गैर-जरूरी बता रहे हैं। जनवाद की जरूरत पर जोर देनेवाले भी कई तरह के हैं। कुछ लोग जैसे राजनीति में जनवाद को अवसरवादी समझौतों और गठजोड़ का रंगमंच बना रहे हैं, वैसे ही संस्कृति और साहित्य में वर्ग, विचारधारा और राजनीति से मुक्त जनवाद की वकालत कर रहे हैं। इसके ठीक विपरीत जो लोग वर्तमान समाज-व्यवस्था और इससे जुड़ी संस्कृति के परिवर्तन के लिए जनवादी क्रान्ति जरूरी मानते हैं, वे संस्कृति और साहित्य में जनवाद के वर्गीय आधार और उद्देश्य पर जोर दे रहे हैं। जनवाद सम्बन्धी दृष्टिकोणों का टकराव समकालीन जनवादी लेखन पर बहस में भी बार-बार उभर कर सामने आ रहा है। यह स्वाभाविक भी है; क्योंकि जनवाद छायावाद या प्रयोगवाद की तरह केवल साहित्यिक 'वाद' नहीं है। इसका एक निश्चित राजनीतिक आधार और अभिप्राय है।

समकालीन जनवादी लेखन पर इस बहस को आरम्भ करनेवाले—आनन्द प्रकाश को छोड़कर अब तक इस बहस में भाग लेनेवाले बाकी सभी जनवाद के आधार और स्वरूप के बारे में कमोबेश चिन्तित दिखाई देते हैं। यह चिन्ता जरूरी है। समकालीन जनवादी आन्दोलन के ऐतिहासिक सन्दर्भ, सामाजिक आधार और राजनीतिक अभिप्राय की उपेक्षा करके समकालीन जनवादी लेखन की विशिष्टताओं को समझना मुश्किल है। यह भी समझना मुश्किल है कि आज का जनवादी लेखन प्रगतिशील दौर के लेखन से कैसे और कितना भिन्न है।

आनन्द प्रकाश के लेख में समकालीन जनवादी लेखन के ऐतिहासिक सन्दर्भ,

सामाजिक आधार और राजनीतिक अभिप्राय पर बहुत कम ध्यान दिया गया है। उन्होंने लेख के आरम्भ में 'आठवें दशक के आस-पास विभिन्न लघु पत्रिकाओं में प्रकाशित रचनाओं के निरन्तर जनवादीकरण' की बात की है और 'पहले की निस्बत किंचित अधिक मूर्त रूप में यथार्थवादी सृजन के आधार विकसित होने' की भी चर्चा की है। लेकिन यह नहीं बताया है कि उस 'निरन्तर जनवादीकरण' का ऐतिहासिक सन्दर्भ क्या था और न यही कि 'पहले की निस्बत' अधिक मूर्त्त रूप में यथार्थवादी सृजन का आधार क्या था। कहीं ऐसा तो नहीं है कि उनके खयाल में 'निरन्तर जनवादीकरण' के मूल में लेखकों का 'मूलगामी परिवर्तन की सम्भावना एवं आवश्यकता का तीव्र अहसास' था। अगर ऐसा ही हो तो इस तीव्र अहसास का भी जरूर कुछ ऐतिहासिक सन्दर्भ और सामाजिक आधार होगा। इस बहस में भाग लेनेवालों ने आठवें दशक के आस-पास रचनाओं के जनवादीकरण और यथार्थवादी सृजन के ऐतिहासिक सन्दर्भ के रूप में नक्सलबाड़ी के किसान-विद्रोह का ठीक ही उल्लेख किया है।

आनन्द प्रकाश के लेख में आठवें दशक के आस-पास के जनवादी लेखन के ऐतिहासिक सन्दर्भ की ही उपेक्षा नहीं है, आज के जनवादी लेखन के आधार-व्यापक जनवादी आन्दोलन की भी पहचान नहीं है। राजनीति और संस्कृति में जनवाद की धार मुख्यतः सामन्तवाद-विरोधी होती है। यह स्थिति बुर्जुआ जनवादी आन्दोलन में भी होती है और नई जनवादी क्रान्ति में भी। लेकिन बुर्जुआ जनवाद और नई जनवादी क्रान्ति के जनवाद में अन्तर होता है, दोनों के सामन्तवाद-विरोध में भी अन्तर होता है। बुर्जुआ वर्ग अपने प्रभुत्व के लिए सामन्तवाद से लड़ता है और उससे समझौते भी करता है। वह जनवाद के नाम पर रूपगत जनवाद की स्थापना करता है और इस जनवाद की आड़ में मजदूरों, किसानों और दूसरे कमजोर वर्गों का शोषण करता है। यह बात भारत जैसे देशों में ही नहीं, यूरोप के देशों के बुर्जुआ जनवाद के बारे में भी सच है। भारत जैसे देशों के बुर्जुआ वर्ग की विशेषता यह है कि वह सामन्तवाद के कन्धे पर हाथ रखकर आगे बढ़ रहा है। वह सामन्तवाद के साथ-साथ साम्राज्यवाद से भी समझौते करता है, साम्राज्यवाद की दलाली भी करता है। सामन्तवाद के विरुद्ध निर्णायक संघर्ष, साम्राज्यवादी शोषण तथा प्रभाव का अन्त और बुर्जुआ वर्ग के रूपगत जनवाद की जगह मजदूरों, किसानों तथा दूसरे शोषित जनसमुदायों के सच्चे जनवाद की स्थापना के लिए नई जनवादी क्रान्ति जरूरी है। यह जनवादी क्रान्ति सर्वहारा (औद्योगिक मजदूर और खेतिहर मजदूर भी) के नेतृत्व में किसानों तथा दूसरे शोषित समुदायों के सहयोग से सफलता की मंजिल तक पहुँच सकती है। साम्राज्यवाद के दौर की जनवादी क्रान्ति की इस नवीनता की व्याख्या माओ ने की है, जिसका उल्लेख गोरख ने अपने लेख में किया है। आज संस्कृति के क्षेत्र का जनवादी आन्दोलन सामाजिक-राजनीतिक क्षेत्र के व्यापक

जनवादी आन्दोलन की प्रक्रिया और उद्देश्यों से विच्छिन्न होकर सार्थक नहीं हो सकता। आज का जनवादी लेखन भी नई जनवादी क्रान्ति की व्यापक प्रक्रिया से विच्छिन्न होकर अपनी सार्थक भूमिका नहीं निभा सकता। यही नहीं, आज के इस जनवादी आन्दोलन के सन्दर्भ से अलग करके समकालीन जनवादी लेखन की समस्याओं को समझने की कोशिश अनेक तरह की असंगतियों में फँस जाती है। ऐसी असंगतियाँ आनन्द प्रकाश के लेख में भी हैं।

आनन्द प्रकाश समकालीन जनवादी लेखन की समस्याओं पर विचार करते हैं, लेकिन जनवाद की सामन्तवाद-विरोधी अन्तर्वस्तु और जनवादी कहानी तथा कविता की सामन्तवाद-विरोधी प्रकृति की कहीं चर्चा नहीं करते। वे 'पूरे हिन्दी क्षेत्र में विद्यमान जनवादी आन्दोलन के विकास-बिन्दु तथा उसके गुण एवं प्रकृति' पर विचार करते समय भी हिन्दी क्षेत्र में सामन्ती शोषण और दमन के खिलाफ किसानों, खेतिहर-मजदूरों और हरिजनों के चल रहे संघर्षों को नहीं देखते। यह विचित्र बात है कि हिन्दी क्षेत्र का सामन्तवाद-विरोधी संघर्ष बंगाल की लेखिका महाश्वेता देवी को रचना की प्रेरणा देता है, लेकिन आनन्द प्रकाश उसके अस्तित्व और महत्त्व को स्वीकार नहीं करते। लगता है, इस संघर्ष की खबर अभी आनन्द प्रकाश तक नहीं पहुँची है। जब वह हिन्दी क्षेत्र के सामन्तवाद-विरोधी संघर्षों को नहीं देखते, तब वह इन संघर्षों और इनके भीषण दमन को व्यक्त करनेवाली कहानियों को कैसे देखें और क्यों यथार्थवादी मानें। यही कारण है कि वह किसानों के कठिन जीवन-संघर्ष और मुक्ति-संघर्ष का चित्रण करनेवाली कहानियों पर एकदम कम बात करते हैं, जबकि आज ऐसी ही कहानियाँ अधिक लिखी जा रही हैं। दूसरी जनवादी पत्रिकाओं की बात छोड़ भी दें और केवल **बहस** के चार अंकों में छपी सात कहानियों को देखें तो यह सच्चाई सामने आ जाएगी।

आनन्द प्रकाश आज की जनवादी कहानी में व्यक्त यथार्थ और यथार्थ-दृष्टि का मूल स्रोत समकालीन समाज और जनवादी आन्दोलन में खोजने के बदले प्रेमचन्द की कहानियों में खोजते हैं। फिर प्रेमचन्द की वस्तुपरकता के सामने आज की कहानी को फार्मूलाबद्ध बता कर उसकी आलोचना करते हैं। अगर वह आज के भारतीय समाज और जनवादी आन्दोलन से आज की कहानी का सम्बन्ध देखते तो शायद जान पाते कि न तो आज का भारत वहीं खड़ा है जहाँ वह 1930 में था और न आज की कहानी वहीं है जहाँ उसे प्रेमचन्द छोड़ गए थे। परिवर्तन और विकास दोनों में हुआ है, लेकिन यह जरूरी नहीं कि विकास का हर बिन्दु हिमालय हो। प्रेमचन्द की कहानियों में किसानों का जीवन-संघर्ष प्रधान है, आज के कहानीकार किसानों के जीवन-संघर्ष से अधिक मुक्ति-संघर्ष की कहानियाँ लिख रहे हैं। यह सही है कि आज का कोई कहानीकार प्रेमचन्द की ऊँचाई तक नहीं पहुँचा है। प्रेमचन्द तीस वर्षों की साधना के बाद कला की जिस ऊँचाई तक पहुँचे थे, वहीं से आज

के हर कहानीकार से लेखन के आरम्भ की माँग क्या ज्यादती नहीं है ? आज के कहानीकारों के सामने प्रेमचन्द मार्गदर्शक के रूप में मौजूद हैं और आलोचकों के लिए प्रतिमान के रूप में। प्रेमचन्द की जनवादी परम्परा का बोध दोनों के लिए जरूरी है। लेकिन नए रचनाकारों को डराने के लिए क्या परम्परा को लाठी की तरह भांजना उचित है ? आनन्द प्रकाश प्रेमचन्द के बाद भैरव, अमरकान्त और शेखर जोशी की कहानियों की ओर आज भी आकृष्ट होते हैं, उन्हें प्रेरणादायी और वस्तुपरक पाते हैं। बेहतर होता अगर वह आज के जनवादी आन्दोलन के सन्दर्भ में, जनता के विकसित होते मुक्ति-संघर्ष के प्रसंग में भैरव, अमरकान्त और शेखर जोशी की कहानियों के आकर्षक, प्रेरक और वस्तुपरक होने की व्याख्या करते। तब इन कहानीकारों की सार्थकता मालूम होती और नए रचनाकारों को कुछ सीखने को मिलता। लेकिन वह इन कहानीकारों की महानता का उपयोग नए रचनाकारों को बौना बताने के लिए करते हैं। क्या यह 'अतीत का गुणगान और वर्तमान का निषेध' नहीं है ?

आज के जनवादी आन्दोलन के विभिन्न पक्षों और रूपों को अनदेखा करके जनवादी कहानी की समस्याओं पर विचार करने का परिणाम है कि आनन्द प्रकाश के लेख में कहीं भी न तो आदिवासियों के आन्दोलन का उल्लेख है और न उनकी संघर्ष-गाथा की कहानी की चर्चा। वैसे तो बंगला, उड़िया, तेलुगु आदि में आदिवासी जीवन पर जैसा महत्त्वपूर्ण साहित्य लिखा गया है और लिखा जा रहा है वैसा हिन्दी में अब तक नहीं आ पाया है, लेकिन संजीव की कहानियों की चर्चा न करना उपेक्षा और चुप्पी से एक सम्भावना को मार देना है। असल में आनन्द प्रकाश की जनवाद की चिन्ता साहित्य के बाहर बहुत कम जाती दिखाई देती है।

समकालीन जनवादी लेखन के ऐतिहासिक सन्दर्भ की उपेक्षा करके आज की कहानी या कविता के स्वरूप की पहचान की एक और असंगति पर ध्यान देना जरूरी है। नए जनवादी आन्दोलन में सर्वहारा वर्ग की महत्त्वपूर्ण भूमिका के कारण समाजवादी तत्त्व होते हैं, समाजवाद की सम्भावना होती है और जनवादी क्रान्ति को सर्वहारा के नेतृत्व में क्रमशः समाजवादी क्रान्ति में रूपान्तरित करने की प्रक्रिया चलती है। यही कारण है कि नए जनवादी आन्दोलन से जुड़े लेखन में यथार्थ को समाजवादी दृष्टि से देखने और चित्रित करने का रचनात्मक प्रयत्न होता है, जनवादी आन्दोलन की समाजवादी सम्भावनाओं की तलाश होती है, और सर्वहारा वर्ग की समाजवादी आकांक्षाओं की अभिव्यक्ति भी होती है। हिन्दी में आजकल ऐसी कविताएँ और कहानियाँ लिखी जा रही हैं। जो लोग बुर्जुआ जनवाद की रक्षा को जनवादी आन्दोलन का उद्देश्य समझते हैं, उनके साहित्यिक प्रतिनिधि कहानियों और कविताओं में मजदूरों-किसानों की पीड़ा, मध्यवर्ग के घरेलू और व्यक्तिगत जीवन की यातना तथा भ्रमों की सुशीतल शैली में अभिव्यक्ति को सराहते हैं, लेकिन मजदूरों, किसानों,

आदिवासियों, हरिजनों आदि के सामाजिक-राजनीतिक संघर्ष को वर्ग दृष्टि से देखने और चित्रित करनेवाली रचनाओं को देखते ही उनकी भौंहें टेढ़ी होने लगती हैं। जब वे रचनाओं में मजदूरों-किसानों के संघर्ष और समाजवाद की सम्भावना तथा आकांक्षा की झलक देखते हैं तो मुँह बिचकाते हैं और ऐसी रचनाओं को अविश्वसनीय, अप्रामाणिक, अमूर्त, यान्त्रिक और रोमाण्टिक आदि कहकर खारिज करते हैं।

इसके ठीक विपरीत कुछ अधीर लोग समकालीन समाज की जटिलता और जन आन्दोलनों की वास्तविकता को धैर्य से नहीं देखते। वे नहीं देखते कि हमारे समाज में आदिम और अत्याधुनिक स्थितियाँ आस-पास मौजूद हैं। हमारे समाज में अब भी सामन्तवाद के पहले की सामाजिक स्थितियाँ आदिवासी जीवन में हैं, सामाजिक संरचना और जीवन में सामन्तवाद की जड़ें फैली हुई हैं, साम्राज्यवादियों की मदद से पूँजीवाद का विकास हो रहा है और पूँजीवादी विकास के साथ समाज के आर्थिक, राजनीतिक और सांस्कृतिक जीवन पर साम्राज्यवाद का प्रभाव गहरा होता जा रहा है। अब तो इस देश के शासक वर्ग में साम्राज्यवादी महत्त्वाकांक्षाएँ जग रही हैं। इस स्थिति को समझने के लिए देखिए नागार्जुन की कविता 'छोटी मछली···बड़ी मछली'। हमारे समाज की वास्तविकता की यह जटिल समग्रता आज के जनवादी रचनाकारों के लिए एक बड़ी चुनौती है। रचनाकार इस चुनौती से जूझ रहे हैं। कुछ लोग रचनाकारों के रचनात्मक संघर्ष को समझने के बदले सामाजिक यथार्थ की जटिल समग्रता के किसी एक पक्ष को सम्पूर्ण वास्तविकता मानकर रचनाओं में उसी की अभिव्यक्ति चाहते हैं।

आनन्द प्रकाश को इस देश में केवल पूँजीवादी शक्तियाँ ही सक्रिय दिखाई देती हैं, बाकी कुछ नहीं। इसके बावजूद जब वे जनवादी लेखन की 'शक्ति, उसके महत्त्व और प्रासंगिकता को स्वीकार करते हुए' इस लेखन को 'सघन और अर्थवान' बनाने के लिए इसकी समस्याओं पर विचार करते दिखाई देते हैं तब लगता है कि या तो उनके मन में जनवाद का कोई खास अर्थ है या वे कुमारेन्द्र पारसनाथ सिंह के शब्दों में, 'मोटी-मोटी जो कुछ भी जन-साधारण के पक्ष में होने का दावा लेकर लिखा जा रहा है' उसे जनवादी लेखन मान रहे हैं। जनवाद के अर्थ और जनवादी लेखन के स्वरूप के बारे अनिश्चय का असर पूरे लेख में, जनवादी कहानी और कविता की रचनागत कठिनाइयों और समस्याओं पर विचार में मौजूद है।

आनन्द प्रकाश के लेख का मुख्य उद्देश्य जनवादी लेखन की 'रचनागत कठिनाइयों और समस्याओं' पर विचार करना है। उन्होंने खास तौर से पिछले दस-पन्द्रह वर्षों के दौरान प्रकाशित कहानियों और कविताओं को ध्यान में रखा है। विचार का आरम्भ आज की जनवादी कहानी की समस्याओं की पहचान से हुआ है। उनकी राय है कि 'अभी भी जनवादी कथा-लेखन नई कहानी और अकहानी के दौर के अनेक वैचारिक एवं रचनात्मक आग्रहों से ग्रस्त है।' लेकिन लेख में केवल

एक आग्रह का उल्लेख है। उन्होंने लिखा है कि आज की जनवादी कहानी में 'शिक्षित मध्यवर्गीय व्यक्ति का चरित्र या उसकी मानसिकता' दिखलाई पड़ती है। जनवादी कहानी पर मध्यवर्गीय मानसिकता का व्यापक प्रभाव दिखाने के लिए आनन्द प्रकाश ने 'एक सामान्य कहानी की परिकल्पना' की कल्पना की है। उन्होंने यह भी लिखा है कि आज की जनवादी कहानी की 'मूल रचना-दृष्टि में व्यक्तिवाद निरन्तर बरकरार है।' स्वभावतः जहाँ मध्यवर्गीय मानसिकता का प्रभुत्व होगा वहाँ व्यक्तिवाद भी होगा। अगर यह सच है तो ऐसी कहानी को जनवादी कहने की क्या मजबूरी है। लेकिन क्या सचमुच ऐसा है ? अगर हम विभिन्न पत्र-पत्रिकाओं में प्रकाशित कहानियों को देखें तो आनन्द प्रकाश की राय गलत साबित होगी। मेरे सामने **बहस** के चार अंक हैं, जिनमें सात कहानियाँ हैं। इनमें से कोई भी कहानी मध्यवर्गीय मानसिकता की कहानी नहीं है। ये कहानियाँ उनकी जनवादी कहानी की 'सामान्य परिकल्पना' की कल्पना को भी झूठी साबित करती हैं। अभी हाल में **प्रस्ताव** का कहानी-केन्द्रित अंक निकला है जिसमें दस कहानियाँ हैं। इन दस कहानियों में केवल नमिता सिंह की कहानी 'गलत नम्बर का जूता' मध्यवर्ग की कहानी है। मध्यवर्ग की कहानी और मध्यवर्गीय मानसिकता की कहानी में फर्क होता है।

बहस और **प्रस्ताव** की कहानियों में, आज की अधिकांश जनवादी कहानियों में, किसान, किसान के बेटे मजदूर या औद्योगिक मजदूर के जीवन, सामाजिक संघर्ष, शोषक वर्गों और सरकारी तन्त्र के जुल्म के खिलाफ जनसाधारण के संघर्ष की अभिव्यक्ति हो रही है। आम तौर पर आज के जनवादी कथाकार की दृष्टि 'होरी' से अधिक 'गोबर' पर टिकी है, वह 'होरी' की यातना से अधिक 'गोबर' की संघर्ष-चेतना को देख रही है। यह जनवादी कहानी के विकास का सूचक है या ह्रास का—इस पर बहस हो सकती है, लेकिन सचाई यही है। ऐसी कहानियाँ उन क्षेत्रों के कहानीकार लिख रहे हैं जहाँ किसानों, मजदूरों, आदिवासियों, हरिजनों आदि का शोषण और दमन के खिलाफ संघर्ष वास्तविकता है, केवल कल्पना या आकांक्षा नहीं। ऐसी कहानियों में प्रेमचन्द की 'विध्वंस' और 'सद्गति' जैसी कहानियों की परम्परा का विकास दिखाई देता है। शहरी जीवन के कहानीकार भी अब उच्च मध्यवर्गीय जीवन के यथार्थ और भ्रम के घेरे से निकलकर निम्न मध्यवर्ग की जिन्दगी की यातना को देख रहे हैं। लेकिन अभी भी जनवादी कहानी में औद्योगिक मजदूरों के संघर्षपूर्ण जीवन और उनकी छद्म चेतना तथा वर्ग-चेतना के द्वन्द्व का कलात्मक यथार्थवादी चित्रण बहुत कम दिखाई दे रहा है। आज की जनवादी कहानी में परिवर्तन की आकांक्षा व्यक्त हो रही है। इसे आनन्द प्रकाश 'रोमाण्टिक व्यक्तिवादी परिकल्पना' कहते हैं। सवाल यह है कि क्या आज के जनवादी आन्दोलनों और जन-संघर्षों में परिवर्तन की आकांक्षा नहीं व्यक्त हो रही है ? अगर आज की कुछ जनवादी कहानियों में जन-संघर्षों में व्यक्त होनेवाली परिवर्तन की आकांक्षा अभिव्यक्त हो रही है तो

वह रोमाण्टिक व्यक्तिवादी परिकल्पना कैसे हुई ? कहानियों में व्यक्त होनेवाली परिवर्तन की आकांक्षा रोमाण्टिक है या वास्तविक—यह जानने के लिए जन-आन्दोलनों की यथार्थ-स्थिति से उसके सम्बन्ध को देखना होगा, लेकिन आनन्द प्रकाश इस दिशा में चलने की कोशिश नहीं करते। आज जबकि जनवादी आन्दोलन अनेक तरह की कठिनाइयों का सामना कर रहा है, कहानी या कविता में आशा के प्रकाश का सैलाब ला देना उत्साह का प्रमाण है, समझ का नहीं, लेकिन रचना में आशा की एक किरन के अस्तित्व को भी सन्देह की नजर से देखना परिवर्तन से भयभीत होने का लक्षण है।

आज की जनवादी कहानी मध्यवर्गीय मानसिकता से पूरी तरह मुक्त नहीं है। मध्यवर्गीय रचनाकारों में यह प्रवृत्ति है। इसकी आलोचना जरूरी है। लेकिन इसको केवल नई कहानी का प्रभाव कहना काफी नहीं है, वर्तमान में इसके स्रोतों को भी खोजना जरूरी है। आनन्द प्रकाश ने आज की जनवादी कहानी की एक सीमित प्रवृत्ति को फैलाकर सम्पूर्ण जनवादी कहानी को ढँक दिया है। उन्होंने मध्यवर्ग की कहानी और मध्यवर्गीय मानसिकता की कहानी में अन्तर भी नहीं बताया है। आनन्द प्रकाश को जिन कहानीकारों की कहानियाँ आज भी आकर्षित करती हैं, वे भैरव, अमरकान्त और शेखर जोशी, खासतौर से अमरकान्त और शेखर जोशी मध्यवर्ग के महत्त्वपूर्ण कहानीकार हैं, लेकिन मध्यवर्गीय मानसिकता के कहानीकार नहीं।

समकालीन जनवादी लेखन में यथार्थ के चित्रण के साथ-साथ यथार्थ के प्रति एक सुनिश्चित आलोचनात्मक दृष्टिकोण भी दिखाई देता है। कभी-कभी रचनाओं में यथार्थ-चित्रण की वस्तुपरकता और आलोचनात्मक दृष्टिकोण की वैचारिकता में उचित सामंजस्य नहीं रह पाता, वैचारिकता वस्तुपरकता पर हावी हो जाती है। वैचारिकता जब पाठकों से संवाद करती हुई उनकी चेतना के विकास की प्रेरणा देने की सीमा लाँघकर उपदेश या आदेश देने पर उतारू हो जाती है या कथित कथन में लग जाती है तब यथार्थबोध और कला दोनों की हानि होती है। आनन्द प्रकाश ने इस प्रवृत्ति की ठीक आलोचना की है। लेकिन उन्होंने जिस दृष्टि से आलोचना की है वही चिन्ता का विषय है। वे कहानी के रूप को लेकर चिन्तित हैं। उनको लगता है कि वैचारिकता के कारण कहानी 'अपने पारम्परिक कथा-रूप से हटकर निबन्ध होने लगती है।' साहित्य-रूप की यह चिन्ता केवल कहानी तक सीमित नहीं है। **बहस**-4 में आनन्दप्रकाश का एक पत्र छपा है। पत्र में **बहस**-3 के नुक्कड़ नाटक विशेषांक पर उनकी प्रतिक्रिया है। प्रतिक्रिया का एक अंश यह है : "यहाँ रचनाकार से अपेक्षा की जाती है कि वह कल्पना के उर्वरापन का, आविष्कार का अधिकाधिक प्रयोग करें। इसके विपरीत 'बहस' के नाटकों में अनावश्यक लम्बाई, दुहराव, सपाटता तथा उबाऊपन है, जो नाटक को रुक्ष निबन्धात्मकता से ग्रस्त करता

है।'' कहने की जरूरत नहीं है कि अनावश्यक लम्बाई, दुहराव, सपाटता तथा उबाऊपन निबन्ध की अनिवार्य विशेषताएँ नहीं हैं जिनके कारण नाटक रुक्ष निबन्ध बन जाए। जाहिर है यहाँ भी निबन्धात्मकता के मूल में वैचारिकता ही है। आनन्द प्रकाश को 'बहस-3' के नाटकों में से केवल 'गड्ढा' में गहराई दिखाई दी, जबकि कानपुर के श्रीनाथ को 'गड्ढा' में अमूर्तता। क्या अमूर्तता का ही दूसरा नाम गहराई है ?

साहित्यिक रूपों की चिन्ता गलत नहीं है। लेकिन आलोचनात्मक दृष्टिकोण या वैचारिकता को खारिज करनेवाली रूप की चिन्ता खतरनाक है। आनन्द प्रकाश यथार्थ के प्रति आलोचनात्मक दृष्टिकोण की वैचारिकता को प्रचारात्मकता मानते हैं। वे कहानी और नाटक ही नहीं, कविता के प्रसंग में भी कविता और वक्तव्य को परस्पर विरोधी समझते हैं। आनन्द प्रकाश जानते हैं कि दुनिया के अनेक महत्त्वपूर्ण लेखकों ने 'अपने उद्देश्य की पूर्ति के लिए विभिन्न पारम्परिक साहित्य-रूपों' के परिवर्तन का प्रयोग किया है। उदाहरण हैं ब्रेश्ट, लू शुन और मुक्तिबोध। आनन्द प्रकाश की राय है कि : 'समकालीन हिन्दी लेखकों में उक्त रचनाकारों जैसी वैचारिक तैयारी अभी नजर नहीं आती।' तात्पर्य यह कि पहले ब्रेश्ट, लू शुन और मुक्तिबोध बनो, फिर नाटक, कहानी और कविता में प्रयोग करो।

आनन्द प्रकाश ने समकालीन जनवादी कविता के बारे में लिखा है कि वह द्वन्द्व की स्थिति में जी रही है। इस कथन के बाद उन्होंने समकालीन कविता के प्रसंग में कई सवाल उठाए हैं। उन्होंने लिखा है : 'सवाल सिर्फ यह नहीं है कि कविता को कविता रहना है या एक सार्थक एवं सरल वक्तव्य बनना है, सवाल यह भी है कि कविता एक साहित्यिक रचना या सार्थक वक्तव्य के रूप में उस जन-समूह तक पहुँच पाती है या नहीं, उस जन-समूह की सुप्त या दबी आकांक्षाओं को उभारकर उसके लिए प्रेरक बन पाती है या नहीं जिसकी सौन्दर्य-चेतना को परिष्कृत करना या जिसकी ऐतिहासिक नियति से जुड़ना उसका घोषित उद्देश्य है।' इस लम्बे उद्धरण को ध्यान से पढ़कर पाठक स्वयं तय करें कि अगर कविता द्वन्द्व की स्थिति में जी रही है तो उसका मुख्य कारण क्या है, और यह भी कि आलोचना द्वन्द्व की स्थिति में है या पूरी तरह निर्द्वन्द्व है। यहाँ आलोचक के सामने कई द्वन्द्व हैं—कविता को कविता रहना है या वक्तव्य बनना है, कविता को जनता की सौन्दर्य-चेतना को परिष्कृत करना है या उसकी ऐतिहासिक नियति से जुड़ना है, कविता सम्बन्धी उदारवादी दृष्टिकोण अपनाना है या कविता की परिवर्तनकारी भूमिका को महत्त्व देनेवाला दृष्टिकोण। आलोचक अपना पक्ष स्पष्ट नहीं करता है। समकालीन जनवादी कविता की समस्याओं के विवेचन में दृष्टिकोण द्वन्द्वग्रस्त है, इसलिए आलोचना असमंजस में फँसी हुई दिखाई देती है।

समकालीन जनवादी कहानी की तरह जनवादी कविता के 'कुछ कवियों की रचनाओं में झलकनेवाली मूलभूत परिवर्तन की आकांक्षा' ने आनन्द प्रकाश को मूलभूत

कठिनाई में डाल दिया है। उनके अनुसार कठिनाई का कारण यह है कि मूलभूत परिवर्तन की आकांक्षा जनता के वास्तविक चेतना-स्तर से दूर जा पड़ती है; क्योंकि सामान्य लोगों की चेतना का स्तर बहुत पिछड़ा हुआ है। जन-चेतना के स्तर के पिछड़ेपन का कारण यह है–'हिन्दी क्षेत्र में अभी भी शासक वर्गीय राजनीति के विभिन्न रूप सामान्य लोगों की चेतना पर पूरी तरह हावी हैं।' आनन्द प्रकाश का खयाल है कि हिन्दी क्षेत्र में कहीं कोई जन-संघर्ष नहीं है, शासक वर्ग की राजनीति का विरोध नहीं है, जन-चेतना का विकास नहीं है। अगर यही सच हो तब भी जनता की दबी, सोई मूल परिवर्तन की आकांक्षा को जगाना गलत कैसे है ? लेकिन क्या यही पूरा सच है। यह विचित्र बात है कि जनता शासक वर्गों और सरकारी तन्त्र के हजार दमन के बावजूद संघर्ष के लिए आगे बढ़ रही है, संघर्ष कर रही है और बुद्धिजीवी जन-संघर्षों और जन-चेतना के विकास को अस्वीकार कर रहे हैं, 'उनके खयाल से यह सब गप है। मात्र किंवदन्ती।'

आनन्द प्रकाश ने समकालीन जनवादी कविता को तीन श्रेणियों में बाँटा है और प्रत्येक श्रेणी की कविताओं की सार्थकता और कमजोरियों का उल्लेख किया है। निश्चय ही यह विभाजन विवेचन की सुविधा के लिए किया गया है; अन्यथा एक श्रेणी की कविताओं की जो विशेषताएँ बताई गई हैं वे दूसरी श्रेणी की कविताओं में भी मिल सकती हैं। आज की कविता की कुछ ऐसी भी विशेषताएँ बताई गई हैं जो महावीरप्रसाद द्विवेदी के युग की कविता में मिल सकती हैं। यही नहीं, जनवादी कविता की कुछ ऐसी विशेषताएँ भी बताई गई हैं जो जनवादी कविता से अधिक व्यक्तिवादी कविता में पाई जाती हैं। आनन्द प्रकाश को 'जनवादी लेखन के विकास की ठोस और प्रबल सम्भावना' तीसरी श्रेणी की कविताओं में दिखाई देती है। इस श्रेणी की कविताओं की अनेक विशेषताओं में से एक है : निम्न वर्गों की मूल मानवीयता, जीवन्तता, सरलता, सहनशीलता आदि की अभिव्यक्ति। ये विशेषताएँ तो द्विवेदी युग की अनेक कविताओं में आसानी से मिल सकती हैं। इनकी अभिव्यक्ति के लिए वर्ग-दृष्टि नहीं, सामान्य मानवीय सहानुभूति काफी है। यहीं इस बात पर भी ध्यान देना जरूरी है कि आनन्द प्रकाश समाज में पूँजीवादी उत्पादन प्रणाली और पूँजीवादी शक्तियों की सक्रियता का उल्लेख करते हैं, लेकिन कविता के प्रसंग में सर्वहारा वर्ग का स्पष्ट उल्लेख करने के बदले उसे निम्न वर्ग कहकर काम चलाते हैं। क्या यह केवल शब्दों का फेर है ? तीसरी श्रेणी की कविताओं के बारे में लिखा है कि 'इन कविताओं का आशय शायद यह स्पष्ट करना होता है कि अस्तित्व की सार्थकता सामान्य लोगों की कठिनाई-भरी और विषम जीवनचर्या में निहित होती है और साहित्य का कार्य यह है कि लोगों की मूल मानवीयता और जिजीविषा को सामने लाए।' अगर जीवन की सार्थकता कठिनाई-भरी और विषम जीवन में निहित है तब जनता के जीवन की कठिनाइयों और विषमता को दूर करने के प्रयत्न की

क्या जरूरत है। क्या यह बेहतर नहीं होगा कि जीवन की कठिनाइयों और विषमता को हमेशा के लिए स्थायी बना दिया जाए ताकि जनता सार्थक जीवन जिए और साहित्यकार उसकी मूल मानवीयता और जिजीविषा को सामने लाने का कार्य करते रहें ? क्या किसी जनवादी कविता का ऐसा आशय हो सकता है ?

आनन्द प्रकाश ने आज की जनवादी कविता के प्रसंग में एक महत्त्वपूर्ण सवाल उठाया है कि कविता उस जनता तक पहुँच पाती है या नहीं, जिसकी चेतना को विकसित करना उसका घोषित उद्देश्य है। जनवादी कविता के लिए तो यह जीवन-मरण का प्रश्न है, लेकिन जनवादी लेखन के दूसरे रूप भी इस प्रश्न के दायरे के बाहर नहीं हैं। अगर आनन्द प्रकाश इस सवाल के विभिन्न पक्षों पर विचार करते तो जनवादी लेखन को जनता तक पहुँचाने में जनवादी आन्दोलन की भूमिका सामने आती, जन काव्य और अभिजन काव्य का अन्तर स्पष्ट होता, जनवादी कविता के भीतर मौजूद यथार्थवादी और अमूर्तनवादी रचना-दृष्टियों का भेद खुलता, कलात्मकता और लोकप्रियता का सम्बन्ध प्रकट होता, जनजीवन और जन आन्दोलनों से जुड़े हुए कवियों की संवादधर्मी कविता से केवल बौद्धिक सहानुभूति पर आश्रित एकालापी कविता का फर्क मालूम होता और कविता के शिल्प तथा भाषा की जनवादिता का अर्थ समझ में आता। समकालीन जनवादी आन्द्रोलन के विकास के साथ-साथ आजकल विभिन्न जनपदीय बोलियों में गीत लिखे जा रहे हैं और लोकप्रिय भी हो रहे हैं--जैसे गोरख के भोजपुरी गीत। अगर जनता तक कविता के पहुँचने के सवाल पर विचार होता तो ऐसे लोकप्रिय गीतों का महत्त्व मालूम होता। लेकिन आनन्द प्रकाश ने केवल सवाल उठाया है और उसे वहीं छोड़ दिया है।

आनन्द प्रकाश के लेख में कहानी के रूप की चर्चा है, पारम्परिक कथा-रूप और नए प्रयोग के सम्बन्ध पर विचार है और कहानीकार के दृष्टिकोण से कथा-रचना पद्धति के सम्बन्ध का भी विवेचन है, लेकिन कविता के प्रसंग में रूप और शिल्प की चिन्ता लगभग गायब है; जबकि नागार्जुन से गोरख की पीढ़ी तक फैली समकालीन जनवादी कविता में रूप और शिल्प की सार्थक विविधता के समानान्तर चमत्कारवादी अराजकता कविता में कहानी से कहीं अधिक है। रूपवादी आग्रहों से लेकर रूपहीनता तक ले जानेवाली रूप की लापरवाही का जितना प्रसार कविता में है, उतना कहानी में नहीं। आनन्द प्रकाश ने आज की जनवादी कहानी पर नई कहानी-अकहानी के दौर के अनेक वैचारिक और रचनागत आग्रहों का प्रभाव देखा है, उन्होंने जनवादी कविता के एक हिस्से की अनुभव-प्रक्रिया को नई कविता के व्यक्तिवाद और अकविता के विवेकहीन विरोध की प्रवृत्ति से प्रभावित माना है। अगर रूप और शिल्प के स्तर पर प्रभाव के प्रश्न पर विचार किया जाए तो मालूम होगा कि नई कविता-अकविता के दौर के शिल्प का जितना प्रभाव कविता पर है, उतना नई कहानी-अकहानी के शिल्प का आज की कहानी पर नहीं है। इसके अनेक कारण हैं। एक तो यही कि

आजकल बहुत सारे ऐसे लेखक जनवादी कविता और कहानी में सक्रिय और शामिल हैं जो नई कविता-अकविता और नई कहानी-अकहानी के रास्ते से आए हैं। वे उस दौर की अपनी कला भी साथ लाए हैं। उस कला में यथार्थवाद का विरोध और कलावाद का आग्रह कहानी से अधिक कविता में था। कविता केन्द्रीय विधा होने के कारण कहानी को भी प्रभावित कर रही थी। उसी कला का कमाल आज की जनवादी कविता में दिखाई पड़ रहा है।

आनन्द प्रकाश ने समकालीन जनवादी आन्दोलन और लेखन की दुनिया की जो तस्वीर पेश की है वह अन्धकार में डूबी हुई दुनिया की निराशाजनक तस्वीर है। कुमारेन्द्र पारसनाथ सिंह ने इस निराशा को कुछ और अधिक गहरा किया है। जनवादी लेखन की उनकी चिन्ता के केन्द्र में कविता है और हाशिए पर आलोचना। यह स्वाभाविक है कि कवि कुमारेन्द्र कविता की विशेष चिन्ता करें। कविता के बारे में उनकी राय के पीछे उनका अपना काव्यानुभव है। उनका खयाल है कि आज की अधिकांश कविताएँ यान्त्रिक, दिशाहीन और बेमानी क्रान्तिकारिता से भरी हुई हैं। यह उनका महज खयाल है या हकीकत ? अगर आज की अधिकांश जनवादी कविता का यही असली हाल है तो उस पर बहस करना बेकार है। जनवादी लेखन के बारे में यही राय जनवाद-विरोधियों की है। कुमारेन्द्र जनवाद-विरोधी नहीं हैं और जनवादी लेखन के बारे में यह उनकी अन्तिम राय नहीं है। आज की जनवादी कविता की हकीकत कुमारेन्द्र के खयाल से बहुत भिन्न है। सम्पूर्ण जनवादी कविता की बात छोड़ दीजिए, केवल **बहस-5** और **पहल-23** में छपी कुमार विकल की कविताएँ देखिए। कुमार विकल की कविताएँ कुमारेन्द्र के खयाल का पूरी तरह खण्डन करती हैं। यही नहीं, **बहस-4** में प्रकाशित स्वयं कुमारेन्द्र की कविताएँ भी आज की जनवादी कविता के बारे में उनके खयालों का पूरी तरह समर्थन नहीं करतीं। कुमारेन्द्र को लग रहा है कि आज के रचनाकारों के सामने सबसे बड़ा संकट है वस्तुस्थितियों के संकेत के स्वीकार का साहस जुटाने का। क्या सार्थक रचना के लिए स्वीकार का साहस काफी है ? **बहस-4** में छपी कुमारेन्द्र की असम-सन्दर्भ की पाँच कविताओं—खासतौर से 'अमन' शीर्षक कविता—को देखकर लगता है कि सार्थक जनवादी कविता के लिए कवि में 'स्वीकार का साहस' होना काफी नहीं है, उसके पास वस्तुस्थिति की समझ और कलात्मक संयम का होना भी जरूरी है।

कुमारेन्द्र की आनन्द प्रकाश से शिकायत है कि उन्होंने 'आलोचक-पाठक के रिश्ते' पर ध्यान नहीं दिया है। कुमारेन्द्र ने भी इस रिश्ते को भूलकर आलोचना और रचना के रिश्ते पर ही ध्यान केन्द्रित किया है। आलोचना के बारे में उनका निर्णय है कि वह पंगु हो गई है। उसके गतिशील चरित्र के विकास के लिए उनका सुझाव है कि आलोचक 'नए रचनानुभवों और कलात्मक प्रक्षेपों की जटिलताओं को सुलझाकर पेश' करें। इस तरह रचनाकार और आलोचना का सही रिश्ता यह हुआ

कि जनवादी रचनाकार जटिलता रचें और आलोचक उसे सुलझाकर पेश करें। मगर रचनाकार और आलोचक के इस खास रिश्ते में सामान्य पाठक के लिए कहाँ जगह है ! रचना और आलोचना के इस रिश्ते में उस जनता का क्या होगा 'जिसकी ऐतिहासिक नियति से जुड़ना रचना का घोषित उद्देश्य है।'

समकालीन जनवादी आन्दोलन की स्थिति और उससे जनवादी लेखन के सम्बन्ध के बारे में कुमारेन्द्र की राय है कि आज 'राजनीतिक सोच-व्यवहार का चरित्र विघटित हो गया है,' 'जन-साधारण की वास्तविक मुक्ति और विकास के लिए समर्पित' कोई पार्टी नहीं है, इसलिए लेखक वर्ग के सामने समय के 'जरूरी' और 'तत्काल' का स्वरूप स्पष्ट नहीं है। सवाल उठता है कि अगर आज जनवादी आन्दोलन की यही स्थिति है तो कुमारेन्द्र किस जमीन पर खड़े होकर सभी जनवादियों को ललकार रहे हैं, वे उनसे किसके प्रति 'निर्द्वन्द्व समर्पण' और किस जनवाद के 'निर्द्वन्द्व संकल्प' की माँग कर रहे हैं ? सवाल यह भी है कि वे जिस पार्टी का इन्तजार कर रहे हैं वह आज के व्यापक जनवादी आन्दोलन की प्रक्रिया में बनेगी या पार्टी बनने के बाद ही आन्दोलन शुरू होगा ? और यह भी कि क्या किसी पार्टी के बताए बिना लेखक 'अपने समय के जरूरी और तत्काल का स्वरूप' समझने की कोशिश नहीं कर सकते ? इतिहास में इसके प्रमाण मौजूद हैं कि अत्यन्त उलझी हुई स्थितियों में भी जनता के सच्चे लेखकों ने जन-जीवन और जन-संघर्षों से पूरे मन से जुड़कर अपने समय के लिए अनिवार्य और भविष्य के लिए भी सार्थक साहित्य रचा है। हिन्दी में प्रेमचन्द, निराला और नागार्जुन इसके उदाहरण हैं। आज भी रचनाकारों को अनेक उलझनों से उबारकर अपने समय के लिए अनिवार्य और सार्थक लेखन की दिशा में आगे बढ़ानेवाला रास्ता—जन-जीवन और जन-संघर्षों से सच्चे मन से जुड़ने का रास्ता खुला हुआ है। इस रास्ते पर चलकर ही जनवादी लेखन जनवादी आन्दोलन से मिल सकता है। जो लेखक इस रास्ते पर चलने के बदले हमेशा रास्ते की दिशा को संशय और दूसरे चलनेवालों को सन्देह की नजर से देखते हैं, वे सबसे पहले और सबसे अधिक अपनी रचनाशीलता की गति और दिशा का अहित करते हैं, फिर जनवादी लेखन और आन्दोलन का।

'निर्गुन कौन देस को बासी ?'*

'संरचना' के प्रवेशांक में बहस के लिए छपे रमेशचन्द्र शाह के लेख के शीर्षक को देखकर कोई भी पाठक उम्मीद करेगा कि लेख में आज के जनवाद, समकालीन जनवादी कहानी और समकालीन भारतीय समाज के यथार्थ की वास्तविक तस्वीर मिलेगी और इन तीनों के आपसी रचनात्मक सम्बन्ध की पहचान होगी। क्या इस लेख में सचमुच ऐसा है ?

सबसे पहले हम यह देखें कि जनवाद के बारे में रमेशचन्द्र शाह की क्या राय है। जनवाद से भी पहले रमेशचन्द्र शाह के 'जन' को जानना जरूरी है। इस लेख में जन का कोई निश्चित अर्थ और स्वरूप नहीं है, वर्तमान सामाजिक ढाँचे में उसकी कोई निश्चित स्थिति भी नहीं है। लेख में यह भी स्पष्ट नहीं है कि जन का अभिजन से क्या फर्क है। यहाँ जन लोक का पर्यायवाची बन गया है। जैसे कुछ लोगों के लिए परलोक से भिन्न जो भी है वह सब लोक है वैसे ही रमेशचन्द्र शाह की अभेदवादी दृष्टि में लोक ही जन है। वर्गभेद के लिए इस अभेदवाद में कोई जगह नहीं हैं। उनके अभेदवाद का एक उदाहरण देखिए ''हर देश की जैसी एक संस्कृति हुआ करती है वैसे ही एक विशिष्ट जनचरित्र भी हुआ करता है। हम उन्हीं कहानियों को जनवादी चेतना से युक्त (सच्चे अर्थ में) कह सकते हैं जिसमें यह जनचरित्र झलकता है।'' पहले कथन में दो जगह मौजूद 'एक' पर ध्यान दीजिए। श्री शाह के अनुसार जनसंस्कृति और अभिजन संस्कृति एक है। उनकी राय को मान लेने पर इन दोनों का भेद निरर्थक हो जाएगा। कहीं-कहीं तो यह भी लगता है उनके लिए जन कोई वास्तविकता नहीं, महज एक उपाधि है; जैसे कि 'जिसे हम जन कहकर गौरवान्वित करने की कोशिश करते हैं 'या' जिसे हम जन कह के अभिहित करते हैं।' जब जन का कोई निश्चित अर्थ नहीं है तब पूरे लेख में बार-बार आए जन-मन, जनजीवन, जनचरित्र, जनचेतना और जनवाद का क्या अर्थ होगा। फिर भी, श्री शाह की जन-चिन्ता को देखने के बाद उनकी जनवाद-चिन्ता

को भी देखना जरूरी है।

रमेशचन्द्र शाह को लगता है कि जनवाद केवल एक 'आग्रह' है। वे लिखते हैं : "जब हम प्रेमचन्द का नाम लेते हैं तो कहीं मन ही मन उस अतिरिक्त आग्रह के औचित्य को भी स्वीकार लेते हैं जो जनवादी चेतना जैसी अवधारणा के मूल में निहित होगा।" वे जनवाद और व्यक्तिवाद में कोई वास्तविक फर्क नहीं मानते। उनकी दृष्टि में ये दोनों महज 'सरलीकृत कोटियाँ' हैं। अगर यही सच है तो उनके यह कहने का क्या अर्थ है कि 'कफन' कहानी की चेतना जनवादी है, व्यक्तिवादी नहीं। श्री शाह को जनवाद से सबसे अधिक परेशानी और चिढ़ तब होती है जब उसे कोई राजनीति से जोड़कर देखने की कोशिश करता है। अगर आप जनवाद के राजनीतिक अर्थ पर जोर देंगे तो वे राजनीति को 'संकीर्ण' और जनवाद को 'तथाकथित' घोषित कर देंगे। यह 'तथाकथित' आजकल सरकारी जबान (आकाशवाणी) पर खूब चढ़ा हुआ है। सच को छिपाने, उसे सन्देहास्पद बनाने या झूठा साबित करने के लिए आकाशवाणी के समाचारों में इसका खूब उपयोग हो रहा है। वैसे ही रमेशचन्द्र शाह ने जनवाद, पक्षधरता और सही पोलिटिक्स को पाठकों की नजर में सन्देहास्पद बनाने के लिए 'तथाकथित' घोषित कर दिया है।

श्री शाह जानते हैं कि जनवाद छायावाद या प्रयोगवाद की तरह केवल साहित्यिक 'वाद' नहीं है। इसका एक निश्चित राजनीतिक आधार और अभिप्राय है। फिर भी वे जनवाद में राजनीति की गंध पाते ही नाक-भौं सिकोड़ने लगते हैं। यही नहीं वे राजनीति और राजनीतिज्ञों की लानत-मलामत करते हुए साहित्य और साहित्यकार की श्रेष्ठता साबित करते हैं। क्यों न हो, हर आदमी अपने पेशे को दुनिया का सबसे अच्छा पेशा समझता-बताता है। रमेशचन्द्र शाह अपने हर लेख में मुक्तिबोध का उपयोग करते हैं। क्या वे यह देखने का कष्ट करेंगे कि मुक्तिबोध की रचनाओं में जो जनवाद है उसका कोई राजनीतिक सन्दर्भ या अभिप्राय है या नहीं। श्री शाह मुक्तिबोध का भी अपनी जरूरत के मुताबिक उपयोग करते हैं। वे यह मानते हैं कि "लेखक राजनीतिक दृष्टि से भी जागरूक और परिपक्व हो, यह जरूरी है" लेकिन यह भी जरूरी है कि 'वह (लेखक) अपने जन के साथ जिन्दगी के भीतर से जुड़ा हुआ हो।' इस बात को कौन अस्वीकार करता है कि लेखक का अपने जन से लगाव होना चाहिए, लेकिन लगाव का मतलब गले लग जाना ही नहीं। शोषित-पीड़ित जनता के जीवन और संघर्ष को जानना, उससे आत्मीयता स्थापित करना और उसके दृष्टिकोण से अपने रचनात्मक उद्देश्य को जोड़ना भी लगाव ही है।

श्री शाह ने लिखा है कि "हम शब्द को आज के संघर्ष में से अर्थ देना चाहते हैं : कर्म का अर्थ।" यहाँ हम किसके लिए आया है, 'मैं' के बदले या 'आप' के ? वैसे पूरे लेख में 'हम' कभी मैं कभी तुम और कभी वे के लिए मनमानी ढंग

से आया लगता है। अगर ऊपर के वाक्य में आया 'हम' रमेश्चन्द्र शाह और उनके समान धर्माओं के लिए भी है तो यह हिन्दी साहित्य के लिए एक खबर है। जो भी हो, अगर शब्द को कर्म का अर्थ देना है तो आज के भारतीय समाज में चल रहे संघर्षों को, शोषण और दमन के खिलाफ जनता के संघर्षों को, जानना और जितना सम्भव हो उतना उसमें शामिल होना जरूरी होगा। लेकिन शाह को तो 'अपने देश और समाज के भीतर' कहीं कोई संघर्ष और 'गहरा मानवीय प्रेम' सक्रिय दिखाई नहीं देता। ऐसी स्थिति में शब्द को कर्म का अर्थ कैसे मिलेगा। मजबूरी में 'सिर्फ एक भावुक सदाशयता' ही काम आएगी। लेकिन क्या सचमुच हमारे देश में कहीं कोई संघर्ष और 'गहरा मानवीय प्रेम' सक्रिय दिखाई नहीं देता। क्या कहीं कोई ऐसा जन-संघर्ष नहीं है जिसमें मानव-प्रेम सक्रिय हो और जो रचनाकारों को प्रेरणा दे सके ? क्या रमेशचन्द्र शाह को यह नहीं मालूम है कि इस देश में बड़े पैमाने पर किसान, मजदूर, आदिवासी, स्त्रियाँ और दूसरे शोषित-दमित जन लगातार कठिन संघर्ष कर रहे हैं और आन्दोलन चला रहे हैं। अगर वे अपने आसपास के आदिवासियों के शोषण, दमन और संघर्ष को भी देखते-जानते और उनपर लिखे साहित्य को भी पढ़ते तो शब्द को कर्म से जोड़ने की प्रक्रिया को, शब्द को कर्म का अर्थ देने की प्रक्रिया को समझ पाते। जब आप शब्द को आज के संघर्ष में से अर्थ देना चाहते हैं, तब जनवाद इसका अपवाद क्यों ? आज का जनवाद आज के जन-संघर्षों की सर्वाधिक विकसित और अग्रगामी अवस्थाओं से जुड़कर ही पूरा और सच्चा अर्थ पा सकता है। ऐसा जनवाद अराजनीतिक कैसे हो सकता है। जैसे प्रेमचन्द के जनवाद को उस जमाने के साम्राज्यवाद-विरोधी और सामन्तवाद-विरोधी संघर्षों से अलग करके समझना मुश्किल है वैसे ही आज के जनवाद को किसानों, मजदूरों, आदिवासियों, स्त्रियों और दूसरे शोषित दमित जनसमुदायों के जीवन-संघर्ष और मुक्ति-संघर्ष से अलग करके समझना मुश्किल और गलत है। जो व्यक्ति इन संघर्षों की वास्तविक स्थितियों से अपरिचित है वह इनका चित्रण करनेवाली कहानियों के महत्त्व को नहीं पहचान सकता।

इस लेख में श्री शाह ने मार्क्सवाद से साहित्य के सम्बन्ध और हिन्दी के मार्क्सवादी साहित्यकारों पर भी अपनी कीमती राय दी है। उन्होंने प्रेमचन्द की 'कफन' और अज्ञेय की 'रोज' कहानी की चर्चा के अन्त में लिखा है : "समाज का अन्तःकरण जानने और गढ़नेवाला कथाकार बिना मार्क्स और फ्रायड को पढ़े भी—महज अपनी संवेदना के बल पर दोनों अन्तर्दृष्टियों के लिए अपनी रचना में गुंजाइश बना ही लेगा—फिर चाहे साहित्य पढ़नेवाले उसे जनवादी कहें या न कहें।" इस वाक्य पर ध्यान दें तो मालूम होगा कि ज़हर पूँछ में है। उनके लिए यह बात निरर्थक है कि कोई लेखक जनवादी है या नहीं। साहित्य पढ़नेवाले प्रेमचन्द को समाजवाद से और अज्ञेय को फ्रायड से प्रभावित मानते हैं, वे प्रेमचन्द को जनवादी और अज्ञेय को

गैरजनवादी कहते हैं। श्री शाह प्रेमचन्द और अज्ञेय दोनों को एक ही बटखरे से, संवेदना के बटखरे से तोल देते हैं। इस संवेदनावाद के सामने मार्क्स और फ्रायड ही क्या सारी दुनिया का पूरा ज्ञान-विज्ञान व्यर्थ है।

श्री शाह को लगता है कि हमारे देश की युवा पीढ़ी को मार्क्सवाद आकर्षित कर रहा है। सवाल यह है कि युवा पीढ़ी को मार्क्सवाद क्यों आकर्षित कर रहा है। रमेशचन्द्र शाह का उत्तर है, "वर्तमान में हमें कर्म के क्षेत्र में भी कोई ऐसा गहरा मानव प्रेम सक्रिय दिखाई नहीं देता अपने देश और समाज के भीतर। ऐसे में कर्म की जो प्रेरणा और दर्शन चाहिए, वह कहाँ से मिले ? ऐसी हालत में हम पाते हैं कि मार्क्सवाद वह दर्शन है जो सहज ही हमारी युवा मानसिकता को—उसकी समस्त कुण्ठाओं, समस्त यथार्थ बोध और अन्तर्निहित आदर्शवाद के साथ आकर्षित करता है।" इस आकर्षण का परिणाम क्या है ? श्री शाह के अनुसार परिणाम यह है कि "अपने ही समाज की हमारी पहचान संदिग्ध होती जा रही है।" यहाँ वे पहले से कुछ अधिक बारीकी से अपने समाज की पहचान के प्रसंग में मार्क्सवाद को युवा पीढ़ी और नए रचनाकारों के लिए अनावश्यक बना रहे हैं। बात यह है कि मार्क्सवाद हमें अपने समाज को देखने-पहचानने की दृष्टि देता है, लेकिन देखने-पहचानने का काम तो हमें ही करना होगा। अगर हम न देखें और न पहचानें तो दोष हमारा होगा, मार्क्सवाद का नहीं।

लेख के अन्त में भी श्री शाह ने साहित्य के प्रसंग में मार्क्सवाद को याद किया है। उन्होंने लिखा है कि "दुनिया को समझनेवाले दर्शन से जुड़ी कला की अपेक्षा दुनिया को बदलनेवाले दर्शन से निकलनेवाली कला की चुनौती किसी कदर कम नहीं होती; बल्कि नई और अभूतपूर्व होने के कारण कहीं ज्यादा संघर्ष और कहीं ज्यादा ऊर्जा की माँग करती है। मगर जैसे अपने जीवन में वैसे ही अपनी कला में भी हम एक सुरक्षित सपाट और जोखिम रहित पुण्य लूटने का मार्ग अपनाते हैं और इस तरह पुण्यात्मा बनकर साहित्य में छुआछूत फैलाते हैं।" क्या इस दूसरे वाक्य के 'हम' में श्री शाह का 'मैं' भी शामिल है ? अगर नहीं तो फिर साहित्य में छुआछूत फैलानेवाले ये कौन लोग हैं जिनके खिलाफ श्री शाह छुआछूत मिटाओ अभियान चलाना चाहते हैं। सुविधाजीवी मार्क्सवादियों की आलोचना सही है, लेकिन आलोचना करनेवाला किस जमीन पर खड़ा है, यह भी देखना जरूरी है। रमेशचन्द्र शाह कलावाद के किले से मार्क्सवाद और मार्क्सवादियों पर गोलाबारी कर रहे हैं।

श्री शाह ने जनवाद की चर्चा आज की जनवादी कहानी के प्रसंग में की है। आज की जनवादी कहानी की उनकी समझ को देखने से पहले कहानी की उनकी समझ को देख लेना ठीक होगा। लेख का आरम्भ इस सत्यवचन से होता है : 'कहानी सबसे पहले कला है।' कुछ लोग जग-जाहिर बात को भी इस अन्दाज में कहते हैं जैसे कि वह उनकी नितांत मौलिक खोज हो। कहानी के बारे में यह

कथन भी वैसा ही है। शाह इस कला में माहिर हैं। पूरे लेख में ऐसे कथनों की भरमार है। इस सत्यवचन के बाद उनकी दूसरी स्थापना यह है कि "कोई भी विधा अपनी मूल प्रेरणा में और अपने सम्प्रेषण के ढंग में इतनी सामाजिक नहीं हो सकती जितनी कि कहानी।" क्या नाटक भी नहीं ? प्रसंग कहानी का है इसलिए श्री शाह कहानी को सभी विधाओं में सर्वाधिक सामाजिक कह रहे हैं, अगर प्रसंग नाटक का होता तो वे नाटक को ही सर्वाधिक सामाजिक विधा कहते ! उन्होंने कहानी के बारे में एक और 'सच' कहा है : 'कहानी सीधे समाज को सम्बोधित होती है।' यह बात हितोपदेश के जमाने की कहानी के लिए सच है, लेकिन आज पत्रिकाओं और पुस्तकों में छपकर पढ़े-लिखे पाठकों तक पहुँचनेवाली कहानी के जमाने का सच नहीं है। वैसे आजकल हिन्दी में कुछ ऐसे भी कहानीकार हैं जिनकी कहानी केवल उनके मित्रों को ही सम्बोधित होती है। श्री शाह स्वयं भी कहानियाँ लिखते हैं। वैसे वे क्या नहीं लिखते—कविता, कहानी, उपन्यास, नाटक, निबन्ध, आलोचना आदि सब कुछ। कभी-कभी तो वे एक ही जगह इन सबकी खिचड़ी पाठकों के सामने परोस देते हैं। क्या उनकी कहानियाँ भी, 'सीधे समाज को सम्बोधित' होती हैं।

कहानी की सिद्धान्त-चर्चा की ऊँचाई से जब वे हिन्दी कहानी की जमीन पर उतरते हैं तब उनकी कहानी की समझ का राज खुलता है। उन्हें हिन्दी के कहानीकार दो वर्गों में बँटे हुए दिखाई देते हैं : "एक तो वे, जिन्हें हम कमोबेश विस्थापित और विशेषीकृत संवेदनावाले कहानीकारों की संज्ञा दे सकते हैं और दूसरे वे, जो अपने परिवेश में अपेक्षाकृत अधिक स्थापित हैं और सामूहिक अस्तित्व से यानि अपने संस्कारगत अस्तित्व से काफी हद तक जुड़े हुए हैं।" आखिर ये कहानीकार कौन हैं ? श्री शाह ने लिखा है कि 'नई कहानी से पहले इस प्रकार के विभाजन की न तो गुंजाइश थी न जरूरत।' मतलब यह कि ये कहानीकार नई कहानी और उसके बाद के हैं। लेकिन इस कथन के बाद प्रमाण के लिए श्री शाह चर्चा करते हैं गुलेरी, कौशिक, प्रेमचन्द और अज्ञेय की कहानियों की। शायद वे क्रम और व्यवस्था में विश्वास नहीं रखते—चिन्तन और लेखन में तो एकदम नहीं।

आज की जनवादी कहानी पर बात करने से पहले श्री शाह ने प्रेमचन्द की 'कफन' कहानी की व्याख्या की है। शुरुआत गलत नहीं है। प्रेमचन्द जाने-माने जनवादी कथाकार हैं और 'कफन' उनकी सर्वाधिक चर्चित कहानी। आज की जनवादी कहानी को समझने की शुरुआत प्रेमचन्द की कहानी से करना उचित ही है। उन्होंने 'कफन' के बारे में लिखा है कि "कहानी की चेतना जनवादी है, व्यक्तिवादी नहीं। माधव और घीसू में हम उस समाज-सत्य का और अमानवीकरण की प्रक्रिया का भी लक्षण उभरता देख सकते हैं जिसकी परिणति अमरकान्त की 'हत्यारे' शीर्षक कहानी में हुई है।" 'कफन' का यह कोई नया मूल्यांकन नहीं है। हिन्दी आलोचना में यह बात बार-बार कही गई है। श्री शाह प्रचलित मान्यता को चुपचाप स्वीकार

करनेवाले व्यक्ति नहीं हैं। उन्होंने 'कफन' की नई व्याख्या इस तरह की है : " 'कफन' में मानों प्रकृति स्वयं (भूख के रूप में) प्रतिशोध ले रही है। समाज और व्यक्ति दोनों से : यानि मनुष्य की संवेदना से भी और उसके संस्कारगत अस्तित्व से भी।" यहाँ श्री शाह अपने असली रूप में सामने आए हैं। उन्होंने 'कफन' के साथ-साथ अज्ञेय की कहानी 'रोज' की भी नई व्याख्या की है। उनके पूरे असली रूप को समझने के लिए उनकी 'रोज' की व्याख्या को भी लगे हाथों देख लेना ठीक होगा। उन्होंने लिखा है कि 'अज्ञेय की 'रोज' शीर्षक कहानी में जो पीड़ित पक्ष है, वह नायिका का संस्कार पाया हुआ संवेदनशील मन है। इस संस्कारी और संवेदनशील मन को एक ऐसे परिवेश में विजड़ित कर दिया गया है कि वह अपनी अन्तहीन और अवधिहीन घुटन में स्वयं नायिका की नारी प्रकृति से, उसकी मातृत्व की नैसर्गिक प्रवृत्ति से ही प्रतिशोध लेने लगता है।' तात्पर्य यह कि 'कफन' में प्रकृति संस्कृति से प्रतिशोध ले रही है और 'रोज' में संस्कृति प्रकृति से। श्री शाह के अनुसार दोनों में मनुष्य के मनुष्यत्व की विडम्बनाएँ हैं; इसलिए दोनों में कोई अन्तर नहीं है : न प्रेमचन्द और अज्ञेय में, न 'कफन' और 'रोज' में, न जनवाद और व्यक्तिवाद में। वे भविष्य और समाज के स्वास्थ्य के लिए 'जैविक और सांस्कृतिक विकासक्रम का तनावमुक्त ताल-मेल' चाहते हैं और इस काम में उनके लिए जितने उपयोगी अज्ञेय हैं उतने ही प्रेमचन्द।

इस लेख में श्री शाह के सोच की प्रक्रिया पर ध्यान दें तो मालूम होगा कि वह नितान्त कल्पित और कृत्रिम द्वैतों पर टिकी हुई है। उन्होंने प्रकृति और संस्कृति, व्यक्ति और समाज, संस्कार और संवेदना, व्यक्तित्व और अस्तित्व आदि को अनिवार्य विरोधी द्वैतों के रूप में पेश किया है। इन्हीं कृत्रिम द्वैतों के सहारे प्रेमचन्द और आज की जनवादी कहानी के मूल्यांकन की कोशिश की गई है। श्री शाह के सोचने का तरीका यह है कि वे एक अद्वैतवादी कथन से बात आरम्भ करते हैं, फिर कुछ कृत्रिम द्वैतों की कल्पना करते हैं और अन्त सवालों के रूप में स्यादवाद या सन्देहवाद में होता है। क्रम भले ही कहीं-कहीं बदल जाए, लेकिन पद्धति हर जगह यही होती है। खासतौर से स्यादवाद तो उनके हर लेख के हर अनुच्छेद में मौजूद रहता है— जैनेन्द्रीय अन्दाज और प्रलाप शैली में परस्पर असम्बद्ध प्रश्नों की भरमार के रूप में। इस लेख में भी ऐसे बीस-तीस प्रश्न मौजूद हैं।

रमेशचन्द्र शाह की लेखन-पद्धति भी कम विलक्षण नहीं है। विलक्षणता का स्रोत हिन्दी में अंग्रेजी शब्दों, मुहावरों और वाक्य-रचना को ज्यों-का-त्यों उतार देने में है। ऐसी विलक्षणता का एक नमूना देखिए; "पहले जीवन का भ्रम तो रचा जाए, चरित्र—न सही अपनी पूरी गोलाई में—अपनी सतही जीवन्तता में ही सही—पाठक के अनुभव को पकड़े तो सही—उसे यह विश्वास तो कराए कि वह हाड़-मांस के आदमियों से मिल रहा है।" क्या इस वाक्य की विलक्षणता की व्याख्या जरूरी है ?

यहाँ विलक्षणता वाक्य की संरचना में ही नहीं है, उसके पीछे सक्रिय सोच में भी है। इस वाक्य को पढ़कर पाठक चकित होंगे कि चरित्र की पूरी या अधूरी 'गोलाई' क्या बला है। 'चरित्र की गोलाई' का अर्थ समझने के लिए अंग्रेजी कथा-साहित्य की आलोचना में बहुत पहले प्रचलित 'राउण्ड कैरेक्टर्स' को जानना जरूरी है। ऐसी विलक्षण मौलिकता के नमूनों से यह लेख ही नहीं, उनका सारा लेखन भरा पड़ा है। श्री शाह को हिन्दी के लेखकों की रचनाएँ पढ़ते हुए यूरोप के लेखकों की रचनाएँ याद आती हैं और हिन्दी लिखते समय अंग्रेजी। फलतः अनुवाद-निर्भर सोच और भाषा की विलक्षण मौलिकता उनके लेखों में दिखाई पड़ती है। उनके कुछ मित्र इसी को सर्जनात्मक आलोचना कहते हैं। आलोचना की इस सर्जनात्मकता में विचारों का न कोई क्रम होता है, न व्यवस्था, और न विकास। ऐसी सर्जनात्मक आलोचना में गतिशील अर्थ की परम्परा भी नहीं होती और 'जहाँ गतिशील अर्थ की परम्परा नहीं, वहाँ एक ही स्थान पर खड़ी तरह-तरह की मुद्रा और उछल-कूद दिखाती हुई भाषा केवल तमाशा करती हुई जान पड़ती है' (आचार्य रामचन्द्र शुक्ल)। अगर यही आलोचना की सर्जनात्मकता है तो मानना होगा कि मदारी बहुत बड़ा सर्जक होता है। श्री शाह के इस लेख में 'जातीय जीवन के प्रवाह' की गति की चिन्ता और हिन्दी भाषा के जातीय रूप-रंग की दुर्गति के चिह्नों का विचित्र योग है।

रमेशचन्द्र शाह की यही विलक्षण मौलिकता 'कफन' कहानी की उनकी व्याख्या में दिखाई देती है। सवाल यह है कि क्या 'कफन' कहानी में प्रेमचन्द का उद्देश्य संस्कृति के विरुद्ध प्रकृति को खड़ा करना या समाज और व्यक्ति से प्रकृति के प्रतिशोध की कथा कहना है ? 'कफन' कहानी में प्रेमचन्द के रचनात्मक उद्देश्य को समझने के संकेत मौजूद हैं। प्रेमचन्द ने लिखा है, "जिस समाज में रात-दिन मेहनत करनेवालों की हालत उनकी (घीसू और माधव) हालत से कुछ बहुत अच्छी न थी और किसानों के मुकाबले में वे लोग, जो किसानों की दुर्बलताओं से लाभ उठाना जानते थे, कहीं ज्यादा सम्पन्न थे, वहाँ इस तरह की मनोवृत्ति का पैदा हो जाना कोई अचरज की बात न थी।" प्रेमचन्द का उद्देश्य ऐसी समाज-व्यवस्था और उसकी अनिवार्य परिणतियों को सामने लाना था, दूसरों के श्रम की लूट पर पलनेवाले वर्ग के मनुष्य-विरोधी चरित्र और उनकी समाज-व्यवस्था में पैदा होनेवाली अमानवीय प्रवृत्तियों को दिखाना था। कहानी का संकेत यह भी है कि जब तक ऐसी मनुष्य-विरोधी समाज-व्यवस्था का अन्त नहीं होगा तब तक घीसू-माधव जैसे लोग पैदा होते रहेंगे। 'कफन' भारतीय समाज में मौजूद अमानवीय स्थितियों का निर्मम यथार्थवादी चित्रण करनेवाली कहानी है न कि संस्कृति से प्रकृति के प्रतिशोध की कहानी। कुछ लोगों ने कालिदास की रचनाओं की आध्यात्मिक व्याख्या की है। श्री शाह की 'कफन' की व्याख्या भी वैसी ही है, बल्कि उससे भी अधिक अनर्गल।

जनवाद और प्रेमचन्द की कहानी की इसी समझ के बल-बूते पर श्री शाह

आज की जनवादी कहानी की आलोचना करने चले हैं। पाठक परिणाम का सहज ही अनुभव कर सकते हैं। फिर भी यह देख लेना उचित होगा कि उन्होंने आज की जनवादी कहानी को किस तरह और क्या समझा है। उन्होंने अपने को भी जनवादी मानते हुए जनवादी कहानीकारों के सामने ये प्रश्न रखे हैं, "हम खुद कितने जनचरित्री हैं, हमारा खुद आत्मदान इस जन के प्रति कितना गहरा और स्वाभाविक है। हमारा यह जन हमारी रचनाओं में किस हद तक अपनी वास्तविक जीवन मूर्ति को प्रत्यक्ष कर पाता है। क्या उसे अपनी यह कहानी विश्वसनीय और प्रत्यक्ष-संवेद्य लगती है ? क्या वह उसमें अपनी अच्छाइयों-बुराइयों, कमजोरी और जिजीविषा का सच्चा अक्स पाता है ?' इन सवालों के बाद लेख के बाकी हिस्से में आज की जनवादी कहानी के बारे में जो कुछ लिखा गया है उससे इन सवालों का एक ही उत्तर निकलता है—एकदम नहीं। इसी 'एकदम नहीं' को बाकी लेख में तरह-तरह के तर्कों से फैलाया गया है।

श्री शाह की राय है कि आज की जनवादी कहानी में यान्त्रिकता है, 'जड़ीभूत यथार्थाभिरुचि' है और कहानी के पात्र अवास्तविक हैं। उन्होंने यह भी लिखा है कि जनवादी कथाकारों द्वारा 'रचा गया जीवन और चरित्र विश्वसनीय नहीं लगता'। उनके अनुसार आज की जनवादी कहानियों में 'संवेदनात्मक पैठ' नहीं है, जन के 'अन्तर्बाह्य जीवन का साक्षात्कार करने-कराने की क्षमता' नहीं है। सवाल उठता है कि ये बातें किन कहानियों और कहानीकारों के बारे में कहीं जा रही हैं। इस पूरे लेख में आज के किसी भी जनवादी कहानीकार या कहानी का नाम नहीं है, विस्तृत विश्लेषण तो दूर की बात है। आलोचना की विश्वसनीयता के लिए यह जरूरी है कि अगर कोई रचना-प्रवृत्ति या रचना गलत लगती है तो उसे गलत साबित किया जाए न कि उसे मनमानी ढंग से खारिज करके छुट्टी पा ली जाए। रमेशचन्द्र शाह ने आज की जनवादी कहानी पर तरह-तरह के मनगढ़ंत आरोप लगाकर उसे खारिज करने की कोशिश की है; कहीं किसी रचना के विश्लेषण के आधार पर किसी आरोप को साबित करने का प्रयास नहीं है। जो व्यक्ति आज की सम्पूर्ण जनवादी कहानी को अविश्वसनीय घोषित कर रहा हो उसे अपनी आलोचना की विश्वसनीयता की भी चिन्ता होनी चाहिए।

रमेशचन्द्र शाह का आज की जनवादी कहानी पर मुख्य आरोप यह है कि वह अविश्वसनीय है। बाकी आरोप इसी से जुड़े हुए हैं। किसी रचना की विश्वसनीयता मुख्यतः दो बातों पर निर्भर होती है—समाज के ऐतिहासिक यथार्थ से रचना में चित्रित यथार्थ का सम्बन्ध और चित्रण की कला। रमेशचन्द्र शाह किसी कहानी या कहानीकार की चित्रणकला का विश्लेषण नहीं करते और आज के भारतीय समाज के यथार्थ से आज की किसी कहानी में चित्रित यथार्थ के सम्बन्ध की जाँच भी नहीं करते। फिर वे कैसे जान या मान लेते हैं कि कहानी अविश्वसनीय है। आज की जनवादी

कहानी की अविश्वसनीयता या तो कल्पना की उपज है या उनका पूर्वग्रह।

लेख का शीर्षक है 'आज की जनवादी कहानियाँ और यथार्थ,' लेकिन लेख में कहीं भी आज के भारतीय समाज के यथार्थ की जानकारी का कोई प्रमाण नहीं है। लगता है, रमेशचन्द्र शाह को यह विशेषाधिकार प्राप्त है कि वे कहानीकारों से समाज और जनजीवन के यथार्थ को जानने-पहचानने और कहानी में विश्वसनीय ढंग से चित्रित करने की माँग करें, लेकिन खुद उस यथार्थ को जानने-पहचानने का कोई कष्ट न करें। आजकल देश के विभिन्न भागों में किसानों, मजदूरों, आदिवासियों, हरिजनों, स्त्रियों आदि का शोषण और दमन के प्रति असन्तोष जागरण से आगे बढ़कर प्रतिरोध और संघर्ष के रास्ते पर चल रहा है। इन आन्दोलनों का शासनतन्त्र और शोषक वर्गों द्वारा क्रूर दमन भी हो रहा है। क्या यह सब यथार्थ नहीं है ? जो व्यक्ति इस यथार्थ को नहीं जानता या जानबूझ कर इसकी उपेक्षा करता है या सामाजिक परिवर्तन के भय से डरा हुआ उसका यथास्थितिवादी मन इस यथार्थ पर विश्वास नहीं करता, वह इस यथार्थ का अत्यन्त विश्वसनीय ढंग से चित्रण करनेवाली कहानियों को भी अवश्विसनीय कहे तो आश्चर्य की कोई बात नहीं है। आजकल हिन्दी में ऐसे जनसंघर्षों के यथार्थ और उनकी सम्भावनाओं, उनमें निहित और व्यक्त जन-आकांक्षाओं को अभिव्यक्त करनेवाली कहानियाँ लिखी जा रही हैं। साथ ही जन-समुदाय के जीवन-यथार्थ के विभिन्न पक्षों का आत्मीय चित्रण करनेवाली कहानियाँ भी सामने आ रही हैं। निश्चय ही ये कहानियाँ एक सुनिश्चित रचनात्मक उद्देश्य, स्पष्ट जनपक्षधरता और राजनीतिक दृष्टि से लिखी जा रही हैं। जिन कहानियों में जनसंघर्षों का चित्रण होता है उन्हें खासतौर पर कुछ लोग आजकल अविश्वसनीय घोषित कर रहे हैं। इस घोषणा का बुनियादी कारण राजनीतिक है, कलात्मक नहीं। इससे साबित होता है कि साहित्य का मूल्यांकन केवल कलात्मक मानदण्डों से ही नहीं होता और कलात्मक मानदण्डों के पीछे विचारधारा और राजनीतिक दृष्टि की सक्रियता भी होती है। आज की जनवादी कहानियों में चित्रित यथार्थ और मनुष्य की विश्वसनीयता को पहचानने के लिए इनके मूल स्रोत—आज के जनजीवन—को जानना जरूरी है। समाज की वास्तविकता से दूर रहकर केवल अपने विचारों की दुनिया में समाज और साहित्य के बारे में कृत्रिम प्रश्न गढ़ने और छलमय उत्तर खोजने से न तो जनवाद की पहचान होगी, न आज के यथार्थ का ज्ञान और न आज की जनवादी कहानी का उचित मूल्यांकन।

'संरचना' के दूसरे अंक में रमेशचन्द्र शाह के लेख पर टिप्पणी करते हुए ओमप्रकाश ग्रेवाल ने ठीक ही लिखा है कि श्री शाह नई कहानी के दौर के बने-बनाए प्रतिमानों की कसौटी पर कसकर आज की जनवादी कहानी को खारिज कर रहे हैं। श्री शाह की 'अनुभवजन्य प्रतीति' 'भोगा हुआ यथार्थ' का ही नया नाम है। वे आज की जनवादी कहानी की पक्षधरता, सोद्देश्यता, आलोचनात्मक दृष्टि और

राजनीतिक दृष्टिकोण का खण्डन करते हुए जीवन्तता, स्वाभाविकता, सहजता आदि की जो माँग कर रहे हैं, वह भी नई नहीं है। उनके कहानी सम्बन्धी सोच पर नई कहानी के काल का अनुभववाद पूरी तरह हावी है।

रमेशचन्द्र शाह अपने लेख में जगह-जगह कहानीकारों को सगुण-साधना का उपदेश देते हैं। कहीं वे समाज की सगुण सत्ता देखना चाहते हैं, कहीं व्यक्ति की सगुण सत्ता की माँग करते हैं और कहीं चरित्र की सगुण सत्ता का आग्रह। कहानी में उनका मनुष्य अपनी 'यथार्थ सगुण मूर्ति' देखना चाहता है। सगुणवाद के इस उपदेश के बावजूद वे जब जनवाद, आज की कहानी और आज के समाज के यथार्थ के बारे में सोचते और लिखते हैं तो पक्के निर्गुणमार्गी बन जाते हैं। यही कारण है कि पाठक माथा ठोंक-ठोंक कर बार-बार उनका लेख पढ़ने के बाद भी नहीं जान पाता कि श्री शाह किस जनवाद, कौन सी जनवादी कहानी और कहाँ के यथार्थ के बारे में बात कर रहे हैं।

---

* 'आज की जनवादी कहानियाँ और यथार्थ' विषय पर 'संरचना' पत्रिका में रमेशचन्द्र शाह का एक विवादास्पद निबन्ध छपा था। यह आलेख 'बहस' के लिए उसकी प्रतिक्रिया में लिखा गया है।

जनता के लिए नाटक*

आप सब लोग नाटक और रंगमंच से जुड़े हुए हैं, इसलिए आप लोगों से बातचीत करते हुए मुझे नाटक और रंगमंच के बारे में कुछ बातें ध्यान में आ रही हैं। खासतौर से जनवादी नाटक और रंगमंच के विकास के लिए कुछ जरूरी बातों की चर्चा मैं करना चाहूँगा। आप सब यह जानते हैं कि हिन्दुस्तान में शिक्षा और साक्षरता की स्थिति बहुत उत्साहवर्धक नहीं है। हिन्दी भाषी जनता के बीच स्थिति और भी खराब है। जो साक्षर हैं वे शिक्षित भी हों, यह जरूरी नहीं है। वयस्क शिक्षा अभियान के अन्तर्गत यह मान लिया गया है कि जिसे अपना नाम लिखना आ जाए वह साक्षर है। क्या ऐसे साक्षर व्यक्ति को शिक्षित व्यक्ति कहा जा सकता है कि वह अच्छा साहित्य पढ़कर उसे समझे और कुछ सीखे ? अशिक्षा की स्थिति में साहित्य अपनी जरूरी भूमिका नहीं निभा पाता। ऐसी स्थिति में नाटक और रंगमंच की जरूरत होती है और जनता की सांस्कृतिक जरूरतों को पूरा करने में नाटक और रंगमंच की भूमिका महत्त्वपूर्ण हो जाती है।

हम सब जानते हैं कि रंगमंच के माध्यम से जनता के सामने उसका जीवन एक दूसरे रूप में उपस्थित किया जाता है। हम जिस संसार में जी रहे हैं उस संसार को, अपने आसपास की दुनिया के जीवन और यथार्थ को, जब हम रंगमंच पर देखते हैं तो एक नए तरह के अनुभव से गुजरते हैं। अपने जीवन और जीवन-यथार्थ को अपने से अलग रंगमंच पर घटित होते हुए देखकर हम उसे अधिक गहराई से समझते हैं। नाटक और रंगमंच में जनता से संवाद स्थापित करने की शक्ति और सम्भावना बहुत अधिक होती है। सम्प्रेषण की जितनी व्यापक क्षमता और सम्भावना नाटक तथा रंगमंच में होती है उतनी दूसरी कलाओं में नहीं होती। नाटक और रंगमंच के माध्यम से शिक्षित और अशिक्षित दोनों तरह की जनता से संवाद स्थापित करना सम्भव होता है, इसलिए व्यापक जनवादी सांस्कृतिक आन्दोलन के विकास में नाटक और रंगमंच की महत्त्वपूर्ण भूमिका होती है।

हिन्दी में नाटक और रंगमंच का विकास बहुत व्यवस्थित और निरन्तर नहीं दिखाई देता है। भारतेन्दु युग के बाद प्रगतिशील आन्दोलन के दौरान जनवादी नाटक और रंगमंच के विकास के प्रयास हुए। 1942-43 में इप्टा की स्थापना के साथ हिन्दी का जनवादी रंगमंच विकसित होता दिखाई देता है। शील जी हमारे बीच बैठे हुए हैं। इप्टा के दौर में जनवादी नाटक रंगमंच के विकास में शील जी का योगदान बहुत महत्त्वपूर्ण रहा है। बाद में प्रगतिशील आन्दोलन और प्रगतिशील लेखक संघ के साथ-साथ इप्टा भी विघटन और बिखराव का शिकार हुआ। इप्टा के बिखराव और विघटन के कारणों पर निर्मल शर्मा ने अभी-अभी विस्तार से प्रकाश डाला है। प्रगतिशील आन्दोलन के बिखराव के बाद नाटक और रंगमंच के क्षेत्र में भी एक विचित्र स्थिति पैदा हुई। उसका जनता से सम्बन्ध टूट गया।

प्रगतिशील आन्दोलन ने जनता के बीच से सांस्कृतिक माध्यमों को लेकर उनके विकास का प्रयास किया। इप्टा भी उसी प्रयास का एक अंग था। नई कविता और नई कहानी के प्रभाव के दिनों में नाटक और रंगमंच भी आम जनता से कट कर मध्यवर्गीय बुद्धिजीवियों तक सीमित हो गए। इस दौर में हिन्दी नाटक और रंगमंच के क्षेत्र में दो तरह की प्रवृत्तियाँ उभरीं। उस समय जो लोग नाटक लिख रहे थे वे छायावाद के काल के नाटकों की आलोचना करने के बावजूद खुद रोमाण्टिक नाटक ही लिख रहे थे। 'लहरों के राजहंस' और 'आषाढ़ का एक दिन' जैसे नाटक बुनियादी तौर पर रोमाण्टिक नाटक ही हैं। नाटक और रंगमंच के क्षेत्र में उस समय एक दूसरी प्रवृत्ति भी सामने आई। आधुनिकतावाद के नाम पर कविता, कहानी और उपन्यास की तरह नाटक के क्षेत्र में भी बहुत सारी प्रवृत्तियों, सिद्धान्तों और रचना शैलियों को पश्चिम से लिया गया। नाटक के क्षेत्र में, सामान्यतः भारतीय नाटक और रंगमंच की परम्परा और खासतौर से हिन्दी नाटक और रंगमंच की परम्परा की उपेक्षा करके फ्रांस, जर्मनी, इंग्लैण्ड और अमेरिका से नाटक और रंगमंच की ऐसी प्रवृत्तियों और रचना-शैलियों को हिन्दी में लाने की कोशिश की गई जिनका हमारे यहाँ के समाज, संस्कृति और जीवन के किसी भी सन्दर्भ से कोई सम्बन्ध नहीं था। ये प्रवृत्तियाँ भारतीय जनता की सांस्कृतिक आकांक्षाओं के अनुकूल भी न थीं। परिणामतः नाटक और रंगमंच व्यापक जनता से कटकर आभिजात्य बुद्धिजीवी वर्ग तक सीमित हो गया।

हिन्दी नाटक और रंगमंच के विकास की कोशिश 'नेशनल स्कूल ऑफ ड्रामा' के माध्यम से भी थोड़ी बहुत हुई है। इस संस्था में अधिकारियों के बदलने के साथ नाटक और रंगमंच के विकास के प्रयास की दिशा भी बदलती रही है। लेकिन वहाँ मुख्य रूप से आधुनिकतावादी माहौल, एक तरह की सम्भ्रान्तता और आभिजात्य प्रवृत्ति की ही प्रधानता है। कुछ दिन पहले 'नेशनल स्कूल ऑफ ड्रामा' की ओर से ब्रेख्त के नाटक 'फैसला' का मंचन हुआ था। इस प्रयास में ब्रेख्त के उद्देश्य

और भावना की हत्या होती दिखाई दी। ब्रेख्त ने यह नाटक या अपने सारे नाटक बुर्जुआ वर्ग के मनोरंजन के लिए नहीं लिखे थे। लेकिन वहाँ यही हो रहा था। अधिकांश दर्शक सिनेमाघरों या क्लबों में जाने के बदले वातानुकूलित प्रेक्षागृह में बैठकर ब्रेख्त का नाटक देखते हुए अपना मनोरंजन कर रहे थे। 'फैसला' नाटक जिन लोगों के लिए महत्त्वपूर्ण और जरूरी है उनके बीच उसके मंचन से ही वह अपनी सार्थक भूमिका निभा सकता है।

आजकल, खासतौर से दिल्ली में आभिजात्य रंगमंच के साथ-साथ भोंडा, कुरुचिपूर्ण, अश्लील और कुत्सित नाटकों का प्रचार-प्रसार दिखाई देता है। दिल्ली के वातानुकूलित प्रेक्षागृहों में बराबर खेले जानेवाले पंजाबी के नाटकों में कुरुचि अश्लीलता और भोंडेपन का ही प्रदर्शन होता है। ऐसे नाटक एक स्वस्थ सांस्कृतिक वातावरण बनाने के बदले बाजारू मानसिकता बनाने और जनता की रुचि भ्रष्ट करने का काम करते हैं। इन नाटकों की अश्लीलता को समझने के लिए कल के कवि सम्मेलन में पढ़ी गई लहँगा वाली कविताओं को आप याद कीजिए ! पूँजीवाद के बढ़ते हुए प्रभाव के कारण दिल्ली और बम्बई जैसे शहरों में आभिजात्य के साथ-साथ कुत्सित प्रवृत्तियों का प्रचार-प्रसार कोई आश्चर्यजनक बात नहीं है। सन्तोष की बात केवल यह है कि दिल्ली में और दूसरे शहरों में भी और इन शहरों से अधिक गाँवों में, एक बार फिर जनवादी नाटक और रंगमंच का विकास हो रहा है। जनता की राजनीतिक चेतना के विकास के साथ उसकी सांस्कृतिक आकांक्षाओं की पूर्ति के लिए जनवादी नाटककार और रंगकर्मी आगे आ रहे हैं।

जनवादी रंगमंच को दो तरह की प्रवृत्तियों से संघर्ष करना है। एक तो आधुनिकतावादी और आभिजात्य प्रवृत्ति से और दूसरे अश्लील भोंडी तथा जनता की रुचि को विकृत करनेवाली प्रवृत्ति से। जनता से जुड़े हुए नाटककारों और रंगकर्मियों को इन दोनों प्रवृत्तियों से संघर्ष करते हुए और अपनी रचनात्मक क्षमता का विकास करते हुए आगे बढ़ना है।

आज के जमाने में नाटक का उद्देश्य काफी बदल गया है। नाटक और रंगमंच के स्वरूप में भी परिवर्तन हुए हैं। अगर आप ब्रेख्त के नाटकों को देखें और नाटक तथा रंगमंच के सम्बन्ध पर उनके विचारों को ध्यान में रखें तो पाएँगे कि ब्रेख्त की एक महत्त्वपूर्ण धारणा 'एपिक थियेटर' महाकाव्यात्मक रंगमंच की है। महाकाव्यात्मक रंगमंच की एक विशेषता यह है कि उसके अनुसार दर्शक नाटक से रस की अनुभूति या सुख या मनोरंजन प्राप्त करने नहीं जाता। ब्रेख्त ने स्पष्ट कहा है कि नाटक केवल आनन्द देने के लिए नहीं, कुछ सिखाने, बताने या आगे बढ़ाने के लिए होता है। ब्रेख्त ने रंगमंच के प्रसंग में 'ऐलिएनेशन इफेक्ट' की चर्चा की है। ऐलिएनेशन इफेक्ट का मतलब यह है कि रंगमंच पर जो कुछ दिखाया जाए उससे दर्शकों का तादात्म्य न हो बल्कि क्रिटीकल डिस्टेन्स—एक तरह की आलोचनात्मक

दूरी—कायम हो, ताकि दर्शक उन चीजों पर तटस्थ होकर आलोचनात्मक ढंग से विचार कर सके। इस प्रक्रिया में नाटक यथार्थ के बोध और परिवर्तन का माध्यम बनता है। रंगमंच पर जो कुछ दिखाया जाता है उससे तादात्म्य स्थापित होने पर दर्शक अनुभव करते हैं कि जीवन में ऐसा ही होता है, लेकिन जब आलोचनात्मक दूरी रहेगी तो दर्शकों को लगेगा कि जो कुछ हो रहा है उसके परिवर्तन की जरूरत है। यह नाटक और रंगमंच के प्रभाव का एक पक्ष है। जब नाटक और रंगमंच के माध्यम से जनता के संघर्ष और उसकी चेतना के विकास की अभिव्यक्ति होती है तो दर्शकों में रंगमंच पर व्यक्त स्थितियों और उद्देश्यों से एकता और सहानुभूति जगाने की जरूरत होती है। असल में, आज रंगमंच के माध्यम से जनता में आलोचनात्मक प्रवृत्ति जगाने की जरूरत है। ब्रेख्त की चर्चा करने का तात्पर्य यह है कि हिन्दी के जनवादी नाटककारों और रंगकर्मियों को पश्चिम के ब्रेख्त जैसे नाटककारों से प्रेरणा प्राप्त करनी चाहिए, केवल सेम्युअल बेकेट या बादल सरकार की ओर ताकते रहने से ही हिन्दी नाटक और रंगमंच का विकास नहीं होगा।

मित्रो, किसी दूसरी कला में यह क्षमता नहीं होती कि वह जीवन के क्रियात्मक और घटनात्मक रूप को हूबहू आपके सामने उपस्थित कर दे। लेकिन रंगमंच में यह विशेषता होती है। रंगमंच एक संयुक्त कला है, उसमें अनेक 'कलाओं' का योग होता है। नाटक में साहित्य के साथ-साथ अभिनय, संगीत, नृत्य, चित्र, साज-सज्जा और रंगमंच सज्जा की जरूरत होती है। आजकल प्रकाश व्यवस्था के माध्यम से अनेक तरह के प्रभाव उत्पन्न किए जाते हैं। इस तरह नाटक और रंगमंच के माध्यम से जीवन के क्रियात्मक और घटनात्मक रूप को अधिकाधिक सम्पूर्णता में दर्शकों के सामने उपस्थित किया जाता है। यही कारण है कि नाटक और रंगमंच में प्रभाव की क्षमता दूसरी कलाओं से अधिक होती है।

ब्रेख्त ने 'एपिक थियेटर' की धारणा बनाने की प्रेरणा एशिया से प्राप्त की थी। चीन और भारत के नाटकों और महाकाव्यों की परम्परा से ब्रेख्त ने प्रेरणा ली थी। हिन्दुस्तान के नाटक और रंगमंच के सिद्धान्त और व्यवहार की एक लम्बी परम्परा है। जनजीवन में भी लोकनाट्य और लोक रंगमंच की समृद्ध परम्परा है। इन सबसे सीखते हुए, इनका विवेकपूर्ण मूल्यांकन और रचनात्मक उपयोग करते हुए आप लोग आज के ऐतिहासिक सन्दर्भ और सांस्कृतिक जरूरतों के मुताबिक हिन्दी के जनवादी नाटक और रंगमंच का विकास कर सकते हैं। अगर बाहर से कुछ सीखना हो तो गोर्की के नाटक हैं, ब्रेख्त के नाटक हैं, उनसे बहुत कुछ सीखा जा सकता है। यह जरूरी नहीं कि हिन्दी के नाटककार सेम्युअल बेकेट से ही सीखें और 'वेटिंग फॉर गोडो' जैसा नाटक लिखकर समाज और जीवन से उदासीनता और घृणा से प्रेम करने का प्रचार-प्रसार करें ! ध्यान रखने की बात यह है कि नाटक जनता से संवाद स्थापित करने का एक माध्यम है इसलिए आप चाहे इस देश की

परम्परा से सीखें या विदेश से लेकिन नाटक को दुर्बोध और अबूझ पहेली बनाने की कोशिश न करें।

इस तरह आप सबको, जो नाटक और रंगकर्म से जुड़े हुए हैं, गलत प्रवृत्तियों से संघर्ष करते हुए और नई-पुरानी, देशी-विदेशी जनवादी प्रवृत्तियों का रचनात्मक उपयोग करते हुए हिन्दी के जनवादी नाटक और रंगमंच का विकास करना है। यह एक कठिन लेकिन आवश्यक काम है। यह काम व्यवहार के माध्यम से पूरा होगा, केवल सिद्धान्त चर्चा से नहीं। इसकी समस्याओं का बोध और उनका समाधान व्यवहार में ही होगा।

'युगबोध' संस्था के मित्रों से मेरा निवेदन है कि वे नाटकों के लेखन और मंचन के दौरान जन-भावनाओं पर विशेष ध्यान दें। जनता जिन चीजों में रुचि ले और धीरे-धीरे स्वीकार करे, उन्हीं के माध्यम से जन चेतना का विकास सम्भव होगा। इस प्रक्रिया में एक ओर जनता की कला चेतना विकसित होगी और दूसरी ओर आपकी कला चेतना परिष्कृत होगी। हमें केवल जनता को सिखाने के लिए ही उसके पास नहीं जाना चाहिए। जनता से सीखते हुए ही उसे सिखाया जा सकता है। आपको जिनसे संवाद करना है उनकी जरूरतों और स्थितियों को जाने बिना आप संवाद स्थापित नहीं कर सकते। अन्त में मैं यही कहूँगा कि आपके सामने समस्याएँ गम्भीर और महत्त्वपूर्ण हैं, इन समस्याओं का हल आपको ही व्यवहार में खोजना है। प्रसन्नता की बात यह है कि आप लोग इस काम में ईमानदारी और गम्भीरता से लगे हुए हैं।

धन्यवाद।

---

* 17 अक्तूबर 1980 को 'युगबोध' ने रतलाम में 'जनता के लिए नाटक' शीर्षक से यह व्याख्यान आयोजित कराया था।

वह उदात्त अधूरापन

प्रकाश जैन कहा करते थे कि 'लहर मेरी जिन्दगी है'। अपनी बात उन्होंने सच साबित कर दी; जीवन में ही नहीं, मृत्यु में भी। दोनों का अन्त लगभग एक साथ और एक जैसा हुआ। दोनों जीने के लिए संघर्ष करते-करते मौत के मुँह में चले गए। दोनों का अधूरा अन्त हुआ, असमय और अचानक। दोनों से उनको चाहने वालों को अभी बहुत उम्मीदें थीं। दोनों के अन्त से जिन लोगों को गहरी निराशा हुई, एक खालीपन महसूस हुआ, उनमें एक मैं भी हूँ। प्रकाश जब अस्पताल में थे तब 'लहर' का अन्तिम अंक प्रेस में था। वह अंक लगभग पूरा छपा करीब साल भर से प्रेस में पड़ा हुआ था। शायद अब भी प्रेस में ही होगा।

पिछले कुछ सालों से 'लहर' की लड़खड़ाती स्थिति से थके हुए प्रकाश अपनी कविता की ओर लौट रहे थे। वे नई कविताएँ लिख रहे थे, पुरानी कविताओं को सहेज रहे थे। अगर वे अस्पताल से स्वस्थ होकर घर लौट पाते तो न 'लहर' का वह अंक अधूरा रह जाता और न उनकी कविताएँ अधूरी छूट जातीं। इसलिए मुझे लग रहा है कि दोनों का अन्त अधूरा रहा। लेकिन इस अधूरेपन में भी एक ऐसी उदात्तता है जो कई बार पूर्णता में भी नहीं होती। इस उदात्त अधूरेपन का अवसाद भी प्रेरणादायक है।

1957 प्रकाश के व्यक्तिगत और साहित्यिक जीवन में एक मोड़ लानेवाला वर्ष है। वह हिन्दी की साहित्यिक पत्रकारिता के इतिहास में भी 'लहर' के जन्म के रूप में एक महत्त्वपूर्ण घटना का वर्ष है। 1957 में ही प्रकाश और मनमोहिनी एक-दूसरे की जिन्दगी में आए और दोनों एक हो गए। अनेक तरह की रूढ़ियों को तोड़ते हुए, लांछनों को सहते हुए और कठिनाइयों को झेलते हुए दोनों ने समाज की दी हुई जिन्दगी के बदले अपनी भावनाओं की जिन्दगी जीने का संकल्प किया। 1957 में ही लहर की शुरुआत हुई। उस समय की प्रचलित साहित्यिक रूढ़ियों को चुनौती देती, प्रवादों और अपवादों से बचती हुई 'लहर' ने हिन्दी की साहित्यिक

पत्रकारिता की नई राह बनाई। उसने हर कीमत पर नए और सार्थक साहित्य की रक्षा और विकास का दायित्व निभाया। जीवन और साहित्य दोनों में प्रकाश ने सुविधा की जगह संघर्ष का रास्ता चुना और उस चुनाव की कीमत चुकाई। दोनों में उन्होंने संकल्प और संघर्ष के सहारे ऐसी सफलता भी पाई जो कम लोगों को मिलती है। प्रकाश की इस सफलता के लिए मनमोहिनी ने अपना सब कुछ दाँव पर लगा दिया। मनमोहिनी के बिना प्रकाश की 'लहर' रेगिस्तान में कहीं खो गई होती।

'लहर' 1957 में निकली और 16-17 वर्षों तक लगातार चलती रही। 1974 के आसपास आर्थिक तंगी के कारण वह बन्द हो गई। लेकिन प्रकाश ने हार नहीं मानी। वे 'लहर' को फिर निकालने की कोशिश में लगे रहे। 1980 में 'लहर' का पुनर्जन्म हुआ। लेकिन अब उसमें पहले जैसी गति और शक्ति नहीं थी। 1986 में वह फिर लड़खड़ाई। प्रकाश और 'लहर' दोनों जीने के लिए लड़ते हुए काफी थक चुके थे। बीच के अन्तराल को छोड़ दें तो 'लहर' का जीवन लगभग 25 वर्षों का रहा। स्वाधीनता के बाद निकलनेवाली किसी दूसरी साहित्यिक लघु पत्रिका का जीवन शायद ही इतना लम्बा हो। इतने लम्बे समय तक वह केवल जीवित नहीं रही। खास तौर से पहले के 16-17 वर्षों में उसका जीवन अत्यन्त सार्थक और प्रभावशाली था। उस समय जहाँ तक प्रकाश की 'लहर' पहुँची उससे अधिक दूर तक 'लहर' का प्रकाश पहुँचा। उस समय के हिन्दी साहित्य के सर्वोत्तम का एक बड़ा हिस्सा लहर के पन्नों पर छपा। 1960 से 70 के बीच के हिन्दी साहित्य का इतिहास 'लहर' को छोड़कर नहीं लिखा जा सकता। 'लहर' को छोड़कर उस काल का जो भी इतिहास लिखा जाएगा वह अधूरा होगा।

'लहर' के जीवन संघर्ष और प्रकाश की संघर्षशील पत्रकारिता को समझने के लिए यह याद रखना जरूरी है कि 'लहर' के पीछे न किसी संगठन की शक्ति थी, न किसी संस्था का साधन था और न किसी पूँजीवाले का समर्थन था। स्वाधीनता के बाद वही साहित्यिक पत्रिकाएँ दीर्घजीवी रही हैं जिनके पीछे इनमें से किसी एक की सहायता मिलती रही है। 'लहर' प्रकाश—मनमोहिनी के संकल्प, संघर्ष और लेखकों के सहयोग से निकलनेवाली पत्रिका थी। प्रकाश-मनमोहिनी ने 'लहर' को चलाने के लिए अपना सब-कुछ उसमें लगा दिया—अपनी जमा पूँजी और कमाई ही नहीं रचनाशीलता भी। उन्हें उम्मीद थी कि 'रंग लाएगी हमारी फाकामस्ती एक दिन।'

प्रकाश और मनमोहिनी ने 'लहर' को कमाने-खाने और अपना व्यक्तित्व चमकाने का साधन कभी नहीं बनाया। 'लहर' के एक से एक अच्छे विशेषांक निकाले। 1957 का कवितांक, 1958 का कहानी अंक, विश्व कविता अंक आदि के साथ राजकमल चौधरी, मुक्तिबोध और नागार्जुन पर 'लहर' के विशेषांक को पुस्तकाकार छपवा कर बेच सकते थे। आज जबकि लघु पत्रिकाओं पर व्यावसायिकता बुरी तरह हावी है, अनेक लघु पत्रिकाएँ व्यावसायिकता की इस दौड़ में शामिल हैं, उनके

विशेषांक सम्पादित पुस्तकें बनकर बिक रहे हैं तब यह देखकर बहुत आश्चर्य होता है कि प्रकाश 'लहर' का व्यावसायिक लाभ उठाने से कैसे चूक गए। अगर वे ऐसा करते तो 'लहर' की आर्थिक कठिनाइयाँ कुछ कम कर पाते। उन्होंने जब कभी इस दिशा में कदम बढ़ाया तो एक पैर खाई में और दूसरा खंदक में पड़ा। मानना होगा कि प्रकाश एक दुनियादार और समझदार सम्पादक न थे। आज की तरह उन दिनों साहित्य-सेवा कमाऊ धन्धा न थी।

प्रकाश अच्छे कवि थे और मनमोहिनी अच्छी कहानी लेखिका। लेकिन 'लहर' में न प्रकाश की कविताएँ छपीं न मनमोहिनी की कहानियाँ। उन्होंने 'लहर' को अपनी कविता, कहानी की चर्चा करने कराने का मंच कभी नहीं बनाया। जब हिन्दी की साहित्यिक पत्रकारिता की दुनिया में 'अहो रूपम् अहो ध्वनि' की बेशर्मी चारों ओर गूँज रही है तब 'लहर' के सम्पादकों की इस निस्संगता का महत्त्व बढ़ जाता है। ऐसी साहित्यिक पत्रकारिता की मिसाल स्वाधीनता आन्दोलन के काल की साहित्यिक पत्रकारिता में ही मिल सकती है।

'लहर' एक सच्ची सार्थक लघु साहित्यिक पत्रिका थी। उसमें रचनात्मक दृष्टियों की विविधता को सहेजने की उदारता थी, प्रयोगों की नवीनता को स्वीकारने का साहस था, अच्छे-बुरे साहित्य में अन्तर करने का विवेक था और उभरते लेखकों की सम्भावनाओं की पहचान की तत्परता थी। यही कारण है कि लहर के माध्यम से अनेक नए लेखक उभरे और सामने आए। प्रकाश सम्भावनाशील नए लेखकों को मंच ही नहीं देते थे, उन्हें प्रेरणा और प्रोत्साहन भी देते थे। वे चिट्ठियाँ लिखकर नए लेखकों को (कभी-कभी पुरानों को भी) उकसाते थे, कोंचते थे, चिकोटी काटते थे और कभी-कभी सुई भी चुभाते थे। इसके बाद बड़ा से बड़ा आलसी लेखक भी 'लहर' को देने के लिए कुछ-न-कुछ लिख ही देता था। जिन लोगों के पास प्रकाश के पत्र होंगे वे इस बात की सचाई जानते हैं। प्रकाश अनेक अर्थों में नए लेखकों के निर्माता थे।

प्रकाश और 'लहर' ने नए लेखन और लेखकों को बढ़ावा दिया, लेकिन उन्होंने किसी दबाव के कारण साहित्य के स्तर और गुण की कीमत पर कभी कोई समझौता नहीं किया। जब तक कोई रचना उन्हें पसन्द नहीं आती थी तब तक उसे वे छापते नहीं थे, भले ही रचनाकार को लगातार चिट्ठियाँ लिखकर लिखने और रचना भेजने का आग्रह करते थे। उन्होंने कई बार 'लहर' के लिए आई हुई ही नहीं मँगवाई हुई रचनाओं को भी घटिया पाकर लौटा दिया। जिसके परिणामस्वरूप अनेक कवि और अकवि उनसे नाराज हुए और उन पर तरह-तरह के आरोप भी लगाए। घटिया लेखक अफवाह रचने में माहिर होते हैं। प्रकाश को अनेक बार नाराज लेखकों द्वारा फैलाए गए अफवाहों का भी सामना करना पड़ा। लेकिन 'लहर' तो प्रकाश की जिन्दगी थी जिसे व्यर्थताओं से भरकर बेसबब बनाए रखना उन्हें कबूल न था।

'लहर' के माध्यम से साहित्यिक पत्रकारिता के क्षेत्र में प्रकाश जैन की जो संघर्षशीलता दिखाई देती है उसकी शक्ति उन्हें अपने जीवन संघर्ष से मिली थी। जो व्यक्ति अपने जीवन में संघर्ष से कोसों दूर होगा वह समाज, संस्कृति और साहित्य में किस बूते पर संघर्ष करेगा। जीवन में सुविधाभोगी व्यक्ति समाज, संस्कृति और साहित्य में संघर्ष का नाटक कर सकता है, कई बार उसका नाटक सफल भी होता है, लेकिन वह सचमुच संघर्ष नहीं कर सकता। प्रकाश जैन बचपन से मृत्यु तक एक विस्थापित और विभाजित जीवन जीने की मजबूरी से लड़ते हुए प्रमाणिक जीवन जीने की कोशिश करते दिखाई देते हैं। विस्थापित और विभाजित जीवन उनका चुनाव नहीं था। वह समाज और परिवार से उन्हें मिला था, बल्कि उन पर लाद दिया गया था। वह एक मजबूरी थी उस मजबूरी को जीते हुए, उस दी हुई जिन्दगी को ढोते हुए भी उन्होंने अपने मन के मुताबिक जिन्दगी जीने की कोशिश की। यह अपने जीवन को प्रामाणिक बनाने की कोशिश थी। यही उनके जीवन भर की लड़ाई बन गई।

प्रकाश जैन जोधपुर में पैदा हुए थे। उनका अनुमान था कि 1926 के अगस्त की 28 तारीख को उनका जन्म हुआ था। अगर यह सही है तो वे कन्या राशि में पड़ते हैं। मनमोहिनी का खयाल है कि प्रकाश अपने स्वभाव और जीवन पद्धति से सिंह राशि के पुरुष थे इसलिए वे 1927 के अगस्त की 28 तारीख को पैदा हुए होंगे। जो भी हो, उनका बचपन हलचलों से भरा रहा। वे प्रारम्भ से ही प्यार की प्रयोग भूमि बन गए। आठ-नौ वर्ष की आयु में ही स्वर्गीय केसरीमल लोढ़ा प्रकाश को दत्तक पुत्र के रूप में जोधपुर से अजमेर ले गए। यहीं से विस्थापित और विभाजित जिन्दगी की शुरुआत हुई। वे जिस परिवार में आए उसमें पिता के अतिरिक्त किसी और का प्यार न पा सके। अभी वे 14 वर्ष के भी नहीं हुए थे कि उनको प्यार देनेवाले पिता चल बसे। वे जिस परिवार में थे वहाँ उनका मन लगता नहीं था और जहाँ से आए थे वहाँ लौट नहीं सकते थे। मन बेचैन था। यह बेचैनी कभी-कभी जाहिर भी होती ही होगी। परिवारवालों को सन्देह हो गया कि प्रकाश घर छोड़ कर भाग सकते हैं। इसलिए उनका विवाह कर दिया जाए। 14 वर्ष की उम्र और जबरन विवाह। परिवार के बन्धन जैसे-जैसे कसते गए मुक्त होने की बेचैनी बढ़ती गई। आखिर वे घर से भागे और कलकत्ता पहुँच गए। कलकत्ता पहुँचने से पहले प्रकाश का संघर्ष भावात्मक ही अधिक था। प्यार की लालसा, आत्मीयता की चाह और आरोपित जीवन जीने की मजबूरियाँ मन को मथती रहीं। इस भावात्मक हलचल की स्मृति से वे जीवन भर उबर नहीं पाए। इसीलिए बाद के दिनों में भी प्यार देने और पाने की इच्छा उनमें बहुत प्रबल रही। प्यार करना उनका स्वभाव बन गया। प्यार करने का उनका ढंग इतना खुला, सहज और आत्मीय होता था कि सामनेवाला उसे टाल नहीं सकता था।

कलकत्ता में उनका संघर्ष भावात्मक से अधिक भौतिक था। वैसे जीवन के प्रसंग में भौतिक और भावात्मक के बीच सतह पर जितना अन्तर दिखाई देता है तह में उतना होता नहीं है। 14 वर्ष के प्रकाश जब कलकत्ता पहुँचे तब उस शहर का सामना करने लायक उनके पास न उम्र थी, न पैसे। कलकत्ता में मारवाड़ी सेठ बहुत थे। कोशिश करने पर उनमें से कोई न कोई सहानुभूतिशील निकल ही आता। लेकिन अजमेर में घर पर सहानुभूति के सताए हुए प्रकाश उसी सहानुभूति की खोज करने कलकत्ता नहीं गए थे। उन्होंने परिवार में ऐश्वर्य और सुविधा का दुख झेला था इसलिए कलकत्ते में वे अभाव और असुविधा के सुख की खोज करने लगे। उन्होंने जूट मिल में नौकरी शुरू की। पहले के जीवन से एकदम भिन्न जीवन, मजदूरों का संग-साथ, रोज-रोज नए-नए अनुभव। यह दुनिया ही दूसरी थी। पगार कम थी इसलिए रहने का कोई ठिकाना भी न था। वे दिन में मिल में काम करते, रात को किसी फिल्म का अन्तिम शो देखते और आधी रात के बाद पद्मा नदी के किनारे खाली पड़ी किसी नाव में पाँव समेट कर सो जाते। यहीं उन्होंने कठिनाइयों में जीने की दीक्षा पाई और विरोधी परिस्थितियों से लड़ने का संकल्प पाया। यहीं कविता के बीज अंकुरित हुए। यहाँ प्रकाश ने श्रमजीवी जनता के जीवन को निकट से देखा, उसके प्रति गहरी सहानुभूति पैदा हुई जो बाद में उनकी कविताओं में जगह-जगह प्रकट हुई है।

बंगाल में रहते हुए प्रकाश एक ऐसे अनुभव से भी गुजरे जो असामान्य और झकझोरनेवाला था। वह अनुभव था बंगाल में साम्प्रदायिकता के ज्वालामुखी के विस्फोट की लपटों में गाँवों और शहरों, हिन्दुओं और मुसलमानों, इन्सानी रिश्तों और आदर्शों को जलते हुए देखने का। प्रकाश इस असाधारण अनुभव को कभी नहीं भूले। यही अनुभव बहुत बाद की उनकी एक कविता 'एक शरणार्थी की डायरी' में कलात्मक संयम के साथ व्यक्त हुआ है। कविता की शुरुआत इस तरह होती है :

पद्मा की लहरों पर
महकता हुआ गीत
थम गया
मन में बहता हुआ/जल
बर्फ की मानिन्द
जम गया
थम गया अचानक
मछुआरों का स्वर
खेतों में जुटे हुए
हाथों की तेजी मर गई

जाने कितना बोझ
भय। आशंका
अनजाना संशय

साम्प्रदायिकता के उन्माद से पैदा हुई भयंकर स्थितियों के त्रासद चित्रण के साथ-साथ उन स्थितियों में जीते-मरते मनुष्य और मनुष्यता के मूर्त्त-अमूर्त्त चित्रों के कारण इस कविता में एक दुर्लभ विशिष्टता है। हिन्दी में इस अभूतपूर्व ट्रेजडी पर लिखी उल्लेखनीय कविताएँ बहुत कम हैं। प्रकाश की इस कविता जैसी कविताएँ या तो बंगला में हैं या पंजाबी में। इस कविता का अन्त यह है :

आदमी नहीं/चींटियाँ
असंख्य/बेशुमार
कोई किसी से नहीं बोलता
नहीं खोलता
न घटनाओं को/न अपने आपको
बन्दूक के कुन्दों का खौफ
और आग की डरावनी लपटें
समूचे वातावरण को घेरे हुए
सैकड़ों मीलों की रफ्तार से
चलता हुए समय
किसी को पीछे ठेलकर/छोड़कर
आगे नहीं बढ़ता

प्रकाश आठ-नौ वर्षों बाद 1949 में जब अजमेर लौटे तब उनके पास ढेर सारे साधारण-असाधारण अनुभव थे, ज़िन्दगी के नए नक्शे थे, कुछ सपने थे औंर कुछ संकल्प थे। लेकिन इन सब के साथ क्षय रोग भी था। उनके सामने टी.बी. से जिन्दगी बचाने और बची हुई जिन्दगी को मन के मुताबिक जीने की समस्या थी। संकल्प के सहारे वे दोनों मोर्चों पर लड़ते रहे। कई नौकरियाँ कीं, पर मन कहीं नहीं लगा।

प्रकाश कलकत्ते से साहित्यिक पत्रकारिता से जुड़ी कुछ इच्छाएँ और योजनाएँ भी साथ लाए थे। उन्हें एक ऐसे व्यक्ति की तलाश थी जो उनके सपनों को साकार और इच्छाओं को सार्थक बनाने में सहयोगी साबित हो। इसी तलाश की प्रक्रिया में उन्हें मनमोहिनी मिली। फिर 'लहर' निकली। यह बेहिचक कहा जा सकता है कि मनमोहिनी के सहयोग से ही प्रकाश के सपने साकार हुए। 'लहर' प्रकाश और मनमोहिनी के प्रेम का माध्यम थी और मूर्त्त रूप भी। प्रकाश ने मनमोहिनी से प्रेम और विवाह करके अपने संघर्ष का एक और मोर्चा खोल लिया। यह संघर्ष जितना व्यक्तिगत था उससे अधिक सामाजिक था।

इस समाज में लोग छिपकर प्रेम करते हैं और खुलकर नफरत। इसी को सभ्यता, संस्कृति और मर्यादा आदि कहा जाता है। ऐसे लोग बाहर से सम्भ्रांत दीखते हैं, लेकिन भीतर बहुत अश्लील होते हैं। यही नहीं इस समाज में चोरी छिपे प्रेम जायज है क्योंकि उससे रूढ़िवाद की रक्षा होती है, भले ही उस प्रेम के नाम पर व्यभिचार पले। प्रकाश और मनमोहिनी ने समाज में प्रचलित रीति के विरुद्ध खुलकर प्रेम किया और विवाह भी। प्रकाश पहले से विवाहित थे, उनका परिवार था। इसलिए इस प्रेम-प्रसंग में प्रकाश से अधिक साहस और दृढ़ता का परिचय मनमोहिनी ने दिया। ऐसी स्थिति में रूढ़िवादी समाज उन्हें कैसे माफ करता। प्रकाश और मनमोहिनी को लांछन, आरोप, व्यंग्य और तिरस्कार का लगातार सामना करना पड़ा। प्रकाश को इन स्थितियों का एहसास था। वे कभी-कभी आहत भी महसूस करते थे। लेकिन उनके मन में कोई पछतावा न था। वे प्रायः रूढ़िवादी समाज को ललकारते और चुनौती देते थे। 'जीवन बोध' नाम की कविता में उन्होंने लिखा है।

यह जीवन क्रम
मैंने ही चुना था
जी रहा हूँ
मित्रों आत्मीयों शुभचिन्तकों को
अच्छा नहीं लगा
लगातार महसूस करता रहा मैं
कभी उनके शब्दों/कभी मुद्राओं से
वे गलत नहीं थे
मैं भी गलत नहीं हूँ

इसके बाद प्रकाश रूढ़िवादियों से पूछते हैं :

क्या कभी सोचा है आपने
लीक पर चलता रहता आदमी
तो आज आप कहाँ होते

'लहर' से प्रकाश को यश मिला, ख्याति मिली और असंख्य लेखकों, पाठकों का प्यार मिला। कभी-कभी रास्ता काटनेवाली बिल्लियाँ भी मिलीं। लेकिन इसमें आश्चर्य की कोई बात नहीं है। जैसे अपवादों से नियम सिद्ध होते हैं वैसे ही अपशकुन से अच्छे कामों का महत्त्व मालूम होता है। 'लहर' के कारण हिन्दी की साहित्यिक पत्रकारिता के इतिहास में प्रकाश का नाम अमिट हो गया। लेकिन 'लहर' के प्रति प्रकाश के एकान्त समर्पण से एक नुकसान भी हुआ। सम्पादक प्रकाश के सामने कवि प्रकाश धूमिल पड़ गया। यद्यपि प्रकाश ने अपने कवि और सम्पादक को प्रायः एक-दूसरे से अलग रखा और दोनों के दायित्वों को निभाया, लेकिन सम्पादक सहज सुलभ था इसलिए लोगों ने उसको पहचान और कवि तलाश की माँग करता था

इसलिए वह प्रायः उपेक्षित रहा। प्रकाश मूलतः कवि थे। वे 'लहर' निकालने से पहले कवि थे और 'लहर' के बाद भी कवि रहे। 'लहर' भी पूरी तरह एक कवि पत्रिका थी। प्रकाश की कवि दृष्टि ही 'लहर' की संजीवनी शक्ति थी। अगर 'लहर' उनकी जिन्दगी थी तो कविता उनकी आस्था थी। इसलिए 'लहर' के सम्पादक प्रकाश की बात करना और कवि प्रकाश को भूल जाना ठीक नहीं है।

प्रकाश के अब तक तीन कविता संग्रह छप पाए हैं। 'कभी-कभी' 'अन्तर्यात्रा' और 'बर्फ क्यों नहीं पिघलती' (86) में जितनी कविताएँ आ पाई हैं लगभग उतनी ही कविताएँ अभी या तो अप्रकाशित या असंकलित पड़ी हुई हैं। मनमोहिनी के अनुसार बिखरी हुई कविताएँ इतनी हैं कि दो-तीन संग्रह बन सकते हैं। प्रकाश की कविताएँ पत्रिकाओं में छपती रही हैं, लेकिन उनके संग्रह नहीं निकल पाए हैं। 'अन्तर्यात्रा' और 'बर्फ क्यों नहीं पिघलती' के बीच लम्बे अन्तराल से लगता है कि संग्रह न निकलने के पीछे प्रकाश की लापरवाही से अधिक हिन्दी प्रकाशन की दुनिया में फैली हुई तिकड़मी व्यवस्था है, जिससे प्रकाश प्रायः दूर ही रहते थे। मेरे सामने 'बर्फ क्यों नहीं पिघलती' के साथ कुछ छपी-अनछपी कविताएँ हैं। केवल इतनी कविताओं के आधार पर कवि प्रकाश का मूल्यांकन सम्भव नहीं है। फिर भी उनकी काव्यानुभूति के कुछ बिन्दुओं की ओर संकेत करना जरूरी है। इन कविताओं में संवेदना की सचाई और शिल्प की ऐसी निजता है जो आकर्षित करती है। यह आकर्षण सार्थक कविताओं में ही होता है।

प्रकाश की काव्य यात्रा नई कविता से आज की कविता तक फैली हुई है। इस बीच हिन्दी कविता में कई मोड़ आए और गए, कई आन्दोलन उठे और गिरे। कविता की दुनिया लगातार बदलती रही है। उसका रूप-रंग नया से नया होता रहा है। प्रकाश इन सबसे निकटता से परिचित कवि थे। वे हिन्दी कविता की दुनिया के बदलते रूप-रंग के बारे में सजग थे। लेकिन वे कविता की दुनिया के हर परिवर्तन के पीछे अपनी कविता लेकर दौड़ पड़नेवाले कवि नहीं थे। उन्होंने बड़े यत्न से अपनी कविता का एक खास रूप-रंग बनाया और निखारा था। उनकी कविता में परिवर्तन उनकी संवेदनशीलता के विकास से जुड़ा हुआ है, किसी आन्दोलन के प्रभाव से नहीं। कई बार उनकी कविता में शब्द और मुहावरे नई कविता और अकविता से आए हुए लगते हैं, लेकिन उनका रचाव और उस रचाव में रची-बसी संवेदना नई कविता और अकविता की प्रचलित प्रवृत्तियों से अलग है। कविता में जनवाद के नाम पर फैले आत्म निषेध से भी वे बचे हैं। इसलिए अनामदासों की भीड़ में शामिल नहीं हुए। उनकी कविता की सबसे बड़ी विशेषता यह है कि वह कवि के मन की पुकार है।

'बर्फ क्यों नहीं पिघलती' में मुख्यतः तीन रंगों की कविताएँ हैं। ये रंग इतने सच्चे और पक्के हैं कि उनको पहचानने में पाठकों को बहुत सर खपाने की जरूरत

नहीं होगी। कविता के ये रंग कवि की संवेदनशीलता की दिशाओं की ओर संकेत करते हैं। इस संग्रह की कुछ कविताओं में जीवन के आत्मीय और अन्तरंग क्षणों की अनुभूतियाँ हैं और कुछ में प्रकृति के विभिन्न रंग-रूपों से रागात्मक सम्बन्धों की अभिव्यक्ति है। सबसे अधिक संख्या ऐसी कविताओं की है जिनमें आज के समाज में फैली विसंगतियों और विडम्बनाओं का बोध है और उस बोध से उपजी संवेदनशील मन की बेचैनी भी है।

आजकल प्रेम करना भले ही आसान हो, लेकिन प्रेम पर अच्छी कविता लिखना बहुत कठिन काम है। प्रेम करनेवाला व्यक्ति प्रेम की कविता लिखे और वह आत्म मुग्धता से बच जाए, यह और भी मुश्किल काम है। प्रकाश ने प्रेम की कुछ अच्छी कविताएँ लिखी हैं जिनमें न आत्म आसक्ति है और न रूमानी भावुकता। उदाहरण के लिए एक कविता का यह अंश देखिए :

दीवार पर टँगा हुआ
किच्चू का यह चित्र
और भाऊ की पेण्टिंग्ज
खिड़की-दरवाजों पर पड़े हुए
पर्दे
टेबुल पर रखी
अस्त-व्यस्त किताबें
वही की वही हैं
आखिर क्या नहीं है
कि मेरा अपना ही घर
अपना नहीं रहा

मनुष्य के जीवन में प्रेम के अलावा एक और अवसर आता है जब आदमी को इन्सान बनने का मौका मिलता है। ऐसे ही अवसर की अनुभूति 'अबोध तुतलाहट' शीर्षक कविता में है :

उससे बतियाते हुए
एक अबोध तुतलाहट
मेरे ओठों पर
स्वतः ही फिसलने लगती है
खो जाता है
मेरा जाना-समझा, शब्द
और उसका अर्थ
मैं रेशू हो जाता हूँ

अब ऐसी कविताएँ दुर्लभ होती जा रही हैं। क्योंकि इस तरह की कविता

रचनेवाली मानसिकता क्षीण होती जा रही है। आधुनिकतावादी और अस्तित्ववादी कविता की दुनिया में बच्चों के लिए कोई जगह नहीं थी। सतही जनवादी कविता में भी बच्चे कविता या क्रान्ति के उपकरण बन गए हैं। ऐसे लोगों को कौन समझाए कि बच्चे का सहज स्वाभाविक रूप और उसकी क्रीड़ा मानव जीवन की सबसे बड़ी कविता है।

आजकल कविता में जो हालत बच्चों की है, वही प्रकृति की है। आधुनिक समाज में प्रकृति पर विजय की आकांक्षा इतनी प्रबल रही है कि मनुष्य से प्रकृति के सहयोगी सम्बन्ध पर ध्यान देने की चेतना प्रायः गायब हो गई है। प्रकृति पर विजय की यह आकांक्षा आधुनिक मन पर उन्माद की तरह छाई रही है। फलतः प्रकृति से मनुष्य का संघर्ष ही आधुनिक कला का नियामक दृष्टिकोण रहा है। अब उस उन्माद से छुटकारा पाने की कोशिश हो रही है, प्रकृति से मनुष्य की शत्रुता की जगह मित्रता की जरूरत महसूस हो रही है, दुनिया भर में पर्यावरण की रक्षा के आन्दोलन चल रहे हैं। मनुष्य को प्रकृति विरोधी उन्माद से बचाने का एक महत्त्वपूर्ण साधन कविता रही है। लेकिन पूँजीवादी युग में आधुनिकता के आवेश के कारण बहुतेरे कवियों को कविता की यह भूमिका याद नहीं रही है। प्रकाश जैन ऐसे आधुनिकतावादी कवि नहीं हैं। उनकी कविताओं में जैसे मानवीय सम्बन्धों के आत्मीय क्षणों की अनुभूतियाँ हैं वैसे ही प्रकृति के विभिन्न रूपों से मनुष्य के सम्बनधों की संवेदनाएँ भी हैं। प्रकृति के नए-नए रूप-रंग से सम्पर्क के कारण प्रकाश को अपनी मनुष्यता का अहसास होता है। उन्होंने एक कविता में लिखा है :

इस बार भी
कचनार के फूल खिले
मैंने देखा/शायद तुमने भी
उसका रूप/उसकी गन्ध
अभी तक मेरे मन में बसी है
कचनार हो/शिरीष/या गुलमोहर
मैं हर बार
रूप/और रस/और गन्ध में
हो जाता हूँ/सराबोर
लगता है/मौसम और ऋतु
मेरे भीतर कहीं जनमते हैं
मैं उनका
और वे मेरे हो जाते हैं।

उन्होंने सूरज, हवा, धूप आदि पर अनेक कविताएँ लिखी हैं। इन सबको अगर आप उनकी नजरों से देखें तो प्रकृति का नया अर्थ खुलेगा। प्रकृति के बदलते रूपों को

चित्रित करनेवाली प्रकाश की कुछ बहुत छोटी कविताएँ उनकी बहुत अच्छी कविताएँ हैं। एक कविता यह है :

अभी-अभी
धूप ने
हवा को
बेचैन कर दिया था
और अब
हवा
धूप को पी गई

'बदलाव' शीर्षक यह कविता क्या केवल प्रकृति की कविता है ? क्या यह मानव जीवन के किसी पक्ष की ओर संकेत नहीं करती ? प्रकाश की कविताओं में जहाँ ऐसा संयम और सधाव है वहीं अच्छी कविताएँ बनी हैं। उनकी कविता में प्रकृति परम्परा से नहीं परिवेश से आई है। यह भी कहा जा सकता है कि वह अपने परिवेश के प्रति कवि की संवेदनशीलता की देन है। इसीलिए उसमें स्थानीयता है। वह राजस्थान के जीवन से जुड़ी हुई है। उसमें केवल कचनार के फूल ही नहीं हैं, बेर और केर की सूखी झाड़ियाँ भी हैं, बबूल के काँटे हैं और आँखों में गड़ती रेत है। प्रकाश की कविता में प्रकृति का यह ऐसा रूप है जो राजस्थान के बाहर के हिन्दी कवियों की कविता में शायद ही मिले। राजस्थानी प्रकृति का एक चित्र इस तरह है :

दूर तक फैले हुए
बालू के टीलों
और मैदानों में
कहीं सूखी
और कहीं अधसूखी
कैर की झाड़ियाँ
और खेजड़े
पानी नहीं
खेत नहीं
रेत/बस रेत
सिर्फ बालू रेत

और इसी प्रकृति का एक दूसरा रूप देखने लायक है :

यहाँ तो बालू के टीले
जमीन का भूगोल
बदलते हैं हर क्षण

और एक ऐसी बात कहते हैं
कि सिहर जाता है
रोम-रोम
देह पिघलने लगती है।

यहाँ मनुष्य अपने अस्तित्व के लिए प्रकृति से लड़ता हुआ जीता है। सूखा और अकाल यहाँ की जिन्दगी से स्थायी रूप से जुड़े हुए हैं। यह एक अन्तहीन संघर्ष है। इस अन्तहीन संघर्ष से थककर कुछ लोग सब कुछ खोकर सीमा पार दूसरे प्रान्तों में चले जाते हैं, परदेशी हो जाते हैं। लेकिन वहाँ रहनेवाले कुछ ऐसे भी हैं जिनकी जीवनशक्ति और संघर्षशीलता चकित करनेवाली है।

कितने कितने दिनों से
अनाज का दाना नहीं देखा
लावणी के
बीजों का सहारा लिए
जाने क्यों चिपके हुए हैं
इन भूरे रेत के टीबों से ?

अकाल नाम की इस लम्बी कविता में ठेठ राजस्थानी जनजीवन और उसका अन्तहीन जीवन संघर्ष समग्रता के साथ मूर्तिमान हुआ है। जब कवि की संवेदनशीलता कल्पना की कारीगरी छोड़कर वास्तविक जिन्दगी की ठोस स्थितियों से मुठभेड़ करती है तब ऐसी कविता रची जाती है।

प्रकाश जैन की कविता का तीसरा रंग समकालीन सामाजिक जिन्दगी की विसंगतियों और विडम्बनाओं के बोध से जुड़ी कविताओं में है। इस रंग की कविताओं में थकान है, टूटन है, पीड़ा है, छटपटाहट है और कहीं-कहीं निराशा भी है। लेकिन इन सबके साथ खीझ है, आक्रोश है और सामाजिक बदलाव की आकांक्षा भी है। यह सब व्यक्तिगत नहीं सामाजिक है। अनुभूति के स्तर पर सामाजिक को व्यक्तिगत की तरह महसूस किया गया है, इसलिए कविताओं में संवेदना की सामाजिक व्यापकता और वैयक्तिक गहराई है। प्रकाश की पूरी काव्य-यात्रा पर एक नजर डालें तो यह स्पष्ट हो जाएगा कि उनकी सामाजिक संवेदनशीलता क्रमशः तीव्रतर हुई है और जन-जीवन से उसकी सहानुभूति अधिकाधिक सघनतर हुई। इसके प्रमाण 'बर्फ क्यों नहीं पिघलतीं' की अकाल और आजादी जैसी अनेक कविताओं में मौजूद हैं। जन-जीवन से उनका लगाव किसी सिद्धान्त या संगठन के आग्रह से नहीं आया है, वह उनकी सहज सामाजिक संवेदनशीलता की देन है। वही सामाजिक संवेदनशीलता जब उन्हें जन-जीवन की समस्याओं तक ले जाती है तब वे समाज में चारों ओर फैली गरीबी, बदहाली और यातना देखकर बेचैन होते हैं और बार-बार सोचते हैं कि :

जमीन की सतह के नीचे
इतनी गर्मी/इतना लावा
फिर भी बर्फ क्यों नहीं पिघलती।

यह अकारण नहीं है कि उन्होंने अपने जीवन के अन्तिम दिनों में छपे कविता संग्रह का नाम रखा था 'बर्फ क्यों नहीं पिघलती'। उनकी कविताओं में जहाँ-तहाँ जो निराशा है वह इसी सामाजिक स्तब्धता के एहसास से उपजी निराशा है। इसके पीछे सामाजिक बदल।व की आकांक्षा है।

साधारण जन से प्रकाश की सहानुभूति जैसे-जैसे बढ़ती गई है, वैसे-वैसे अभिजन समूह पर कविता में उनका आक्रमण तेज होता गया है। एक कविता में अभिजन समुदाय से खुद को अलगाते हुए उन्होंने लिखा है :

आपके पास सिर्फ आप थे/आप्के अपने सपने
व्यवस्था को हथियाने के हथकण्डे
खरीदे हुए गुलाम/उनके नारे/जुलूस/
फूलमालाएँ
जय जयकार।
और मेरे इर्द-गिर्द/समस्याएँ/आँसू/यन्त्रणा
और चीत्कार-तनाव से जूझते हुए/
अनेकानेक चेहरे।

अभिजन समुदाय की एक स्थायी विशेषता है पाखण्ड। दोमुँहापन इसका खास लक्षण है। इस देश का शासक वर्ग और उसके सहयोगी बुद्धिजीवी पाखण्ड और दोमुँहेपन को मदारी की कलाबाजी की तरह साधकर जनता को ठग रहे हैं। प्रकाश को जहाँ कहीं पाखण्ड और दोमुँहेपन की कलाबाजी दिखाई दी है, उस पर उन्होंने बार-बार चोट की है। यह पाखण्ड नहीं तो और क्या है कि जिस देश में जनता का एक हिस्सा अब भी प्रागैतिहासिक जिन्दगी जी रहा है, दूसरा सामन्ती जंजीरों में जकड़ा हुआ है, तीसरा पूँजीवादी शोषण और दमन का शिकार हो रहा है वहाँ के शासक इन सब बातों को भुलाकर जनता को इक्कीसवीं सदी में पहुँचाने का नारा लगा रहे हैं। प्रकाश ने इक्कीसवीं सदी में जाने के अभिमान की विडम्बना की ओर संकेत करते हुए लिखा है :

उदास चूल्हे/उजाड़ खेत
और सूखी हुई नदी
आ/तू आ/इक्कीसवीं सदी

ऐसा नहीं है कि राजनीति में तो पाखण्ड का प्रसार है लेकिन साहित्य का क्षेत्र उससे अछूता है। साहित्य में राजनीति से कम पाखण्ड और दोमुँहापन नहीं है। यहाँ पाखण्ड की कला में अमूर्तन और अनेकार्थता अधिक है, इसलिए सुविधा और जरूरत के

अनुसार उसका अर्थ करना सम्भव होता है। साहित्य में पाखण्ड के कई रूप हैं। कहीं सत्ता विरोध की सीढ़ियों के सहारे सत्ता के सिंहासन तक पहुँचने का प्रयास होता है तो कहीं सत्ता से निराश होने पर विरोध का राज मार्ग याद आता है। प्रकाश जैन ने जैसे राजनीतिक पाखण्ड पर चोट की है वैसे ही साहित्य क्षेत्र में फैली पाखण्ड की कला की भी बखिया उधेड़ी है।

भोपाल से निकलनेवाली पत्रिका 'साक्षात्कार' में श्रीकांत वर्मा की एक कविता छपी थी 'कोई और अमरावती'। इस कविता के दो हिस्से इस तरह हैं :

महाराज
यह वह अमरावती नहीं
कोई और
अमरावती है
इसके लिए कोई और लड़ने को
तैयार नहीं
x x x
हटाई जा चुकी हैं
स्मृति श़य्याएँ
नज़र नहीं आती गणिकाएँ
न रहे मंच
न नायक, न नायिकाएँ
कृपा सिन्धु
भूल जाएँ अमरावती आपकी थी

श्रीकांत वर्मा की ऐसी ही कविताओं का संग्रह है मगध। जिसको कुछ आलोचकों ने 'वर्तमान व्यवस्था का मर्सिया' कहा है। प्रकाश जैन को यह कविता मर्सिया नहीं, वासोख्त लगी जिसमें निराश प्रेमी अपनी प्रेमिका को जली-कटी सुनाता है, लेकिन भीतर-भीतर उसके निकट जाने, अपनाए जाने के लिए बेचैन रहता है। उनको श्रीकांत वर्मा की यह कविता साहित्य में पाखण्ड के प्रसार का कलात्मक नमूना लगी। इसलिए उन्होंने इसके जवाब में एक कविता लिख कर अपनी तीखी प्रतिक्रिया व्यक्त की। प्रकाश की कविता के दो अंश ये हैं :

महाराज
यह वही अमरावती है
वही/सिर्फ वही
इसके लिए लड़ने को तैयार हैं
कुछ चेहरे
और शेष उनके जर-खरीद गुलाम

गुलाम
गुलामों की कमी नहीं है/हुजूर
यह तो सिलसिला है
वे कुछ चेहरे
पंचवर्षीय योजनाओं में
दस-पाँच दिन/विनम्र
मुस्कुराहट में
खिसियाए हुए नजर आते हैं
x x x
देश काल के अनुसार
बदल गया है स्वरूप
परिधान गणिकाओं का
पर मंच तो मंच है
यह अलग बात है
कि बदल गई हो/साज-सज्जा
और नायक-नायिकाएँ
परिवर्तित परिवेश में
उसको शोभायित करें
सामान्य ढोलनियों की जगह
प्रशस्ति-प्राप्त कलाकार
उन्हीं मंचों पर गाएँ
नई भैरवी सुनाएँ
कृपा निधान
अमरावती आपकी थी
और है/विश्वास मानें

नन्द चतुर्वेदी ने ठीक ही कहा है कि प्रकाश एक योद्धा थे। वे जीवन में अनेक मोर्चों पर लड़े। आरम्भ में अपने व्यक्तित्व की स्वतन्त्रता के लिए आरोपित जीवन-पद्धति से लड़े। फिर मनमोहिनी से प्रेम और विवाह करके समाज की रूढ़ियों से जूझे। 'लहर' के माध्यम से साहित्य में मूल्यहीनता और अवसरवाद के विरुद्ध संघर्ष किया और कवि के रूप में समाज तथा साहित्य में फैले पाखण्ड पर चोट की। इतने मोर्चों पर लड़नेवाला व्यक्ति अगर समय से पहले टूट जाए तो क्या आश्चर्य।

संकल्पित चिन्तन का फल

(कॉडवेल की नई कृति : 'रोमांस एण्ड रियलिज्म')

क्रिस्टोफर सेण्ट जॉन स्प्रिग्ग, जो अपने साहित्यिक उपनाम क्रिस्टोफर कॉडवेल से ही अधिक विख्यात हैं, 20 अक्तूबर सन् 1907 ई. को पैदा हुए थे और 12 फरवरी, 1937 को स्पेन के गृह-युद्ध में मुक्ति फौज की ओर से लड़ते हुए शहीद हो गए। उन्होंने पत्रकारिता से अपने साहित्यिक जीवन की शुरुआत की थी। प्रारम्भ में क्रिस्टोफर सेण्ट जॉन स्प्रिग्ग के नाम से ही उनके कुछ जासूसी उपन्यासों, लेखों और एक कविता संग्रह का प्रकाशन हुआ। 1936 में क्रिस्टोफर कॉडवेल के नाम से उनका एक महत्त्वपूर्ण उपन्यास 'दिस माइ हैण्ड' छपा। यहीं से क्रिस्टोफर कॉडवेल के नाम से उनके गम्भीर लेखन का प्रारम्भ हुआ। वे अपने जीवन काल में प्रायः अज्ञात ही रहे, लेकिन मरने के बाद एक मार्क्सवादी आलोचक और सौन्दर्यशास्त्री के रूप में उन्हें ख्याति मिली। चिन्तन और कर्मठता, विचार और आचरण की वास्तविक एकता का जो रूप उनके जीवन में मिलता है, वह मार्क्सवादी दर्शन में उनकी गहरी आस्था की देन है। मार्क्सवाद दुनिया को समझने-समझाने का ही दर्शन नहीं है, बल्कि वह दुनिया को समझकर उसको बदलने में सहायक दर्शन है। कॉडवेल का तीस वर्षों का छोटा-सा जीवन ज्ञान और कर्म की तेजस्विता के कारण आकर्षक और गरिमामय है। कॉडवेल एक बहुमुखी प्रतिभासम्पन्न व्यक्ति थे जो अपने छोटे-से जीवन में ही मानव-ज्ञान की पूरी विरासत को अपना बनाने की कोशिश में काफी कामयाब हुए। अपनी जीविका के साधन जुटाने में व्यस्त और पार्टी के कामों में सक्रिय हिस्सा लेते हुए भी उन्होंने अपने जीवन के अन्तिम पाँच वर्षों में ही अधिकांश लेखन-कार्य किया। इन पाँच वर्षों में ही उन्होंने अपराध-सम्बन्धी सात उपन्यासों, उड़ान पर पाँच पुस्तकों, 'दिस माइ हैण्ड' जैसा उपन्यास, 'इल्यूज़न एण्ड रिएलिटी' और विभिन्न विषयों पर 13 महत्त्वपूर्ण लम्बे निबन्धों की रचना की, जो बाद में 'स्टडीज़ इन डाइंग कल्चर' और 'फर्दर स्टडीज़ इन डाइंग कल्चर' में संगृहीत हुए।

सन् 1934 के तीन महीनों के भीतर ही, जबकि वे सप्ताह में चार दिन आधे दिन के हिसाब से नौकरी भी करते थे, उन्होंने एक जासूसी उपन्यास, वायुयान-चालन सम्बन्धी एक पुस्तक, उड़ान सम्बन्धी लेख, छः कहानियों और कुछ कविताओं की रचना की। कॉडवेल की प्रमुख प्रकाशित पुस्तकें हैं—(1) इल्यूजन एन्ड रिएलिटी, (2) दिस माइ हैण्ड, (3) क्राइसिस इन फिजिक्स, (4) स्टडीज़ इन ए डाइंग कल्चर और (5) फ़र्दर स्टडीज़ इन ए डाइंग कल्चर। उनकी अप्रकाशित पुस्तकें हैं—नीत्शे के ढंग पर सूक्तियों की एक पुस्तक, दो कहानी-संग्रह, तीन नाटक, एक व्यंग्य महाकाव्य, कुछ जासूसी उपन्यास, उड़ान पर कुछ पुस्तकें और शरीर-विज्ञान तथा साहित्य पर एक-एक प्रबन्ध। 'रोमान्स एण्ड रियलिज़्म' उनके अप्रकाशित प्रबन्धों में से एक है, जिसका प्रकाशन सन् 1970 में प्रिंसटन विश्वविद्यालय प्रेस से हुआ है। इस पुस्तक का सम्पादन सैमुअल हाइन्स ने किया है। पुस्तक के आरम्भ में सम्पादक ने एक लम्बी भूमिका लिखी है जिसमें कॉडवेल के व्यक्तित्व और कृतित्व का अंग्रेजी मार्क्सवादी आलोचना के ऐतिहासिक परिप्रेक्ष्य में सहानुभूतिपूर्ण विवेचन और तटस्थ मूल्यांकन है। सम्पादक की भूमिका कॉडवेल के साहित्य में रुचि रखनेवालों के लिए विशेष उपयोगी है। सम्पादक के अनुसार 'रोमांस एण्ड रियलिज़्म' की पाण्डुलिपि कॉडवेल के भाई टी. स्टेनहोप स्प्रिग्ग से प्राप्त हुई है, जिसके पास कॉडवेल की शेष अप्रकाशित रचनाओं की पाण्डुलिपियाँ पड़ी हुई हैं। इस प्रबन्ध का मूल रूप व्याकरण और वर्तनी की साधारण भूलों के अतिरिक्त प्रायः सुस्पष्ट और पूर्णतः प्रकाशन-योग्य मिला, इसलिए सम्पादक ने कुछ साधारण भूलों को सुधारने और तीन-चार सूचनात्मक टिप्पणियों को जोड़ने के अलावा कोई विशेष परिवर्तन नहीं किया है। 'रोमांस एण्ड रियलिज़्म' के प्रकाशन से अंग्रेज़ी मार्क्सवादी साहित्यालोचन निश्चय ही समृद्ध हुआ है।

कॉडवेल अपने रचनात्मक चिन्तन के दौरान मानव-ज्ञान के विविध रूपों के आलोक में एक ऐसी समग्र विश्वदृष्टि की खोज और विकास का प्रयत्न कर रहे थे, जो उनकी रागात्मक और वैचारिक आवश्यकताओं की पूर्ति कर सके तथा उनकी कलात्मक और वैज्ञानिक बोधशक्ति को गहराई, व्यापकता और सुस्पष्टता प्रदान कर सके। वे एक ऐसी विश्वदृष्टि प्राप्त करना चाहते थे जो विचारधारा के विभिन्न रूपों में व्यक्त मानव-चेतना और उसके विधायक तत्त्वों के स्पष्ट बोध में सहायक हो। ऐसी विश्वदृष्टि उन्हें मार्क्सवादी दर्शन से उपलब्ध हुई। कॉडवेल की पुस्तकों से उसके चिन्तनशील मानस की रचनात्मक शक्ति की विविधता और व्यापकता का परिचय मिलता है। दर्शन, विज्ञान, कला और साहित्य-सम्बन्धी उनके रचनात्मक चिन्तन का प्रमाण उनकी प्रमुख रचनाओं में मिल जाता है। विचारक कॉडवेल से दुनिया परिचित है, लेकिन रचनाकार कॉडवेल से परिचित होना अब भी बाकी है। कवि, कहानीकार और उपन्यासकार कॉडवेल पर भी विचार करना जरूरी है। कॉडवेल

ने भौतिक विज्ञान, जीव विज्ञान, मनोविज्ञान, दर्शन, सौन्दर्यशास्त्र, समाजशास्त्र और साहित्यालोचन के क्षेत्र में जो काम किया है उसकी महत्ता और गम्भीरता को इन क्षेत्रों के विशेषज्ञों ने भी स्वीकार किया है। कॉडवेल 1934 के आसपास मार्क्सवाद के अध्ययन और कम्युनिस्ट पार्टी की गतिविधियों की ओर मुड़े। उनके लिए मार्क्सवादी दर्शन की यात्रा केवल पुस्तकों से पुस्तकों तक ही सीमित नहीं थी। उन्होंने अपने मार्क्सवादी दृष्टिकोण को ही स्पष्ट करने के लिए मानव-ज्ञान के विविध क्षेत्रों की रचनात्मक यात्रा की। वे लेनिन के इस कथन से परिचित थे : "Communism becomes an empty phrase, a mere fecade and the communist a mere bluffer, if he has not worked over in his consciousness the whole inheritance of human knowledge." कॉडवेल की करीब-करीब सभी प्रमुख रचनाएँ उनके मरने के बाद प्रकाशित हुई हैं, इसलिए उनमें चिन्तन के विकास-क्रम को खोजना काफी मुश्किल काम है। कॉडवेल मुख्यतः मार्क्सवादी सौन्दर्यशास्त्री और आलोचक माने जाते हैं लेकिन मार्क्सवादी सौन्दर्यशास्त्री और साहित्य-चिन्तक के रूप में उनका कृतित्व काफी विवादास्पद रहा है। यह विवाद का विषय है कि कॉडवेल सौन्दर्यशास्त्री हैं या आलोचक। कुछ विद्वानों के लिए तो यह भी विवादास्पद है कि कॉडवेल मार्क्सवादी विचारक हैं या नहीं ! ऐसे ही कुछ लोगों के लिए मार्क्सवादी सौन्दर्यशास्त्र का स्वरूप और अस्तित्व भी विवादास्पद है।

कॉडवेल के साहित्य-दर्शन पर विचार करने के पहले उनके जमाने के इंग्लैण्ड के साहित्यालोचन में मार्क्सवादी दर्शन की स्थिति पर विचार करना जरूरी है। कॉडवेल के पहले अंग्रेजी साहित्य में मार्क्सवादी आलोचना और सौन्दर्यशास्त्र की कोई विकसित परम्परा नहीं थी। उनके समकालीन मुख्य मार्क्सवादी साहित्य-चिन्तक हैं—राल्फ फाक्स और एलिक वेस्ट। इनके अतिरिक्त जॉन स्ट्रेची और फिलिप हेण्डरसन ने भी इस क्षेत्र में काम किया है। अपने समकालीन दूसरे मार्क्सवादी आलोचकों से कॉडवेल चिन्तन की व्यापकता और गहराई की दृष्टि से निश्चय ही अधिक महत्त्वपूर्ण हैं। अंग्रेजी साहित्यालोचन में मार्क्सवादी आलोचना और सौन्दर्यशास्त्र की परम्परा की शुरुआत करनेवालों में कॉडवेल का महत्त्वपूर्ण स्थान है। सन् 1930 के करीब नई पीढ़ी के रचनाकारों में ऑडेन, स्पेंडर, इशरवुड, आरवेल और डे लेविस आदि प्रमुख थे जो मार्क्सवाद की ओर आकृष्ट हुए थे। उस समय के इंग्लैण्ड के जनमानस पर प्रथम महायुद्ध का गहरा प्रभाव था। पूँजीवाद की चरम परिणति के रूप में साम्राज्यवाद कितना खतरनाक, विनाशकारी और मानवता-विरोधी हो सकता है, इसका अनुभव जनता कर रही थी। उस समय इंग्लैण्ड में ऐसा सामाजिक और बौद्धिक वातावरण था जिसमें अतीत के प्रति अनास्था थी, वर्तमान के प्रति गहरा असन्तोष था और भविष्य के प्रति आशंका और अनिश्चय की स्थिति थी। अपने जमाने के इंग्लैण्ड की बुर्जुआ संस्कृति को कॉडवेल ने 'मरणोन्मुख संस्कृति' कहकर उसकी वास्तविक

दशा की ओर सही संकेत किया है। आस्था के संकट की इस दशा में मार्क्सवादी दर्शन और साम्यवादी समाज-व्यवस्था में मानव-इतिहास के भविष्य की आशा का प्रकाश दिखाई पड़ा और नई पीढ़ी के अधिकांश साहित्यकार मार्क्सवाद की ओर मुड़े। यही कारण था कि 1935 के आसपास इंग्लैण्ड में मार्क्सवाद का तेजी से प्रचार-प्रसार हुआ। यह एक दूसरी कहानी है कि जो साहित्यकार निजी विश्वासों के संकट से परेशान होकर और मार्क्सवाद को वरदान देनेवाला ईश्वर समझकर मार्क्सवाद की ओर आए थे, वे पूँजीवादी व्यवस्था में ही सुधार की आशा लेकर और उस ईश्वर को असफल कहकर पुनः अपने पुराने घोंसले में लौट गए। कॉडवेल के लिए मार्क्सवाद दुनिया को बदलने में सहायक दर्शन था, साहित्य सामाजिक परिवर्तन का हथियार था, इसलिए वे 'आलोचना के हथियारों' को धारदार बनाने के साथ-ही-साथ 'हथियारों की आलोचना' को तेज करने के काम में ही शहीद हो गए।

कॉडवेल अपनी रचनाओं में मानव-चेतना की सम्पूर्ण क्रियाशीलता की संयुक्त, परस्पर सम्बद्ध और विकासशील प्रगति की पहचान का प्रयत्न कर रहे थे। वस्तु और चेतना के विकासशील रूपों और सम्बन्धों की खोज के लिए ही उन्होंने विज्ञान, दर्शन, कला और साहित्य की ऐसी यात्रा की, जिससे एक समग्र बोध प्राप्त हो सके। विज्ञान और कला दोनों ही यथार्थ के प्रति मानव-मानस की सोद्देश्य प्रतिक्रिया के परिणाम हैं, इसलिए दोनों में एक अन्तर्निहित सम्बन्ध होता है। मानव के सामाजिक अस्तित्व से उसकी चेतना अनुशासित होती है, इसलिए उस चेतना की क्रियाशीलता की अभिव्यक्ति के विभिन्न रूपों के अध्ययन के लिए यह आवश्यक है कि मानव के सामाजिक अस्तित्व और चेतना के सम्बन्ध का अध्ययन किया जाए। साहित्य या कला के अध्ययन और मूल्यांकन के लिए यह जरूरी है कि साहित्य के वास्तविक आधार मानव-जीवन की सामाजिक क्रियाशीलता के सन्दर्भ में ही साहित्य का विवेचन किया जाए। कॉडवेल ने मानव-चेतना की क्रियाशीलता की अभिव्यक्ति के सभी रूपों को सामाजिक क्रियाशीलता के साथ ही विश्लेषित करने का प्रयत्न किया। कॉडवेल के अनुसार साहित्य एक सामाजिक क्रिया और विकासशील प्रक्रिया है। साहित्य मानव-स्वतन्त्रता का साधन है। कला मनुष्य की वृत्तियों की अनिवार्यताओं को परिष्कृत और स्वीकृत करके मानव-चेतना को मुक्त बनाती है। 'इल्यूज़न एण्ड रियलिटी' के अन्त में कॉडवेल ने लिखा है कि कला मनुष्य के आत्मसाक्षात्कार का साधन है, इसलिए वह एक मानवीय वास्तविकता है। कॉडवेल के लिए कला और साहित्य का लक्ष्य है मानव की स्वतन्त्रता की वृद्धि। कला व्यक्ति और समाज दोनों की स्वतन्त्रता में जितनी सहायक होती है उतनी ही सार्थक भी होती है।

कॉडवेल को सौन्दर्यशास्त्री अधिक और साहित्य का आलोचक कम माना जाता है, व्यावहारिक समीक्षक तो सबसे कम समझा जाता है, लेकिन 'रोमांस एण्ड रियलिज़्म'

के प्रकाशन के बाद अब यह कहना सही नहीं है कि कॉडवेल साहित्य के आलोचक नहीं हैं। कॉडवेल को 'स्टडीज़ इन ए डाइंग कल्चर' के प्रकाशन के बावजूद मुख्यतः कविता का आलोचक माना जाता है; लेकिन इस नई पुस्तक में वह उपन्यास के समर्थ आलोचक के रूप में सामने आते हैं। कॉडवेल पर यह भी आरोप लगाया जाता है कि वे रचनाओं और रचनाकारों की समालोचना करने के बदले केवल सामाजिक पृष्ठभूमि, प्रेरक सामाजिक तत्त्व और कार्य-कारणों की छानबीन का प्रयत्न करते हैं। 'रोमांस एण्ड रियलिज़्म' के प्रकाशन से यह आरोप भी खण्डित होता है। कुछ साहित्यशास्त्री कॉडवेल की आलोचना को साहित्यालोचन न मानकर उसे साहित्य का समाजशास्त्रीय अध्ययन मानते हैं, इस पुस्तक को पढ़ने से उनका भी दुराग्रह दूर हो जाएगा। यहाँ मैं उन विशुद्ध साहित्यशास्त्रियों की चर्चा नहीं कर रहा हूँ जो साहित्य को सामाजिक सन्दर्भों में रखकर परखनेवाली हर आलोचना को समाजशास्त्रीय या कुत्सित समाजशास्त्रीय आलोचना कहकर मुँह बिचकाते हैं। वैसे कुछ विशुद्ध साहित्यवादी ऐसे भी हैं जिनको साहित्य या कला की आलोचना के सन्दर्भ में समाज का नाम लेना भी अरुचिकर लगता है। 'रोमांस एण्ड रियलिज़्म' के सम्पादक ने अपनी भूमिका में इस पुस्तक को भी 'अंग्रेजी साहित्य का समाजशास्त्र' कहा है, लेकिन उन्होंने भी इस पुस्तक में कॉडवेल की ओलाचना की साहित्यिकता को स्वीकार किया है। कॉडवेल की आलोचना पर एक आरोप यह भी है कि उसमें ऐतिहासिक चेतना का अभाव है, 'रोमांस एण्ड रियलिज़्म' के बारे में यह आरोप सही नहीं है। सन् 1936-37 में लिखी गई इस पुस्तक को 1970 के बाद पढ़ते समय बीच के आलोचना के सम्पूर्ण विकास को विस्मृत कर पाना सम्भव नहीं है, फिर भी कॉडवेल के जमाने के साहित्यालोचन की स्थिति को याद कर लेना अच्छा होगा। लेकिन इसका यह भी तात्पर्य नहीं है कि 'रोमांस एण्ड रियलिज़्म' केवल एक महत्त्वपूर्ण ऐतिहासिक दस्तावेज है। इसमें कॉडवेल की प्रखर आलोचनात्मक प्रतिभा का प्रमाण जगह-जगह मिलेगा और अंग्रेजी-साहित्य की कई प्रवृत्तियों और रचनाओं के बारे में नए विचार भी मिलेंगे। कॉडवेल पर अनेक आरोप 'माडर्न क्वार्टर्ली' (1950-51) के कॉडवेल परिसंवाद में लगाए गए हैं। उन पर आरोप है कि वे कला को आत्मपरक अनुभव मानते हैं, उनमें बुर्जुआ वर्ग की प्रवृत्तियाँ हैं, उनकी कविता की धारणा पर फ्रायड का प्रभाव है, उनमें स्वच्छन्दतावादी आत्मपरकता है, अबुद्धिवाद है, उनमें ग़लत समन्वय का प्रयास है, वे विशुद्ध कविता के सिद्धान्त के निर्माता हैं। सारांश यह है कि कॉडवेल मार्क्सवादी आलोचक नहीं हैं, कुछ लोगों के अनुसार वे मार्क्सवादी विचारक भी नहीं हैं। इस परिसंवाद में भाग लेनेवालों में मॉरिस कार्नफोर्थ जैसे दार्शनिक कॉडवेल की आलोचना को मार्क्सवादी मानने से ही इन्कार करते हैं और जे. डी. बर्नल जैसे वैज्ञानिक कॉडवेल पर यान्त्रिक होने और ग़लत समन्वय करने का आरोप लगाते हैं, जबकि जॉर्ज थाम्सन जैसे सुप्रसिद्ध आलोचक कॉडवेल की रचनाओं को

महत्त्वपूर्ण विचारों का भण्डार कहते हैं। जॉर्ज लूकाच ने भी कॉडवेल की तलस्पर्शी प्रतिभा और प्रगतिशील दृष्टिकोण की प्रशंसा की है। लूकाच ने कॉडवेल के कला और साहित्य-सम्बन्धी सिद्धान्तों की प्रखरता और औचित्य को स्वीकार किया है। डेविड एन. मार्गोलीज के अनुसार कॉडवेल ऐसा पहला आलोचक है जिसने कला पर पूर्णतः सामाजिक और पूर्णतः मार्क्सवादी दृष्टिकोण से विचार किया है। 'रोमांस एण्ड रियलिज़्म' से यद्यपि कॉडवेल पर लगाए गए आरोप पूर्णतः खण्डित नहीं होते, फिर भी अधिकांश आरोप इस पुस्तक के प्रकाशन के बाद निस्सार साबित होते हैं।

कॉडवेल के अनुसार 'रोमांस एण्ड रियलिज़्म' का लक्ष्य है उन सामाजिक परिवर्तनों का विश्लेषण, जिनसे उपन्यास और कविता के रूप तथा तकनीक में परिवर्तन हुए हैं। सामाजिक परिवर्तन के साथ युगीन संवेदना और साहित्य के रूपों तथा मुहावरों में होनेवाले परिवर्तनों को जोड़कर उनका विवेचन-विश्लेषण करना इस पुस्तक में कॉडवेल के मार्क्सवादी दृष्टिकोण की महत्त्वपूर्ण उपलब्धि है। रचनात्मक साहित्य के वस्तु-तत्त्व और रूप में होनेवाले परिवर्तन सामाजिक परिवर्तनों से प्रभावित होते हैं। साहित्य के वस्तु-तत्त्व और सामाजिक परिवर्तनों के सम्बन्ध को पहचानना सरल है, लेकिन साहित्य के रूपों और मुहावरों में हुए परिवर्तनों पर सामाजिक परिवर्तन के प्रभावों को पहचानना गहरी सूझ-बूझ का काम है। कॉडवेल के अनुसार साहित्य के रूप और मुहावरे में परिवर्तन सामाजिक परिवर्तन के सूचक हैं। सामाजिक परिवर्तन का प्रभाव सम्पूर्ण युगीन चेतना पर पड़ता है, इसलिए कॉडवेल ने साहित्य और कला तथा वैज्ञानिक चिन्तन में होनेवाले परिवर्तनों को परस्पर सम्बद्ध रूप में देखा है। 'रोमांस एण्ड रियलिज़्म' में साहित्यिक कल्पना की गतिशीलता को सामाजिक क्रियाशीलता के सन्दर्भ में विवेचित किया गया है। यद्यपि इस पुस्तक में अंग्रेजी साहित्य का विकास कालक्रम से विवेचित हुआ है, लेकिन इसे प्रचलित अर्थ में अंग्रेजी साहित्य का इतिहास नहीं कहा जा सकता है। इस पुस्तक में रचनाओं, रचनाकारों और साहित्य की प्रमुख प्रवृत्तियों के बारे में केवल अपनी राय देने के बदले उनका विवेचन हुआ है, आलोचना से अधिक विश्लेषण पर बल दिया गया है और खण्डन-मण्डन से अधिक सैद्धान्तिक पुनर्निर्माण का प्रयास है।

कॉडवेल ने 'रोमांस एण्ड रियलिज़्म' में आद्योपान्त रचनाओं, रचनाकारों और साहित्य की प्रवृत्तियों के विवेचन के साथ-साथ अपनी आलोचना के सैद्धान्तिक आधार का भी निर्माण किया है। इस पुस्तक में ऐसे सैद्धान्तिक विचार और साहित्य सम्बन्धी महत्त्वपूर्ण धारणाएँ हैं, जो मार्क्सवादी साहित्यालोचन के विकास में सहायक हैं तथा इस पुस्तक को समझने के लिए उनको समझना भी जरूरी है। इन साहित्य-सिद्धान्तों को क्रमबद्ध रूप से यहाँ प्रस्तुत करने का प्रयास किया जा रहा है :

1. बुर्जुआ साहित्य के लम्बे इतिहास के दौरान विरोधी प्रवृत्तियों का उदय,

विकास, संघर्ष और पतन लगातार मिलता है। ऊपरी तौर पर ये विरोधी प्रवृत्तियाँ आपस में टकराती प्रतीत होती हैं और इन विरोधी प्रवृत्तियों को बुर्जुआ आलोचक केवल साहित्यिक प्रवृत्तियाँ मानते हैं। वे इन साहित्यिक प्रवृत्तियों के भौतिक आधार का विश्लेषण नहीं करते। ऐसे आलोचक मानव-चिन्तन की जटिलताओं को पहचानने के बदले उसे केवल प्लेटोवाद या अरस्तूवाद, यथार्थवाद या नामरूपवाद, अन्तर्मुखता या बहिर्मुखता, स्वच्छन्दतावाद या शास्त्रीयतावाद तथा स्थूल दृष्टि या सूक्ष्म दृष्टि आदि में बाँटकर सन्तोष कर लेते हैं। ऐसे आलोचक साहित्य के विकास की प्रक्रिया को शास्त्रीयतावाद और स्वच्छन्दतावाद जैसे सरल विपरीतों में बाँट कर देखते हैं, लेकिन साहित्य के विकास की जो द्वन्द्वात्मक गति होती है, उसे वे नहीं पहचान पाते। इसलिए जब एक ही युग या एक ही लेखक में विरोधी प्रवृत्तियाँ मिलती हैं तो ऐसा सारा वर्गीकरण लड़खड़ा जाता है और फिर फुटकर खाता खोलना पड़ता है। ऐसे में वस्तुपरकता और आत्मपरकता, भावनावादी और भौतिकवादी, व्यक्तिवादी और परम्परावादी तथा श्लील और अश्लील आदि वैचारिक रूप परस्पर टकराते प्रतीत होते हैं। वास्तव में साहित्य के इतिहास की गतिविधि को द्वन्द्वात्मक भौतिकवादी ढंग से देखना जरूरी है और साहित्य के आधारभूत समाज के इतिहास को ऐतिहासिक भौतिकवादी दृष्टिकोण से देखना जरूरी है।

2. समाज में लेखक और साहित्य के प्रभाव और प्रयोजन का विश्लेषण साहित्यालोचन के लिए आवश्यक है। कॉडवेल ने अपने सभी ग्रन्थों में कला और साहित्य की सामाजिक प्रयोजनशीलता का विवेचन किया है। कला की कार्यशीलता की व्याख्या कॉडवेल की आलोचना की महत्त्वपूर्ण देन है।
3. एक लेखक अपनी जिस रचना को सर्वोत्तम समझता है, वह रचना कलात्मक दृष्टि से श्रेष्ठ भले ही न हो, लेकिन वह लेखक की जीवन-दृष्टि, कला- और शिल्पशक्ति की सर्वाधिक व्यंजना करती है।
4. कॉडवेल ने जीवन, अनुभव, भाषा और अभिव्यक्ति के सम्बन्ध और स्वरूप का विवेचन इस पुस्तक में किया है। इस सन्दर्भ में कॉडवेल का यह कथन विचारणीय है कि साहित्य की परम्पराएँ भाषा की परम्पराएँ नहीं, बल्कि सामाजिक परम्पराएँ होती हैं।
5. कला एक प्रक्रिया है और सारतः वह दूसरी सामाजिक प्रक्रियाओं से अभिन्न है। उपयोगी कलाओं से ललित कलाओं का पूर्णतः अलगाव महाजनी सभ्यता के कारण हुआ है।
6. सामाजिक परिवर्तनों के साथ-साथ साहित्य और कला के रूप तथा तकनीक

और मुहावरे में भी परिवर्तन होता है। एक कला के रूप में परिवर्तन का प्रभाव दूसरी कला के रूप पर भी पड़ता है। विभिन्न साहित्य-रूपों में होनेवाले परिवर्तन परस्पर प्रभाव डालते हैं।

7. किसी भी युग में, विशेषतः तेज़ी से बदलते हुए युग में, यथार्थ के प्रति वैज्ञानिक और कलात्मक दृष्टिकोण में गहरा सम्बन्ध होता है।
8. कॉडवेल ने ट्रैजेडी और कॉमेडी की रचना और आस्वादन-प्रक्रिया का विश्लेषण किया है। ट्रैजेडी के आस्वादन में नायक के साथ सहृदय के तादात्म्य और सहानुभूति की जरूरत होती है जबकि कॉमेडी में सहृदय की तटस्थता आवश्यक है। व्यक्ति-केन्द्रित साहित्य के युग में प्रायः ट्रैजेडी की प्रधानता होती है और ऐसी स्थिति में ही 'ट्रैजिक-कॉमेडी' की रचना होती है।
9. उपन्यास और कविता की रचना और आस्वादन-प्रक्रिया की तुलना कॉडवेल ने 'इल्यूज़न एण्ड रियलिटी' में भी की है; लेकिन 'रोमांस एण्ड रियलिज़्म' में उपन्यास और कविता के सम्बन्ध का विश्लेषण नए ढंग से हुआ है। इस पुस्तक में कॉडवेल का विचार है कि कविता के आस्वादन में पाठक को कवि की अनुभूति के साथ तादात्म्य स्थापित करने की ज़रूरत होती है, लेकिन उपन्यास में पाठक तटस्थ रह सकता है। उपन्यास वास्तुकला के समान तीन-आयामी होता है। यान्त्रिक भौतिकवाद और भावनावाद के कारण वस्तु और चेतना में जो पार्थक्य स्थापित होता है उसके परिणामस्वरूप आत्मनिष्ठता और वस्तुनिष्ठता को एक दूसरे से सर्वथा अलग और स्वतन्त्र मानकर कविता को आत्मनिष्ठ और उपन्यास को वस्तुनिष्ठ कह दिया जाता है। कविता और उपन्यास को आत्मनिष्ठ और वस्तुनिष्ठ वर्गों में बाँटकर देखने की प्रवृत्ति ग़लत है। कविता और उपन्यास दोनों में आत्मपरक वस्तुनिष्ठता और वस्तुनिष्ठ आत्मपरकता का संयोग होता है।
10. इस पुस्तक में कॉडवेल ने कवि, कविता और क्रान्ति के सम्बन्धों पर भी विचार किया है। कविता के क्षेत्र में अराजकतावादी और वैयक्तिक विद्रोह का नारा बुलन्द करनेवाले कवियों से क्रान्तिकारी भावना और जनवादी विश्वदृष्टिवाले कवि अलग किस्म के होते हैं। क्रान्तिकारी कवि होने का अर्थ है क्रान्ति की भावना और प्रक्रिया से भी परिचित होना। क्रान्तिकारी कवि केवल कविता के क्षेत्र में ही क्रान्ति नहीं करता, वह सामाजिक क्रान्ति में भी सहायक होता है। बुर्जुआ व्यवस्था की व्यावसायिकता के विरुद्ध शुद्ध सौन्दर्यवादी विद्रोह या व्यक्तिवादी भावावेश क्रान्तिकारिता नहीं है।

कॉडवेल ने साहित्यिक चेतना को व्यापक मानवीय चेतना का अंग मानकर ही उसकी गतिविधि का विवेचन किया है। 'रोमांस एण्ड रियलिज़्म' में शेक्सपीयर और उसके बाद के अंग्रेजी साहित्य के विकास का विश्लेषण और सामाजिक परिवर्तन से प्रभावित होनेवाले साहित्य-रूप के परिवर्तनों का विवेचन हुआ है। कॉडवेल ने साहित्य के साथ-साथ तद्‌युगीन इतिहास, विज्ञान और आर्थिक जीवन से प्रभावित मानव-चेतना की क्रियाशीलता की विकासशील प्रगति को पहचानने का प्रयत्न किया है। एक युग के सम्पूर्ण यथार्थ के समग्र बोध के बिना केवल कला-संवेदना और उसकी अभिव्यक्ति की उपलब्धियों की चर्चा एकांगी ही होगी। कला और साहित्य अनिवार्यतः अपने सामाजिक परिवेश से प्रभावित होते हैं, यह मानने के बावजूद आत्मवादी आलोचक कलाकृतियों का विवेचन करते समय उन कलाकृतियों में व्यक्त मानव-जीवन के सामाजिक अस्तित्व से आँख मूँद लेते हैं। कॉडवेल के अनुसार शेक्सपीयर के नाटकों में मानव की वैयक्तिकता के अनेक रूप और स्तर उद्‌घाटित हुए हैं। नवोदित पूँजीवादी व्यवस्था की अर्थ-लिप्सा और भोग-लिप्सा के कारण मानव-सम्बन्धों में व्याप्त अमानवीयता और असंगति का प्रभावशाली चित्रण शेक्सपीयर ने किया है। गहरी मानवीय सहानुभूति की व्यंजना के कारण ही शेक्सपीयर की कला देश-काल की सीमा के पार भी मूल्यवान है। शेक्सपीयर में एक ओर पुरानी सामन्तीं व्यवस्था के जीवन मूल्यों के अवशेष हैं तो दूसरी ओर नवोदित पूँजीवादी व्यवस्था के आगमन के चिह्न भी हैं। सामन्ती व्यवस्था के पतन और पूँजीवादी व्यवस्था के उदय के सन्धिकाल में मानवीय सम्बन्धों और जीवन-मूल्यों की वास्तविकता का शेक्सपीयर ने जो चित्रण किया है और मार्क्स ने अपनी पुस्तक 'Economic and Philosophic Manuscripts of 1844' में उसका जो विवेचन किया है, उन दोनों की तुलना लाभदायक होगी। शेक्सपीयर के साहित्य में व्यक्ति-पूजा के युग से वस्तु-पूजा के युग की यात्रा की कहानी है। समाज में पूँजीपति वर्ग के उदय के साथ जिस स्वेच्छाचारिता, हिंसा और व्यक्तिवादी भावना का आगमन हुआ, उसकी अभिव्यक्ति एलिजाबेथकालीन साहित्य में हुई। गृहयुद्ध को सामन्तवाद के विरुद्ध बुर्जुआ क्रान्ति का दूसरा चरण मानकर कॉडवेल ने अंग्रेजी साहित्य में उसकी शैलीगत अभिव्यक्ति को तीन हिस्सों में बाँटा है—(1) एलिजाबेथ के बाद का युग या क्रान्ति के पहले का काल, (2) क्रान्ति का काल, (3) क्रान्ति के बाद का काल। कॉडवेल ने इन तीनों कालों की कविता, नाटक और उपन्यास के वस्तुतत्त्व और शैलीगत परिवर्तनों का विवेचन किया है। डन आदि कवियों की आध्यात्मिकता की खूब चर्चा होती है, लेकिन उस आध्यात्मिकता के मूल स्रोतों की चर्चा कम ही की जाती है। कॉडवेल ने इन कवियों की आध्यात्मिकता के मूल स्रोतों की ओर संकेत किया है। इन कवियों की सामाजिक जीवन से दूर होती हुई कविता में क्रमशः जटिलताओं का आविर्भाव हुआ और बौद्धिक जटिलता ही उनकी कविता की विशेषता हो गई।

इन कवियों की आध्यात्मवादी कविता राजदरबार और लोकजीवन दोनों से कटी हुई थी। कॉडवेल ने मिल्टन की कविता को अभिव्यंजना-शिल्प और भाषा की दृष्टि से शेक्सपीयर से अधिक क्रान्तिकारी माना है। मिल्टन की कविता की भाषा उस जमाने की दरबारी अंग्रेजी भाषा से काफी अलग किस्म की है। अंग्रेजी के कुछ आलोचक मिल्टन को अंग्रेजी भाषा को भ्रष्ट करनेवाला कवि मानते हैं, लेकिन कॉडवेल ने मिल्टन की भाषा की शक्ति और नवीनता की प्रशंसा की है। मिल्टन अपने जमाने की राजनीतिक गतिविधियों से भी सम्बद्ध था। 'पैराडाइज़ लोस्ट' के शैतान और ईश्वर के संघर्ष में तद्‌युगीन राजनीतिक-सामाजिक संघर्ष की छाया है। कुछ लोगों को यह आश्चर्यजनक बात लगती है कि मिल्टन के इस महाकाव्य में शैतान ईश्वर से अधिक समर्थ, चालाक और जीवन्त रूप में उभरता है। 'पैराडाइज़ रिगेंड' में निम्न मध्यवर्गीय निराशा के कारण धर्म और ईश्वर की शरण में जाकर आत्मसमर्पण की भावना व्यक्त हुई है। एलिजाबेथकालीन साहित्य में व्यक्ति के अन्तर्जगत का चित्रण प्रधान था, लेकिन रेस्टोरेशन काल में व्यक्ति के परिवेश और बाह्य जगत् का चित्रण प्रमुख हुआ। रेस्टोरेशन काल में 'व्यक्ति' से अधिक 'प्रतिनिधि' चरित्र चित्रित हुए हैं। इस काल के साहित्य में व्यंग्य का भी खूब विकास हुआ।

कॉडवेल ने 'इल्यूज़न एण्ड रियलिटी' में उपन्यास को पूँजीवादी सभ्यता की बौद्धिकता की देन कहा है। 'रोमांस एण्ड रियलिज़्म' में भी इस धारणा की पुष्टि ही हुई है। उपन्यास को बुर्जुआ-सभ्यता का महाकाव्य भी कहा जाता है। कॉडवेल ने यूरोप के प्रारम्भिक उपन्यासों के विश्लेषण से उपन्यास का महाकाव्यत्व सिद्ध किया है। यह विचारणीय तथ्य है कि यूरोप में प्रारम्भ के उपन्यासों में यथार्थ का जो भव्य चित्रण मिलता है, वह परवर्ती उपन्यासों में नहीं मिलता। सारवेन्टीज और डेफो के उपन्यासों में यथार्थ और फैंटेसी के संयोजन से तद्‌युगीन सामाजिक यथार्थ का जो प्रामाणिक चित्रण हुआ है, उसे कॉडवेल ने 'बुर्जुआ सभ्यता के बचपन' की देन कहा है। मार्क्स ने भी यूनानी कला की अनन्यता को स्वीकार करते हुए उसे 'मानव-सभ्यता के ऐतिहासिक या सामाजिक बचपन' की अभिव्यक्ति कहा था। डेफो के उपन्यासों की कॉडवेल ने विस्तृत चर्चा की है, लेकिन स्कॉट की महानता को स्वीकार करते हुए भी उसे उतना महत्त्व नहीं दिया है जितना जॉर्ज लूकाच ने 'ऐतिहासिक उपन्यास' नामक अपने ग्रन्थ में दिया है। यह भी ध्यान देने योग्य है कि वाल्टर स्कॉट और बायरन को अंग्रेज आलोचक उतना महत्त्वपूर्ण नहीं मानते हैं जितना इंग्लैण्ड के बाहर यूरोप में उन्हें माना जाता है। वाल्टर स्कॉट सम्बन्धी कॉडवेल और लूकाच के मूल्यांकनों में जो अन्तर है, वह वास्तव में साहित्यालोचन की ब्रिटिश परम्परा और यूरोपीय परम्परा का अन्तर है। यहीं साहित्यिक अभिरुचि और उससे प्रभावित मूल्यांकन का प्रश्न भी सामने आता है, जो मार्क्सवादी समीक्षा में एक महत्त्वपूर्ण प्रश्न रहा है।

सामन्तवाद में दबी हुई वैयक्तिकता पूँजीवाद के आने पर निजी सम्पत्ति के अधिकारों के साथ विशेष प्रबल हो उठी। इस वैयक्तिकता और निजी सम्पत्ति के अधिकार को प्रारम्भ में राजकीय संरक्षण भी मिला। व्यक्ति की स्वतन्त्रता सामन्तवाद और धार्मिक प्रभुओं के खिलाफ एक हथियार बन गई। इस प्रकार बुर्जुआ विचारधारा में स्वतन्त्रता, वैयक्तिकता और आत्माभिव्यक्ति पर विशेष बल दिया गया, लेकिन ये सारे आदर्श तभी तक पूँजीवादी व्यवस्था में बर्दाश्त किए जाते हैं जब तक स्वयं इनसे बुर्जुआ वर्ग और व्यवस्था को खतरा नहीं होता। निजी सम्पत्ति के अधिकार के कारण ही बड़े पूँजीपतियों और छोटे पूँजीपतियों का जो वर्ग बना, उनमें परस्पर अपने-अपने स्वार्थ के लिए क्रमशः संघर्ष बढ़ने लगा। यद्यपि दोनों का लक्ष्य आम जनता का शोषण था, तो भी इन दोनों के स्वार्थ आपस में टकराते थे। ऐसी स्थिति में छोटे पूँजीपतियों ने आम जनता की सहायता से बड़े पूँजीपतियों के खिलाफ विद्रोह किया। कॉडवेल के अनुसार अंग्रेजी कविता के स्वच्छन्दतावादी आन्दोलन में निम्न पूँजीपति और मध्यवर्ग के विद्रोह की भावना, आदर्शवाद और आशावाद की अभिव्यक्ति हुई है। मूलतः बुर्जुआ वर्ग से जुड़े होने के कारण निम्न पूँजीपति और मध्यवर्ग का यह विद्रोह सामाजिक क्रान्ति न होकर व्यक्ति का विद्रोह है, प्रचलित व्यवस्था की व्यावसायिकता के खिलाफ वैयक्तिकता का विद्रोह है, इसमें व्यक्ति के अहं का विस्फोट ही अधिक दिखाई देता है। यह दूसरा स्वच्छन्दतावादी आन्दोलन पहले स्वच्छन्दतावादी आन्दोलन से कई समानताओं के बावजूद काफी भिन्न किस्म का था। दोनों के अन्तर को स्पष्ट करते हुए कॉडवेल ने दूसरे स्वच्छन्दतावादी आन्दोलन के प्रमुख कवियों और उनकी कविता की जो आलोचना की है, उसमें विवेचन की मौलिकता और विचारों की नवीनता भी है।

सारी दुनिया के बुर्जुआ साहित्य में जो 'करुणा की भावना' मिलती है, उसका विश्लेषण कॉडवेल ने अंग्रेजी साहित्य के सन्दर्भ में किया है। कॉडवेल के अनुसार डिकेन्स के उपन्यासों में यह करुणा की भावना पहली बार प्रभावशाली रूप में व्यक्त हुई है। शोषितों को सर्वाधिक दुःखी वर्ग के रूप में देखनेवाली इस करुणा के कई रूप और प्रयोग होते हैं। कभी ऊपरवाले वर्ग के खिलाफ हथियार के रूप में इसका इस्तेमाल किया जाता है, जैसाकि डिकेन्स, वेल्स, गीसिंग, बेनेट और शॉ के साहित्य में हुआ है, तो कभी अपने ही वर्ग के प्रति विद्रोह की भावना के आधार के रूप में इसका प्रयोग होता है, जैसा कि गाल्सवर्दी के साहित्य में हुआ है, और कभी-कभी तो नीचे से उभरते हुए नए वर्ग के खिलाफ भी इसका प्रयोग होता है। सर्वहारा वर्ग की चेतना को अधिक सजग और संघर्षशील बनाने में इस करुणा की भावना का उपयोग कम ही साहित्यकारों में मिलता है। अधिकांश बुर्जुआ साहित्यकार सर्वहारा-वर्ग को एक दुःखी और दयनीय वर्ग से अधिक नहीं समझते हैं। केवल सर्वहारा-वर्ग को क्रान्तिकारी वर्ग के रूप में देखना और उनकी क्रान्तिकारी चेतना

को शक्तिशाली बनाना इन बुर्जुआ साहित्यकारों के लिए न तो सुखद है और न ही सम्भव। पूँजीवादी व्यवस्था के शोषण और दमन के विरुद्ध विभिन्न वर्गों में जो असन्तोष की भावना थी, उसकी अभिव्यक्ति अठारहवीं और उन्नीसवीं शताब्दी के अंग्रेजी उपन्यासों में हुई। अंग्रेजी उपन्यासों के क्षेत्र में नारी लेखिकाओं का आगमन एक महत्त्वपूर्ण घटना है। ब्रांटी के उपन्यास 'बुदरिंग हाइट्स' को राल्फ फाक्स ने 'गद्य में कविता' कहा है, कॉडवेल ने इस उपन्यास के कवित्व का विश्लेषण किया है। कॉडवेल ने ठीक ही लिखा है कि नारी-विद्रोह की भावना की व्यंजना के कारण ही इस उपन्यास में मनोवेगों का जो प्रबल आवेग दिखाई देता है, उसके कारण यह उपन्यास कविता के समान प्रभावशाली और मर्मस्पर्शी लगता है। पूँजीवाद की साम्राज्यवादी-उपनिवेशवादी व्यवस्था और मनोवृत्ति की देन किपलिंग के उपन्यासों के बारे में कॉडवेल ने विस्तार से लिखा है। 'पूरब पूरब है और पश्चिम पश्चिम, दोनों कभी नहीं मिल सकते' इस बहुचर्चित वक्तव्य के पीछे सक्रिय उपनिवेशवादी मानसिकता का कॉडवेल ने विश्लेषण किया है। पूँजीवाद के चरम विकास की दशा में वस्तु-पूजा, गला-काटू-स्पर्द्धा और हर चीज के बाजारू हो जाने के कारण मानवीय सम्बन्धों का जो अमानवीयकरण होता है, उससे प्रायः संवेदनशील साहित्यकार की चेतना बेचैन होती है, लेकिन इस व्यवस्था से मुक्ति के उपाय को ठीक से न पहचान पाने के कारण ऐसे संवेदनशील साहित्यकार कभी-कभी निराशावादी भी हो जाते हैं—यही कवि और उपन्यासकार हार्डी की ट्रैजेडी है।

आधुनिक काल में बुर्जुआ सभ्यता के जीवन, कला और विज्ञान के प्रतिमानों की निरपेक्षता खण्डित हुई और उनकी सापेक्षता के बोध से एक सर्वातिशायी वैचारिक संकट उत्पन्न हुआ। मानवीय व्यक्तित्व के अभिज्ञान के संकट का विस्तृत विवेचन, आधुनिक उपन्यास साहित्य के सन्दर्भ में, लूकाच ने अपने ग्रन्थ 'समकालीन यथार्थवाद का अर्थ' में किया है। इस संकट के परिणामस्वरूप यूरोप में कई नवीन आत्मवादी दर्शनों का भी आविर्भाव हुआ। कॉडवेल के अनुसार मानव-चेतना और परिवेश के बीच इस नवीन सम्बन्ध-बोध का गहरा प्रभाव उपन्यास के रूप पर भी पड़ा। कॉडवेल ने इसे उपन्यास के क्षेत्र में 'ज्ञान-मीमांसा सम्बन्धी संकट' कहा है। इस संकट के कारण उपन्यास के रूप में महत्त्वपूर्ण परिवर्तन हुए। हेनरी जेम्स, कानरड, मूर, बेनेट, जेम्स ज्वायस, रिचर्डसन, हेमिंग्वे, डी. एच. लारेन्स और बर्जीनिया वुल्फ आदि के आगमन के साथ ही उपन्यास के रचना-विधान और भाषा-शैली में पर्याप्त परिवर्तन हुए। युगीन यथार्थ, यथार्थ-बोध और संवेदनशीलता के परिवर्तन के कारण ही उपन्यास के रूप में यह बदलाव आया। उपन्यास के लक्ष्य और स्वरूप के इस परिवर्तन पर कॉडवेल ने विस्तार से लिखा है। अंग्रेजी साहित्य में इस काल में कविता के क्षेत्र में रूपवादी प्रवृत्तियाँ प्रबल हो रही थीं और उपन्यास के क्षेत्र में भी वस्तुतत्त्व से अधिक महत्त्वपूर्ण रूप की कलात्मकता बन गई। रिचर्डसन, वुल्फ और कैथरिन

मैन्सफिल्ड की रचनाओं की विवेचना के साथ ही कॉडवेल ने पूँजीवादी समाज में नारी की स्थिति और रचनाशील नारी लेखिकाओं की मानसिकता का भी विश्लेषण किया है। यहाँ उन्होंने आधुनिक काल के प्रमुख उपन्यासकारों पर विस्तार से विचार किया है। 'रोमांस एण्ड रियलिज्म' में डी. एच. लारेंस की कोई विशेष चर्चा नहीं है, क्योंकि 'स्टडीज इन ए डायिंग कल्चर' में कॉडवेल ने उसके उपन्यासों पर विस्तार से लिखा है।

कॉडवेल ने समकालीन रचनात्मक और आलोचनात्मक साहित्य पर विस्तार से विचार किया है। इसका एक कारण तो यही है कि वे अपने समकालीन रचनात्मक और आलोचनात्मक साहित्य से एक रचनाकार और आलोचक की हैसियत से स्वयं जुड़े हुए थे और समकालीन साहित्य की गतिविधियों से पूरी तरह परिचित थे। इसलिए बीसवीं शताब्दी के अंग्रेजी साहित्य का उनका विवेचन प्रामाणिक, मौलिक और विश्वसनीय है। अंग्रेजी कविता के वस्तुतत्त्व और रूप के विकास का विवेचन 'इल्यूज़न एण्ड रियलिटी' के चार अध्यायों में भी है। 'रोमांस एण्ड रियलिज़्म' में आधुनिक अंग्रेजी कविता के वस्तु-तत्त्व और शिल्प सम्बन्धी विवेचन-मूल्यांकन पर विशेष बल दिया है। 'इल्यूज़न एण्ड रियलिटी' में बीसवीं शताब्दी की अंग्रेजी कविता पर जो विचार किया गया है, वह अधिकांशतः 'कला कला के लिए', प्रतीकवादी, भविष्यवादी और अतियथार्थवादी यूरोपीय कला-आन्दोलनों से जुड़ा हुआ है। लेकिन 'रोमांस एण्ड रियलिज़्म' में उन्होंने अपनी पीढ़ी के साहित्यकारों पर नए ढंग से विचार किया है। आधुनिक काल में कला की स्वायत्तता के सिद्धान्त के रूप में पूँजीवादी व्यावसायिकता के विरुद्ध जो सौन्दर्यवादी विद्रोह हुआ, उसके परिणामस्वरूप कविता की सामाजिकता घटी और कविता नितान्त वैयक्तिक होने लगी, 'कला कला के लिए' का वास्तविक तात्पर्य 'कला मेरे लिए' हो गया। कला-दर्शन में इस वैयक्तिकता के प्रभाव के कारण कविता की भाषा का भी रूप बदला, उसमें शब्दों के निजी अर्थ-सन्दर्भ गढ़े गए और बिम्बवादी तथा प्रतीकवादी कविता में दुरूहता और अस्पष्टता बढ़ने लगी। इस दुरूहता और अस्पष्टता को ही कुछ आलोचकों ने कविता की एक विशेषता मान लेने का भी आग्रह किया। परिणाम यह हुआ कि कविता के पाठक क्रमशः कम होते गए। वास्तव में कविता यथार्थ के प्रति कवि का अनुभूतिपरक चिन्तन है। कविता की सामाजिकता के लिए यह जरूरी है कि कवि के पास एक ऐसी सामाजिक विश्व-दृष्टि हो, जिसका मेल समाज की वास्तविकता से हो। तात्पर्य यह है कि कवि के लिए 'लोक-हृदय की पहचान' आवश्यक है। समाज की व्यापक चेतना से जुड़ी हुई सामाजिक विश्वदृष्टि के अभाव में कविता कवि की निजी अनुभूतिमात्र बन जाती है, उसमें व्यक्तिवाद बढ़ता है, कवि आत्मबद्ध हो जाता है, कविता में अस्पष्टता और दुरूहता आती है, कविता के पाठक घटते हैं और इस प्रकार कविता असामाजिक हो जाती है। आधुनिक काल के अंग्रेजी के कुछ कवियों ने ऐसी विश्व-दृष्टि की

खोज का प्रयत्न किया है। कविता की प्रेषणीयता की समस्या से चिन्तित होकर ही टी. एस. एलियट ने 'साहित्य की परम्परा के बोध' को कविता की प्रेषणीयता के लिए आवश्यक माना है। उसके अनुसार पुराने लेखकों को पढ़ते समय पाठकों के मन में एक भावात्मक साझेदारी सम्भव होती है। यही कारण है कि उसने 'द वेस्ट लैण्ड' में कई भाषाओं और कई युगों के कवियों और काव्य-परम्पराओं को एकत्रित करने का प्रयत्न किया है। लेकिन यह एक भ्रम ही है, क्योंकि जब तक यथार्थ के प्रति कवि और पाठक के बीच एक सामान्य विश्वदृष्टि नहीं होगी तब तक अतीत के लेखकों और उनकी रचनाओं के स्मरण के कारण ही कविता में प्रेषणीयता नहीं आएगी। 'वेस्ट लैण्ड' में अतीत की भाषा में वर्तमान की चेतना की अभिव्यक्ति का प्रयास है। आधुनिक समस्याओं के समाधान के लिए अतीत की शरण में जाना कई कारणों से आधुनिक संवेदना के प्रतिकूल है। प्रायः ऐसा अतीतजीवी दृष्टिकोण मानव-इतिहास की प्रगति में बाधक ही होता है। कॉडवेल ने एलियट की निर्वैयक्तिकता, वस्तुप्रतिरूपता और विश्वासों के सिद्धान्तों की प्रामाणिक आलोचना की है।

कॉडवेल ने समकालीन नई पीढ़ी के ऐसे कवियों की कविता, काव्य-सिद्धान्त और जीवन-दृष्टि का सहानुभूतिपूर्ण विवेचन किया है जो मार्क्सवादी दर्शन के प्रभाव में थे। ऑडेन, स्पेन्डर आदि कवि प्रारम्भ में मार्क्सवादी विचारधारा से प्रभावित होने के बावजूद बाद में पुनः बुर्जुआ व्यवस्था और विचारधारा के पक्षधर क्यों हो गए, यह विचारणीय है। कॉडवेल ने इन कवियों की विचारधारा, कला-दृष्टि और सामाजिक समझदारी का जो विश्लेषण किया है उससे स्पष्ट हो जाता है कि इनका यही हाल होना था। कॉडवेल ने लिखा है कि ये कवि समझते हैं कि बुर्जुआ संस्कृति मर रही है, इसका एकमात्र उपाय क्रान्ति ही है, फिर भी वे बुर्जुवा संस्कृति के संकट और उसके बचाव की व्याख्या बुर्जुआ विचारधारा के अनुसार ही करते हैं। ये लोग अपनी निजी दुनिया में जीते हैं और सामाजिक सम्बन्धों को बन्धन मानते हैं। कॉडवेल ने लिखा कि ये साम्यवादी नहीं बल्कि अराजकतावादी हैं। वैसे कॉडवेल ने यह आशा की थी कि ये युवा, ईमानदार और समझदार कवि बुर्जुआ घेरे से बाहर निकलकर पूरे कम्युनिस्ट बन जाएँगे और एक नई शक्तिशाली कविता की रचना में समर्थ होंगे, लेकिन ऐसा नहीं हुआ। नई पीढ़ी के इन कवियों की चर्चा के सन्दर्भ में ही कॉडवेल ने कवि, कविता और क्रान्ति के सम्बन्धों पर भी विचार किया है।

अन्त में कॉडवेल ने अपने इस अध्ययन के उद्देश्य की चर्चा की है। 'रोमांस एण्ड रियलिज़्म' सौन्दर्यशास्त्रीय अध्ययन की पुस्तक नहीं है, क्योंकि सौन्दर्यशास्त्रीय अध्ययन में कला की रचना और आस्वादन की प्रक्रिया में निहित और व्यक्त सौन्दर्यबोध और जीवन-मूल्यों की समालोचना होती है। कॉडवेल के अनुसार किसी विशेष सामाजिक परिस्थिति में कुछ ऐसे सामान्य नियम होते हैं, जिनसे साहित्य

की रचना और उसका आस्वादन दोनों ही अनुशासित होते हैं। उन नियमों से लेखक और पाठक समान रूप से प्रभावित होते हैं। ऐसे सामान्य सामाजिक नियम और साहित्य के विभिन्न रूपों पर उनके प्रभाव के अध्ययन का प्रयास इस पुस्तक में हुआ है। जब एक संस्कृति विघटित होती है, जब हम एक सामान्य विश्व-दृष्टि खो देते हैं, तो सौन्दर्य-बोध के मूल्य भी विघटित होते हैं और जीवन के मूल्यों के साथ कला के मूल्य भी खोखले हो जाते हैं। ऐसी स्थिति में एक नई कला, कला-दृष्टि, विश्व-दृष्टि और नवीन सौन्दर्यबोधी मूल्यों के सृजन के लिए कला के सामाजिक उत्पत्ति के सिद्धान्त पर पुनर्विचार की ज़रूरत होती है। एक नवीन जीवन और साहित्य के विकास के लिए ऐसा विश्लेषण आवश्यक हो जाता है। 'रोमांस एण्ड रियलिज़्म' में उपन्यास की आलोचना में ही कॉडवेल की मौलिकता और नवीनता के दर्शन होते हैं। 'रोमांस एण्ड रियलिज़्म' से यह भी सिद्ध होता है कि साहित्य और कलाओं में वास्तविक विरोध शास्त्रीयतावाद और स्वच्छन्दतावाद में नहीं, बल्कि स्वच्छन्दतावाद और यथार्थवाद के बीच होता है। इसमें यथार्थ और भ्रम का द्वन्द्व यथार्थ और रोमांस के द्वन्द्व के रूप में सामने आया है।

अंग्रेजी कविता, नाटक और उपन्यास के लगभग तीन शताब्दियों के समृद्ध विकास को करीब सौ पृष्ठों के निबन्ध में समेटने के प्रयास की जो सीमाएँ हो सकती हैं, वे इस पुस्तक में भी हैं। इसलिए कॉडवेल ने इन तीन शताब्दियों के अंग्रेजी साहित्य का इतिहास न लिखकर केवल प्रतिनिधि प्रवृत्तियों, रचनाओं और रचनाकारों के विवेचन-मूल्यांकन का ही प्रयत्न किया है। दूसरी महत्त्वपूर्ण बात यह है कि साहित्य के रूप में और शिल्प के विकास और परिवर्तन की जटिलताओं को सीधे सामाजिक-आर्थिक आधार से जोड़ने के सरलीकरण के जो खतरे हो सकते हैं, उनके प्रति सावधान रहने के बावजूद 'रोमांस एण्ड रियलिज़्म' में ऐसे सरलीकरण से उत्पन्न कमजोरियाँ मिल जाएँगी। कला और साहित्य के स्वरूप के निर्माण में सामाजिक-आर्थिक आधार की महत्त्वपूर्ण भूमिका को स्वीकार करने के बावजूद कला की सापेक्ष स्वतन्त्रता भी विचारणीय है। कला और साहित्य के विकास में उसके अपने आन्तरिक नियम भी महत्त्वपूर्ण भूमिका निभाते हैं। अनेक बार सामाजिक विकास और कलात्मक विकास में असन्तुलन भी होता है। इन सबके बावजूद सामाजिक परिवर्तन और साहित्य-रूप के अन्तःसम्बन्ध के विश्लेषण, विभिन्न साहित्य-रूपों की परस्पर प्रभावशीलता के विवेचन तथा कला और साहित्य सम्बन्धी अपने नवीन महत्त्वपूर्ण अवधारणाओं के कारण 'रोमांस एण्ड रियलिज़्म' की महत्ता सदा अक्षुण्ण रहेगी।

लू शुन की विरासत*

कल से यहाँ लू शुन की जो चर्चा हो रही है, उसमें उनके व्यक्तित्व के विचारक और क्रान्तिकारी पक्षों पर बल दिया जा रहा है, लेकिन कलाकार रूप की प्रायः उपेक्षा हो रही है। लू शुन के विचारक और क्रान्तिकारी रूपों को महत्त्व देना उचित है, लेकिन उनके कलाकार रूप की उपेक्षा करना उचित नहीं है। लू शुन एक महान् कलाकार हैं, एक महान् विचारक हैं और एक महान् क्रान्तिकारी हैं। उनके व्यक्तित्व के ये तीनों ही पक्ष समान रूप से महत्त्वपूर्ण हैं। चीन में लू शुन का जो मूल्यांकन हुआ है उसमें उनके कलाकार रूप की उपेक्षा नहीं हुई है। माओ-त्से-तुंग ने 1937 से 1942 तक और उसके बाद जब भी लू शुन की चर्चा की है तो उन्होंने लू शुन के व्यक्तित्व के इन तीनों पक्षों पर बराबर ध्यान दिया है। जैसे लेनिन ने रूस में क्रान्तिकारी संघर्ष के अत्यन्त व्यस्तता के काल में तोल्सतोय की रचनाओं का विश्लेषण और मूल्यांकन करते हुए साहित्य और क्रान्ति के सम्बन्ध को स्पष्ट किया और मार्क्सवादी आलोचना के आधार का निर्माण किया, वैसे ही माओ-त्से-तुंग ने चीनी क्रान्ति के संघर्षशील दौर में लू शुन के रचनाकार, विचारक और क्रान्तिकारी रूपों का मूल्यांकन करते हुए चीन की नव जनवादी संस्कृति के निर्माण में उनकी नेतृत्वकारी भूमिका के महत्त्व को पहचाना। यही नहीं, माओ ने चीन की सांस्कृतिक क्रान्ति के विकास में लगे हुए नए रचनाकारों और आलोचकों को लू शुन के जीवन और क्रान्तिकारी रचनाकर्म से लगातार सीखने की सलाह दी। हमारे यहाँ स्थिति थोड़ी भिन्न है। यहाँ के साम्यवादी दल और नेता संस्कृति और साहित्य पर उतना ध्यान नहीं देते जितना लेनिन और माओ-त्से-तुंग ने दिया था। यहाँ प्रेमचन्द या दूसरी भारतीय भाषाओं के जनवादी रचनाकारों के महत्त्व को साम्यवादी दल और नेताओं ने बहुत दिनों तक नहीं पहचाना। अब कुछ लोग प्रायश्चित्त के भाव से प्रेमचन्द और उनके जैसे दूसरे संस्कृतिकर्मियों पर ध्यान देते दिखाई देते हैं।

लू शुन के व्यक्तित्व के कलाकार, विचारक और क्रान्तिकारी पक्ष समान महत्त्व

के हैं और परस्पर जुड़े हुए हैं। मुझे ऐसा लगता है कि लू शुन के रचनाकार रूप का बुनियादी महत्त्व है। उनके चिन्तन और क्रान्तिकारी व्यवहार में उनके रचनाकार रूप का ही विस्तार दिखाई देता है। लू शुन एक क्रान्तिकारी कलाकार हैं इसीलिए कि वे एक क्रान्तिकारी विचारक भी हैं और वे एक क्रान्तिकारी विचारक हैं इसीलिए कि वे क्रान्तिकारी कलाकार भी हैं। अपने क्रान्तिकारी विचारों को जनता तक पहुँचाने के लिए उन्होंने साहित्य का सहारा लिया और सामाजिक बदलाव में अपने क्रान्तिकारी साहित्य और विचारों को सार्थक बनाने और मूर्त्त रूप देने के लिए आगे बढ़कर क्रान्तिकारी व्यवहार में भाग लिया। इस तरह लू शुन शब्द और कर्म की एकता के सच्चे हिमायती और पक्के प्रतिनिधि दिखाई देते हैं।

चीनी समाज और संस्कृति के क्रान्तिकारी विकास के लिए प्रयत्नशील लू शुन के सामने अनेक तरह की समस्याएँ थीं। चीन की नई संस्कृति के विकास के लिए एक तो उन्हें चीन की पुरानी सामन्ती संस्कृति, उसके मूल्यों और प्रभावों के विरुद्ध संघर्ष करना था और दूसरे साम्राज्यवादी सांस्कृतिक मूल्यों और प्रभावों के विरुद्ध भी। लू शुन ने ये दोनों ही काम किए। इस तरह के कठिन संघर्ष में उन्हें अनेक प्रकार की कठिनाइयों और दबावों का सामना करना पड़ा।

लू शुन पर विचार करते समय यह ध्यान रखना चाहिए कि उनके विचारों में विकास हुआ है। ऐसा नहीं है कि लू शुन के आरम्भिक लेखन और चिन्तन तथा बाद के उनके लेखन और चिन्तन में कोई अन्तर और विकास नहीं है। लू शुन की चर्चा करते समय उनको आदि से अन्त तक क्रान्तिकारी सिद्ध करने के प्रयत्न में कुछ लोग यह भूल जाते हैं कि 1906 के लू शुन और 1936 के लू शुन के विचारों में अन्तर और विकास भी है। स्वयं लू शुन ने अपनी आरम्भिक रचनाओं का मूल्यांकन करते हुए अपने विचारों में विकास को स्वीकार किया है। उन्होंने 'ललकार' नामक संग्रह की कहानियों पर विचार करते हुए बहुत बाद में लिखा था कि उन कहानियों में मध्यमवर्गीय बुद्धिजीवी की कमजोरियाँ भी हैं। लू शुन के विचारों में विकास की बात को ध्यान में रखने पर ही प्रेमचन्द से उनकी तुलना करते समय प्रेमचन्द के साथ न्याय करना सम्भव होगा। सवाल यह है कि लू शुन के विचारों में विकास का आधार क्या है ? लू शुन के विचारों में विकास का आधार है चीनी समाज में क्रान्तिकारी विकास की प्रक्रिया। इस क्रान्तिकारी विकास प्रक्रिया के कारण ही लू शुन के चिन्तन और कर्म का क्रान्तिकारी रूप विकसित हुआ। चीनी समाज में हुई 1911 की क्रान्ति, 1919 की क्रान्ति और 1925 की क्रान्ति के परिणामस्वरूप ही लू शुन की क्रान्ति-चेतना का निर्माण और विकास हुआ। लू शुन और प्रेमचन्द की तुलना करते समय इस बात पर ध्यान देना जरूरी है कि लू शुन और प्रेमचन्द जिस ऐतिहासिक सन्दर्भ और जिस राजनीतिक, सामाजिक पृष्ठभूमि के साथ रचनाएँ कर रहे थे उनमें फर्क है, इसलिए उनकी रचनाशीलता की जमीन में भी फर्क है।

कुछ लोग यह नहीं देखते कि लू शुन को क्रान्ति के विकास की जो प्रक्रिया प्राप्त थी वह प्रेमचन्द को प्राप्त नहीं थी। हिन्दुस्तान के स्वाधीनता आन्दोलन के वर्गीय स्वरूप और उसके नेताओं के वर्गीय चरित्र को ध्यान में रखकर, उसके समानान्तर विकसित प्रेमचन्द की रचनाशीलता पर विचार किया जाए तो लगेगा कि वह क्रान्तिकारी है, प्रेमचन्द की उपलब्धियाँ महान् हैं। लू शुन एक महान् क्रान्तिकारी विचारक और कार्यकर्ता हैं, लेकिन प्रेमचन्द और लू शुन के कथा साहित्य की तुलना करने पर यह साबित होगा कि प्रेमचन्द की रचनात्मक उपलब्धियाँ भी कम महत्त्वपूर्ण नहीं हैं।

लू शुन का लक्ष्य कलाकार बनना नहीं था। शुरू में भी नहीं था। जापान में रहते हुए जब उन्होंने विज्ञान की पढ़ाई छोड़कर साहित्य की ओर मुड़ने का निर्णय लिया तब भी उनका उद्देश्य केवल कलाकार बनना न था। उनके सामने एक महान् उद्देश्य था। यह उद्देश्य था चीनी समाज का परिवर्तन और साहित्य को इस परिवर्तन का माध्यम लू शुन ने बनाया। मित्रो ! दुनिया के शायद ही किसी एक रचनाकार को अपने उद्देश्य में इतनी सफलता मिली हो जितनी लू शुन को मिली। लू शुन ने अपने साहित्य के माध्यम से चीनी समाज के क्रान्तिकारी विकास में जो दुर्लभ सफलता प्राप्त की वह हम सबके सामने है। कलाकार बनने का उद्देश्य न रखते हुए भी, और केवल 33-34 कहानियाँ लिखकर ही, लू शुन एक बड़े कलाकार साबित हुए क्योंकि उनका उद्देश्य कलाकार बनने के उद्देश्य से अधिक महान् उद्देश्य था। एक समाज को बदलने का उद्देश्य कलाकार बनने के उद्देश्य से बड़ा होता है। साहित्य को इस बड़े उद्देश्य का साधन बनाने के साथ ही उनका कलाकार रूप भी निखरा और सामने आया। लू शुन का साहित्य उनके उद्देश्य को पूरा करने में सार्थक और सफल सिद्ध हुआ।

एक संस्कृतिकर्मी के रूप में लू शुन के व्यक्तित्व के अनेक पक्ष हैं। लू शुन महत्त्वपूर्ण कहानीकार हैं, कवि हैं, निबन्धकार हैं। उन्होंने चीन में फिल्मों के विकास में गहरी दिलचस्पी ली। उन्होंने चीन में वुड कट आर्ट के विकास का मार्ग प्रशस्त किया और चीनी चित्रकला के विकास का मार्गदर्शन भी किया। चीनी संस्कृति का शायद ही कोई पक्ष होगा जिसके विकास और निर्माण में लू शुन ने दिलचस्पी न ली हो। उन्होंने रचनात्मक लेखन के साथ ही अनुवाद का भी काम किया। लू शुन जितने बड़े रचनाकार हैं उतने ही महत्त्वपूर्ण अनुवादक भी हैं। उनके अनुवाद कार्य का एक बहुत बड़ा सांस्कृतिक सन्दर्भ और महत्त्व था। लू शुन का एक लेख है 'चीन की चुप्पी'। इस निबन्ध को अगर आप देखें तो मालूम होगा कि लू शुन के सामने एक समस्या थी चीन की चुप्पी। लू शुन ने यह महसूस किया कि चीनी जनता की कोई अपनी आवाज नहीं है, कोई बुलन्द आवाज नहीं है। लू शुन के सामने एक दूसरी समस्या थी विश्व संस्कृति के सन्दर्भ में चीन का अकेलापन। उस

समय चीन व्यापक अन्तर्राष्ट्रीय सांस्कृतिक प्रवाह से कटा हुआ अलग-थलग पड़ा हुआ था। बाहर की दुनिया से उसका केवल यह सम्बन्ध था कि उस पर बार-बार दुनियाभर के साम्राज्यवादियों के हमले हो रहे थे। लू शुन ने चीन की चुप्पी और अकेलेपन की समस्या की गम्भीरता को महसूस करते हुए इन दोनों बीमारियों को दूर करने का प्रयास किया। उनकी रचनाएँ, उनकी कहानियाँ और निबन्ध चीनी जनता की आवाज हैं। उन रचनाओं में आप चीनी जनता की आवाज सुन सकते हैं, चीनी जनता की चीख, आह, गुस्सा और मुक्ति की छटपटाहट को मुखर रूप में पा सकते हैं। अनुवाद के माध्यम से लू शुन ने चीनी संस्कृति को दुनिया की संस्कृति से, चीनी जनता को दुनिया की जनवादी सांस्कृतिक चेतना से जोड़ा और चीनी संस्कृति के नए विकास की प्रेरणा दी। स्वयं लू शुन ने दुनियाभर की जनवादी संस्कृति और साहित्य की विवेकपूर्ण यात्रा करते हुए अपनी क्रान्तिकारी चेतना का विकास किया था। उनके सम्पूर्ण साहित्य में दुनिया की महान् रचनाओं और रचनाकारों के जितने व्यापक और अधिक सन्दर्भ मिलते हैं उतने प्रेमचन्द और गोर्की के साहित्य में नहीं।

लू शुन ने 1907 में 'मारा कविता की शक्ति' नामक लेख लिखा था। इस लेख में उन्होंने विश्व के अनेक साहित्यकारों की चर्चा करते हुए यह बताया था कि जनता से जुड़े हुए साहित्य में व्यापक सामाजिक परिवर्तन की क्षमता होती है। लू शुन ने यह लिखा है कि किसी समाज का सांस्कृतिक बहरापन उसका गूँगापन भी बन जाता है। चीनी समाज के बहरेपन को दूर करने और गूँगेपन को तोड़ने के लिए उन्होंने विदेशी साहित्य के अनुवाद का काम बड़े पैमाने पर किया।

लू शुन चीनी समाज की विकास-प्रक्रिया को पूरी समग्रता में देख समझ रहे थे। उनके सामने चीनी समाज के क्रान्तिकारी विकास के पाँच पक्ष थे जो आपस में जुड़े हुए थे। उनके सामने एक समस्या बोलचाल की चीनी भाषा के विकास की समस्या थी। उन्होंने यह महसूस किया कि समाज के विकास के लिए क्लासिकी चीनी भाषा के स्थान पर बोलचाल की चीनी भाषा का उत्थान और विकास आवश्यक है। स्वयं उन्होंने अपनी पहली कहानी क्लासिकी चीनी में ही लिखी, लेकिन उसे बहुत महत्त्व नहीं दिया। इसके बाद उन्होंने जो भी लेखन किया वह सब बोलचाल की चीनी भाषा में ही किया। उन्होंने बोलचाल की चीनी भाषा के विकास के लिए न केवल उसमें रचनाएँ कीं बल्कि उसके लिए आन्दोलन भी चलाया। इस विषय पर उन्होंने लेख भी लिखे। भाषा का परिवर्तन सामान्य परिवर्तन नहीं है। लू शुन ने समाज के विकास में भाषा की भूमिका और भाषा के विकास में समाज की भूमिका को समझकर बोलचाल की चीनी भाषा के उत्थान और विकास का प्रयत्न किया। लू शुन यह महसूस करते थे कि जनता की भाषा के विकास से जनता के सामाजिक-राजनीतिक जीवन का विकास जुड़ा हुआ है। हिन्दुस्तान में जो लोग अंग्रेजी

को ही इस देश की जनता के जीवन में क्रान्ति का माध्यम बनाए हुए हैं उन्हें लू शुन और चीनी क्रान्ति से सबक सीखते हुए अपनी भूल सुधारने का प्रयत्न करना चाहिए। लू शुन सामाजिक-राजनीतिक संघर्ष में भाषा की वर्गीय भूमिका को भी स्वीकार करते थे।

सामाजिक विकास में भाषा की महत्त्वपूर्ण भूमिका होती है, लेकिन भाषा के सुधार से ही समाज का सुधार नहीं हो जाता या भाषा में क्रान्ति से समाज में क्रान्ति नहीं हो जाती। लू शुन जिस क्षेत्र में काम कर रहे थे वह क्षेत्र साहित्य का था। भाषा के अतिरिक्त चीन में साहित्य के क्षेत्र में भी क्रान्ति की जरूरत थी। लू शुन ने भाषा के साथ-साथ चीनी साहित्य के क्षेत्र में भी क्रान्ति की पहल की। मैं इस बात को याद दिलाना चाहूँगा कि चीन में साहित्य में क्रान्ति की बात लू शुन की क्रान्तिकारी सक्रियता से पहले से हो रही थी। कहने का मतलब यह हैं कि लू शुन जब क्रान्तिकारी प्रक्रिया में उतरे उसके पहले 1917 में ही साहित्य में क्रान्ति की बात कुछ लोग कर रहे थे। जिन लोगों ने आरम्भ में साहित्य में क्रान्ति की बात की वे बाद में सामाजिक क्रान्ति के विरोधियों की जमात में शामिल हो गए। साहित्य में वास्तविक क्रान्ति लाने का काम लू शुन ने ही किया। इससे यह भी साबित होता है कि जो समाज में क्रान्ति का विरोध करते हैं और साहित्य में क्रान्ति की बात करते हैं, वे साहित्य में भी क्रान्ति नहीं कर सकते, केवल भ्रान्ति का प्रसार कर सकते हैं। लू शुन का ऐसे झूठे क्रान्तिकारियों से लम्बा विवाद हुआ था। लू शुन के लिए साहित्य में क्रान्ति करने का मतलब था, उसकी अन्तर्वस्तु और रूप में क्रान्ति लाना, एक ऐसी नई रचनाशीलता का विकास करना जो चीनी जनता की क्रान्तिकारी आकांक्षाओं, भावनाओं और वास्तविक जीवन दशाओं की अभिव्यक्ति करने में सक्षम हो।

साहित्य का क्रान्तिकारी विकास केवल उसकी भाषा या रूप के नए विकास से सम्भव नहीं होता। अन्तर्वस्तु सम्बन्धी विकास भी केवल बुद्धि वैभव का परिणाम नहीं होता। साहित्य के क्रान्तिकारी विकास के लिए विचारों में परिवर्तन आवश्यक है। लू शुन ने महसूस किया कि जब तक चीनी जनता और उसके बुद्धिजीवियों के विचारों में परिवर्तन नहीं होगा तब तक साहित्य में क्रान्ति नहीं होगी। अगर आपके विचार लाला श्री निवासदास के जमाने के हों और आप भाषा आज की लिखें या शिल्प के स्तर पर कुछ नया विकसित कर लें तो इससे हिन्दी साहित्य में कोई क्रान्ति नहीं होगी, उसका क्रान्तिकारी विकास नहीं होगा। लू शुन के जमाने में चीन में विचारों में क्रान्ति के लिए सामन्तवाद-विरोधी दृष्टिकोण का विकास करना, जनवादी चेतना विकसित करना, साम्राज्यवाद के वैचारिक प्रभावों को तोड़ना और राष्ट्रीय भावना विकसित करना आवश्यक था। आज भारत में भी इन सब कामों को पूरा करना जरूरी है। विचारों में क्रान्तिकारी परिवर्तन केवल बौद्धिक प्रयास से

सम्भव नहीं होता, उसके आधार के लिए सामाजिक क्रान्ति की जरूरत होती है। चीनी समाज के क्रान्तिकारी विकास की प्रक्रिया केवल विचारों में क्रान्ति से पूरी होनेवाली नहीं थी। मान लीजिए कोई व्यक्ति व्यक्तिगत स्तर पर या पूरे समाज के स्तर पर दृष्टिकोण के परिवर्तन की बात सोचता है, उस दिशा में प्रयत्न भी करता है। लेकिन इस तरह के दृष्टिकोण सम्बन्धी परिवर्तन के लिए आवश्यक सामाजिक परिवर्तन की प्रक्रिया नहीं चल रही हो तो केवल दृष्टिकोण के परिवर्तन की बात रोमाण्टिक खयाल से अधिक कुछ नहीं होगी। कुछ ऐसे लोग होते हैं जो केवल विचारों में क्रान्ति की बात करते हैं, अपने यहाँ भी ऐसे लोगों की कमी नहीं है जो केवल वैचारिक क्रान्ति की बात ही करते हैं। इस प्रसंग में लू शुन से यह सीखा जा सकता है कि केवल वैचारिक क्रान्ति की बात न केवल अपर्याप्त है बल्कि निराधार भी है। वैचारिक क्रान्ति का आधार है सामाजिक क्रान्ति। यही कारण है कि लू शुन ने भाषा, साहित्य और विचार सम्बन्धी क्रान्तिकारी विकास को सामाजिक क्रान्ति से जोड़ा। उनके सैकड़ों निबन्ध इस बात का प्रमाण देते हैं कि उन्होंने इस दिशा में क्या सोचा और क्या किया।

अगर भाषा, साहित्य और चिन्तन के क्रान्तिकारी विकास के लिए सामाजिक क्रान्ति आवश्यक है तो यह भी सोचना होगा कि समाज में क्रान्ति कैसे होगी ? केवल यह कहने से कुछ नहीं होगा कि समाज में परिवर्तन होना चाहिए; क्योंकि उससे विचारों में परिवर्तन होगा, विचारों में परिवर्तन होना चाहिए क्योंकि उससे साहित्य में परिवर्तन होगा और साहित्य में परिवर्तन होना चाहिए क्योंकि उससे भाषा में परिवर्तन होगा। कुछ लोग इस तरह भी सोच सकते हैं कि भाषा में परिवर्तन आवश्यक है क्योंकि उससे साहित्य में परिवर्तन होगा, साहित्य में परिवर्तन से विचारों में परिवर्तन होगा और विचारों में परिवर्तन से सामाजिक परिवर्तन सम्भव होगा।

वास्तव में समाज में परिवर्तन के लिए परिवर्तन के साधन को विकसित करना जरूरी है और परिवर्तन की प्रक्रिया का विकास भी आवश्यक है। यह काम केवल राजनीति के माध्यम से सम्भव होता है। इसीलिए राजनीतिक क्रान्ति की जरूरत होती है। लू शुन ने इस जरूरत को पहचाना और इस दिशा में प्रयत्न भी किया। यही कारण है कि लू शुन ने भाषा, साहित्य, चिन्तन और समाज के क्रान्तिकारी विकास को राजनीति से जोड़कर देखा। अगर आप लू शुन के विचारों के विकास पर ध्यान दें तो पाएँगे कि उन्होंने चीनी समाज के क्रान्तिकारी विकास के लिए आवश्यक इन पाँचों पक्षों के आपसी सम्बन्ध को एक ही बार में सोच नहीं लिया था। 1927 तक लू शुन के सामने राजनीतिक क्रान्ति का स्वरूप बहुत स्पष्ट नहीं था, उसकी आकांक्षा और बेचैनी जरूर थी। 1924-25 तक की अपनी कहानियों में वे एक पिछड़े हुए सामन्ती समाज के मानव विरोधी रूपों और पक्षों के निर्मम, कठोर और जुझारू यथार्थवादी आलोचक के रूप में हमारे सामने आते हैं, लेकिन

उनके सामने नए समाज के निर्माण की कोई स्पष्ट रूपरेखा हो—ऐसा नहीं दिखाई देता। जब चीन में कम्युनिस्ट पार्टी का निर्माण हुआ और उसकी क्रान्तिकारी गतिविधियों का विकास हुआ तो लू शुन के सामने चीनी समाज के विकास की दिशा भी स्पष्ट होने लगी। उसके बाद लू शुन ने भाषा, साहित्य, विचार और समाज के परिवर्तन की दिशा को राजनीतिक परिवर्तन की इस नई दिशा से जोड़ा। इसके बाद ही लू शुन ने सामाजिक-राजनीतिक क्रान्ति से सांस्कृतिक क्रान्ति के सम्बन्ध को पहचानते हुए सांस्कृतिक क्रान्ति के विकास का नेतृत्व किया।

मैंने आरम्भ में कहा था कि लू शुन ने साहित्य को चीनी समाज के क्रान्तिकारी परिवर्तन का साधन बनाया। यह काम करते हुए लू शुन ने एक और महत्त्वपूर्ण काम किया। उन्होंने साहित्य को सामाजिक परिवर्तन का साधन बनाकर साहित्य का अर्थ बदल दिया। लू शुन के पहले चीनी समाज में साहित्य का जो अर्थ और प्रयोजन था वही लू शुन के लेखन के बाद नहीं रहा। साहित्य के अर्थ और प्रयोजन का यह परिवर्तन न तो सामान्य परिवर्तन था और न सरल। लू शुन ने साहित्य को सामाजिक परिवर्तन का साधन माना तो इस दिशा में उन्होंने प्रयत्न भी किया और तभी वे साहित्य को नया अर्थ और प्रयोजन दे सके।

हिन्दी में जो आत्ममुग्ध बौद्धिक ऐय्याशी में डूबे बुद्धिजीवी साहित्य की क्रान्तिकारी भूमिका की बात करते हैं वे व्यवहार के स्तर पर लू शुन की तरह साहित्य की क्रान्तिकारी भूमिका का विकास करने से कतराते हैं। लू शुन ने साहित्य की क्रान्तिकारी भूमिका को पहचाना, लेकिन उन्होंने साहित्य के कलात्मक पक्ष की उपेक्षा नहीं की। उन्होंने साहित्य को सामाजिक परिवर्तन का माध्यम बनाया तो सामाजिक यथार्थ के कलात्मक चित्रण पर सर्वाधिक ध्यान दिया। सामाजिक यथार्थ के क्रान्तिकारी परिवर्तन को ही क्रान्ति कहा जाता है। यथार्थ को बदलने के लिए उसको समझना जरूरी है। लू शुन की कहानियाँ चीनी समाज के यथार्थ की जटिल समग्रता को समझने-समझाने का काम करती हैं। मित्रो, साहित्य सामाजिक चेतना की उपज है तो सार्थक साहित्य सामाजिक चेतना उपजाता भी है।

लू शुन का साहित्य इस बात का प्रमाण है। लू शुन ने यह ध्यान रखा कि यथार्थ का साहित्य में जो चित्रण हो वह प्रभावशाली भी हो। अगर यथार्थ का चित्रण पाठकों को प्रभावित नहीं करता तो वह उनकी चेतना को परिवर्तित कैसे करेगा ? इसलिए चित्रण ऐसा होना चाहिए जो पाठकों पर प्रभाव डाल सके और उनकी चेतना को बदल सके। लू शुन का एक कथन आपके सामने लगा हुआ है, उसमें कहा गया है कि लेखक का काम यथार्थ का अत्यन्त संवेदनशील चित्रण है, तभी वह पाठक के मन में उस यथार्थ का बोध पैदा कर सकता है। यथार्थ का चित्रण संवेदनशील ही नहीं कलात्मक भी होना चाहिए, तभी वह पाठकों के मन पर उचित प्रभाव डाल सकता है। लू शुन का ही एक दूसरा कथन इस हाल के दरवाजे पर लगा हुआ

है जिसमें कहा गया है कि यथार्थ का कलात्मक और संवेदनशील चित्रण तभी सम्भव होगा जब लेखक के पास अनुभव की व्यापकता होगी। लेखक के अनुभव का विस्तार तब होता है जब वह सामाजिक विकास की प्रक्रिया से जुड़ा हुआ हो, उसके बोध के लिए तत्पर और सक्षम हो, वह वास्तविकता को जान रहा हो, जानने का प्रयत्न कर रहा हो। लेखक के अनुभव का विस्तार तब नहीं होता जब वह अन्धेरे बन्द कमरे में बैठकर अपने-अपने अजनबियों के बारे में बात करता है। लू शुन ने कला और साहित्य की रचना को एक विशिष्ट सामाजिक कर्म तो माना, लेकिन उन्होंने दूसरे सामाजिक कर्मों से कलाकार के रचनाकर्म के सम्बन्ध को भी पहचाना। तभी वे साहित्य को समाज से जोड़कर उसके नए अर्थ और प्रयोजन का विकास कर सके।

लू शुन की कहानियों के बारे में कुछ लोगों का कहना है कि उनमें आशा का स्वर नहीं है बल्कि उनमें निराशा का स्वर ही प्रधान है। लू शुन की कहानियाँ पढ़ते समय दो बातें महसूस होती हैं। उनमें और कोई विशेषता हो या न हो एक बात बहुत साफ है कि उन कहानियों को पढ़कर यह लगता है कि कहानियों में चित्रित मनुष्य विरोधी सामन्ती समाज-व्यवस्था को अब और अधिक नहीं चलने देना चाहिए। मुझे ऐसा लगता है कि लू शुन की कहानियों को पढ़ते हुए चीनी जनता ने भी ऐसा ही अनुभव किया होगा और इस अनुभव का परिणाम हमारे सामने है। मित्रो ! अगर कोई रचना पाठकों में यह भावना पैदा कर देती है तो वह सामाजिक-राजनीतिक क्रान्ति की प्रक्रिया में अपनी सार्थक भूमिका अदा कर देती है। कोई रचना क्रान्ति के सन्दर्भ में इससे अधिक और क्या भूमिका निभा सकती है ? आजकल हिन्दी के जो कहानीकार अपनी हर रचना में क्रान्ति को सफल होते दिखाकर समाजवादी यथार्थवाद का लेखक होने का भ्रम पालते हैं उनकी कहानियाँ भी अगर केवल यह भावना पैदा कर सकें कि इस मानव विरोधी शोषक समाज-व्यवस्था को अब और अधिक नहीं चलने देना चाहिए तो वे सामाजिक-राजनीतिक क्रान्ति की प्रक्रिया में सहायक लेखक होंगे और उनकी कहानियाँ यथार्थवादी भी होंगी। लू शुन की कहानियों को पढ़कर एक दूसरी बात मन में आती है कि उनके पात्र यातनाभरी जिन्दगी जीते हुए भी निरन्तर जीने और आगे बढ़ने की कोशिश करते हैं। उन कहानियों के पात्रों की जीने की कोशिश को देखकर हेमिंग्वे के प्रसिद्ध उपन्यास, 'ओल्ड मैन एण्ड द सी' का एक वाक्य याद आता है कि 'मनुष्य को नष्ट किया जा सकता है लेकिन उसे परास्त नहीं किया जा सकता।' लू शुन के पात्रों को देखकर मानव विरोधी शक्तियों और स्थितियों के विरुद्ध संघर्ष करने की मुनष्य की अदम्य शक्ति में विश्वास पैदा होता है और संघर्षशील मनुष्य के बेहतर भविष्य की आशा पैदा होती है। यह आशा सतही किस्म के सायास और झूठे आशावाद से अधिक मूल्यवान है।

अब मैं आपके सामने लू शुन के व्यक्तित्व के एक दूसरे पक्ष की चर्चा करूँगा। वह है उनका आलोचक रूप या साहित्य विचारक रूप। लू शुन परम्परागत प्रचलित अर्थ में आलोचक नहीं हैं। लू शुन उस तरह के आलोचक नहीं हैं जैसे आम तौर पर कविताओं, कहानियों आदि का विश्लेषण करने वाले व्यावहारिक आलोचक होते हैं। लू शुन वैसे आलोचक भी नहीं हैं जैसे लेनिन तोल्सतोय की रचनाओं का विश्लेषण करते दिखाई देते हैं, यद्यपि इस तरह की आलोचना की विशेषताएँ उनके निबन्धों में कई जगह मिल जाती हैं। लू शुन एक रचनाकार आलोचक हैं। वे एक ऐंसे रचनाकार आलोचक की तरह हैं जो केवल रचना की चर्चा तक सीमित नहीं होता बल्कि व्यापक सामाजिक-राजनीतिक क्रान्ति की प्रक्रिया से जुड़ा होता है। लू शुन के ही शब्दों में कहा जा सकता है कि वे ऐसे आलोचक थे जो लगातार समाज के विकास की नब्ज की गति पहचान रहा हो।

लू शुन ने चीन में आलोचना के विकास के लिए दुनिया के अनेक मार्क्सवादी आलोचकों के लेखों और पुस्तकों का अनुवाद किया। उन्होंने प्लेखानोव, लुनाचार्स्की आदि की रचनाओं का अनुवाद किया और उनके विचारों के सम्पर्क में लाकर चीनी लेखकों और पाठकों की आलोचनात्मक चेतना तथा साहित्य विवेक के विस्तार में योगदान दिया।

लू शुन के महत्त्वपूर्ण लेखन की शुरुआत आलोचनात्मक लेखन से ही होती है। उन्होंने 1907 में 'मारा कविता की शक्ति' नामक लेख लिखा था। यह लेख उनकी परवर्ती रचनात्मक और आलोचनात्मक प्रवृत्तियों के विकास को समझने के लिए बहुत महत्त्वपूर्ण है।

मार्क्सवादी आलोचना का उद्देश्य केवल रचनाओं का विश्लेषण और मूल्यांकन ही नहीं है, उसका एक मुख्य दायित्व रचना और आलोचना की जनविरोधी प्रवृत्तियों, उन प्रवृत्तियों को बढ़ावा देनेवाले मंचों और उन प्रवृत्तियों को संगठित-संचालित करनेवाले व्यक्तियों के विरुद्ध संघर्ष करना भी है। ऐसा संघर्ष चलाकर ही आलोचना जनवादी रचना और साहित्य-चेतना के विकास का मार्ग प्रशस्त कर सकती है। खास तौर से जहाँ राजनीतिक क्रान्ति की प्रक्रिया तेजी से आगे बढ़ रही हो और उससे जुड़कर सांस्कृतिक क्रान्ति का विकास आवश्यक हो वहाँ सांस्कृतिक क्रान्ति को राजनीतिक क्रान्ति से मजबूती से जोड़ने के लिए और कला तथा साहित्य के क्रान्तिकारी स्वरूप के विकास के लिए आलोचना को विचारधारात्मक संघर्ष का माध्यम बनाना बहुत आवश्यक है। ऐसे सन्दर्भ में जो आलोचक समझौता और अवसरवाद से मुक्त होकर आलोचना को विचारधारात्मक संघर्ष का अधिक से अधिक कारगर माध्यम बना सकता है वही व्यापक सांस्कृतिक क्रान्ति का नेतृत्व कर सकता है, क्रान्तिकारी कला और साहित्य के विकास का नेतृत्व कर सकता है। लू शुन ऐसे ही आलोचक थे। उन्होंने अपने समय की तरह-तरह की जनविरोधी, राष्ट्रविरोधी और क्रान्तिदिरोधी

प्रवृत्तियों के विरुद्ध संघर्ष करते हुए चीन की नव जनवादी संस्कृति के क्रान्तिकारी विकास का नेतृत्व किया।

लू शुन का विचारधारात्मक संघर्ष बहुमुखी था। उन्होंने उन साहित्यकार बुद्धिजीवियों से संघर्ष किया जो साहित्य में क्रान्ति की बात करते थे, लेकिन व्यापक सामाजिक क्रान्ति के विरोधी थे। चीन में 1919 से 1929 के बीच तीन साहित्यिक मंच विशेष सक्रिय थे—क्रिएशन सोसाइटी, क्रेसेंट मून सोसाइटी और सन सोसाइटी। क्रिएशन सोसाइटी वाले पहले रोमाण्टिसिज्म की दुनिया में रहते थे, लेकिन जब चीन में क्रान्तिकारी संघर्ष तेज हुआ तो वे क्रान्ति की ओर झुके। रोमाण्टिक प्रवृत्ति के लोग जब मार्क्सवाद की ओर आते हैं तो उनकी जो परिणति होती है वही इस संगठन के कई सदस्यों की भी हुई। लू शुन का वैचारिक संघर्ष इस संगठन के विचारकों से हुआ। क्रेसेंट मून सोसाइटी का उद्देश्य कलावाद का प्रचार-प्रसार करना था। लू शुन का इन कलावादियों से संघर्ष होना लाजमी था और वह हुआ। सन सोसाइटी का सम्बन्ध मार्क्सवाद से था लेकिन इस मंच के अनेक भटके हुए मार्क्सवादियों के विरुद्ध लू शुन ने विचारधारात्मक संघर्ष चलाया। लू शुन को मुख्य रूप से तीन प्रकार की प्रवृत्तियों के लेखकों से संघर्ष करना पड़ा—कलावादी, आधुनिकतावादी और भटके हुए मार्क्सवादी। क्या आजकल हिन्दी में इन तीनों प्रवृत्तियों और इनके झण्डावरदारों से संघर्ष करने की जरूरत नहीं है ?

लू शुन के समय में कुछ रूढ़िवादी लेखक थे जो परम्परा प्रेम के नाम पर पुरानेपन को ढोए जा रहे थे। हिन्दी में ही छायावाद के काल में जगन्नाथ दास 'रत्नाकर' नहीं होते, चीन में भी होते हैं। लू शुन ने इन रूढ़िवादियों के परम्परा प्रेम की आलोचना करते हुए नए साहित्य के विकास का आग्रह किया। रूढ़िवादियों के साथ-साथ उस समय साहित्य में सक्रिय कुछ आधुनिकतावादी भी थे जो अमेरिका और इंग्लैण्ड से पढ़कर आए थे और अपने साथ आधुनिकतावाद भी ले आए थे। इन आधुनिकतावादियों पर इरविन बेबिट और टी. एस. एलियट का गहरा असर था। लू शुन ने इन आधुनिकतावादियों के साहित्य चिन्तन के जनविरोधी रूप की कड़ी आलोचना की। इन आधुनिकतावादियों में से कुछ चीनी साहित्य में क्रान्ति के नाम पर यूरोप और अमेरिका के पूँजीवादी-साम्राज्यवादी कला मूल्यों की वकालत कर रहे थे। लू शुन ने साहित्य के क्षेत्र के इन छद्म क्रान्तिकारियों के जनविरोधी उद्देश्यों की असलियत बताते हुए नए रचनाकारों को भ्रम में पड़ने से बचाया। इस तरह लू शुन ने अपने आलोचनात्मक लेखन के माध्यम से उस समय रचना और आलोचना में फैली अनेक सामन्ती और पुराणपंथी, आधुनिकतावादी, कलावादी, साम्राज्यवादी, जनविरोधी और राष्ट्रविरोधी प्रवृत्तियों से संघर्ष करते हुए चीन में नए जनवादी और क्रान्तिकारी साहित्य के विकास के आन्दोलन का नेतृत्व किया।

लू शुन ने चीनी भाषा और साहित्य के इतिहास से सम्बन्धित अनेक लेख

लिखे। इस विषय पर स्वतन्त्र रूप से विचार करना उचित है। इस प्रसंग में महत्त्वपूर्ण बात यह है कि लू शुन ने बराबर भाषा और साहित्य के इतिहास को समाज के इतिहास से जोड़कर देखा। इस बात का प्रमाण अगर आप देखना चाहें तो उनकी पुस्तक 'चीनी कथा साहित्य का संक्षिप्त इतिहास' देख सकते हैं।

लू शुन अपने निबन्धों के माध्यम से एक महत्त्वपूर्ण साहित्य विचारक के रूप में हमारे सामने आते हैं। उन्होंने अपने आलोचनात्मक संघर्ष के साथ ही साहित्य की बुनियादी समस्याओं पर भी मौलिक चिन्तन किया है। लू शुन ने संस्कृति और साहित्य के क्षेत्र के विचारधारात्मक संघर्ष में तटस्थतावादी रवैये का खण्डन किया है। उन्होंने साहित्य की शाश्वततावादी धारणा का भी खण्डन किया है। हिन्दी में ये दोनों ही प्रवृत्तियाँ मौजूद हैं। कुछ लोग इस धारणा के शिकार हैं और कुछ इस धारणा से नए रचनाकारों का शिकार करते हैं। लू शुन ने साहित्य-रचना के कर्म को दूसरे सामाजिक व्यवहारों से एकदम स्वतन्त्र होने और साहित्यकार को 'सुपरमैन समझने की' भ्रान्त धारणा का खण्डन किया है।

दुनियाभर के नए-पुराने साहित्य चिन्तक इस सवाल पर विचार करते रहे हैं कि साहित्य स्थायी क्यों होता है। कुछ रचनाएँ स्थायी होती हैं और कुछ अस्थायी, कुछ कालजयी सिद्ध होती हैं और कुछ कालबद्ध। कला और साहित्य के स्थायित्व के कारणों पर विचार करते हुए कुछ लोग कहते हैं कि रचनाओं के स्थायित्व का कारण है मनुष्य का स्थायी भाव या स्थायी स्वभाव। इन विचारकों के अनुसार जिन रचनाओं में मुनष्य के स्थायी भावों और बुनियादी स्वभाव की अभिव्यक्ति होती हैं वे रचनाएँ स्थायी होती हैं। ऐसा कहनेवाले पुराने काव्यशास्त्री, उनके नए अनुयायी या दुनियाभर के नए-पुराने भाववादी साहित्य चिन्तक ही नहीं हैं, कुछ मार्क्सवादी भी हैं। लू शुन ने साहित्य के स्थायित्व सम्बन्धी इस धारणा का खण्डन किया है। माओ-त्से-तुंग ने भी येनान गोष्ठी के अपने प्रसिद्ध भाषण में शाश्वत मानव स्वभाव या स्थायी मानव स्वभाव को साहित्य की शाश्वतता का कारण मानने की धारणा का खण्डन किया है। लू शुन ने माओ-त्से-तुंग से बहुत पहले इस धारणा का खण्डन किया था, इसलिए कहा जा सकता है कि लू शुन से प्रेरणा लेकर ही माओ-त्से-तुंग ने भी इस धारणा का खण्डन किया। लू शुन ने मानव समाज की परिवर्तनशीलता के साथ मानव स्वभाव की परिवर्तनशीलता को जोड़कर कहा कि मानव स्वभाव की शाश्वतता की धारणा गलत है और इस धारणा पर आधारित साहित्य की शाश्वतता की धारणा और भी अधिक गलत। लेकिन इसका यह अर्थ नहीं है कि लू शुन ने साहित्य के स्थायित्व की बात का खण्डन किया है। उन्होंने कहा कि जो साहित्य गहरे स्तर पर अपने समय और समाज से जुड़ा होता है वही स्थायी होता है, वह नहीं जो काल्पनिक शाश्वत विषयों पर लिखा जाता है या नितान्त हवाई होता है।

लू शुन ने साहित्य और संस्कृति में तटस्थतावादी दृष्टिकोण का विरोध किया

है और विचारधारात्मक संघर्ष में साहित्य की पक्षधर भूमिका का समर्थन किया है। कुछ लोग कहते हैं कि वे इस समाज में शोषितों और शोषकों के बीच आज जो जीवन-मरण का युद्ध चल रहा है उससे तटस्थ रहकर रचना करते हैं। वे यह भी सोचते हैं कि इस झगड़े में पड़ने से बेहतर है राम झरोखे बैठकर जग का मुजरा लेना। दुनिया को धोखे में डालनेवाली इस तटस्थतावादी मुद्रा का लू शुन ने बार-बार खण्डन किया है। लू शुन ने कहा कि वर्गों में बँटी हुई समाज-व्यवस्था में यह सम्भव नहीं है। इस समाज-व्यवस्था में तटस्थता की बात एक भ्रम है या छल है। मुझे इस प्रसंग में 1968 के फ्रांसीसी छात्र आन्दोलन की याद आ रही है। वहाँ छात्रों ने एक पुराने नारे को थोड़ा सा बदलकर सोबोन विश्वविद्यालय की दीवारों पर लिखा था—'वे भी मरते हैं जो अलग खड़े रहकर इन्तजार करते हैं।' लू शुन ने तटस्थतावादियों की ठीक ही कड़ी आलोचना की है क्योंकि ऐसे लोग क्रान्तिकारी संघर्ष के दौर में जनता के जाने-पहचाने दुश्मनों से भी अधिक खतरनाक साबित होते हैं।

लू शुन ने साहित्य सम्बन्धी अनेक भ्रान्त धारणाओं का खण्डन ही नहीं किया है, उन्होंने कुछ महत्त्वपूर्ण स्थापनाएँ भी की हैं। लू शुन ने साहित्य के वर्गीय स्वरूप की व्याख्या की है और उसकी पक्षधर भूमिका का विवेचन किया है। 1930 के बाद के अपने लेखन में उन्होंने सर्वहारा वर्ग के भविष्य के साथ साहित्य के भविष्य को जोड़ते हुए सर्वहारा साहित्य के स्वरूप की व्याख्या की है और उसकी आवश्यकता पर बल दिया है।

हिन्दी में सर्वहारा-साहित्य की धारणा को लेकर कुछ दिनों से बहस चल रही है। कुछ लोग समझते हैं कि हिन्दी में सर्वहारा-साहित्य की बात करना गलत है। उनका यह भी कहना है कि इस समय सर्वहारा-साहित्य की बात करना उचित नहीं है। जो लोग सर्वहारा-साहित्य की धारणा का खण्डन करते हैं वे भी दावा क्रान्ति करने का ही करते हैं। वे शायद यह भी मानते हैं कि इस देश में पहले जनवादी क्रान्ति होगी और बाद में समाजवादी। सवाल यह है कि इन दोनों क्रान्तियों में नेतृत्वकारी भूमिका किस वर्ग की होगी ? क्या यह कोई वर्गहीन क्रान्ति होगी ? अगर जनवादी और समाजवादी क्रान्ति का नेतृत्व सर्वहारा वर्ग करेगा तो इन दोनों से जुड़े हुए साहित्य में सर्वहारा वर्ग की मौजूदगी क्यों नहीं होगी ? सर्वहारा के नेतृत्वकारी भूमिका को स्वीकार करनेवाले साहित्य को सर्वहारा-साहित्य कहने में क्या हर्ज है ? सर्वहारा-साहित्य की बात करने का यह आशय नहीं है कि वर्तमान दौर में सर्वहारा के दूसरे मित्र वर्गों को साहित्य रचना के क्षेत्र से बहिष्कृत कर दिया जाए। आज के दौर में सर्वहारा और उसके मित्र वर्गों का साहित्य में साथ-साथ आना जरूरी है। सर्वहारा-साहित्य की बात करने का यह भी अर्थ नहीं है कि जिस साहित्य में सर्वहारा वर्ग का चित्रण होगा वही सर्वहारा साहित्य होगा। वह साहित्य भी सर्वहारा साहित्य है जिसमें सर्वहारा वर्ग के दृष्टिकोण से सामाजिक वास्तविकता,

राजनीतिक संघर्ष और विभिन्न वर्गों के सम्बन्धों का चित्रण होता है। यही आज के दौर में सर्वहारा-साहित्य की धारणा का वास्तविक रूप है। जो लोग सर्वहारा-साहित्य की धारणा का खण्डन करते हैं वे जाने अनजाने बात ट्राटस्की की कहते हैं और नाम लेनिन का लेते हैं। लू शुन ने अपने समय में चीन के ऐसे ट्राटस्कीवादियों से भी संघर्ष किया था।

लू शुन ने साहित्य से जुड़े हुए एक और महत्त्वपूर्ण सवाल पर विचार किया है—वह है विरासत का सवाल या परम्परा के मूल्यांकन का सवाल। इस प्रसंग में लू शुन ने कहा कि जिन जातियों में विकास की क्षमता होती है वही अपनी मूल्यवान परम्परा की रक्षा भी कर सकती हैं। जो जातियाँ अपने समाज और संस्कृति का क्रान्तिकारी विकास नहीं कर सकतीं वे अपनी क्रान्तिकारी विरासत की रक्षा भी नहीं कर सकतीं। लू शुन ने चीन के प्राचीन साहित्य का गम्भीर अध्ययन किया था। उन्होंने कुछ पुरानी कहानियों की पुनर्रचना भी की है। ऐसी कहानियों के संग्रह का नाम है—'ओल्ड टेल्स रीटोल्ड'। उन्होंने इस सवाल पर भी विचार किया है कि पुरानी कलाओं और उनमें विकसित कला रूपों का नए रचनाकारों को किस तरह और किस सावधानी से उपयोग करना चाहिए। हिन्दी के नए रचनाकारों के लिए भी यह ध्यान देने के लायक बात है। लू शुन ने कहा है कि परम्परा का मूल्यांकन विवेकपूर्ण ढंग से होना चाहिए। चूंकि जनता में प्रचलित कलाओं और कलारूपों पर शासकवर्ग के विचारों का भी प्रभाव होता है इसलिए आँख मूँदकर उन्हें स्वीकार करने की जरूरत नहीं है। ऐसी कलाओं और कलारूपों की बार-बार समीक्षा करते हुए कि विवेकपूर्ण ढंग से उनका प्रयोग होना चाहिए।

लू शुन ने नए रचनाकारों और रचनाओं के विकास पर बहुत ध्यान दिया है। लू शुन साहित्य निर्माता ही नहीं थे, वे नए साहित्यकारों के भी निर्माता थे। उन्होंने नए रचनाकारों और नई रचनाओं के विकास में मदद की, लेकिन उनकी कमजोरियों की आलोचना भी की। लू शुन ने रचना के सन्दर्भ में अनुभवहीनता की बार-बार आलोचना की है। उन्होंने व्यापक जीवननाभुव अर्जित करने का प्रयत्न न करनेवाले और अनुभव की थोड़ी सी पूँजी लेकर महान् रचनाकार बनने की कामना करते हुए बैठे रहनेवाले लेखकों की आलोचना की है। उन्होंने कलाहीनता की भी आलोचना की है क्योंकि कलाहीनता का स्वाभाविक परिणाम है प्रभावहीनता। कविता के स्वरूप की चर्चा करते हुए लू शुन ने कहा कि प्रगतिशील और क्रान्तिकारी कवियों को कसमें खाने की भाषा और धमकी देने की भाषा का प्रयोग नहीं करना चाहिए। हिन्दी की अधिकांश लघु पत्रिकाओं में प्रकाशित होनेवाली जनवादी कविताओं में ऐसी भाषा की भरमार दिखाई देती है। लू शुन ने रचना और आलोचना के क्षेत्र में पतनशीलता, भ्रष्टाचार और अवसरवाद के प्रसार का अत्यन्त उग्र और उचित विरोध किया है। हिन्दी साहित्य में भी ये प्रवृत्तियाँ बड़े पैमाने पर मौजूद हैं। इनसे

मुक्ति के बिना सच्चे जनवादी साहित्य का विकास नहीं हो सकता। लू शुन ने बार-बार कहा है कि साहित्य को क्रान्ति से जुड़ा होना चाहिए। लेकिन उन्होंने यह भी कहा कि साहित्य में उसकी जो अपनी विशेषताएँ हैं, कला और उससे उत्पन्न प्रभाव की क्षमता की जो विशेषताएँ हैं, उनकी भी रक्षा होनी चाहिए। लू शुन ने कहा कि साहित्य साहित्य होने के नाते ही क्रान्ति में सहायक होता है, किसी और कारण से नहीं। आज के हिन्दी के क्रान्तिकारी रचनाकारों को क्रान्ति और साहित्य के सम्बन्ध के बारे में लू शुन की इन धारणाओं पर ध्यान देना चाहिए।

रचना और आलोचना के सम्बन्ध पर विचार करते हुए लू शुन ने बार-बार कहा कि आलोचक को रचनाओं और रचनाकारों का मित्र होना चाहिए। हिन्दी में कुछ आलोचक रचनाकारों के मित्र होते हैं, लेकिन रचनाओं के साथ दुश्मन जैसा व्यवहार करते हैं। लू शुन के समानधर्मा रचनाकार आलोचक मुक्तिबोध ने भी कहा है कि आलोचक को रचनाओं और रचनाकारों का मित्र होना चाहिए, साहित्य का दारोगा नहीं। लू शुन ने आलोचकों से जो माँग की है वह बहुत बड़ी माँग नहीं है। उन्होंने कहा कि आलोचकों में 'कॉमनसेंस' होना चाहिए, लेकिन आप जानते हैं कि जिसे कॉमनसेंस कहा जाता है वह बहुत 'रेयर' होता है। लू शुन ने यह भी कहा कि जब आलोचक एक रचना के सन्दर्भ में एक तरह का दृष्टिकोण अपनाता है और दूसरी रचना के सन्दर्भ में दूसरी तरह का तो दिक्कत इस बात से नहीं होती कि उसके मानदण्ड बदल रहे हैं, दिक्कत तब होती है जब वह दोनों तरह की रचनाओं को ध्वस्त करने के लिए आलोचना के प्रतिमान बदलता रहता है। लू शुन ने रचना के क्षेत्र में व्याप्त कमजोरियों की आलोचना का महत्त्व स्वीकार किया है, बशर्ते कि आलोचक कमजोरियों की आलोचना करते हुए रचनाओं की अच्छाइयों पर भी ध्यान दें। उन्होंने कहा कि आलोचक का काम केवल घास साफ करना ही नहीं है, नए पौधों को सींचना भी है। यहाँ यह भी याद रखना चाहिए कि लू शुन आलोचना को रचना की तरह ही सामाजिक कर्म मानते हैं, इसलिए उन्होंने कहा है आलोचक को साहित्यशास्त्र का ही नहीं समाजशास्त्र का भी ज्ञान होना चाहिए। इस तरह के ज्ञान के आधार पर विकसित आलोचना ही साहित्य और समाज के वास्तविक सम्बन्ध की सही पहचान कर सकती है।

लू शुन की दृष्टि में साहित्य का उद्देश्य बहुत व्यापक था। उस व्यापक उद्देश्य के अनुसार ही उन्होंने रचना और आलोचना के विकास का आग्रह किया। लू शुन साहित्य को सामाजिक, राजनीतिक और सांस्कृतिक क्रान्ति के साथ विकसित होते देखना चाहते थे और इसी रूप में उन्होंने रचना और आलोचना के विकास का मार्गदर्शन किया। लू शुन चीन की नव जनवादी सांस्कृतिक क्रान्ति के नेता थे। उनका उद्देश्य जितना महान् था उनकी शक्ति उतनी ही अथाह थी। परम्पराबद्ध चीनी संस्कृति और साहित्य के नए विकास के लिए साहसी योद्धाओं की जरूरत

थी। लू शुन ने लिखा है कि 'चीन में सच्चे आधुनिक साहित्य के विकास के लिए ऐसे साहसी योद्धाओं की जरूरत है जो रूढ़िवादी विचारों और तरीकों पर हमला बोलकर नए विकास की राह बना सकें।' लू शुन संस्कृति और साहित्य के क्षेत्र के ऐसे ही साहसी योद्धा थे, इसलिए वे आधुनिक चीनी संस्कृति और साहित्य के निर्माता बन सके।

धन्यवाद !

---

* 29 दिसम्बर 1981 को दिल्ली में लू शुन जन्मशती समारोह के अवसर पर दिया गया भाषण।

दुनियादारी और ईमानदारी की विडम्बना

'Anyone who cannot cope with life while he is alive needs one hand to ward off a little his despair over his fate...but with his other hand he can Jot down what he sees among the ruins, for he sees different and more things than the others; after all he is dead in his own life time and the real survivor'. —काफ्का की डायरी, 19 अक्तूबर, 1921

मौलिक जीवन-दृष्टि और असाधारण प्रतिभावाले युगद्रष्टा कलाकार व्यावहारिक जीवन में असफल और जीवन काल में लोकप्रिय न होने पर भी अपनी रचनाओं के कारण मरने के बाद अमर होते हैं। मुक्तिबोध की जीवन-कथा समाज और अपने प्रति ईमानदार संवेदनशील साहित्यकार के जीवन की एक अविस्मरणीय ट्रैजेडी है। इस ट्रैजेडी के लिए उत्तरदायी स्थितियों, परिस्थितियों, शक्तियों और व्यक्तियों की खोज और पहचान मुक्तिबोध की जीवन-कथा को समझाने के लिए अनिवार्य है। मुक्तिबोध जीवन-भर जनविरोधी समाज-व्यवस्था और विचारधारा के खिलाफ संघर्ष करते रहे। समझौता के बदले संघर्ष की राह पर चलनेवालों की जो हालत इस व्यवस्था में होती है, वही मुक्तिबोध की भी हुई। लेकिन यह भी सच है कि 'मनुष्य को नष्ट किया जा सकता है, परन्तु उसको परास्त नहीं किया जा सकता।' (हेमिंग्वे)

मुक्तिबोध अपने जीवन में प्रायः उपेक्षित रहे, उनका कवि-व्यक्तित्व विचारणीय कम ही समझा गया। शमशेर ने ठीक ही लिखा है कि 'यदा-कदा विरल अपवादों को छोड़कर प्रायः ही प्रकाशकों, सम्पादकों, आलोचकों और साहित्यिक-संस्थाओं ने—वे 'दक्षिणपंथी' हों या 'वामपंथी' या बीच के अथवा व्यवसायी—निरन्तर भीरुता के साथ और अज्ञान और प्रमादवश या राजनीतिक स्वार्थ और दलबन्दियों के कारण—सबों ने मिलकर इसकी उपेक्षा ही की है।' ('चाँद का मुँह टेढ़ा है', पृ. 20)। कारण यह है कि मुक्तिबोध न तो अपने स्वार्थ के लिए किसी से अपने सिद्धान्तों

का सौदा करने को तैयार थे, न सुविधा के लिए समझौता करना उन्हें पसन्द था और न उनसे किसी का स्वार्थ ही सिद्ध हो सकता था। मौत के बाद मुक्तिबोध अचानक हिन्दी-साहित्य पर छा गए। मुक्तिबोध के जीवन और साहित्य के प्रति अचानक हिन्दी-जगत् में सहानुभूति की बाढ़ आ गई। जीवन में वे निरन्तर अजनबियों से घिरे महसूस करते रहे, लेकिन मरने के बाद उनके हमदर्दों का जुलूस तैयार हो गया। मुक्तिबोध का नाम लेना आधुनिकता, साहित्यिक समझदारी और जनवादिता का लक्षण बन गया। पहले मुक्तिबोध-विरोधियों की जमात थी, अब मुक्तिबोधवादियों का हुजूम दिखाई देने लगा। सेठाश्रयी और सरकाराश्रयी शाखाओं के साहित्यकारों को भी मुक्तिबोध की महानता का इलहाम होने लगा। एक व्यक्ति उनकी संघर्षशीलता की प्रशंसा करता है तो दूसरा मुक्तिबोध को 'विषपायी शिव के समान सम्मान्य और श्रद्धेय' कहता है। कुछ लोगों के लिए मुक्तिबोध की मृत्यु में उनकी अपनी मृत्यु प्रतिबिम्बित होने लगी, लेकिन ऐसे लोग आज भी जी रहे हैं और सुख से जी रहे हैं। कुछ लोगों के लिए जीवित मुक्तिबोध 'भविष्य' थे और मरने के बाद वे 'इतिहास' हो गए; तात्पर्य यह कि ऐसे लोगों के लिए मुक्तिबोध कभी 'वर्तमान' थे ही नहीं। लगता है कि हिन्दी-जगत् में महत्त्वपूर्ण होने के लिए इतिहास-पुरुष या पुराण-पुरुष होना जरूरी है और महान् होने के लिए पहले मरना जरूरी है। एक व्यक्ति की राय में 'मुक्तिबोध ने यह सिद्ध कर दिया कि आज के जमाने में कवि बनना कितना मुश्किल है।' वैसे आज के जमाने में कवि बनना उतना मुश्किल नहीं है जितना मुक्तिबोध जैसा कवि बनना। किसी की पीड़ा को पूज्य और शहादत को सम्मान्य कहकर छुट्टी पा लेना कितना सरल, सुविधाजनक और सुखद काम है ! मुक्तिबोध जैसे शहीदों की चिताओं पर लगे मेले में शामिल होना सरल है; उनकी स्मृति में सभा या समारोह आयोजित करना और श्रद्धा के मौखिक फूल चढ़ाना और भी सरल है; उनके जीवन, साहित्य और संघर्ष का व्यापार करना लाभदायक है, लेकिन उनके सिद्धान्तों और संघर्षों को अपना बनाकर शोषण और अन्याय के खिलाफ चलनेवाली लड़ाई में शामिल होना बहुत मुश्किल है। मुक्तिबोध के साहित्य पर आलोचना लिखने के पहले उनकी सामाजिक चेतना, विश्व-दृष्टि और कला-दर्शन को ठीक से समझना जरूरी है। मुक्तिबोध का साहित्य मनोरंजक नहीं है, आत्मतोष की चीज नहीं है, केवल आनन्दानुभूति का साधन भी नहीं है, बल्कि वह संवेदनशील व्यक्ति की चेतना को बेचैन करनेवाला और जनवादी संघर्षों को गति और शक्ति देनेवाला साहित्य है।

मुक्तिबोध जीवन में अलक्षित क्यों रहे ? प्रतिभाशाली कलाकार व्यावहारिक जीवन में असफल क्यों हो जाते हैं ? लाभ-लोभ के सामान्य नियम से संचालित समाज-व्यवस्था में व्यावहारिक जीवन का मूल नियम है स्वार्थ या स्वहित; जिसकी साधना के लिए व्यापक मानव-उद्देश्यों के विरुद्ध तरह-तरह के समझौते करने पड़ते

हैं। ऐसी व्यवस्था में जो लोग अपनी आत्मा को बेचने या रेहन रखने के लिए तैयार होते हैं, वे ही सुखी और सुविधा-सम्पन्न होते हैं। इसके विपरीत जनवादी सिद्धान्तों के लिए संघर्ष की जिन्दगी जीनेवाले संवेदनशील कलाकार व्यावहारिक जीवन में प्रायः असफल हो जाते हैं। जो लेखक स्थिर और स्थापित व्यवस्था के अनुकूल अपने को न बदलकर समाज और साहित्य की प्रचलित व्यवस्था को तोड़कर एक नई और अधिक मानवीय व्यवस्था के लिए प्रयत्न करता है, व्यवस्था के ठेकेदार उसे प्रयत्नपूर्वक अलक्षित रखने में ही अपना कल्याण समझते हैं। समकालीन साहित्यकारों की भ्रष्टता और दलबन्दी के कारण भी कभी-कभी प्रतिभाशाली कलाकार की पहचान नहीं हो पाती है। मुक्तिबोध ने अपने जमाने की साहित्यिक दलबन्दी के कटु अनुभव के बाद यह ठीक ही कहा है कि 'जो व्यक्ति साहित्यिक दुनिया से जितना दूर रहेगा, उसमें साहित्यिक बनने की सम्भावना उतनी ही ज्यादा बढ़ जाएगी। साहित्य के लिए साहित्य से निर्वासन आवश्यक है।' ('एक साहित्यिक की डायरी')। कुछ ऐसे भी कलाकार होते हैं जिनको व्यापक ख्याति तो मरने के बाद ही मिलती है, लेकिन उनके जीवनकाल में भी कुछ पारखी व्यक्ति उनकी प्रतिभा को पहचान लेते हैं। ख्याति एक सामाजिक स्थिति है, सामाजिक स्वीकृति है। कलाकार अपनी मौलिकता या अद्वितीयता के कारण भी कभी-कभी लोकप्रिय नहीं हो पाते। मुक्तिबोध जनवादी विचारक-कवि हैं। उनकी कविता का वस्तु-तत्त्व जनवादी है लेकिन कविता की संरचनात्मक मौलिकता, नवीनता और जटिलता तथा भाषा में सहज बोधगम्यता के अभाव के कारण भी वह लोकप्रिय कवि न हो सके। वास्तव में मुक्तिबोध की कविता का वस्तु-तत्त्व जिस जनता के लिए उपयोगी है उनमें से अधिकांश लोगों के लिए उनकी कविता की भाषा सहज बोधगम्य नहीं है और जिनके लिए उनकी कविता की भाषा बोधगम्य है उनमें से अधिकांश लोगों के लिए उनकी कविता में व्यक्त विचारधारा खतरनाक है। वस्तु-तत्त्व और अभिव्यंजनाशिल्प के इस अन्तर्विरोध के कारण भी मुक्तिबोध की कविता शीघ्र लोकप्रिय न हो सकी। वैसे मुक्तिबोध की कविता की अलोकप्रियता का दायित्व जितना उनके अभिव्यंजनाशिल्प पर है, उससे अधिक उस व्यवस्था पर है जो जनता को भीड़ समझने और मूर्ख बनाए रखने में ही अपना कुशल समझती है। जीवन में लगातार विरोधी शक्तियों से संघर्ष करने वाले मुक्तिबोध के लिए सिसरो के शब्दों में क्या यह कहना ठीक नहीं होगा कि 'जो मरकर विजयी हुए हैं वे अगर जीवन में भी विजयी होते तो हर चीज कितनी भिन्न किस्म की होती !

मुक्तिबोध के जीवन में जटिलताएँ हैं और ऐसी जटिलताएँ ऐसे प्रत्येक व्यक्ति के जीवन में होती हैं जो हर प्रकार के बाहरी दबावों के बावजूद अपने विचारों के लिए संघर्ष की जिन्दगी जीता है। जिन्दगी में सरलता या सपाटता वहाँ होती है जहाँ बाहरी और भीतरी द्वन्द्व और तनाव का अभाव होता है। वैसे यह कहा जा

सकता है कि आजकल कलाकार ही नहीं, आम आदमी का जीवन भी सघर्षों से खाली नहीं है। यही कारण है कि आजकल हर व्यक्ति का जीवन जटिलताओं का पुंज है। लेकिन संघर्ष और उससे उत्पन्न होनेवाली जटिलताओं के कई रूप और स्तर होते है। जनवादी विचारों के लिए विरोधी शक्तियों से लगातार संघर्ष करना और उससे उत्पन्न पीड़ा को सहना एक बात है और अपने अन्तर्मन की कुण्ठाओं के द्वन्द्व को ही जीवन-संघर्ष मान लेना और उससे उत्पन्न वेदना को आस्था की चीज समझकर उसका व्यवसाय करना एक भिन्न किस्म की बात है। मुक्तिबोध जैसे कलाकार के जीवन को समझने का अर्थ है उनके जीवन के अस्तित्व-संघर्ष के प्रयासों को समझना। मुक्तिबोध के जीवन-संघर्ष के बाहरी रूप के साक्षी व्यक्तियों, स्थानों और परिस्थितियों की खोज के प्रयत्न में लगन, श्रम-सामर्थ्य, गहरी जिज्ञासा, तत्परता और तटस्थ विवेचन की आवश्यकता है। वास्तव में मुक्तिबोध के जीवन, व्यक्तित्व और साहित्य-साधना के समग्र बोध, आत्मीय-विवेचन और प्रामाणिक पुनर्निर्माण के लिए 'निराला की साहित्य साधना' के लेखक रामविलास शर्मा जैसे रचनात्मक चिन्तक की जरूरत है।

मोतीराम वर्मा की पुस्तक 'लक्षित मुक्तिबोध' में लेखक की लगन, तत्परता और गहरी जिज्ञासा का परिचय मिलता है। इस पुस्तक के आरम्भ में रमेश मुक्तिबोध ने मुक्तिबोध के जीवन और उनके अस्तित्व-संघर्ष के प्रयत्नों का संक्षिप्त लेकिन प्रामाणिक चित्र उपस्थित किया है। मुक्तिबोध के जीवन से सम्बन्धित सूचनाओं की दृष्टि से यह पुस्तक का सर्वाधिक महत्त्वपूर्ण अंश है, बल्कि यह कहा जा सकता है कि शेष पुस्तक में इसके अतिरिक्त शायद ही कोई नई सूचना मिलती हो। यह सम्भव है कि रमेश के लेख में जिन तथ्यों की ओर केवल संकेत किया गया है, पुस्तक के अगले अंशों में उनकी पुष्टि और विस्तार ही हुआ है। मोतीराम वर्मा ने अपनी शोध-यात्रा का विस्तृत विवरण 'डायरी' के रूप में किया है। इस डायरीनुमा यात्रा-वर्णन से यात्रा की कठिनाइयों की जानकारी होती है, यह भी लगता है कि लेखक ढेर सारी पुस्तकें और पत्रिकाएँ लेकर एक सच्चे विद्यार्थी की भाँति शोधयात्रा पर निकला है। कहीं-कहीं डायरीनुमा उपन्यासों के समान वह मजेदार भी लगता है। लेकिन यह भी साफ है कि ऐसे स्थलों पर लक्ष्य अलक्षित हो गया है और यात्रा-वर्णन ही लक्ष्य बन गया है। इस यात्रा-वर्णन से ही पता लगता है कि मुक्तिबोध के साहित्य का एक बड़ा हिस्सा अब भी अप्रकाशित है। विभिन्न पत्र-पत्रिकाओं में, विशेषतः 'नया खून' में, मुक्तिबोध ने अपने नाम से और कभी-कभी छद्म नाम से भी समसामयिक सामाजिक, राजनीतिक और साहित्यिक समस्याओं तथा राष्ट्रीय-अन्तर्राष्ट्रीय गतिविधियों पर जो कुछ लिखा है वह सब असंग्रहित है। मुक्तिबोध के जीवन, विचारधारा और साहित्य को समझने में ऐसी सामग्री से काफी मदद मिल सकती है, इसलिए उनका संग्रह आवश्यक है। इस यात्रा-वर्णन से यह भी पता चलता

है कि विभिन्न पत्र-पत्रिकाओं में प्रकाशित मुक्तिबोध की ढेर सारी कविताएँ यहाँ-वहाँ बिखरी पड़ी हैं, उनका भी संग्रह और प्रकाशन ज़रूरी है। इन कविताओं के संग्रह और प्रकाशन के समय इस पर ध्यान देना ज़रूरी है कि उनमें भी पाठ-भेद की समस्या उसी तरह न रह जाए जिस तरह 'चाँद का मुँह टेढ़ा है' में है। 'चाँद का मुँह टेढ़ा है' की दो लम्बी कविताएँ 'चम्बल की घाटी में' और 'अन्धेरे में' क्रमशः अगस्त और नवम्बर, 1964 की 'कल्पना' में प्रकाशित हैं। 'कल्पना' में प्रकाशित इन रचनाओं के पाठ से 'चाँद का मुँह टेढ़ा है' में प्रकाशित इन कविताओं के पाठ में अन्तर है। सम्भव है दूसरी कविताओं में ऐसा ही पाठभेद हो। ऐसा कैसे और क्यों हुआ ? यह आश्चर्यजनक लगता है कि देखते-ही-देखते मुक्तिबोध कबीरदास हो गए। इस यात्रा-वर्णन में भावुकता से बचने के प्रयास के दावे के बावजूद मोतीराम वर्मा कई बार भावुक तो हुए ही हैं, कभी-कभी मुक्तिबोध से सम्बन्धित स्थानों और व्यक्तियों के सम्पर्क में आने पर वे सोच-विचार में भी पड़ गए हैं। इस डायरी में गली-मुहल्लों, नदी, मन्दिर, देवी-देवता और औघड़ बाबा का वर्णन पढ़कर तो यही लगता है कि 'बेकार का इतिवृत्त लिखकर 'पन्ने खराब' किए गए हैं।'

'लक्षित मुक्तिबोध' का सर्वाधिक महत्त्वपूर्ण अंश 'निवेदित साक्षात्कार' का है। मुक्तिबोध के आत्मीय जनों और मित्रों से मिलकर मुक्तिबोध के जीवन के बारे में उनकी प्रतिक्रियाओं को उन्हीं के शब्दों में दिया गया है। 'निवेदित साक्षात्कार' को पढ़ने से यह जाहिर होता है कि मुक्तिबोध जैसे साहित्यकार के करीब होने, रहने या जीने मात्र से ही उनको ठीक-ठीक समझना कितना मुश्किल है। पहला साक्षात्कार शरत्चन्द्र मुक्तिबोध का है। शरत्चन्द्र मुक्तिबोध, मुक्तिबोध के छोटे भाई हैं, उनके काफी करीब रहे हैं, मराठी के लेखक हैं और उन्होंने मुक्तिबोध की कविताओं का मराठी में अनुवाद भी किया है। इसलिए उनसे मुक्तिबोध के बारे में प्रामाणिक और महत्त्वपूर्ण जानकारी मिलने की उम्मीद की जा सकती है। उनका एक संस्मरण 'मेरे बड़े भाई साहब' 'राष्ट्रवाणी' के 'मुक्ति बोध स्मृति अंक' में निकला था। वह संस्मरण अच्छा और प्रभावशाली लगा था। 'लक्षित मुक्तिबोध' में उन्होंने मुक्तिबोध के सम्बन्ध में जो कुछ कहा है उससे मुक्तिबोध की दूसरी ही तस्वीर बनती है जिसका इसी पुस्तक में दूसरे व्यक्तियों के मुक्तिबोध सम्बन्धी संस्मरणों और प्रतिक्रियाओं से कोई मेल नहीं बैठता। मुक्तिबोध जैसे लोग कभी-कभी समाज, परिवार और अपने-आप से भी एक साथ ही संघर्ष करने के लिए मजबूर होते हैं। ऐसे में परिवार के मोर्चे पर लड़ना सर्वाधिक मुश्किल होता है क्योंकि एक तो व्यक्ति पारिवारिक-संकट का नितान्त निजी स्तर पर सामना करता है, दूसरे इस लड़ाई में सामने कोई बहुत बड़ा उद्देश्य भी नहीं होता और तीसरे, इसी मोर्चे पर सही होने के बावजूद भी गलत समझे जाने की सर्वाधिक सम्भावना रहती है। मुक्तिबोध पारिवारिक संकट के काफी शिकार हुए थे। शरत्चन्द्र मुक्तिबोध की सूचनाएँ

महत्त्वपूर्ण हैं, लेकिन मुक्तिबोध के व्यक्तित्व और कृतित्व के बारे में उनकी राय नितान्त निजी ही मानी जाएगी। मुक्तिबोध के जीवन में एक बुद्धिजीवी मार्क्सवादी की कमजोरियाँ हो सकती हैं, लेकिन वे वेदना की शेखी बघारनेवाले व्यक्ति नहीं थे।

प्रभाकर माचवे ने मुक्तिबोध पर अन्यत्र भी लिखा है। वे यहाँ मुक्तिबोध को 'एलिएनेशन का केस' कहते हैं। मुक्तिबोध के बहाने माचवे ने मार्क्सवाद के बारे में भी अपनी राय दे दी है। मार्क्सवाद के बारे में माचवे की राय है कि 'खण्डित व्यक्तित्व के लिए मार्क्सवाद उपयोगी दर्शन है।' क्या ही अच्छा होता अगर वे यह भी बतला देते कि पूर्ण व्यक्तित्व के लिए कौन सा दर्शन उपयोगी है ? क्या पूर्ण व्यक्तित्व के लिए कोई भी दर्शन जरूरी है ही नहीं ? नेमिचन्द्र जैन के संस्मरण से मुक्तिबोध के वैचारिक विकास-क्रम का पता चलता है। नेमिचन्द्र जैन के पास मुक्तिबोध के पत्र हैं जिनमें से कुछ 'आलोचना' में छपे हैं और शेष पत्रों का प्रकाशन ज़रूरी है। उन पत्रों से मुक्तिबोध के जीवन और व्यक्तित्व के बारे में नई जानकारी मिलेगी। नेमिचन्द्र जैन की शिकायत है कि "कुछ भी यहाँ हिन्दी में कहना खतरे से खाली नहीं है।" ऐसी ही शिकायत शरत्‌चन्द्र मुक्तिबोध की भी है। यह विचारणीय है कि हिन्दी-जगत् को ऐसा किसने बना दिया है जहाँ कुछ भी कहना खतरे से खाली न हो ? लेकिन सच कहने के लिए 'अभिव्यक्ति के खतरे' उठाना क्या साहित्यकार का दायित्व नहीं है ?

रोहिणीकुमार चौबे का कहना है कि मुक्तिबोध अपने ढंग से ही सही, एक कम्युनिस्ट की तरह जिए और मरे। मुक्तिबोध के संस्मरणों, लेखों, आलोचनाओं तथा उनकी स्मृति में आयोजित समारोहों में प्रायः इस सचाई को कहना किसी ने जरूरी नहीं समझा कि मुक्तिबोध एक कम्युनिस्ट थे। कुछ लोग तो जान-बूझकर मुक्तिबोध को कम्युनिस्ट या मार्क्सवादी के अतिरक्ति और सब-कुछ मानने को तैयार हैं। राहुलजी के साथ भी ऐसा ही हुआ था। मुक्तिबोध के साहित्य में मार्क्सवादी विश्व-दृष्टि है या नहीं और अगर है तो कितनी और किस तरह की; यह तो उनके साहित्य में ही देखा-समझा जा सकता है। लेकिन वे जीवन में भी लम्बे समय तक कम्युनिस्ट-पार्टी के बाकायदा सदस्य रहे। 1942 में उज्जैन में उन्होंने प्रगतिशील संघ की स्थापना की, 1944 के अन्त में राहुलजी की अध्यक्षता में फासिस्ट विरोधी लेखक कांफ्रेन्स का आयोजन किया और 1946 में 'न्यू एज' के गुप्त सर्क्युलर रहे। इन सब तथ्यों से आँख मूँद लेने में जितनी उदारता लगती है उससे अधिक धूर्तता है। यह अजीब विडम्बना है कि राहुलजी और मुक्तिबोध कम्युनिस्ट होने के कारण जिनके विरोध की मार सहते रहे, वे ही उनकी मृत्यु के बाद उनको कम्युनिस्ट मानने से ही इन्कार करने लगे। रोहिणीकुमार चौबे और जीवनलाल वर्मा 'विद्रोही' की निश्चित राय है कि मुक्तिबोध कम्युनिस्ट थे। इन दोनों व्यक्तियों के संस्मरण से मुक्तिबोध

के राजनीतिक जीवन और गतिविधियों का ज्ञान तो होता ही है, शरत्चन्द्र के साक्षात्कार से उठनेवाले सवालों के जवाब भी मिल जाते हैं। मुक्तिबोध के जीवन की अन्तरंग गतिविधियों की जानकारी शैलेन्द्रकुमार की बातों से होती है। जीवनलाल वर्मा 'विद्रोही' का विचार है कि मुक्तिबोध के साहचर्य के कारण ही उनके सामन्ती किस्म के संस्कार मिट गए जब कि शरत्चन्द्र मुक्तिबोध का खयाल है कि 'भाई साहब के व्यवहार में सामन्ती ठाठ का हल्का-सा रंग था। इसे आप सामन्ती एप्टीट्यूड कह सकते हैं।' वर्मा के कथन से यह भी मालूम होता है कि कई नौकरियाँ करने और छोड़ने के पीछे सचाई यह नहीं थी कि मुक्तिबोध कहीं टिकना ही नहीं चाहते थे, बल्कि वास्तविकता यह है कि उन्हें टिकने ही नहीं दिया गया। नतीजे की परवाह न करके अन्याय के खिलाफ लड़ पड़ने की उनकी आदत को ही कुछ लोगों ने अव्यावहारिकता भी कहा है। ठीक इसी तरह कुछ लोगों ने निराला की मस्ती और फक्कड़पन को ही उनकी आर्थिक दुर्दशा का कारण बताया था। मुक्तिबोध की आर्थिक दुर्दशा का एक मर्मस्पर्शी चित्र मेघनाथ कनोजे के साक्षात्कार से उभरता है। मुक्तिबोध को कोट जैसी मामूली चीज भी जीते-जी उपलब्ध न हो पाई। जबलपुर के एक साहित्यिक समारोह में वे श्री कनोजे का ही कोट माँगकर ले गए थे। इसके बावजूद कुछ लोगों की राय में मुक्तिबोध की आर्थिक दुर्दशा वास्तविक नहीं, बनावटी थी। मुक्तिबोध अपने आसपास के नए लेखकों में लोकप्रिय थे क्योंकि वे नए लेखकों को उत्साहित करते थे और 'संघर्षरत निम्न मध्यवर्गीय बुद्धिजीवी और साहित्य-प्रेमी अपना संघर्ष मुक्तिबोध में घटित होता हुआ पाते थे।' ('लक्षित मुक्तिबोध' पृ. 182)

इस पुस्तक के अन्त में पत्राचार के अन्तर्गत मुक्तिबोध की कहानी 'विपात्र' के सन्दर्भ में बख्शीजी का पत्र इस बात का प्रमाण है कि किसी रचना को लेखक की आत्मकथा या किसी दूसरे व्यक्ति की जीवनकथा समझकर आलोचना करने पर कितने गलत निष्कर्ष निकलते हैं। किसी भी रचना के आधार के रूप में लेखक के जीवन और परिवेश की वास्तविकता ही होती है। लेकिन वह लेखक के व्यक्तिगत सन्दर्भों से मुक्त होकर ही साहित्य में आ पाती है। उपन्यास या कहानी के पात्र और घटनाएँ लेखक के निजी अनुभवों से जुड़े होकर भी प्रतिनिधि पात्र या घटना के रूप में ही पाठकों के अनुभव का हिस्सा बन पाते हैं। 'विपात्र' के पात्र और घटनाएँ आज-कल हिन्दुस्तान में हर जगह मिल जाएँगे और मिलते ही रहते हैं। लेखक समाज-व्यवस्था की सामान्य वास्तविकताओं के चित्रण के लिए विशेष पात्रों और घटनाओं का सहारा लेता है। प्रेमचन्द की कहानी 'मोटेराम शास्त्री' में व्यवस्था के एक अंग पर चोट है और 'विपात्र' में दूसरे पर। इन दोनों कहानियों में 'किसी की निन्दा या उपहास करने के लिए कहानी का आश्रय' नहीं लिया गया है क्योंकि प्रेमचन्द और मुक्तिबोध जैसे लेखकों की निगाह व्यक्ति से अधिक व्यवस्था पर होती है।

वर्तमान व्यवस्था में सच कहने की कोशिश करना कितने जोखिम का काम

है, यह मुक्तिबोध की पुस्तक 'भारतीय इतिहास और संस्कृति' के प्रकाशन और उस पर मध्यप्रदेश की सरकार द्वारा 19 सितम्बर, 1962 को प्रतिबन्ध लगाए जाने से साबित होता है। यह मुक्तिबोध के साहित्यिक जीवन की एक अविस्मरणीय घटना है। 'इस पुस्तक के विरोध में आन्दोलन हुए, परचेबाजी हुई, कुछ नगरों में पुस्तक की होली जलाई गई, साम्प्रदायिक तत्त्वों ने उग्र विरोध किया।' (तारसप्तक, द्वितीय संस्करण, पृ. 4)। मुक्तिबोध उस घटना से निश्चय ही बहुत मर्माहत हुए। 'लक्षित मुक्तिबोध' से इस महत्त्वपूर्ण घटना के बारे में कोई खास जानकारी नहीं मिलती। उम्मीद थी कि इस पुस्तक में मुक्तिबोध के आत्मीय जनों और मित्रों से इस घटना का विस्तृत परिचय मिलेगा। यह घटना कब हुई ? क्यों हुई ? मुक्तिबोध के पक्ष और विपक्ष में क्या-क्या हुआ ? इन सब बातों को प्रकाश में लाना जरूरी है। मुक्तिबोध ने इस घटना के सम्बन्ध में अठारह पृष्ठों में अपनी प्रतिक्रिया भी लिखी है, उसका भी प्रकाशन ज़रूरी है। इस घटना के ब्योरे के प्रकाशन से कई व्यक्तियों के चरित्र और मुक्तिबोध से उनके सम्बन्धों की वास्तविकता भी सामने आएगी। भविष्य में मुक्तिबोध के जीवन और व्यक्तित्व की खोज करनेवालों के लिए 'लक्षित मुक्तिबोध' कच्चे माल के रूप में महत्त्वपूर्ण है। वर्तमान समाज-व्यवस्था में समाज और अपने प्रति ईमानदार व्यक्ति के सामने, एक कवि के शब्दों में, केवल दो ही विकल्प हैं—बेसबब जीना या सुकरात की तरह ज़हर पीना। जो बेसबब जीना पसन्द नहीं करते उन्हें सुकरात की तरह ज़हर पीना ही पड़ता है—निराला, राहुल और मुक्तिबोध की जिन्दगी की यही कहानी है।

मुक्तिबोध का आलोचनात्मक संघर्ष

दुनिया भर के आलोचना के इतिहास में आलोचना के विकास में रचनाकार आलोचकों का महत्त्वपूर्ण योगदान रहा है। वैसे तो रचनाकारों की आलोचनात्मक चेतना के प्रमाण उनकी रचनाओं में बहुत पुराने जमाने से मिलते हैं, लेकिन सार्थक रचनाकार आलोचक आधुनिक युग की देन हैं। रचनाकारों ने आधुनिक युग में आत्मरक्षा की भावना से पीड़ित होकर आलोचना लिखने का काम किया है और आलोचकों द्वारा अपनी उपेक्षा के उत्तर के रूप में भी आलोचना लिखने का दायित्व सम्भाला है। यह भी देखा गया है कि अपने समय के आलोचनात्मक व्यवहार की असमर्थता को देखकर भी रचनाकार आलोचना के मैदान में उतरे हैं। कई बार रचनाकार नई रचनात्मक प्रवृत्ति या आन्दोलन को स्थापित करने, समझाने और व्यापक रूप से ग्राह्य बनाने की कोशिश करते हुए मजबूरी में आलोचक बने हैं। यह भी देखा गया है कि रचनाकार विरोधी रचनादृष्टियों से आलोचनात्मक संघर्ष करते हुए आलोचना के विकास में सहायक हुए हैं।

रचनाकार आलोचक, चाहे सिद्धान्त-निर्माण का प्रयत्न करें या व्यावहारिक आलोचना का, दोनों में ही उनके अपने रचनात्मक अनुभव की मुख्य भूमिका होती है, उनके रचनात्मक अनुभव के निष्कर्ष ही आलोचना में प्रकट होते हैं। यही रचनाकारों की आलोचना के सामर्थ्य और सीमा का बुनियादी कारण है। रचनाकार आलोचक की आलोचना बहुत कुछ उसकी रचनादृष्टि से अनुशासित होती है, इसलिए उसकी रचनादृष्टि की शक्ति और सीमा आलोचना की शक्ति और सीमा बन जाती है। रचनाकार आलोचक अपनी रचनादृष्टि के अनुसार ही परम्परा और समकालीन रचनाशीलता की व्याख्या करता है और सिद्धान्त निर्माण का प्रयत्न भी करता है।

पूँजीवादी समाज-व्यवस्था के तीव्र वर्ग-संघर्ष के काल में आलोचना विचार-धारात्मक संघर्ष का एक महत्त्वपूर्ण साधन है। शासक-वर्ग के सेवक रचनाकार और आलोचकों ने आलोचना का ऐसा उपयोग किया है और शासक-वर्ग के विचारधारात्मक

प्रभुत्व के खिलाफ संघर्ष करनेवाले रचनाकार और आलोचकों ने भी आलोचना के हथियारों का इस्तेमाल किया है। किसी युग के साहित्य और कला के क्षेत्र के आलोचनात्मक संघर्ष को शुद्ध साहित्य की सीमा के भीतर सीमित रखने का प्रयत्न वे करते हैं जो साहित्य-संसार की पूर्ण स्वायत्तता में विश्वास करते हैं और साहित्य को सामाजिक सन्दर्भों से दूर रखना चाहते हैं। लेकिन जो यह मानते हैं कि "काव्य-साधना, अधिकतर, काव्य-रचना के क्षेत्र के बाहर होती है" (मुक्तिबोध), वे साहित्य और कला के क्षेत्र के आलोचनात्मक संघर्ष को साहित्य के बाहर के व्यापक सांस्कृतिक और विचारधारात्मक संघर्ष तक ले जाते हैं और साहित्य की आलोचना को अपने समय और समाज की आलोचना के रूप में विकसित करते हैं। हिन्दी आलोचना के क्षेत्र में यही काम मुक्तिबोध ने अपने आलोचनात्मक संघर्ष के माध्यम से किया। मुक्तिबोध ने अपने आलोचनात्मक संघर्ष के दौरान ही रचना और आलोचना से सम्बद्ध विभिन्न समस्याओं के बारे में जो महत्त्वपूर्ण और मौलिक चिन्तन किया है उसके आधार पर वे आचार्य रामचन्द्र शुक्ल के बाद हिन्दी के सबसे बड़े साहित्य-विचारक सिद्ध होते हैं। उनके साहित्य-चिन्तन से हिन्दी के मार्क्सवादी साहित्यशास्त्र और सौन्दर्यशास्त्र के विकास का मार्ग प्रशस्त हुआ है। उन्होंने अपने आलोचनात्मक संघर्ष के दौरान ही हिन्दी आलोचना की भाषा को नए पारिभाषिक शब्दों से समृद्ध किया है।

इस निबन्ध का उद्देश्य मुक्तिबोध के साहित्य-चिन्तन के सभी पक्षों पर विचार करना नहीं है। इस निबन्ध में केवल यह देखने का प्रयास किया गया है कि मुक्तिबोध ने आलोचना को किस सीमा तक अपने समय और समाज के विचारधारात्मक संघर्ष का साधन बनाया है और उन्हें इस महत्त्वपूर्ण काम में कितनी सफलता मिली है।

प्रायः रचनाकारों के सन्दर्भ में 'साधना' और 'संघर्ष' की बातें बहुत की जाती हैं। कुछ लोगों के लिए तो इन शब्दों का प्रयोग महज अलंकार के रूप में ही होता है। जीवन की वास्तविकता के रूप में इनके दर्शन कुछ थोड़े से रचनाकारों के जीवन और साहित्य में ही होते हैं। प्रेमचन्द, निराला और मुक्तिबोध जैसे रचनाकारों के साहित्य में संघर्ष और साधना की अग्निदीक्षा से सिद्ध खरेपन की चमक है। संघर्ष और साधना की यह कहानी अनेक दूसरे जनवादी लेखकों के जीवन और साहित्य की भी कहानी है। दुनियादारी और समझदारी के सहारे सफलता के चक्करदार जीनों पर चढ़ते हुए सुख और सुविधा के कुतुबमीनार की सर्वोच्च सीढ़ी तक पहुँचे हुए लेखक जीवन में चाहे जितने सफल दिखाई दें, रचनाशीलता के स्तर पर वे असफल ही रहेंगे। लेकिन दुनियादारी और ईमानदारी की विडम्बना में पिसते हुए, 'अवसरवादी दुनिया के गणित से वंचित', संघर्ष की अग्निदीक्षा से गुज़रनेवाले लेखक जीवन में असफल होकर भी अपनी जनवादी रचनाओं के कारण रचनाशीलता के स्तर पर सफल और सार्थक सिद्ध होते हैं।

मुक्तिबोध ने उस समय लिखना प्रारम्भ किया था जब छायावाद का अवसान और प्रगतिवाद का उत्थान हो रहा था। छायावाद का काल भारतीय जनता के राजनीतिक, सामाजिक जागरण का काल था और इस जागरण की अभिव्यक्ति छायावाद की रचनाशीलता में ही हो रही थी। प्रगतिवाद के दौर में भारतीय जनता की जाग्रत चेतना, संघर्षशील चेतना में बदल रही थी और प्रगतिवादी साहित्य में जनता की संघर्षशीलता चेतना की अभिव्यक्ति हो रही थी। मुक्तिबोध की साहित्य चेतना के निर्माण में इन दोनों आन्दोलनों का योगदान है। सन् 1942 का भारतीय जनता के जीवन में महत्त्वपूर्ण स्थान है, मुक्तिबोध के जीवन में भी इस वर्ष का क्रान्तिकारी महत्त्व है। 1942 में ही मुक्तिबोध का मार्क्सवाद की ओर झुकाव हुआ। मुक्तिबोध ने एक व्यवस्थित विश्वदृष्टि अर्जित करने के लिए गहन आन्तरिक संघर्ष के फलस्वरूप मार्क्सवादी दर्शन को अपनाया था। इसलिए वे जीवन भर मार्क्सवादी साहित्य विचारक और रचनाकर बने रहे। उनके जमाने के अनेक दूसरे लेखक जैसे अचानक और अनायास मार्क्सवाद की ओर लपके थे वैसे ही कुछ दिनों बाद अचानक दूसरी ओर मुड़ गए। मार्क्सवाद के रूप में मुक्तिबोध को एक वैज्ञानिक और ओजस्वी दृष्टिकोण प्राप्त हुआ; जिसके सहारे वे अपने समय के समाज और जीवन की वास्तविकताओं, समस्याओं और विचारधारात्मक संघर्ष को ही नहीं, इतिहास और परम्परा को भी ठीक से समझने में सफल हुए। एक मार्क्सवादी रचनाकार और विचारक अपने समय की समाज-व्यवस्था और सांस्कृतिक व्यवस्था की ऐतिहासिक स्थिति की पहचान करता है और पहचान बताता है, वह वर्तमान के विचारधारात्मक संघर्ष में अपनी भूमिका निभाता है, और इन सबके साथ ही वर्तमान के विचारधारात्मक संघर्ष और भावी विकास के लिए परम्परा तथा इतिहास का पुनर्मूल्यांकन भी करता है। प्रगतिशील आलोचना के लिए इतिहास और परम्परा का विवेकपूर्ण मूल्यांकन विशेष जरूरी है; क्योंकि अगर जनता के मुक्ति संघर्ष के सन्दर्भ में इतिहास और परम्परा के जीवन्त मूल्यों और जनवादी तत्त्वों का मूल्यांकन और उपयोग नहीं होगा तो शोषक-शासक वर्ग जनता के मुक्ति संघर्ष के विरुद्ध इतिहास और परम्परा का दुरुपयोग करेगा। मुक्तिबोध ने अपने आलोचनात्मक संघर्ष का प्रारम्भ हिन्दी साहित्य के अपने समीपवर्ती इतिहास और परम्परा के पुनर्मूल्यांकन से ही किया था। इस काम के लिए मुक्तिबोध ने छायावाद की प्रतिनिधि रचना 'कामायनी' का पुनर्मूल्यांकन किया।

छायावाद के प्रति लगाव मुक्तिबोध के मन में बहुत गहरे और व्यापक रूप में आजीवन कायम रहा। उनकी आलोचना और रचना में इस बात के प्रमाण बड़ी आसानी से मिल सकते हैं। मुक्तिबोध ने प्रेमचन्द और छायावाद के काल के बारे में लिखा है कि वह भारतीय समाज के क्रान्तिकारी आन्दोलन का काल था, प्रेमचन्द में इस सामाजिक क्रान्ति की सुसंगत अभिव्यक्ति हुई है और छायावाद में वह क्रान्ति

व्यक्तिवाद के दायरे में प्रकट हुई है। मुक्तिबोध के अनुसार यह व्यक्तिवाद एक वेदना के रूप में सामाजिक गर्भितार्थों को लिए हुए था। छायावाद में जो सामाजिक गर्भितार्थ थे उनसे मुक्तिबोध का लगाव था, प्रेम था, और जो व्यक्तिवाद था उससे उनका अलगाव था, विरोध था।

मुक्तिबोध का छायावाद और उसकी प्रतिनिधि रचना 'कामायनी' से लगाव था, उसके परिणामस्वरूप ही उन्होंने लम्बे समय तक 'कामायनी' का अध्ययन मनन किया और उस पर पुनर्विचार करने का दायित्व उठाया। 'कामायनी : एक पुनर्विचार' के पहले भी मुक्तिबोध ने 'कामायनी : एक अध्ययन' नाम की एक पुस्तक लिखी थी, उसका प्रकाशन भी हुआ था। लेकिन लगता है मुक्तिबोध को अपने उस आलोचनात्मक प्रयास से सन्तोष न था इसलिए वह पुस्तक लगभग अज्ञात ही रह गई। 'कामायनी : एक पुनर्विचार' में बुनियादी बातें वही हैं जो 'कामायनी एक अध्ययन' में हैं, 'कामायनी : एक पुनर्विचार' में उन बातों का विकास और विस्तार दिखाई देता है और आलोचना पद्धति अधिक सुव्यवस्थित दिखाई देती है। 'कामायनी' से मुक्तिबोध के लगाव का एक प्रमाण यह भी है कि जनवरी, 1964 की 'कल्पना' के 'उर्वशी विवाद' में भाग लेते हुए जहाँ 'उर्वशी' की तीखी आलोचना के लिए उन्होंने भगवतशरण उपाध्याय की प्रशंसा की है, वहीं 'राह चलते कामायनी की निन्दा कर डालने' के लिए भगवतशरण उपाध्याय की आलोचना की है।

प्रश्न यह है कि क्या मुक्तिबोध ने केवल अपने निजी लगाव के कारण 'कामायनी' पर पुनर्विचार का प्रयत्न किया है या इस प्रयत्न के कुछ व्यापक सामाजिक, साहित्यिक और विचारधारात्मक अभिप्राय हैं ? निश्चय ही मुक्तिबोध ने 'कामायनी' से अपने लगाव के कारण ही उस पर पुनर्विचार का प्रयास नहीं किया था, उस प्रयास के अनेक विचारधारात्मक और साहित्यिक कारण थे।

स्वाधीनता के बाद की हिन्दी कविता के इतिहास में प्रयोगवाद और नई कविता के आधुनिकतावादियों ने या तो इतिहास और परम्परा से मुक्ति की घोषणा की, क्योंकि इतिहास और परम्परा का बोध उन्हें बोझ प्रतीत होता था, या फिर अपनी कलावादी रचनादृष्टि और प्रतिक्रियावादी सामाजिक विचारधारा का औचित्य सिद्ध करने के लिए उन्होंने परम्परा और इतिहास का दुरुपयोग किया। इस प्रकार के दुरुपयोग का एक उदाहरण विजयदेव नारायण साही के लेख 'लघु मानव के बहाने हिन्दी कविता पर एक बहस' में देखा जा सकता है। उस समय दूसरी स्थिति यह थी कि नई कवितावाले बार-बार छायावाद की निन्दा करते थे, जबकि नई कविता की व्यक्तिवादी धारा में छायावाद से अधिक रूमानियत, व्यक्तिवाद, रहस्यवाद और यथार्थ से पलायन की प्रवृत्तियाँ थीं। मुक्तिबोध ने कामायनी की आलोचना लिखकर नयी कविता की व्यक्तिवादी धारा के कवियों तथा आलोचकों द्वारा परम्परा के दुरुपयोग का विरोध किया। उन्होंने 'कामायनी' में व्यक्त सामाजिक यथार्थ और

सामाजिक अभिप्रायों का विश्लेषण करते हुए इस धारणा का भी खण्डन किया कि छायावाद का अपने समय के सामाजिक यथार्थ से कोई सम्बन्ध नहीं था। 'कामायनी' की आलोचना का एक कारण यह भी था कि पुराने रसवादी और कलावादी आलोचक 'कामायनी' का नई रचनाशीलता के खिलाफ एक हथियार के रूप में प्रयोग कर रहे थे। मुक्तिबोध ने प्रगति-विरोधी रसवादी और कलावादी आलोचकों के हाथों 'कामायनी' के दुरुपयोग का विरोध करने के लिए उसकी व्यवस्थित आलोचना लिखने का प्रयत्न किया। मुक्तिबोध ने 'कामायनी' के सहारे नई रचनाशीलता का विरोध करनेवाले पुराणपंथी आलोचकों के इरादों का भेद खोलते हुए लिखा है कि ''प्रसादजी की कामायनी रसवादी छायावादी पुराण-पंथियों के हाथ में नवीन प्रगति शक्तियों के विरुद्ध एक अस्त्र बन गई। भाववादी आलोचकों ने प्रसादजी से आगे बढ़ कर कामायनी का रहस्यवादी मनावैज्ञानिक अर्थ लगाया और उसके उपयोगी तत्त्वों को प्रच्छन्न कर दिया। उन्होंने कामायनी के सम्बन्ध में हर तरह की ऊँचे किस्म की गलतफहमियाँ फैलाईं।'' ('कामायनी : एक पुनर्विचार', पृ. 138) मुक्तिबोध ने यहाँ जिन रसवादी पुराणपंथी भाववादी आलोचकों की चर्चा की है, उनके प्रमुख प्रतिनिधि नन्ददुलारे वाजपेयी थे, इसलिए मुक्तिबोध ने उनको अपने आक्रमण का निशाना बनाया। मुक्तिबोध का उद्देश्य एक ओर सामन्ती और बुर्जुआ (रसवादी और मनोवैज्ञानिक) आलोचना-दृष्टियों का खण्डन करना था, जो कामायनी की आड़ में नई प्रगतिशील शक्तियों का विरोध कर रही थी, और दूसरी ओर कामायनी के रहस्यवादी अर्थों का खण्डन करना था। मुक्तिबोध का एक और उद्देश्य कामायनी के बारे में फैलाई गई तरह-तरह की गलतफहमियों को दूर करना और कामायनी के उपयोगी तत्त्वों को सामने लाना था। मुक्तिबोध ने उन आलोचकों की असलियत की ओर भी संकेत किया है जो वास्तविक जीवन की उपेक्षा करके केवल कृति की राह से गुज़र कर या कृति में से ही आलोचना की राहों का अन्वेषण करके छायावाद की आलोचना करते थे। ऐसे आलोचकों के बारे में मुक्तिबोध ने लिखा है कि ''छायावाद की आलोचना करनेवाले हमारे महान् आलोचक छायावाद के निःसहाय बच्चे हैं। छायावादी सम्मोह और उसके अद्वैतवादी प्रयास साहित्यिक आलोचना के मानदण्ड नहीं हैं। इन सम्मोहों, कल्पनास्वप्नों का भावुक विवरण विश्लेषण नहीं है।'' यहाँ मुक्तिबोध नन्ददुलारे वाजपेयी के अतिरिक्त शान्तिप्रिय द्विवेदी जैसे आलोचकों को भी याद कर रहे हैं। व्यक्तिवादी आलोचना का एक रूप मनोवैज्ञानिक आलोचना में दिखाई पड़ता है। हिन्दी में इस मनोवैज्ञानिक आलोचना के प्रचारक डॉ. नगेन्द्र ने महादेवी वर्मा की बात दोहराते हुए बहुत पहले छायावाद को 'स्थूल के प्रति सूक्ष्म का विद्रोह' कहा था। मुक्तिबोध ने इस अत्यन्त प्रचलित लटके को याद करते हुए लिखा है कि 'छायावाद को स्थूल के प्रति सूक्ष्म का विद्रोह कहना बेमानी है' क्योंकि इससे छायावाद की कोई ऐतिहासिक, सामाजिक या साहित्यिक विशेषता

सामने नहीं आती। मुक्तिबोध ने कामायनी को ऐतिहासिक महाकाव्य मानकर उसमें वेदकालीन प्रवृत्तियों को खोजनेवाली आलोचना को निराधार और भ्रामक घोषित किया है।

मुक्तिबोध ने कामायनी की आलोचना करने के लिए आलोचना का एक नया व्यवस्थित सैद्धान्तिक ढाँचा और नई पद्धति का निर्माण किया। उन्होंने मूल्यांकन की प्रक्रिया और मूल्य-निर्णय का आधार भी सामने रखा है। मुक्तिबोध ने रचना की उत्पत्ति के ऐतिहासिक-सामाजिक परिवेश, रचना की अन्तःप्रकृति और रचना के कलात्मक प्रभाव के विश्लेषण को आलोचना की सुव्यवस्थित पद्धति के लिए आवश्यक माना है। मुक्तिबोध ने कामायनी के कलात्मक सौन्दर्य का विश्लेषण नहीं किया है, उन्होंने उसकी अन्तर्वस्तु को ही आलोचना का विषय बनाया है। मुक्तिबोध ने कामायनी में व्यक्त जीवन-मूल्य, विश्व-दृष्टि और यथार्थबोध का विश्लेषण मूल्यांकन करते हुए अपनी सफल वस्तुवादी आलोचना-दृष्टि का प्रमाण दिया है।

मुक्तिबोध ने कामायनी को एक विशाल फैंटेसी माना है और एक फैंटेसी के रूप में ही उसकी व्याख्या की है। इस निबन्ध के प्रारम्भ में ही कहा गया है कि रचनाकार आलोचक की आलोचना उसकी रचना दृष्टि से अनुशासित होती है। कामायनी को एक विशाल फैंटेसी मानकर उसके विश्लेषण और मूल्यांकन में प्रवृत्त होने के पीछे मुक्तिबोध की अपनी रचना-दृष्टि सक्रिय दिखाई देती है। मुक्तिबोध ने स्वयं अपनी रचनाओं में फैंटेसी का कुशलता से प्रयोग किया है और फैंटेसी में काव्य-रचना की प्रकृति और परिणतियों से पूरी तरह परिचित होने के कारण ही उन्होंने कामायनी का एक विशाल फैंटेसी के रूप में सफल विश्लेषण किया है। उन्होंने लिखा है, "प्रसादजी ने कामायनी में एक विशाल फैंटेसी के अन्तर्गत स्वानुभूत जीवन समस्या को, एक परिवेश से सलंग्न कर उपस्थित किया है, तथा उस जीवन समस्या का स्वचिन्तित दार्शनिक निदान प्रस्तुत किया है। यह जीवन समस्या, फैंटेसी रूप में उपस्थित होकर फैंटेसी के नियमों में बँधकर अपने मूल वास्तविक जीवन-सन्दर्भ को अर्थात् अपने मूल वास्तविक मानव-सम्बन्ध क्षेत्र को—जिससे कि वह आवयविक सम्बन्ध रखती है—भूमिगत बना चुकी है—उस क्षेत्र को नेपथ्य में डालकर ही वह समस्या कल्पना चित्रों के रूप में उद्‌घाटित हुई है और कल्पना के गति नियमों में बँध गई है"। 'पुनर्विचार'—पृ. 4 मुक्तिबोध इस बात से अपरिचित नहीं थे कि फैंटेसी का शिल्प बुनियादी तौर पर भाववादी रौमेण्टिक शिल्प होता है, लेकिन उनकी यह भी मान्यता है कि भाववादी रौमेण्टिक शिल्प के अन्तर्गत भी जीवन को समझने की दृष्टि यथार्थवादी हो सकती है। कामायनी में यही हुआ है।

मुक्तिबोध ने कामायनी में व्यक्त यथार्थचेतना, जीवन-मूल्य और विश्व-दृष्टि की विस्तृत समीक्षा की है। उनके अनुसार ' 'कामायनी' जीवन की पुनर्रचना है, ऐसे जीवन की पुनर्रचना कि जिस जीवन के प्रति लेखक अत्यन्त दीर्घकाल से

संवेदनात्मक प्रतिक्रिया करता आया हो।' यही कारण है कि कामायनी में फैंटेसी के आत्मपरक शिल्प में 'एक विशेष कालखण्ड के भीतर उपस्थित व्यापक वास्तविकता को एक विशाल कल्पना चित्र द्वारा प्रस्तुत किया गया है।' मुक्तिबोध का कहना है प्रसादजी को अपने समय की पूँजीवादी समाज-व्यवस्था की वास्तविकताओं, समस्याओं और विकृतियों का गहरा ज्ञान था और इन सबकी अभिव्यक्ति कामायनी में हुई है।

कामायनी में मनु और श्रद्धा के चरित्र के माध्यम से जिस व्यक्तिवाद और श्रद्धावाद की प्रतिष्ठा हुई है, उन दोनों की मुक्तिबोध ने कड़ी आलोचना की है और इस प्रकार स्वातन्त्र्योत्तर हिन्दी साहित्य में व्यक्तिवाद और श्रद्धावाद के समर्थक रचनाकारों, विचारकों और विचारधाराओं पर आक्रमण किया है। व्यक्तिवाद को हम सब जानते हैं इसलिए उसकी यहाँ विशेष चर्चा करने की कोई ज़रूरत नहीं है। लेकिन यह श्रद्धावाद क्या है ? मुक्तिबोध ने लिखा है कि ''श्रद्धावाद यह उद्घाटित करता है कि भाववाद, आदर्शवाद अन्ततः किस प्रकार प्रस्तुत पूँजीवादी विषमताओं के लिए क्षमाप्रार्थी होकर उन्हें नसीहत देता है और उन्हीं से समझौता कर लेता है। वह वस्तुतः अपने अन्तर्विरोधों से ग्रस्त पूँजीवाद तथा व्यक्तिवाद का डिफैंस है, और कुछ नहीं''। (एक अध्ययन, पृ. 120) कहने का तात्पर्य यह है कि जो सम्बन्ध मनु और श्रद्धा में है वही व्यक्तिवाद और श्रद्धावाद में है। श्रद्धावाद और व्यक्तिवाद में कोई विशेष फर्क नहीं है। मुक्तिबोध ने लिखा है कि 'श्रद्धावाद घनघोर व्यक्तिवाद है। ह्रासग्रस्त पूँजीवाद का जनता को बरगलाने का एक जबरदस्त साधन है।' प्रश्न यह भी उठता है कि इस श्रद्धावाद के समर्थक कौन हैं ? मुक्तिबोध का उत्तर है कि आज श्रद्धावाद उन लोगों का अस्त्र है जो जनता की न्यायपूर्ण लड़ाई के विरुद्ध शोषकों और शासकों के चन्द टुकड़ों के प्रति जनता को आकर्षित करना चाहते हैं, यद्यपि हमारा शोषक-शासक आज एक टुकड़ा फेंकता है तो दूसरी ओर उससे दस गुना हिस्सा छीन लेता है। (कामायनी : एक अध्ययन, पृ. 120) यही कामायनी में प्रतिपादित श्रद्धावाद का वास्तविक अर्थ है और उसके समर्थकों की असली विचारधारात्मक स्थिति है। हम यह देख सकते हैं कि मुक्तिबोध ने कामायनी में व्यक्त व्यक्तिवाद और श्रद्धावाद के निहित विचारधारात्मक प्रयोजनों की आलोचना करते हुए साहित्य की आलोचना को विचारधारात्मक संघर्ष का साधन बनाया है।

मुक्तिबोध ने लिखा है कि प्रसादजी को वर्तमान पूँजीवादी समाज-व्यवस्था की विकृतियों और समस्याओं का गहरा और ठीक ज्ञान है, उन्होंने इन सबका प्रभावशाली चित्रण भी किया है, लेकिन प्रसादजी ने जो समाधान प्रस्तुत किया है वह गलत है। मुक्तिबोध ने लिखा है कि ''प्रसादजी की आत्मा ने भोगा तो वास्तविक जीवन, खोज की वास्तविक जीवन की, चिन्तन किया वास्तविक जीवन का। किन्तु निष्कर्ष रूप में, निदान और समाधान के रूप में पाया क्या ? आध्यात्मिक मनोवैज्ञानिक

भाववादी रहस्यवाद। यह ऐतिहासिक सामाजिक समस्याओं का ऐतिहासिक सामाजिक हल नहीं हुआ।'' ('पुनर्विचार', पृ. 164) प्रसादजी को आधुनिक भारतीय पूँजीवादी समाज-व्यवस्था की वास्तविकता का बोध था, उसकी विकृतियों और समस्याओं का ज्ञान था, उनसे जुड़े प्रश्नों की पहचान भी थी, लेकिन यह सब सहज भावना और विवेक के कारण सम्भव हुआ था, किसी वैज्ञानिक विश्व-दृष्टि के कारण नहीं, इसलिए इनका समाधान नितान्त काल्पनिक, आध्यात्मिक और रहस्यवादी रूप में सामने आया तो कोई आश्चर्य की बात नहीं है। यथार्थ-बोध सच्चा, जीवन-मूल्य भ्रामक और विश्वदृष्टि गलत, यही कामायनी की रचनादृष्टि की ट्रैजेडी है। क्या टी. एस. एलियट की रचना 'वेस्टलैण्ड' लगभग ऐसी ही ट्रैजेडी का शिकार नहीं हुई है ? क्या इससे यह साबित नहीं होता कि आधुनिक युग में गलत विचारधारा का शिकार बड़ा से बड़ा रचनाकार भी केवल यथार्थ-बोध और रचना-कौशल के आधार पर सामाजिक विकास और परिवर्तन की दिशा की अभिव्यक्ति करनेवाली महत्त्वपूर्ण कलाकृति का निर्माण नहीं कर सकता !

मुक्तिबोध कामायनी के अद्वैतवाद, रहस्यवादी आनन्दवाद, आध्यात्मिकता आदि का खण्डन करते हैं और इन सबके समर्थक नन्ददुलारे वाजपेयी की सामन्ती-बुर्जुआ (रसवादी-कलावादी) आलोचना-दृष्टि का भी खण्डन करते हैं। क्या यह महज संयोग है कि कामायनी के रहस्यवाद, श्रद्धावाद और आनन्दानुभूतिशील अद्वैतवाद का विरोध आचार्य रामचन्द्र शुक्ल भी करते हैं और मुक्तिबोध भी ? मुक्तिबोध छायावाद और कामायनी के सन्दर्भ में नन्ददुलारे वाजपेयी का विरोध करते हुए आचार्य शुक्ल से काफी कुछ सहमत दिखाई देते हैं।

कुछ लोगों को कामायनी में 'द्वन्द्व' को देखते ही ऐतिहासिक भौतिकवाद की याद आने लगती है और वर्ग-भेद, विषमता आदि की आलोचना में समाजवाद की गूँज सुनाई पड़ने लगती है। सम्भवतः ऐसे लोगों को ध्यान में रखकर ही मुक्तिबोध ने प्रसादजी की पूँजीवादी सभ्यता की समीक्षा की समीक्षा की। वे कहते हैं कि द्वन्द्व की इस शाश्वतता का ऐतिहासिक भौतिकवाद से कोई सम्बन्ध नहीं है और पूँजीवादी सभ्यता की समीक्षा किसी उच्चतर, बेहतर समाज-व्यवस्था समाजवादी समाज की दृष्टि से नहीं की गई है। लेकिन इसका यह अर्थ नहीं है कि मुक्तिबोध प्रसादजी की पूँजीवादी सभ्यता की समीक्षा को पूरी तरह निरर्थक मानते हैं। उन्होंने लिखा है कि वर्ग-भेद का विरोध और उसकी भर्त्सना एक प्रगतिशील प्रवृत्ति है, शासक-वर्ग की जन विरोधी, आतंकवादी नीतियों की भर्त्सना दूसरी प्रगतिशील प्रवृत्ति है, लेकिन वर्ग भेद का विरोध करते हुए मेहनतकशों के वर्ग-संघर्ष का तिरस्कार एक प्रतिक्रियावादी प्रवृत्ति है। वर्ग सामंजस्य और सामंजस्य का सिद्धान्त भी अमूर्त्त, आदर्शवादी और आध्यात्मिक होने के कारण भ्रामक है। यह प्रकारान्तर से वर्तमान वर्ग-भेद और विषमता को शाश्वत सिद्ध करने का प्रयास है।

कामायनी में व्यक्त सामाजिक यथार्थ, जीवन-मूल्य और विश्व-दृष्टि की आलोचना मुक्तिबोध ने वर्ग-विश्लेषण की दृष्टि से की है और उन्होंने रचनाकार के वर्गीय आधार और सम्बन्ध को भी स्पष्ट किया है। उन्होंने जनता के मुक्ति-संघर्ष की चेतना को भ्रमित करनेवाले जीवन-मूल्यों की आलोचना करते हुए साहित्यिक आलोचना को विचारधारात्मक संघर्ष के साधन के रूप में विकसित किया। मुक्तिबोध की यह आलोचना साहित्य के कलात्मक सौन्दर्य की सूक्ष्मताओं का विश्लेषण कर अभिभूत करने वाली नहीं है। वह ऐसा आलोचनात्मक विवेक जगाती है जो साहित्य-विवेक तक ही सीमित नहीं रहता। इस आलोचना के अन्त में मुक्तिबोध ने वर्ग-समाज में सांस्कृतिक प्रभुत्व के बनने और टूटने की प्रक्रिया के बारे में जो महत्त्वपूर्ण चिन्तन किया है, वह अलग से विचारणीय है।

मुक्तिबोध ने कामायनी की इस आलोचना के प्रसंग में ही इस महत्त्वपूर्ण बात की ओर संकेत किया है कि अगर किसी कलाकृति का कलात्मक प्रभाव या कलात्मक सौन्दर्य अभिभूत करनेवाला हुआ तो एक खतरा यह भी होता है कि आलोचक और पाठक उसमें व्यक्त जीवन-मूल्य और विचारधारा के असली रूप को आसानी से न पहचान सकें। मुक्तिबोध ने जिस खतरे की ओर संकेत किया है उसके शिकार हिन्दी के अनेक मार्क्सवादी आलोचक संत भक्ति साहित्य और कामायनी की आलोचना के प्रसंग में हुए हैं। ऐसे आलोचक संत भक्ति साहित्य और कामायनी से दो-चार उद्धरण छाँटकर उनकी प्रगतिशीलता की दुहाई देते हैं, उनके कलात्मक सौन्दर्य पर मुग्ध रहते हैं और उनमें व्यक्त जीवन-मूल्य और विचारधारा का विश्लेषण करने की जरूरत ही नहीं समझते।

मुक्तिबोध ने कामायनी की आलोचना में परम्परा को अपने समय की आँखों से देखा है, अपने समय के साहित्य और समाज के विकास की आवश्यकताओं को ध्यान में रखकर उस पर पुनर्विचार किया है और अपने समय की प्रगतिशील साहित्यिक सांस्कृतिक विचारधारा की दृष्टि से परम्परा का पुनर्मूल्यांकन किया है। एक रचनाकार जब परम्परा का पुनर्मूल्यांकन करता है तो वह अतीत को केवल वर्तमान की आँख से ही नहीं देखता है, वह परम्परा के सन्दर्भ में आत्मविश्लेषण भी करता है, और तभी उसे अपने दायित्व का बोध भी होता है। परम्परा रचनाकार के समक्ष एक चुनौती बनकर भी उपस्थित होती है, वह रचनाकार को आत्मविश्लेषण के लिए भी प्रेरित करती है। मुक्तिबोध ने छायावाद के अलावा प्रेमचन्द पर भी विचार किया है। वे प्रेमचन्द को 'उत्थानशील' भारतीय सामाजिक क्रान्ति के प्रथम और अन्तिम महान् कलाकार मानते हैं और उनकी विशाल छाया में बैठकर आत्मविश्लेषण की प्रेरणा भी प्राप्त करते हैं। परम्परा रचनाकार के सामने नई रचनात्मक उपलब्धियों की समीक्षा की कसौटी बनकर भी उपस्थित होती है। प्रेमचन्द को परवर्ती रचनाशीलता की समीक्षा के मानदण्ड के रूप में स्वीकार करते हुए मुक्तिबोध कहते हैं कि ''प्रेमचन्द

के बाद एक भी ऐसे चरित्र का चित्रण नहीं हुआ है जिसे हम भारतीय विवेकचेतना का प्रतीक कह सकते हैं।" जीवन्त परम्परा का विवेकपूर्ण पुनर्मूल्यांकन नई रचनाशीलता को गति और दिशा देता है, उसके विकास को कुण्ठित नहीं करता है। यही परम्परा का सार्थक बोध और उचित उपयोग है।

मुक्तिबोध ने छायावाद और कामायनी की जो आलोचना की है उसमें छायावाद और कामायनी की केवल निन्दी ही नहीं है, जैसाकि कुछ लोग समझते हैं। मुक्तिबोध कामायनी को एक महत्त्वपूर्ण रचना मानते थे अन्यथा वे लगभग 20-25 वर्षों तक कामायनी के अध्ययन और दो बार उसकी आलोचना लिखने का प्रयास क्यों करते ? मुक्तिबोध की यह आलोचना उस आलोचना से भिन्न है जो या तो प्रशंसापरक होती है या निन्दापरक। कुछ आलोचक किसी रचना का विरोध करने के लिए कभी केवल रचनाकार की विचारधारा पर ध्यान देते हैं तो रचना में व्यक्त यथार्थबोध, जीवन-मूल्य और कलात्मक सौन्दर्य की उपेक्षा करते हैं, और कभी अपने प्रिय रचनाकारों के यथार्थबोध और कलात्मक सौन्दर्य को ही देखते हैं तो उनकी विचारधारा की उपेक्षा कर देते हैं। ऐसे आलोचक रचनाओं और रचनाकारों के विरोध या समर्थन के लिए कभी सन्दर्भसहित और कभी सन्दर्भरहित कुछ उद्धरणों के आधार पर मूल्य निर्णय करते रहते हैं। ऐसे निर्णयवादी आलोचक कभी वस्तु की आलोचना करते हैं तो कभी रूप की, कभी विचारधारा की उपेक्षा करते हैं तो कभी विचारधारा के आधार पर ही रचना को खारिज कर देते हैं। मुक्तिबोध ने कामायनी की वस्तुवादी आलोचना की है और उसके कलात्मक सौन्दर्य की आलोचना का काम दूसरों के लिए छोड़ दिया। मुक्तिबोध ने कामायनी में व्यक्त रचनाकार के व्यक्तित्व, यथार्थबोध, जीवन-मूल्य और विश्व-दृष्टि की समीक्षा करते हुए उसके यथार्थबोध की प्रशंसा की है, लेकिन जन-विरोधी, प्रगति-विरोधी और आध्यात्मिक जीवन-मूल्य तथा विश्व-दृष्टि की कड़ी आलोचना की है।

मुक्तिबोध ने कामायनी की समीक्षा करते हुए उसे पुराणपंथियों और प्रगतिविरोधियों के हाथ का हथियार होने से बचाया है और उसके मूल्यवान पक्षों का उचित मूल्यांकन किया है। परम्परा में सब-कुछ सार्थक, उपयोगी और प्रगतिशील ही नहीं होता, उसमें बहुत कुछ निरर्थक, अनुपयोगी और प्रगतिविरोधी भी होता है। यह विवेक हमें परम्परा की उपेक्षा करने से नहीं, उसके साक्षात्कार से ही प्राप्त हो सकता है। मुक्तिबोध ने कामायनी के पुनर्मूल्यांकन का जो प्रयास किया है उससे यह सिद्ध होता है कि हमें परम्परा से टकराना चाहिए, उसकी चुनौती को स्वीकार करना चाहिए, तभी हम उसका विवेकपूर्ण मूल्यांकन करते हुए साहित्य और समाज के भावी विकास के लिए परम्परा के सार्थक तत्त्वों का उपयोग कर सकते हैं। मुक्तिबोध ने कामायनी की आलोचना जिन उद्देश्यों से की थी वे आज भी पूरे नहीं हुए हैं। 'कामायनी : एक पुनर्विचार' पर नए सिरे से विचार करने की प्रासंगिकता यही है

कि उन उद्देश्यों को पूरा करने के लिए निरन्तर आलोचनात्मक संघर्ष का प्रयत्न किया जाए।

2

मुक्तिबोध के आलोचनात्मक संघर्ष के दूसरे मुख्य मोर्चे का सम्बन्ध स्वतन्त्रता के बाद के काल विशेषतः नई कविता के काल में प्रचलित और प्रचारित प्रगतिविरोधी कलादर्शन, जीवन-दृष्टि और राजनीतिक दृष्टि के विरुद्ध संघर्ष से है। स्वतन्त्रता के बाद के भारतीय समाज के प्रारम्भिक चार-पाँच वर्षों का काल तीव्र वर्ग-संघर्ष का काल है। इसी बीच में जनता की मुक्ति की आकांक्षा और उसके लिए क्रान्तिकारी संघर्ष की अभिव्यक्ति तेलंगाना के किसान-संघर्ष में हुई। जनता के इस राजनीतिक क्रान्तिकारी संघर्ष की सांस्कृतिक स्तर पर अभिव्यक्ति प्रगतिशील आन्दोलन और उससे विकसित विभिन्न कला-रूपों में हुई। आजादी के नाम पर सत्ता-हस्तांतरण के बाद देश में सामन्ती-पूँजीवादी वर्गों के गठजोड़ के रूप में जो शासक-वर्ग सामने आया, उसका पहला खूँखार दमनकारी रूप तेलंगाना की किसान क्रान्ति और प्रगतिशील आन्दोलन के क्रूर दमन में दिखाई पड़ा। तेलंगाना का क्रान्तिकारी आन्दोलन और जन-संस्कृति के व्यापक उत्थान का प्रगतिशील आन्दोलन, शासक वर्ग के कठोर दमन के साथ-साथ अपनी आन्तरिक असंगतियों और अन्तर्विरोधों के कारण बिखराव के शिकार हुए। फलतः राजनीति और साहित्य में प्रगतिशील शक्तियाँ कमजोर हुईं और प्रगति विरोधी शक्तियों का प्रभुत्व बढ़ा। इसी समय हिन्दी साहित्य में प्रयोगवाद, नई कविता और नई कहानी की व्यक्तिवादी-कलावादी प्रवृत्तियों का उदय हुआ।

मुक्तिबोध ने नई कविता के काल की व्यक्तिवादी-कलावादी प्रवृत्तियों के प्रसार और प्रभाव के कारणों की खोज करते हुए उन ऐतिहासिक सामाजिक शक्तियों और विचारात्मक स्रोतों की ओर संकेत किया है जिनसे प्रगति विरोधी प्रवृत्तियों को प्रोत्साहन मिल रहा था। ये शक्तियाँ और ये स्रोत देशी ही नहीं, विदेशी भी थे। नई कविता के काल में प्रचलित और प्रचारित प्रगति विरोधी कलावादी प्रवृत्तियों के सामाजिक, राजनीतिक सन्दर्भ और वर्गीय आधार का विश्लेषण करते हुए मुक्तिबोध ने लिखा है कि नई कविता में दो वर्ग हैं, उच्चमध्यवर्ग और निम्नमध्य वर्ग। यह उच्च मध्यवर्ग स्वाधीनता के बाद अवसरवाद का खूब शिकार हुआ है, उसका एक ओर देशी शोषक-शासक-वर्ग से गहरा रिश्ता है तो दूसरी ओर उसने पश्चिमी साम्राज्यवाद की शीतयुद्ध-कालीन विचारधारा को भी अपनाया है। इस उच्च मध्यवर्ग का उद्देश्य प्रगतिवादी साहित्य, संस्कृति और विचारधारा पर आक्रमण करना और प्रगति विरोधी कला-दर्शन, जीवन-दृष्टि और राजनीतिक दृष्टि का प्रचार-प्रसार करना है। मुक्तिबोध ने लिखा

है कि "स्वाधीनता प्राप्ति के उपरान्त भारत में एक ओर अवसरवाद की बाढ़ आई। शिक्षित मध्यवर्ग में भी उसकी ज़ोरदार लहरें पैदा हुईं। साहित्यिक लोग भी उसके प्रवाह में बहे और खूब बहे। इस भ्रष्टाचार, अवसरवाद और स्वार्थपरता की पार्श्वभूमि में नई कविता के क्षेत्र में पुराने प्रगतिवाद पर ज़ोरदार हमले किए गए और कुछ सिद्धान्तों की एक रूपरेखा प्रस्तुत की गई। ये सिद्धान्त और उनके हमले वस्तुतः उस शीतयुद्ध के अंग थे जिसकी प्रेरणा लन्दन और वाशिंग्टन से ली गई थी। नई कविता के आसपास लिपटे हुए बहुत से साहित्यिक सिद्धान्तों में शीतयुद्ध की छाप है।" ('नई कविता का आत्मसंघर्ष तथा अन्य निबन्ध' पृ. 37)

मुक्तिबोध ने अनेक निबन्धों और डायरी में नई कविता की व्यक्तिवादी, कलावादी धारा के कवियों और लेखकों के वास्तविक वर्गीय चरित्र का विश्लेषण किया है। नई कविता की इस धारा के सिद्धान्तकारों ने प्रगतिवाद पर जो हमले किए, उनकी ओर भी मुक्तिबोध ने जगह-जगह संकेत किया है। हिन्दी के मार्क्सवादी आलोचकों में मुक्तिबोध ने सम्भवतः सबसे पहले सर्वाधिक ज़ोरदार ढंग से नई कविता के प्रतिक्रियावादी साहित्यिक दृष्टिकोण के पीछे सक्रिय शीतयुद्धकालीन साम्राज्यवादी विचारधारा के वास्तविक रूप का उद्‌घाटन किया।

मुक्तिबोध ने एक निबन्ध में लिखा है कि "एक कलासिद्धान्त के पीछे एक विशेष जीवन-दृष्टि हुआ करती है, उस जीवन-दृष्टि के पीछे एक जीवन-दर्शन होता है, और उस जीवन-दर्शन के पीछे आज के जमाने में एक राजनीतिक दृष्टि भी लगी रहती है।" मुक्तिबोध ने नई कविता की व्यक्तिवादी-कलावादी धारा के साहित्य-सिद्धान्तों पर विचार करते हुए ही यह बात लिखी है। इससे स्पष्ट है कि मुक्तिबोध के अनुसार नई कविता की इस धारा ने प्रगतिशील साहित्य और विचारधारा के खिलाफ एक प्रगतिविरोधी कला-दर्शन गढ़ने का प्रयास किया था जिसका एक निश्चित प्रगतिविरोधी राजनीतिक अभिप्राय भी था। इस प्रगतिविरोधी कलादर्शन, जीवन-दृष्टि और राजनीतिक दृष्टिकोण के विरुद्ध संघर्ष करना नई कविता के काल की मार्क्सवादी आलोचना का मुख्य दायित्व था। इस दायित्व को मुक्तिबोध ने पूरा किया। उनका यह आलोचनात्मक संघर्ष केवल साहित्य की दुनिया तक ही सीमित न था, उसके व्यापक राजनीतिक, सांस्कृतिक और विचारधारात्मक सन्दर्भ तथा प्रयोजन भी थे।

अब हमें यह देखना है कि नई कविता की प्रगतिविरोधी विचारधारा (कला-दर्शन, जीवन-दृष्टि और राजनीतिक दृष्टि) का वास्तविक स्वरूप क्या था ? क्यों न हम इस विचारधारा के स्वरूप को इसके एक कवि और आचार्य की आत्मस्वीकृति से ही जानें ? लक्ष्मीकान्त वर्मा उस गिरोह के प्रमुख प्रवक्ता रहे हैं जिसमें विजय देवनारायण साही, धर्मवीर भारती और जगदीश गुप्त आदि शामिल थे और जो परिमल के मंच से लगातार कला और सौन्दर्य के नाम पर प्रगतिवाद विरोधी साहित्य-सिद्धान्त के निर्माण और प्रचार का काम कर रहा था। अज्ञेय इस गिरोह के आध्यात्मिक

गुरु थे, जो कभी-कभी सूत्र और मंत्र दिया करते थे। लक्ष्मीकांत वर्मा ने 'कल्पना' के चार अंकों में 'हिन्दी साहित्य के पिछले बीस वर्ष' शीर्षक लेखमाला में 1947 से 67 तक के हिन्दी साहित्य पर विचार किया है। इस लेख का एकमात्र उद्देश्य प्रगतिशील आन्दोलन के विरुद्ध विषवमन करना और प्रगतिशील रचनाकारों को पानी पी-पी कर गाली देना है। लक्ष्मीकान्त वर्मा ने इस लेखमाला की पहली किश्त में ही अपने गिरोह की जिन पाँच स्थायी माँगों का उल्लेख किया है, उनसे नई कविता की इस प्रगति विरोधी धारा का असली रूप सामने आ जाता है। लक्ष्मीकान्त वर्मा के अनुसार ये पाँच माँगें हैं—1. "वैयक्तिक स्वातन्त्र्य और कलात्मक सृजनशीलता के साथ मानव-मूल्यों की प्रतिष्ठा, 2. राजाश्रय से मुक्त लेखक का व्यक्तित्व, 3. महामानवों की खोखली और बिकाऊ प्रवृत्ति के विरुद्ध लघु मानव की विवेकपूर्ण दृढ़ता, 4. कम्युनिस्ट विचारधारा से प्रभावित कृत्रिम साहित्य-सृजनशीलता के विरुद्ध सौन्दर्यपरक (एस्थेटिक) कला-सृजन की सार्थकता, 5. इतिहास के दुराग्रह और परम्परा की रूढ़ियों से मुक्त आधुनिकता की माँग, जिसमें अद्वितीय क्षणों की अनुभूति और विवेक का समर्थन, कोरी भावुकता और इलहामी नपुंसकता की निन्दा।"

कोई भी देख सकता है कि इन पाँच माँगों में व्यक्ति स्वातन्त्र्य, मुक्त व्यक्तित्व, मानवमूल्य, इतिहास का दुराग्रह आदि 'शीत युद्ध के मंत्रपूत शब्दों' की भरभार है। इस पाँच माँगों में से अगर शीतयुद्धकालीन सिद्ध शब्दों को निकाल दें तो ये पाँच माँगें इस रूप में हमारे सामने आयेंगी—व्यक्ति स्वातंत्र्य, लघुमानव का सिद्धान्त, कम्युनिस्ट विचारधारा का विरोध सौन्दर्यवादी कला-दृष्टि का आग्रह, इतिहास तथा परम्परा से मुक्ति और अद्वितीय क्षणों की अनुभूति से युक्त आधुनिकता। लक्ष्मीकान्त वर्मा की इन पाँच माँगों का मुख्य उद्देश्य एक ओर मार्क्सवादी विचारधारा और उससे प्रभावित साहित्य का विरोध करना था और दूसरी ओर प्रगतिविरोधी सामाजिक-राजनीतिक जीवन-मूल्यों तथा विचारधारा का समर्थन करते हुए समाज- निरपेक्ष सौन्दर्यवादी कलादर्शन की प्रतिष्ठा करना था। मुक्तिबोध ने नई कविता की इस प्रगतिविरोधी कलावादी धारा के चिन्तन में छिपी राजनीतिक दृष्टि के विरुद्ध संघर्ष में साहित्य की आलोचना को 'आलोचना के हथियार' की तरह इस्तेमाल किया।

अब हमें यह देखना है कि नई कविता की प्रगति-विरोधी, व्यक्तिवादी, कलावादी धारा के कलादर्शन, जीवन-दृष्टि और राजनीतिक दृष्टिकोण के वास्तविक रूप को सामने लाने और उनके खिलाफ आलोचनात्मक संघर्ष चलाने का काम मुक्तिबोध ने किस रूप में किया।

नई कविता की प्रगतिवाद विरोधी धारा ने अपनी व्यक्तिवादी रचना-दृष्टि को सैद्धान्तिक आधार प्रदान करने के लिए कलादर्शन खड़ा करने की कोशिश की। इस कलादर्शन के मूल सूत्र और मंत्र पश्चिम के आधुनिकतावादी और रूपवादी विचारधारात्मक अभियान की उपज थे। पहले प्रकार के सूत्रों और मंत्रों के सहारे

पश्चिम के आधुनिक बुर्जुआ कला-चिन्तन को हिन्दी में स्थापित करने की कोशिश हो रही थी और दूसरे प्रकार के सूत्रों तथा मंत्रों के सहारे भारतीय साहित्य में साम्राज्यवाद की शीतयुद्धकालीन विचारधारा को सुनियोजित ढंग से प्रचारित करने का प्रयास हो रहा था। मुक्तिबोध ने नई कविता के इस तथाकथित कलादर्शन के प्रेरक स्रोतों और प्रयोजनों पर विस्तार से विचार किया। प्रयोगवाद-नई कविता की इस धारा के नेता अज्ञेय ने समाज-निरपेक्ष सौन्दर्यवादी कलादर्शन के निर्माण का प्रयत्न किया। इस कलादर्शन की एक मान्यता यह थी कि कला का अपना पूर्ण स्वायत्त संसार होता है और रचना या आलोचना के प्रसंग में कला के संसार का समाज के वास्तविक जीवन से कोई सम्बन्ध नहीं होता। इस मान्यता से जुड़ी हुई उनकी दूसरी धारणा यह थी कि रचनाकार के भोक्ता मन और सर्जक मन के बीच पूर्ण पार्थक्य होता है। यह दूसरी धारणा मूलतः टी. एस. एलियट की है, जिसका अज्ञेय ने हिन्दी में खूब प्रचार किया था। इस कलादर्शन की तीसरी मान्यता यह थी कि चूँकि भोक्ता मनुष्य और सर्जक मन में पूर्ण पार्थक्य होता है इसलिए वास्तविक जीवन की अनुभूति और सौन्दर्यानुभूति में भी पार्थक्य होता है। इस मान्यता के अनुसार रचनाकारों को अपनी रचनाओं में केवल एस्थेटिक इमोशन्स की ही अभिव्यक्ति करनी चाहिए। रचनाकार को तथाकथित सौन्दर्यपरक भावों की अभिव्यक्ति तक सीमित रखने की धारणा दुनिया भर के कलावाद की बुनियादी धारणा है। मुक्तिबोध ने नई कविता की व्यक्तिवादी धारा के कलावाद पर चोट करते हुए लिखा कि जीवनानुभूति और काव्यानुभूति के बीच पूर्ण पार्थक्य स्थापित करनेवाली धारणा गलत है। मुक्तिबोध के अनुसार यह एक ऐसा सिद्धान्त है जिसके पीछे न केवल विशेष सौन्दर्याभिरुचि है, वरन् विशेष प्रकार के विषय संकलन का आग्रह भी है, किन्तु इस सिद्धान्त का मुख्य हेतु यह है कि व्यक्ति को व्यक्तिबद्ध बनाया जाए। ('नई कविता का आत्म संघर्ष', पृ. 17) मुक्तिबोध ने जीवनानुभूति और काव्यानुभूति में पार्थक्य स्थापित करनेवाले सिद्धान्त को व्यावहारिक दृष्टि से प्रतिक्रियावादी कहा है।

नई कविता की व्यक्तिवादी कलावादी धारा की चौथी मान्यता यह थी कि जीवनानुभूति और सौन्दर्यानुभूति में समानान्तरता होती है, एकता नहीं। इस मान्यता के अनुसार सौन्दर्यानुभूति जीवन के एक निगूढ़ क्षण में कल्पोद्भास या पूर्ण मानसिक द्रवण है। जीवनानुभूति सौन्दर्यानुभूति से पृथक् तो है ही, वह समानान्तर भी है। जीवनानुभूति और सौन्दर्यानुभूति के अलगाव की इस धारणा के अनुसार सौन्दर्य प्रतीति का सामाजिक दृष्टि से भी कोई सम्बन्ध नहीं है, बल्कि सामाजिक दृष्टि सौन्दर्य-प्रतीति में बाधक ही है। मुक्तिबोध ने जीवनानुभूति और सौन्दर्यानुभूति की समानान्तरता की धारणा का खण्डन किया है और दोनों की एकता पर बल दिया है। उन्होंने सौन्दर्यानुभूति की व्याख्या करते हुए लिखा है कि "सौन्दर्यानुभव जीवन

के सार रूप का प्रगाढ़ मार्मिक अनुभव है। किन्तु यह तभी प्राप्त होता है जब मनुष्य को अपने परे जाने, अपने से ऊपर उठने, तटस्थ होने, निजबद्धता से मुक्त होने के साथ-साथ (और एक साथ) तन्मय होने का, विलीन हो जाने का, मानवीय गुण और उस गुण का सामर्थ्य प्राप्त हो, तभी वह विशिष्ट की सामान्य में परिणति की मुक्त आत्मीयता का आनन्द ले सकेगा''। ('नई कविता का आत्मसंघर्ष', पृ. 39-40) मुक्तिबोध ने सौन्दर्यानुभूति को केवल कलाकार की ही विशिष्टता न मानकर उसे मनुष्यत्व का लक्षण कहा है। कलाकार को सौन्दर्यानुभूति की क्षमता उसकी मनुष्यता की क्षमता पर, उसके व्यापक जीवन-विवेक पर निर्भर है, क्योंकि ''सौन्दर्यानुभूति वास्तविक जीवन की मनुष्यता है।'' आचार्य रामचन्द्र शुक्ल ने जीवनानुभूति और काव्यानुभूति की एकता को स्वीकार करते हुए रचनाकारों के लिए आत्मबोध के साथ-साथ जगत् बोध अर्जित करने पर बल दिया था। मुक्तिबोध भी जीवनानुभूति और सौन्दर्यानुभूति की एकता स्वीकार करते हैं और रचनाकार को आत्मचेतस् होने के साथ-साथ विश्वचेतस् होने की सलाह देते हैं।

नई कविता की व्यक्तिवादी धारा की सौन्दर्यवादी दृष्टि अनुभूति के क्षण को महत्त्व देती थी। इस दृष्टि के अनुसार रचना का सम्बन्ध सौन्दर्यानुभूति से होता है और सौन्दर्यानुभूति का केवल क्षण ही हो सकता है इसलिए अनुभूति के क्षण को ही रचना में महत्त्व मिलना चाहिए। कलाकार और कला को वास्तविक जीवन प्रसंगों से काटकर क्षण की अनुभूति या अनुभूत क्षण तक सीमित रखनेवाली यह मान्यता विशुद्ध कलाकार और विशुद्ध कला की वकालत करती है। मुक्तिबोध ने इन कलावादियों के सौन्दर्यवाद के अन्तरंग सखा क्षणवाद की आलोचना करते हुए लिखा है कि ''यह सौन्दर्यवाद कलाकार को क्षणजीवी सौन्दर्यानुभूति के छोटे से मानसिक बिन्दुओं में ही समेटकर, बाँधकर रखना चाहता है ताकि वह अपने समस्त व्यक्तित्व और समस्त अन्तरजीवन की प्राणधाराओं को भूमिगत करके, केवल ऊपरी सतह पर उछाले गए बिन्दुओं में अपने-आपको तृप्त मान ले और शेष को भूल जाए।'' ('नई कविता का आत्म-संघर्ष', पृ. 169) नई कविता के व्यक्तिवादी कलावादियों के बारे में मुक्तिबोध ने लिखा है कि समग्र मानव सत्ता के प्रति उनके मन में कोई अनुराग नहीं है। इन कलावादियों के क्षणवाद का कला-सृजन के सन्दर्भ में सामाजिक-राजनीतिक और नैतिक दायित्वों से घोर विरोध है।

प्रश्न यह है कि क्या इस क्षणवाद का कोई राजनीतिक और विचारधारात्मक प्रयोजन भी है ? नई कविता के कलावादियों के सौन्दर्यवाद और क्षणवाद का सम्बन्ध केवल कला की दुनिया से ही नहीं है। मुक्तिबोध ने इस क्षणवाद के राजनीतिक और विचारधारात्मक प्रयोजन को स्पष्ट करते हुए लिखा है, ''इनकी बड़ी चिन्ता यह थी कि समाज में प्रचलित समाजवादी भावों और प्रगतिशील झुकावों को लेखक कहीं मूलबद्ध रूप से स्वीकार न कर ले। अतएव उनका प्रधान आग्रह यह था कि

लेखक सौन्दर्यानुभूति का जो विशेष क्षण होता है, उस क्षण की सत्ता की परिधि के बाहर न जावे''। ('नई कविता का आत्म-संघर्ष,' पृ. 171) मुक्तिबोध ने ठीक ही लिखा है कि इस सौन्दर्यवाद और क्षणवाद का मुख्य प्रयोजन साम्यवाद और प्रगतिवाद का विरोध करना था।

अनुभूति के क्षण के नारे का गहरा सम्बन्ध अनुभूति की ईमानदारी और अनुभूति की प्रामाणिकता के नारे से था। इन कलावादियों का तर्क था कि रचनाकार के पास अनुभूति के केवल क्षण होते हैं, इसलिए सहज, क्षणिक अनुभूति ही प्रामाणिक हो सकती है और उसकी अभिव्यक्ति में ही रचनाकार की ईमानदारी प्रगट होती है। उनकी इस मान्यता के अनुसार सौन्दर्यानुभूति की क्षण-सत्ता की परिधि के बाहर के जीवनानुभवों, व्यापक सामाजिक जीवन के अनुभवों की अभिव्यक्ति करनेवाली रचना में न तो अनुभूति की ईमानदारी होगी और न प्रामाणिकता। अनुभूति की ईमानदारी और प्रामाणिकता का नारा साहित्यकार और साहित्य को समाज से, जनता से, जनता की समस्याओं से, सामाजिक-राजनीतिक जीवन के गतिशील यथार्थ से दूर हटाने के इरादे से उछाला गया था। स्पष्ट है, यह नारा यथार्थवादी साहित्य का विरोध करने के लिए गढ़ा गया था। कुछ लोगों ने अनुभूति की ईमानदारी और प्रामाणिकता को अपर्याप्त समझ कर अनुभूति की समझदारी की बात की, लेकिन यह समझदारी भी प्रगतिवाद के विरोध में ही काम आई। मुक्तिबोध ने अनुभूति की ईमानदारी के नारे का खण्डन करते हुए कहा कि ''अनुभूति की ईमानदारी का नारा देनेवाले लोग, असल में, भाव या विचार के सिर्फ सब्जेक्टिव पहलू, केवल आत्मगत पक्ष के चित्रण को ही महत्त्व देकर उसे भाव-सत्य या आत्म-सत्य की उपाधि देते हैं। किन्तु भाव या विचार का एक ऑब्जेक्टिव पहलू अर्थात् वस्तुपरक पक्ष भी होता है।'' ('एक साहित्यिक की डायरी', पृ. 133) मुक्तिबोध ने अपने द्वन्द्वात्मक भौतिकवादी दृष्टिकोण के कारण ही 'अनुभूति की ईमानदारी' में निहित भाववाद को पहचाना और भाव या विचार के आत्मगत पक्ष और वस्तुगत पक्ष के समान महत्त्व पर बल दिया। इससे भी एक कदम आगे बढ़कर उन्होंने यह भी बताया, कि रचना के सन्दर्भ में आत्मगत पक्ष को सब कुछ मान लेने के कारण रचना में एक खास किस्म का शिल्प निर्मित होता है और आलोचना में केवल आत्मपरक कविताओं को महत्त्व दिया जाता है। उन्होंने यह भी लिखा है कि अनुभूति की ईमानदारी के नाम पर अनुभूति का फ्रॉड भी हो सकता है और यह नई कविता में बहुत है। इस सन्दर्भ में ध्यान देने लायक दूसरी महत्त्वपूर्ण बात यह है कि रचना में ईमानदारी के बावजूद वहाँ फ्रॉड पैदा हो सकता है जहाँ 'लेखक ईमानदारी से मूर्ख होता है'। इस फ्रॉड से बचने का तरीका यह है कि लेखक 'वस्तु जगत् के ज्ञान को अधिकाधिक मार्मिक यथार्थमूलक बनाए और विकसित करे'; क्योंकि 'ज्ञान के क्षेत्र में ही भावना विचरण करती है और भावना का ज्ञानात्मक आधार जब तक

वस्तुतः शुद्ध है तभी तक यह भावना फ्रॉड नहीं है।' ।('एक साहित्यिक की डायरी', पृ. 142) मुक्तिबोध के लिए 'ज्ञान का अर्थ केवल वैज्ञानिक उपलब्धियों का बोध नहीं है, वरन् समाज की उत्थानशील और ह्रासशील शक्तियों का बोध भी है'। समाज की ह्रासशील और उत्थानशील शक्तियों के बोध के लिए एक वैज्ञानिक विचारधारा की जरूरत होती है। इस तरह मुक्तिबोध प्रकारान्तर से रचनाकारों के लिए एक वैज्ञानिक विचारधारा अर्जित करने की अनिवार्यता पर बल देते हैं। मुक्तिबोध अनुभूति की ईमानदारी को सुव्यवस्थित और अनुशासित करनेवाली अनुभूति की सच्चाई को महत्त्वपूर्ण मानते हैं'; इसलिए वे आत्मपरक ईमानदारी और 'वस्तुपरक सत्यपरायणता' की बात करते हैं।

नई कविता की व्यक्तिवादी कलावादी धारा की सातवीं मान्यता यह थी कि सौन्दर्य-प्रतीति और सामाजिक दृष्टि में परस्पर विरोध होता है। इस धारा के लेखकों के अनुसार सामाजिक दृष्टि ऊपर से थोपी हुई चीज़ है और वह रचना तथा आलोचना के सन्दर्भ में अप्रासंगिक है। इन कलावादियों का कहना था कि काव्य-सत्य कवि का आत्म-सत्य होता है, कवि का काम आत्मान्वेषण करना और आत्माभिव्यक्ति करना है, इसलिए कवि का आत्म-संघर्ष उसकी चेतना का अपना संघर्ष है, उसका सामाजिक संघर्ष से कोई सम्बन्ध नहीं होता। उनके अनुसार सौन्दर्य-प्रतीति आत्मा की विशेष दशा की प्रतीति है, इसलिए इस सन्दर्भ में सामाजिक दृष्टि की बात करना गैर ज़रूरी है। मुक्तिबोध ने नई कविता के व्यक्तिवादी कलादर्शन की इस मान्यता का भी खण्डन किया है। वे कविता की रचना-प्रक्रिया को एक सांस्कृतिक प्रक्रिया मानते हैं और कहते हैं कि रचना में ''जो सांस्कृतिक मूल्य परिलक्षित होते हैं, वे व्यक्ति की अपनी देन नहीं, समाज की या वर्ग की देन हैं'', इसलिए कविता को केवल आत्माभिव्यक्ति समझना गलत है। मुक्तिबोध ने कविता को केवल आत्माभिव्यक्ति मानने की धारणा का खण्डन करते हुए ही 'कला के तीन क्षण' के नाम से रचना-प्रक्रिया की तीन अवस्थाओं का विश्लेषण किया है। उन्होंने रचना-प्रक्रिया के विश्लेषण में उसकी व्यापकता, जटिलता, गहराई और विशिष्टता का पूरा ध्यान रखा है। रचना-प्रक्रिया के उनके विश्लेषण में 'क्षण' को आते देखकर अगर किसी को कोई भ्रम या सन्देह हो तो उसे स्वयं मुक्तिबोध का विश्लेषण और उनकी कविताओं में इसका रचनात्मक प्रतिफलन देख लेने पर यह मालूम हो जाएगा कि मुक्तिबोध ने कला-रचना के जिन तीन क्षणों की चर्चा की है उन्हें पार करने में अनेक कवियों का पूरा जीवन छोटा पड़ जाता है। नई कविता के व्यक्तिवादी कलावादियों के विपरीत मुक्तिबोध की मान्यता है कि सामाजिक दृष्टि रचनाकार की सौन्दर्य-प्रतीति में बाधक नहीं, सहायक ही है, क्योंकि सामाजिक दृष्टि से रचनाकार की सौन्दर्य-प्रतीति की परिधि का विस्तार होता है, उसका विकास होता है। मुक्तिबोध ने सौन्दर्य-प्रतीति के सन्दर्भ में सामाजिक दृष्टि की महत्ता स्थापित करते हुए लिखा

है कि "जिस समाज में हम रहते हैं, उसके द्वारा प्रदत्त अथवा उत्सर्जित भाव, परम्परा तथा मूल्यों से विच्छिन्न होकर सृजन-प्रक्रिया के अंगभूत मूल्यों का अस्तित्व ही नहीं है। सौन्दर्य-प्रतीति की डुग्गी पीटनेवाले लोग सामाजिक दृष्टि को भले ही ऊपर से थोपी हुई चीज समझें, वह वस्तुतः यदि दृष्टि है, तो कभी भी थोपी हुई नहीं रहती, वरन् हमारे अन्तर का एक निजतेजस्व आलोक बनकर सामने आती है। हम जिस समाज, संस्कृति, परम्परा, युग और ऐतिहासिक आवर्त्त में रह रहे हैं, उन सबका प्रभाव हमारे हृदय का संस्कार करता है।" ('नई कविता का आत्संघर्ष', पृ. 57) वास्तव में कविता को केवल आत्माभिव्यक्ति मानने और सामाजिक दृष्टि को सौन्दर्य-प्रतीति का विरोधी समझने की धारणा व्यक्तिवादी सोच की उपज है। इस धारणा के मूल में व्यक्ति और समाज के आपसी विरोध को शाश्वत माननेवाली धारणा छिपी हुई है। मुक्तिबोध ने 'व्यक्ति के विरुद्ध समाज' की धारणा का खण्डन करते हुए लिखा है कि "हमारा सामाजिक व्यक्तित्व ही हमारी आत्मा है। व्यक्ति और समाज का विरोध बौद्धिक विक्षेप है, इस विरोध का कोई अस्तित्व नहीं। जहाँ व्यक्ति समाज का विरोध करता दिखाई देता है वहाँ, वस्तुतः समाज के भीतर की ही एक सामाजिक प्रवृत्ति दूसरी सामाजिक प्रवृत्ति से टकराती है। वह समाज का अन्तर्विरोध है न कि व्यक्ति के विरुद्ध समाज का, या समाज के विरुद्ध व्यक्ति का। 'व्यक्ति विरुद्ध समाज' की इस विचार-शैली ने ही हमारे सामने कृत्रिम प्रश्न खड़े किए हैं—जिनमें से एक है सौन्दर्य-प्रतीति के विरुद्ध सामाजिक दृष्टि।" ('नई कविता का आत्मसंघर्ष', पृ. 58) इस प्रकार हम देखते हैं कि नई कविता के कलावादी व्यक्तिवादी विचारकों द्वारा गढ़े गए कला और साहित्य सम्बन्धी सभी प्रश्न कृत्रिम और उत्तर झूठे हैं। मुक्तिबोध ने इन प्रश्नों और उत्तरों के भीतर छिपे सामाजिक इरादों, राजनीतिक अभिप्रायों और विचारधारात्मक प्रयोजनों की असलियत को सामने लाकर अपने समय के विचारधारात्मक संघर्ष में महत्त्वपूर्ण योगदान किया है।

नई कविता के कलावादी व्यक्तिवादी लेखकों ने एक कला-दर्शन खड़ा करने के साथ-साथ साहित्य और समाज के सम्बन्ध को निर्धारित और प्रभावित करने वाली कुछ ऐसी धारणाओं का भी प्रचार-प्रसार किया जिनमें उनकी जीवन-दृष्टि और राजनीतिक दृष्टि की स्पष्ट रूप से अभिव्यक्ति हो रही थी। इन धारणाओं में से एक धारणा व्यक्ति-स्वातन्त्र्य की थी। यह व्यक्ति-स्वातन्त्र्य का सिद्धान्त शीत युद्ध के काल में मार्क्सवादी दर्शन, समाजवादी समाज व्यवस्था और साम्यवादी आदर्श और इन सबसे सम्बद्ध कला और साहित्य के विरुद्ध संघर्ष के लिए साम्राज्यवादियों का सर्वाधिक सिद्ध सिद्धान्त था। हिन्दी में नई कविता के कलावादी व्यक्तिवादी शीतयुद्ध के इस सिद्धान्त का सहारा लेकर प्रगति विरोधी अभियान चला रहे थे। मुक्तिबोध ने नई कविता के व्यक्तिवादियों के व्यक्ति-स्वातन्त्र्य के सिद्धान्त में मूल निहित शीतयुद्धकालीन प्रभाव को लक्षित करते हुए लिखा है कि "शीतयुद्ध के दौरान

इस नवीन भावधारा ने विगत जनतन्त्रवादी विचारधारा से भी युद्ध किया और प्रगतिवादी विचारधारा से भी।" नई कविता की व्यक्तिवादी धारा ने एक ओर छायावाद की जनतन्त्रवादी विचारधारा से युद्ध किया और दूसरी ओर प्रगतिवादी से। छायावाद में व्यक्तिवाद था लेकिन उसमें सामाजिक रूढ़ियों से मुक्ति, रीतिवादी रूढ़ियों के विरुद्ध संघर्ष और राजनीतिक गुलामी के विरुद्ध विद्रोह का भाव था। छायावाद में सामाजिक परिवर्तन के तत्त्व और आग्रह थे इसलिए उसका व्यक्तिवाद नई कविता के व्यक्तिवाद की तरह प्रगति-विरोधी और समाज-विरोधी नहीं था। छायावाद की मूल चेतना सामन्तवाद विरोधी और जनतन्त्र समर्थक थी। नई कविता के व्यक्तिवादियों ने छायावाद के विरुद्ध संघर्ष का जो अभियान चलाया था, उसका मुक्तिबोध ने खण्डन किया।

नई कविता के व्यक्तिवादी लेखक अपने व्यक्ति-स्वातन्त्र्य के सिद्धान्त के अनुसार व्यक्ति और समाज के बीच शाश्वत और सार्वभौम विरोध देखते थे। उनका कहना था कि औद्योगिक सभ्यता व्यक्तित्व का नाश करती है और व्यक्ति का व्यक्तित्व विखण्डित हो जाता है। वे यह भी कहते थे कि पूँजीवाद और समाजवाद दोनों औद्योगिक सभ्यताएँ हैं, लेकिन पूँजीवादी देशों में, तथाकथित स्वतन्त्र दुनिया में, व्यक्तित्व-विभाजन और व्यक्तित्व-विनाश के बावजूद व्यक्ति अपने निर्णय के लिए स्वतन्त्र है, इसलिए पूँजीवाद, समाजवाद से बेहतर व्यवस्था है। कहने की ज़रूरत नहीं है कि इस तर्क-पद्धति और दृष्टिकोण का उद्देश्य समाजवाद का विरोध और पूँजीवाद तथा साम्राज्यवाद का समर्थन था।

इन कलावादियों का व्यक्तिवादी दृष्टिकोण सामान्य जनता के प्रति उनके दृष्टिकोण में भी प्रकट होता है। इन व्यक्तिवादियों का कहना था कि जनता भीड़ है, मूर्ख है, वह विवेक विहीन है, और जब तक व्यक्ति इस भीड़ का अंग है तब तक वह किसी भी तरह के आत्मनिर्णय के लिए स्वतन्त्र नहीं है। इन व्यक्तिवादियों का नारा था कि कलाकारों को, आत्मा का अन्वेषण करनेवालों को जनता से दूर रहना चाहिए। मुक्तिबोध ने इस प्रकार के सोच को नितान्त प्रतिक्रियावादी कहा है।

व्यक्ति-स्वातन्त्र्य का सिद्धान्त पूँजीवादी व्यवस्था और विचारधारा के समाज-विरोधी रूप की चरम परिणति है। इसे एक पुनीत सिद्धान्त के रूप में नई कविता के व्यक्तिवादियों ने प्रचारित-प्रसारित किया था। पूँजीवादी समाज में व्यक्ति-स्वातन्त्र्य के असली रूप को मुक्तिबोध ने इन शब्दों में स्पष्ट किया है—"जिस समाज में हर चीज खरीदी और बेची जाती है, जहाँ बुद्धि बिकती है, और बुद्धिजीवी वर्ग बुद्धि बेचता है, अपने शारीरिक अस्तित्व के लिए, जहाँ उदारवादी की जगह उदरवादी हुआ जाता है, जहाँ स्त्री बिकती है, श्रम बिकता है, वहाँ अन्तरात्मा भी बिकती है। यहाँ सच्चा व्यक्ति-स्वातन्त्र्य अगर किसी को है तो धनिक वर्ग को है, क्योंकि वह दूसरों की स्वतन्त्रता खरीदकर अपनी स्वतन्त्रता बढ़ाता है, और

अर्थव्यवस्था, राजनैतिक व्यवस्था—सम्पूर्ण समाज-व्यवस्था का पदाधीश बन कर, प्रत्यक्षतः और अप्रत्यक्षतः स्वयं या विक्रीता आत्माओं द्वारा अपने प्रभाव और जीवन को स्थायी बनाता है''। ('नई कविता का आत्मसंघर्ष', पृ. 179) यही है पूँजीवादी समाज-व्यवस्था में व्यक्ति-स्वातन्त्र्य का वास्तविक रूप। इस वास्तविकता को तर्क की चादर से ढकने के लिए ही नई कविता के व्यक्तिवादियों ने व्यक्ति-स्वातन्त्र्य के सिद्धान्त की जोर-शोर से वकालत की थी।

मुक्तिबोध हर तरह से व्यक्ति-स्वातन्त्र्य के विरोधी नहीं थे। वे व्यक्ति-स्वातन्त्र्य के नाम पर प्रचलित समाज-विरोधी और मानव-विरोधी व्यक्तिवाद के विरोधी थे। वे जनता की स्वतन्त्रता के समर्थक थे, इसलिए व्यक्ति-स्वातन्त्र्य को जनता की मुक्ति की आकांक्षा से जोड़ कर देखते थे। मुक्तिबोध ने लिखा है कि ''साधारण जन-मन में व्यक्ति-स्वातन्त्र्य का प्रश्न सबके लिए मानवोचित जीवन-रचना और समाज-रचना के प्रश्नों से जुड़ा है।'' पूँजीवादी व्यवस्था के पोषक और साम्राज्यवाद के सेवकों के व्यक्ति-स्वातन्त्र्य के लक्ष्य से जनता के व्यक्ति-स्वातन्त्र्य का लक्ष्य भिन्न है। मुक्तिबोध ने इस स्थिति को स्पष्ट करते हुए लिखा है—''मुनाफाखोरों और उत्पीड़कों के व्यक्ति-स्वातन्त्र्य का लक्ष्य, और जनता के व्यक्ति-स्वातन्त्र्य के लक्ष्य में अन्तर है—जी नहीं, केवल अन्तर ही नहीं, विरोध भाव है। केवल विरोध भाव ही नहीं, विपरीत दिशाएँ हैं।'' ('नई कविता का आत्मसंघर्ष', पृ. 181) निश्चय ही मुक्तिबोध उत्पीड़कों, मुनाफाखोरों और उनके प्रतिनिधि साहित्यकारों के व्यक्ति-स्वातन्त्र्य के लक्ष्य के विरुद्ध हैं और जनता के व्यक्ति-स्वातन्त्र्य के लक्ष्य के समर्थक। उन्होंने इस बात को कविता में भी कहा है—''कविता में कहने की आदत नहीं, पर कह दूँ। वर्तमान समाज चल नहीं सकता/पूँजी से जुड़ा हृदय बदल नहीं सकता/स्वातन्त्र्य व्यक्ति का वादी/छल नहीं सकता, मुक्ति के मन को/जन को।''

नई कविता के व्यक्तिवादियों की जीवन-दृष्टि और राजनीतिक दृष्टि को उजागर करनेवाला दूसरा सिद्धान्त 'लघु मानव' का है। इसके मुख्य प्रवक्ता हैं लक्ष्मीकान्त वर्मा। लक्ष्मीकान्त वर्मा ने 'नई कविता के प्रतिमान' में इस लघु मानव के सिद्धान्त को प्रतिपादित करने का प्रयास किया था और 1967 की 'कल्पना' की लेखमाला में भी इसे दोहराया था। लक्ष्मीकान्त वर्मा नई कविता के प्रतिमान के निर्माता ही नहीं हैं, वे नई कविता की यथार्थवाद विरोधी और प्रगतिवाद विरोधी धारा के एक कवि भी रहे हैं। उन्होंने जब नई कविता की परिभाषा गढ़ने की कोशिश की थी तो निश्चय ही अपनी कविता को ध्यान में रखा होगा। उन्होंने लिखा है कि नई कविता 'लघु मानव के लघु परिवेश की अभिव्यक्ति' है। नई कविता की इस धारा में लघु मानव के सिद्धान्त का कितना अधिक महत्त्व था, यह बात लक्ष्मीकान्त वर्मा की नई कविता की परिभाषा से स्पष्ट हो जाती है। वैसे तो लक्ष्मीकान्त वर्मा अपने को व्यापक मानवता के प्रति आस्थावान कहते हैं, लेकिन मानवता के प्रति इस आस्था

का हाल यह है कि वह 'समूह मानव और समूह चेतना' अर्थात् समाज और सामाजिक चेतना से पूरी तरह आतंकित है। उनका लघु-मानव व्यक्ति-मानव है। वे यह भी मानते हैं कि व्यक्ति और समाज परस्पर विरोधी हैं। नई कविता की इस धारा के लक्ष्मीकान्त वर्मा और विजयदेवनारायण साही जैसे चिन्तक बार-बार जिस मानववाद की चर्चा करते हैं वह 'लघु-मानव' के सिद्धान्त पर टिका हुआ है।

मुक्तिबोध लघु-मानव के इस सिद्धान्त को भी शीतयुद्ध की साम्राज्यवादी विचारधारा की उपज मानते हैं। उनका कहना है कि यह लघु-मानव व्यक्तिवाद का सगा भाई है क्योंकि यह समाज और सामाजिक चेतना से आतंकित है और व्यक्ति-सत्ता में ही अपनी अद्वितीयता खोजता और पाता है। दुःख की स्थिति को प्राकृतिक देन की तरह स्थायी मान लेने के बाद उसको दूर करने के सभी प्रयत्न निरर्थक ही लगेंगे। लघु-मानव के सिद्धान्त के अनुसार सामाजिक परिवर्तन के सारे प्रयत्न और मानव-मुक्ति के सारे लक्ष्य निरर्थक हैं। इस सिद्धान्त को स्वीकार करने का अर्थ है पूँजीवादी समाज-व्यवस्था को मनुष्य की नियति मान लेना और पूँजीवादी समाज-व्यवस्था को समाप्त कर एक शोषण मुक्त समाज-व्यवस्था के निर्माण की आकांक्षा और कोशिश से मुँह मोड़ लेना। क्या यह अलग से कहने की ज़रूरत है कि लघु-मानव का सिद्धान्त पूँजीवादी समाज-व्यवस्था के वर्तमान को मानव समाज का शाश्वत वर्तमान मानता है ? मुक्तिबोध ने ठीक ही लिखा है कि "यह मुख्यतः मानव-मुक्तिवादी विचारधाराओं के विरुद्ध है, इसकी तीखी नोक खास कर साम्यवादी धारणाओं के विरुद्ध है, क्योंकि साम्यवादी धारणाओं में यह बताया गया है कि मनुष्य चाहे तो अपना भाग्य परिवर्तन कर सकता है।" ('नए साहित्य का सौन्दर्यशास्त्र', पृ. 26) मुक्तिबोध के अनुसार "दुख के स्थायित्व, लघुत्व की मूल स्थिति तथा उच्चतर गुणों के माया स्वप्नत्व का पाठ पढ़ाकर मनुष्य को मानव सत्ता के उच्चतर रूपान्तर के कार्यों और कार्यक्रमों से अलग करना" ही इस लघु-मानव के सिद्धान्त का मुख्य उद्देश्य है। यही कारण है कि वे लघु मानव के सिद्धान्त को नकारवादी, निराशावादी और प्रतिक्रियावादी कहते हैं।

नई कविता की कलावादी व्यक्तिवादी धारा की कला-दृष्टि, जीवन-दृष्टि और राजनीतिक दृष्टि को प्रकट करनेवाला तीसरा सिद्धान्त आधुनिकतावाद का है। अपने अनेक दूसरे सिद्धान्तों की तरह इस आधुनिकतावाद को भी नई कवितावालों ने पश्चिम के आधुनिक बुर्जुआ विचारकों से प्राप्त किया था। आधुनिकतावाद कला-दृष्टि और जीवन-दृष्टि के रूप में एक विश्वव्यापी प्रवृत्ति रही है और इसके प्रगति-विरोधी तथा प्रगतिशील दोनों ही रूप कला और साहित्य में प्रकट हुए हैं। नई कविता के प्रगति-विरोधी व्यक्तिवादियों ने इतिहास और परम्परा से मुक्ति के आग्रही आधुनिकतावाद को ही स्वीकार किया। नई कविता के आधुनिकतावादियों ने आस्था, अनास्था, अस्तित्व के संकट, संत्रास और मृत्यु-बोध आदि को ही आधुनिक भाव-बोध की

प्रमुख विशेषताओं के रूप में प्रचारित किया और इन्हें अपनी कविताओं में उतारा। इन आधुनिकतावादियों में से कुछ अस्तित्ववाद से भी प्रभावित हुए थे। इस दौर में आधुनिकता की जितनी चर्चा हुई उतनी शायद ही किसी दूसरी समस्या की हुई हो। आधुनिकतावादियों ने आधुनिकता को कविता और कहानी में प्रगतिवाद और यथार्थवाद के विरोधी सिद्धान्त के रूप में प्रचारित किया। हिन्दी के यथार्थवाद विरोधी आधुनिकतावादियों ने आधुनिकता के नाम पर उधार के विचारों, कल्पित स्थितियों और संकुचित मनोवृत्तियों की अभिव्यक्ति को ही आधुनिकता मान लिया और अपने समय के समाज और जीवन की व्यापक गतिविधियों से आँख मूँदकर अपनी चेतना के घेरे में चक्कर काटते रहे। मुक्तिबोध ने हिन्दी के आधुनिकतावादियों की समझ की सीमा स्पष्ट करते हुए लिखा है कि "इस आधुनिक भाव-बोध में उन उत्पीड़नकारी शक्तियों का बोध शामिल नहीं है, जिन्हें हम शोषण कहते हैं, पूँजीवाद कहते हैं, साम्राज्यवाद कहते हैं, तथा उन संघर्षकारी शक्तियों का बोध भी शामिल नहीं है, जिन्हें हम जनता कहते हैं, शोषित वर्ग कहते हैं।" ('नए साहित्य का सौन्दर्यशास्त्र', पृ. 59) कहने का तात्पर्य यह है कि यह आधुनिकतावाद समकालीन जीवन और समाज की वास्तविकताओं से पूरी तरह कटा हुआ जन-विरोधी, प्रगति-विरोधी और यथार्थवाद-विरोधी जीवन-दृष्टि और कला-दृष्टि था, जिसका मुक्तिबोध ने जमकर विरोध किया।

मुक्तिबोध ने नई कविता के कलावादी, व्यक्तिवादी और प्रगति-विरोधी कला-दर्शन, जीवन-दृष्टि और राजनीतिक-दृष्टि के विरुद्ध संघर्ष करते हुए साहित्य की आलोचना को व्यापक विचारधारात्मक संघर्ष में बदलने का प्रयास किया था। मुक्तिबोध ने नई कविता की जिन प्रवृत्तियों के विरुद्ध संघर्ष चलाया था वे प्रवृत्तियाँ आज भी हिन्दी साहित्य में कमोबेश मौजूद हैं। ऐसी स्थिति में मुक्तिबोध के आलोचनात्मक संघर्ष को याद करना केवल एक ऐतिहासिक प्रसंग को याद करना नहीं है, बल्कि समकालीन आवश्यकता के लिए इतिहास की पहचान करना है। इन प्रवृत्तियों के विरुद्ध विचारधारात्मक संघर्ष चलाना आज भी उतना ही जरूरी है जितना वह मुक्तिबोध के समय में था।

3

नई कविता के व्यक्तिवादियों ने प्रगतिशील साहित्य और विचारधारा का विरोध करते हुए साहित्य, समाज और राजनीति सम्बन्धी पूँजीवादी साम्राज्यवादी विचारों के प्रचार-प्रसार का ही प्रयास नहीं किया, उनके कुछ बौद्धिक नेताओं ने मार्क्सवादी दर्शन, साहित्य-सिद्धान्त और समाजवादी समाज-व्यवस्था के खिलाफ भी अभियान चलाया।

नई कविता की प्रगतिवाद विरोधी धारा के एक मुख्य बौद्धिक नेता विजयदेव नारायण साही रहे हैं। उन्होंने अक्तूबर 1953 की 'आलोचना' में 'मार्क्सवादी समीक्षा और उसकी कम्युनिस्ट परिणति' नामक लेख लिखा था। यह बहुत आश्चर्य की बात है कि इस लेख का प्रतिवादियों की ओर से जैसा विरोध होना चाहिए था, वैसा नहीं हुआ। यह लेख मार्क्सवादी दर्शन, सौन्दर्यशास्त्र, साहित्य सिद्धान्त, आलोचना, साहित्य, साहित्यकार, समाजवादी समाज-व्यवस्था और कम्युनिस्ट पार्टी की घोर निन्दा और भौंडी आलोचना से भरा हुआ है। इसमें विकृत तर्कों और सन्दर्भरहित उद्धरणों के सहारे एक मार्क्सवादी लेखक के विचारों को दूसरे मार्क्सवादी लेखक के विचारों के विरुद्ध रखकर मार्क्सवादी साहित्य-चिन्तन के इतिहास की ग़लत तस्वीर पेश की गई है। इसमें लगे हाथों प्रगतिशील आन्दोलन और उसके समर्थकों की निन्दा का अवसर भी निकाल लिया गया है। ऐसा ही एक दूसरा लेख 1960 की 'वसुधा' में छपा था। इस लेख के लेखक थे गोरखनाथ। हाल में छपे प्रमोद वर्मा के 'हलफ़नामा' से साबित होता है कि प्रमोद वर्मा ही गोरखनाथ थे। इस लेख में सिद्ध करने का प्रयास किया गया था कि मार्क्सवाद प्रायः साहित्य के सौन्दर्य-पक्ष की उपेक्षा करता है। मुक्तिबोध ने गोरखनाथ के मनगढ़न्त आरोपों का मुँहतोड़ उत्तर देते हुए एक लेख लिखकर मार्क्सवादी सौन्दर्यशास्त्र की अनेक समस्याओं से सम्बन्धित चिन्तन के बारे में गोरखनाथ और उनके जैसे दूसरे मार्क्सवाद विरोधियों के भ्रम और अज्ञान को दूर करने का प्रयास किया था। मुक्तिबोध का यह लेख अपने समय के विचारधारात्मक संघर्ष के प्रति उनकी सजगता का प्रमाण है।

जनविरोधी कलावादियों को बराबर ही साहित्य और जनता की निकटता और एकता खतरनाक लगती है। ये कलावादी लोग जनता को विवेकहीन भीड़ मानते हैं इसलिए कलाकार की विशिष्टता, अद्वितीयता और मौलिकता तथा कला की श्रेष्ठता के लिए जनता को खतरा समझते हैं। इनके कलावाद को खतरा ऐसे लेखकों से भी होता है जो जनता की कला-चेतना को ध्यान में रखकर, प्रयोजन और प्रभाव की एकता पर बल देते हुए रचना करते हैं। चीन के समाजवादी समाज में पाठकों की वृद्धि और विस्तार के साथ बड़ी संख्या में लेखकों के उदय से गोरखनाथ को 'मौलिक तथा विशिष्ट प्रतिभा तथा कलात्मक सौष्ठव' का अस्तित्व संकटग्रस्त दिखाई देता था। मुक्तिबोध ने साहित्य और जनता के सम्बन्ध तथा साहित्य के निर्माण और विकास में जनता के सक्रिय सहयोग के बारे में गोरखनाथ की ग़लत धारणाओं का खण्डन करते हुए उन सामाजिक, राजनीतिक और सांस्कृतिक स्थितियों का विश्लेषण किया है जिसके कारण साहित्य और जनता में निकटता आती है और जनता साहित्य के विकास में सहायक होती है। उन्होंने लिखा है कि "साहित्य के क्षेत्र में सामान्य जनता तभी सक्रिय हो उठती है जब उसमें कोई व्यापक सांस्कृतिक आन्दोलन चल रहा हो—ऐसा आन्दोलन जो उसके आत्म-गौरव और आत्म-गरिमा

को स्थापित और पुनः स्थापित कर रहा हो।'' ('नए साहित्य का सौन्दर्यशास्त्र', पृ. 99) चीन में साहित्य के क्षेत्र में जनता के सक्रिय होने का कारण वहाँ का व्यापक राजनीतिक सांस्कृतिक मुक्ति आन्दोलन था। ऐसी स्थिति में साहित्य और जनता की निकटता को ख़तरनाक समझना जन विरोधी प्रवृत्ति है। मुक्तिबोध ने इस प्रवृत्ति को उस व्यक्तिवाद की उपज कहा है जो जनता को मूर्ख समझता है। जहाँ साहित्य-निर्माण का उद्देश्य व्यापक जन समुदाय की सामाजिक सांस्कृतिक आकांक्षा की अभिव्यक्ति और जनता की कला चेतना का उत्थान हो, वहाँ कलात्मक श्रेष्ठता के सामन्ती और बुर्जुआ प्रतिमान अनावश्यक और निरर्थक होते हैं।

पूँजीवादी समाज-व्यवस्था में श्रम-विभाजन का विकृत रूप विभिन्न प्रकार के मानसिक श्रम करने वालों के बीच अलगाव में भी दिखाई देता है। इससे ही विशिष्टता और अद्वितीयता की भावना का जन्म होता है। जब एक विशेष प्रकार का मानसिक श्रम एक खास समूह या वर्ग का पेशा बन जाता है तो वह समूह या वर्ग अपनी विशिष्टता बनाए रखने के लिए दूसरों से अपनी श्रेष्ठता और भिन्नता सिद्ध करने का प्रयत्न करता है। पेशेवर साहित्यकार साहित्य के स्वरूप, उसके विषय और उसकी श्रेष्ठता के प्रतिमानों का एक निश्चित घेरा बनाकर, साहित्य की एक अलग दुनिया मानकर उसमें जीने की कोशिश करते हैं। साहित्य की यह सीमित दुनिया अपने चारों ओर की वास्तविक दुनिया के भीतर ही होती है, इसलिए वह उससे स्वतन्त्र नहीं होती। पूँजीवादी समाज-व्यवस्था में साहित्य की ऐसी सीमित दुनिया पूँजीवादी व्यवस्था के नियमों से पूरी तरह प्रभावित होती है। व्यापक जन-जीवन से कटी हुई इस सीमित दुनिया में अवसरवाद, बेईमानी, चालबाजी और गुटबंदी का दमघोटू वातावरण बनता है जिसमें ईमानदार रचनाकार छटपटाने लगता है, वह इससे बाहर निकलने की कोशिश करता है। सम्भवतः इसी स्थिति के निजी अनुभव के बाद मुक्तिबोध ने कहा था कि ''जो व्यक्ति साहित्य की दुनिया से जितना दूर रहेगा, उसमें अच्छा साहित्यिक बनने की सम्भावना उतनी ज्यादा बढ़ जाएगी।'' साहित्य की दुनिया के पेशेवर साहित्यिक काल्पनिक यथार्थ और झूठी अनुभूतियों का साहित्य रचते हैं। उनके साहित्य में ''जीवन का वैविध्य प्रकट नहीं हो पाता, जिन्दगी के असली तजुर्बे नहीं आ पाते और वे जीवन-मूल्य स्थापित नहीं हो पाते जिनके लिए साधारण व्यक्ति संघर्ष करता है।'' ('नए साहित्य का सौन्दर्यशास्त्र,' पृ. 100) ऐसी स्थिति में यह समझना मुश्किल नहीं है कि सच्चे साहित्य के निर्माण के लिए साहित्य की झूठी दुनिया से बाहर निकलना कितना ज़रूरी है।

समाजवादी समाज में वास्तविक दुनिया और साहित्य की दुनिया के बीच का झूठा विभाजन नहीं होता इसलिए उसमें सामान्य जनता के बीच से भी रचनाकार पैदा होते हैं। चीन के समाजवादी समाज में अगर आम जनता में से रचनाकार पैदा हो रहे थे तो उस स्थिति को कला की श्रेष्ठता के लिए ख़तरा वे महसूस कर रहे

थे जो सामन्ती और पूँजीवादी समाज-व्यवस्था के प्रभुत्वशाली वर्गों के हितों और संस्कारों से जुड़े साहित्य की कल्पित दुनिया में रहने के आदी लेखक थे या फिर पूँजीवादी देशों में रहनेवाले उनके समानधर्मा साहित्यकार। अपने को मौलिक तथा विशिष्ट प्रतिभा से सम्पन्न और जनता को साहित्य की श्रेष्ठता के लिए ख़तरा समझने वालों के साहित्यिक 'अहंवाद' की मुक्तिबोध ने तीव्र आलोचना की। जनवादी साहित्य जन-विरोधी लोगों को सदा कलाहीन लगता है। ऐसा इसलिए होता है कि उन लोगों को 'उस साहित्य के मूल मानवीय तत्त्वों से कोई सहानुभूति नहीं होती।'

जनवादी साहित्य और जनता के साहित्य को सौन्दर्य और कला की दृष्टि से हीनतर मानने के पीछे जो कलावादी चेतना होती है वह व्यक्तिवादी की ही उपज है। मुक्तिबोध ने इस सौन्दर्यवाद की आलोचना करते हुए लिखा है कि सौन्दर्यवाद के नाम से प्रचलित व्यक्तिबद्धता की जो प्रवृत्ति है उसे (हम) उस सौन्दर्यवाद से अलग करके देखते हैं जिसका सम्बन्ध व्यापक प्रभावोत्पादकता के साहित्यिक गुण से है। अतएव हम उस कलात्मकता के समर्थकों के साथ हैं जो वस्तुतः समर्पित भाव से जनता में से आए हुए लेखकों के कलात्मक स्तर को ऊँचा उठाने की तत्पर बुद्धि रखते हों तथा अपने स्वयं की साहित्य रचना द्वारा वास्तविक कलात्मकता का मार्ग प्रशस्त करते हों, किन्तु हम कलात्मकता के उन समर्थकों के विरुद्ध हैं जो जनता में से आए हुए लेखकों की आपेक्षिक अपरिपक्वता का निदर्शन-प्रदर्शन केवल इसलिए करते हैं कि उनके साहित्यिक शिखरवाद की अर्थात् व्यक्तिवादी सांस्कृतिकता की रक्षा हो सके ? ('नए साहित्य का सौन्दर्यशास्त्र', पृ. 102) जो स्वयं अपने लेखन में सौन्दर्य और कला के नाम पर अबूझ पहेली गढ़ते हैं वे अगर जनता के साहित्य में सौन्दर्य और कला के अभाव की बात करते हैं तो इसे उनकी कुत्सित व्यक्तिवादी मनोवृत्ति की अभिव्यक्ति ही समझना चाहिए।

मार्क्सवाद और समाजवादी समाज-व्यवस्था की निन्दा करनेवालों का एक पुराना और परिचित तर्क यह है कि अगर मार्क्सवाद बेहतर दर्शन है और समाजवादी अर्थव्यवस्था पूँजीवादी व्यवस्था से उच्चतर समाज-व्यवस्था है तो रूस और चीन में क्रान्ति के बाद का साहित्य क्रान्ति पहले के साहित्य से श्रेष्ठतर क्यों नहीं है ? गोरखनाथ ने अपने लेख में इस तर्क को रखा था। प्रायः इस तर्क का जाप करनेवाले क्रान्ति के पहले के महान् साहित्य और क्रान्ति के बाद में सामान्य साहित्य की तुलना करके यह सिद्ध करना चाहते हैं कि रूस और चीन में क्रान्ति के बाद क्रान्ति से पहले की तुलना में श्रेष्ठतर साहित्य की रचना नहीं हुई है। इससे वे यह भी सिद्ध करना चाहते हैं कि मार्क्सवाद और समाजवादी समाज, कला और साहित्य के दुश्मन हैं। अगर हम इस विचार और तर्क-शैली की परीक्षा करें तो देखेंगे कि वह मार्क्सवाद और समाजवादी समाज-व्यवस्था को बदनाम करने की बदनीयती से परिचालित है। मुक्तिबोध ने इस तर्क-पद्धति की असलियत को खोलते हुए लिखा है कि क्रान्ति

के पहले और क्रान्ति के बाद के साहित्य की तुलना करते समय दोनों कालों की या तो सामान्य रचनाओं की तुलना होनी चाहिए या महान् रचनाओं की। एक काल की महान् रचना से दूसरे काल की सामान्य रचना की तुलना करके परवर्ती समाज-व्यवस्था की निन्दा करना बौद्धिक बेईमानी है। दूसरी बात यह है कि समकालीन चीनी या रूसी साहित्य के सम्यक् अध्ययन के बिना उसको घटिया वताना अपने अज्ञान को दूसरों पर थोपना है। तीसरी बात यह है कि समाज के विकास के साथ-साथ उसी अनुपात में साहित्य और कला का भी विकास हो—यह जरूरी नहीं। इस बात के प्रमाण समाजवादी देशों में ही नहीं, पूँजीवादी देशों के भी इतिहास में मिल जाएँगे। दुनिया भर के साहित्य के इतिहास को जाने दीजिए, क्या स्वतन्त्रता के बाद के हिन्दी साहित्य में प्रेमचन्द से बड़ा कोई उपन्यासकार पैदा हो गया है ? अगर दुनिया भर के साहित्य की यही स्थिति है तो इसके लिए केवल समाजवादी देशों को कोसना कहाँ तक उचित है ? एक और बात ध्यान देने की है। कई समाजवादी देशों में जो अनेक प्रकार की कमजोरियाँ हैं, उनको मार्क्सवाद की कमजोरियाँ मान लेना उचित नहीं है। अपने को मार्क्सवादी कहनेवाले किसी व्यक्ति या समाजवादी कहने वाले देश के दोषों और गलतियों को मार्क्सवाद के दोष और गलतियाँ मान लेना गलत है। पूँजीवादी देशों में रहनेवाले और मार्क्सवादी विचारधारा से प्रभावित होकर रचना करनेवाले ऐसे अनेक महान् साहित्यकार हुए हैं जो किसी भी युग के महान् से महान् साहित्यकारों की बराबरी कर सकते हैं।

अपने लेख में मार्क्सवादी साहित्य चिन्तन, सौन्दर्यशास्त्र और आलोचना के विकास से अपरिचित गोरखनाथ ने यह भी लिखा है कि मार्क्सवादी साहित्य विचारकों ने सौन्दर्यशास्त्रीय प्रश्नों पर या तो विचार नहीं किया है या सतही ढंग से विचार किया है! इससे जुड़ा हुआ उनका दूसरा आरोप यह भी है कि मार्क्सवादी साहित्य में प्रचार अधिक और सौन्दर्य कम होता है, इसलिए मार्क्सवादी सौन्दर्यशास्त्र के प्रश्नों पर विचार नहीं करते। 1960 तक दुनिया भर के मार्क्सवादी आलोचकों और रचनाकारों ने साहित्य और कला के सौन्दर्य सम्बन्धी प्रश्नों पर जितना महत्त्वपूर्ण चिन्तन किया था, और जो कुछ प्रकाश में आया था, उससे अगर गोरखनाथ परिचित होते तो वे ऐसा आरोप नहीं लगाते। गोरखनाथ के दूसरे आरोप के बारे में यही कहा जा सकता है कि अगर सौन्दर्यशास्त्र के प्रश्नों पर बहस करने से ही बहस करनेवालों की रचनाओं में सौन्दर्य आ जाता तो नई कविता के कलावादियों में सौन्दर्य की बाढ़ आ गई होती।

मुक्तिबोध ने गोरखनाथ के लेख का उत्तर देते हुए मार्क्सवादी साहित्य, चिन्तन और समाजवादी समाज-व्यवस्था के बारे में फैलाए जा रहे तरह-तरह के भ्रमों का खण्डन किया। यह आज भी विचारधारात्मक संघर्ष का एक महत्त्वपूर्ण पक्ष है। ऐसे आरोपों के खण्डन को अनावश्यक मानकर छोड़ देना ठीक नहीं है। क्योंकि इससे

एक ओर गोरखनाथ जैसे मार्क्सवाद विरोधियों का हौसला बढ़ता है और दूसरी ओर मार्क्सवाद तथा समाजवाद की ओर बढ़ती हुई जनता के मन में अनेक प्रकार के भ्रमों और भटकावों के लिए जगह बनती है।

4

मुक्तिबोध के आलोचनात्मक संघर्ष का चौथा प्रसंग उस समय की प्रगतिशील आलोचना से जुड़ा हुआ है। इस दिशा में संघर्ष की राह कठिनाई और खतरों से भरी हुई थी। यह संघर्ष दुश्मन से नहीं, अपनों से था; इसलिए उससे अधिक सावधानी की ज़रूरत थी। इस दिशा में मुक्तिबोध का आलोचनात्मक संघर्ष बहुत कुछ आत्मालोचन जैसा था। मार्क्सवादी केवल वर्ग-शत्रुओं से ही संघर्ष नहीं करते, वे अपने व्यावहारिक अनुभवों के आलोक में आत्मालोचन करते हुए अपनी कमजोरियों पर भी अपनी विजय प्राप्त करते हैं। अपने समय की प्रगतिवादी आलोचना और आलोचकों से मुक्तिबोध का यह आलोचनात्मक संघर्ष प्रगतिवादी आलोचकों के आलोचनात्मक व्यवहार की कमज़ोरियों और असंगतियों से मुक्त होने के लिए ही था और उसको इसी रूप में समझना उचित होगा।

विचारधारात्मक संघर्ष के सन्दर्भ में उस काल की प्रगतिवादी आलोचना के सामने तीन मुख्य उद्देश्य थे। परम्परा का विवेकपूर्ण मूल्यांकन, प्रगति-विरोधी रचना-दृष्टियों से संघर्ष और प्रगतिशील रचनाशीलता के विकास का मार्गदर्शन। किसी भी काल की मार्क्सवादी आलोचना के ये महत्त्वपूर्ण प्रयोजन हैं। इन उद्देश्यों को पूरा करने में उस समय की मार्क्सवादी आलोचना से जहाँ कहीं चूक हुई, उसकी मुक्तिबोध ने आलोचना की। मुक्तिबोध के इस आलोचनात्मक संघर्ष का लक्ष्य हिन्दी की मार्क्सवादी आलोचना को अधिक पूर्ण और बेहतर बनाना था।

हिन्दी की मार्क्सवादी आलोचना ने हिन्दी साहित्य की जनवादी और प्रगतिशील परम्परा की रक्षा और मूल्यांकन का काम किया है। इस दिशा में सर्वाधिक महत्त्वपूर्ण योगदान डॉ. रामविलास शर्मा का है। नई कविता के काल में प्रगतिशील आलोचकों ने परम्परा के मूल्यांकन के प्रसंग में मध्यकाल के संत-भक्ति-साहित्य और आधुनिक काल के छायावाद को मुख्य रूप से बहस का विषय बनाया था। छायावाद के मूल्यांकन में दूसरे आलोचकों से मुक्तिबोध के दृष्टिकोण की भिन्नता की चर्चा हो चुकी है, इसलिए हम वहाँ संत-भक्ति साहित्य के मूल्यांकन में दूसरे प्रगतिशील आलोचकों से मुक्तिबोध के दृष्टिकोण के अन्तर की चर्चा करेंगे।

प्राचीन साहित्य का मूल्यांकन मार्क्सवादी आलोचना के सामने एक गम्भीर चुनौती और समस्या है और दुनिया भर के मार्क्सवादी आलोचकों ने इस चुनौती

और समस्या का सामना किया है। साहित्य के स्थायी मूल्यों की खोज और अतीत की महान् कलाकृतियों के कलात्मक प्रभाव के स्थायित्व की व्याख्या का प्रश्न भी इस समस्या से जुड़ा हुआ है। प्रगतिवाद के प्रारम्भिक दौर से ही संत-भक्ति साहित्य के मूल्यांकन को लेकर बहस और मतभेद की स्थिति बनी हुई थी। नई कविता के काल में भी यह बहस समाप्त नहीं हुई थी। संत-भक्ति साहित्य सम्बन्धी इस बहस में रांगेय राघव, यशपाल, प्रकाशचन्द्र गुप्त, डॉ. रामविलास शर्मा और मुक्तिबोध ने मुख्य रूप से हिस्सा लिया था।

डॉ. रामविलास शर्मा ने रांगेय राघव, यशपाल और प्रकाशचन्द्र गुप्त आदि की संत साहित्य को प्रतिक्रियावादी घोषित करनेवाली एकांगी और असंतुलित आलोचना की आलोचना करते हुए संत-भक्ति-साहित्य को मानवतावादी और प्रगतिशील सिद्ध किया। संत-भक्ति साहित्य के मूल्यांकन में डॉ. रामविलास शर्मा का दृष्टिकोण अपेक्षाकृत संतुलित है, इसलिए उनके दृष्टिकोण के साथ मुक्तिबोध के संत-भक्ति-साहित्य के मूल्यांकन और दृष्टिकोण को रखकर देखना उचित होगा।

प्राचीन साहित्य के मूल्यांकन के प्रसंग में एक महत्त्वपूर्ण प्रश्न यह कि प्राचीन साहित्य के मूल्यांकन का आधार क्या है ? डॉ. रामविलास शर्मा ने लिखा है कि "हम उसकी विषय-वस्तु और कलात्मक सौन्दर्य को ऐतिहासिक दृष्टि से देखकर उसका उचित मूल्यांकन कर सकते हैं।" प्राचीन साहित्य के मूल्यांकन का यह दृष्टिकोण अपर्याप्त होते हुए भी सही है। डॉ. शर्मा का यह भी कहना है कि कई बार कृति की विचारधारा और विषय-वस्तु में अन्तर्विरोध होता है। इस बात के अनेक उदाहरण दुनिया भर के साहित्य में मिलते हैं। लेकिन कठिनाई यह है कि डॉ. शर्मा रचना में यथार्थबोध और विचारधारा के अन्तर्विरोध को आकस्मिक नहीं मानते, वे ललित कलाओं को (जिनमें साहित्य भी शामिल है) विचारधारात्मक रूपों में गिनना ही ग़लत मानते हैं। इससे ऐसा लगता है कि डॉ. शर्मा के अनुसार यथार्थबोध और विचारधारा में शाश्वत अन्तर्विरोध होता है। डॉ. शर्मा विचारधारा को विचार का पर्याय मानते हैं जबकि विचारधारा केवल विचारों की धारा नहीं है, उसमें इन्द्रिय बोध, भावना, विश्वास और चेतना का भी समावेश होता है। विचारधारा में रचनाकार के समय, समाज, वर्ग और चेतना की ऐतिहासिक स्थिति प्रकट होती है। यही कारण है कि विचारधारा की उपेक्षा करके केवल विषय-वस्तु और कलात्मक सौन्दर्य का ऐतिहासिक दृष्टि से मूल्यांकन करनेवाली मार्क्सवादी आलोचना प्राचीन साहित्य के सम्यक् मूल्यांकन में सफल नहीं हो सकती। प्राचीन साहित्य के मूल्यांकन के लिए ऐतिहासिक दृष्टि से कृति के यथार्थबोध, विचारधारा और कलात्मक सौन्दर्य की समीक्षा करना ज़रूरी है।

संत-भक्ति-साहित्य के मूल्यांकन में यशपाल, रांगेय राघव और प्रकाश चन्द्र गुप्त आदि ने केवल विचारधारा को देखा, यथार्थबोध और कलात्मक सौन्दर्य का

ऐतिहासिक दृष्टि से मूल्यांकन नहीं किया, इसलिए वे ग़लत निष्कर्ष के शिकार हुए। डॉ. रामविलास शर्मा ने तुलसीदास की कविता की विषय वस्तु और कलात्मक सौन्दर्य का ऐतिहासिक दृष्टि से मूल्यांकन किया, लेकिन उन्होंने तुलसीदास की उस विचारधारा पर ध्यान नहीं दिया जिसमें पर्याप्त प्रतिक्रियावादी तत्त्व हैं और अब भी हमारे समाज में उनका प्रभाव है।

मुक्तिबोध का एक निबन्ध है 'मध्ययुगीन भक्ति आन्दोलन का एक पहलू।' इस निबन्ध में मुक्तिबोध ने भक्ति साहित्य के मूल्यांकन सम्बन्धी प्रगतिशील आलोचकों के बीच की बहस का स्पष्ट उल्लेख नहीं किया है, लेकिन निबन्ध में उस बहस की गूँज सुनाई पड़ती है। मुक्तिबोध भक्ति आन्दोलन को सामान्य जनता के व्यापक सामाजिक, सांस्कृतिक आन्दोलन की अभिव्यक्ति मानते हैं। उनके अनुसार भक्ति-आन्दोलन और उसका साहित्य देश के विभिन्न भागों में स्थानीय सामाजिक-ऐतिहासिक स्थितियों के अनुरूप विकसित हुआ। वे मानते हैं कि संत-भक्ति-साहित्य की मूल चेतना सामन्तवाद विरोधी और जनवादी थी, और उसका सन्देश उस समय ऐतिहासिक स्थिति में क्रान्तिकारी था। कबीर में मनुष्य-सत्य की घोषणा के क्रान्तिकारी अभिप्राय प्रकट हुए। सगुण भक्ति काव्य में पुराण मतवादी सामन्ती तत्त्व मौजूद थे। मुक्तिबोध मानते हैं कि इन दोनों में आगे चलकर संघर्ष हुआ। उन्होंने लिखा है कि "जो भक्ति आन्दोलन जनसाधारण से शुरू हुआ और जिसमें सामाजिक कट्टरपन के विरुद्ध जनसाधारण की सांस्कृतिक आकांक्षाएँ बोलती थीं, उसका मनुष्यत्व बोलता था, उसी आन्दोलन को उच्चवर्गीयों ने आगे चलकर अपनी तरह बना लिया, और उससे समझौता करके, फिर उस पर अपना प्रभाव कायम करके और अनन्तर जनता के अपने तत्त्वों को उनमें से निकालकर उन्होंने उस पर अपना पूरा प्रभुत्व स्थापित कर लिया।" (नई कविता का आत्मसंघर्ष, पृ. 91) मुक्तिबोध संत भक्ति साहित्य की यथार्थ चेतना और कलात्मक सौन्दर्य का ऐतिहासिक दृष्टि से मूल्यांकन करते हैं, लेकिन वे उसके विचारधारात्मक रूप, प्रभाव और प्रयोजन की उपेक्षा नहीं करते। यही कारण है कि वे कबीर की सामाजिक चेतना की प्रशंसा करते हैं, लेकिन कबीर के रहस्यवाद की आलोचना भी करते हैं। तुलसी की कला पर मुग्ध लेकिन उनकी विचारधारा की उपेक्षा करनेवाले प्रगतिशील आलोचकों को याद करते हुए मुक्तिबोध ने लिखा है—"आश्चर्य की बात है कि आजकल प्रगतिवादी क्षेत्रों में तुलसीदास के सम्बन्ध में जो कुछ लिखा गया है, उसमें जिस सामाजिक ऐतिहासिक प्रक्रिया के तुलसीदास अंग थे, उसको जान-बूझकर भुलाया गया है।" (नई कविता का आत्मसंघर्ष, पृ. 93)

मुक्तिबोध का विचार है कि भक्ति आन्दोलन और उसके साहित्य को या किसी भी प्राचीन साहित्य को "तीन दृष्टियों से देखना चाहिए—एक तो यह कि वह किन सामाजिक, सांस्कृतिक प्रक्रियाओं का अंग है, दूसरे यह कि उसका

अन्तःस्वरूप क्या है और तीसरे उसके प्रभाव क्या हैं।" (वही, पृ. 93) मुक्तिबोध प्राचीन साहित्य का मूल्यांकन करते समय उसकी समकालीन प्रासंगिकता पर विचार करना विशेष रूप से आवश्यक मानते हैं। वे साहित्य के मूल्यांकन के सन्दर्भ में अतीत के प्रति रक्षात्मक, वर्तमान के प्रति आक्रामक और भविष्य के प्रति सन्देह की भावना से परिचालित आलोचना के विरुद्ध हैं। उनका विचार है कि वही प्राचीन साहित्य हमारे लिए प्रासंगिक होगा जिसमें व्यक्त जीवन-मूल्य समकालीन समाज और जीवन के विकास में सहायक हों। उनके अनुसार प्राचीन साहित्य का मूल्यांकन करते समय वहाँ अत्यन्त सावधानी की ज़रूरत होगी जहाँ रचना में जीवन-मूल्य प्रतिक्रियावादी हों, लेकिन कलात्मक सौन्दर्य अत्यन्त आकर्षक। मुक्तिबोध ने विचारधारा और कलात्मक सौन्दर्य की इस अन्तर्विरोधपूर्ण स्थिति की चर्चा कामायनी के सन्दर्भ में की है और 'रामचरितमानस' के सन्दर्भ में भी।

नई कविता और नई कहानी के काल की प्रगतिशील आलोचना का दूसरा मुख्य उद्देश्य प्रगति विरोधी रचना दृष्टियों से संघर्ष करना था। स्वाधीनता प्राप्ति के प्रारम्भिक तीन-चार वर्षों के बाद धीरे-धीरे प्रगतिवाद-विरोधी और यथार्थवाद-विरोधी रचना-दृष्टि के रूप में नई कविता और नई कहानी का प्रभाव और प्रभुत्व बढ़ने लगा था। हिन्दी के प्रगतिशील आलोचकों ने इस प्रभाव और प्रभुत्व के प्रसार के खिलाफ़ संघर्ष किया। डॉ. रामविलास शर्मा के 'आस्था और सौन्दर्य' तथा डॉ. नामवर सिंह के 'इतिहास और आलोचना' के अधिकांश निबन्ध इस प्रकार के संघर्ष के 'ऐतिहासिक दस्तावेज' हैं। लेकिन डॉ. रामविलास शर्मा, डॉ. नामवर सिंह, चन्द्रबली सिंह और अमृत राय आदि अनेक आलोचकों के होते हुए भी, और अपने ढंग से प्रगति-विरोधी रचना और आलोचना-दृष्टि के खिलाफ़ उनके संघर्ष करने के बावजूद नई कविता और नई कहानी के काल में कलावादी और व्यक्तिवादी लेखन का ही आधिपत्य रहा और प्रगतिशील लेखन का प्रभाव घटा।

प्रश्न यह है कि ऐसी स्थिति क्यों आई ? इसके अनेक कारण थे, जिनमें से कुछ की चर्चा पहले हो चुकी है। यहाँ केवल उन्हीं कारणों की चर्चा उचित है जिनका सम्बन्ध प्रगतिशील आलोचकों के आलोचनात्मक व्यवहार से है। सबसे पहले हम यह देखें कि क्या इस काल की प्रगतिशील रचनाशीलता कमजोर थी ? आलोचना के स्तर का समकालीन और समानधर्मा रचनाशीलता के स्तर से गहरा सम्बन्ध होता है। इस काल में प्रगतिशील आन्दोलन के विघटन और बिखराव के बावजूद कविता, कहानी और उपन्यास के क्षेत्र में एक से एक महत्त्वपूर्ण प्रगतिशील रचनाकार अपनी रचनाओं में सार्थक रचनाशीलता के प्रमाण दे रहे थे। कविता के क्षेत्र में नई कविता के दायरे में मुक्तिबोध और शमशेर तथा नई कविता के दायरे के बाहर नागार्जुन, केदारनाथ अग्रवाल और त्रिलोचन रचना कर रहे थे। कथा-साहित्य में यशपाल, भैरव-प्रसाद गुप्त, अमरकान्त और मार्कण्डेय आदि सक्रिय थे। कविता और कथा-साहित्य

के इन रचनाकारों को पाकर दुनिया की किसी भी भाषा का साहित्य गौरव अनुभव कर सकता है। कहने का तात्पर्य यह है कि इस दौर की प्रगतिशील रचनाशीलता थकी-हारी न थी, प्रगतिशील आलोचना ही अपना गम्भीर दायित्व ठीक से पूरा न कर सकी। इस काल की प्रगतिशील आलोचना का तीसरा उद्देश्य और गम्भीर दायित्व यह था कि वह उस काल की प्रगतिशील रचनाशीलता का मूल्यांकन करते हुए उसके विकास में सहायक बने।

इस काल की प्रगतिशील आलोचना के आलोचनात्मक व्यवहार पर अगर हम गौर करें तो यह पाएँगे कि प्रगतिशील आलोचकों ने—विशेषकर डॉ. रामविलास शर्मा और डॉ. नामवर सिंह ने—प्रगति विरोधी रचना और आलोचना-दृष्टि के विरुद्ध संघर्ष तो किया, लेकिन प्रगतिशील रचनाशीलता के विश्लेषण और मूल्यांकन की ओर विशेष ध्यान नहीं दिया। इन प्रगतिशील आलोचकों की उपेक्षा के शिकार नई कविता के दायरे में रहकर रचना करनेवाले मुक्तिबोध और शमशेर ही नहीं हुए, नई कविता के बाहर रहकर रचना करनेवाले नागार्जुन, केदारनाथ अग्रवाल और त्रिलोचन भी हुए। कुछ प्रगतिशील आलोचकों ने एक-दो कथाकारों पर अपनी कृपादृष्टि डालकर सन्तोष कर लिया। इस दौर की प्रगतिशील आलोचना ने प्रगतिविरोधी रचना और दृष्टि से विवाद तो खूब किया, लेकिन उसका प्रगतिशीलता से संवाद बहुत कम हुआ। यही कारण है कि इस काल की प्रगतिशील आलोचना केवल विवादी आलोचना बनकर रह गई। प्रगतिशील आलोचना को उस काल की प्रगतिशील रचनाशीलता से संवाद करने पर जो शक्ति प्राप्त होती, वह उससे भी वंचित रह गई। उस समय की प्रगतिशील आलोचना ने परम्परा के मूल्यांकन में जिस विवेक और सृजनात्मक दृष्टि का प्रमाण दिया, उस विवेक और सृजनात्मक दृष्टि का उपयोग अगर समकालीन प्रगतिशील रचनाशीलता के विश्लेषण और मूल्यांकन में भी हुआ होता तो स्थिति कुछ और हुई होती। स्वभावतः उस काल के अधिकांश प्रगतिशील रचनाकार प्रगतिशील आलोचना के रूप, व्यवहार और परिणति से क्षुब्ध थे। मुक्तिबोध ने उस समय के प्रगतिशील आलोचकों की जो आलोचना की है उसमें ऐसा ही क्षोभ प्रकट हुआ है। उनके इस क्षोभ और आक्रोश की अभिव्यक्ति 'समीक्षा की समस्याएँ' नामक लम्बे लेख में सर्वाधिक हुई है।

मुक्तिबोध नई कविता के आरम्भिक काल से ही यह कहते आ रहे थे कि नई कविता में दो धाराएँ हैं—एक प्रगतिविरोधी, कलावादी, व्यक्तिवादी धारा और दूसरी प्रगतिशील धारा। उन्होंने बहुत पहले लिखा था कि "नई कविता में प्रारम्भ काल से आज तक के इस समय-क्रम में अनाशा और वैफल्य की भावना के साथ ही साथ स्वस्थ, मानवीय, उन्मेषशील, मानव-कल्याण-मूलक तथा कोमल मानवीय भावनापूर्ण और प्रगतिशील तत्त्व रहे हैं।" (नई कविता का आत्मसंघर्ष, पृ. 123) नई कविता के काल में पुराने प्रगतिशील आलोचक इस बात को स्वीकार करने

के लिए तैयार न थे। मुक्तिबोध के जीवनकाल में भी वे इस सचाई को पहचान न सके। उस समय नई कविता में वे केवल विकृति और विद्रूपता देखते थे। और सम्पूर्ण नई कविता को कुण्ठा, घुटन, निराशा, अनास्था और यथार्थ की कविता कहते थे। 1977 में आकर, नई कविता के अन्त के लगभग सतरह वर्ष बाद और मुक्तिबोध की मौत के दस वर्ष बाद, डॉ. रामविलास शर्मा ने यह स्वीकार किया कि नई कविता में अनेक काव्य-प्रवृत्तियाँ थीं, उसमें अस्तित्ववाद की टक्कर मार्क्सवाद से थी और नई कविता के कवि शमशेर तथा मुक्तिबोध मार्क्सवाद से प्रभावित थे। स्वतन्त्रता के बाद की हिन्दी कविता के इतिहास में दो धाराओं के संघर्ष की सचाई को पहचानने में अगर डॉ. रामविलास शर्मा जैसे समर्थ आलोचक को बीस वर्ष लगाने पड़े तो दूसरे प्रगतिशील आलोचकों से क्या उम्मीद की जा सकती है ! आखिर यह ऐतिहासिक दुर्घटना क्यों हुई कि नई कविता के भीतर सक्रिय मुक्तिबोध जैसे रचनाकार की रचनाओं को कलावादी और प्रगतिवाद विरोधी रचनाकारों से अलग करके उनका उचित विश्लेषण और मूल्यांकन नहीं हुआ और नई कविता की आलोचना के नाम पर भूसी के साथ चावल को भी फेंक दिया गया।

मुक्तिबोध का कहना है कि इसका एक कारण प्रगतिशील आलोचकों की जड़ीभूत सौन्दर्याभिरुचि में देखा जा सकता है। मुक्तिबोध ने लिखा है कि "जड़ीभूत सौन्दर्याभिरुचि के फलस्वरूप ही कुछ साहित्यिक समाजशास्त्री अपने ढर्रे के बाहर के क्षेत्र में प्रचलित नई काव्य-समृद्धि में विद्रूपता के अतिरिक्त कुछ नहीं देखते थे।" मुक्तिबोध ने लिखा है कि यह जड़ीभूत सौन्दर्याभिरुचि कविता को एक खास किस्म के ढाँचे में ही बँधी हुई देखना चाहती है। जड़ीभूत सौन्दर्याभिरुचि के शिकार आलोचक छायावादी प्रगतिवादी युग के काव्य-पैटर्न से ही नई कविता को भी परखते थे। इस जड़ीभूत सौन्दर्याभिरुचि के कारण ही कुछ प्रगतिशील आलोचक नई कविता की प्रगतिशील धारा के प्रति भी संवेदनशील और सहानुभूतिशील नहीं हो पाते थे। नई कविता की प्रगतिशील धारा के प्रति संवेदनशीलता और सहानुभूति के अभाव में ऐसे आलोचक कविता को सिद्धान्त के उदाहरण के रूप में देखने का प्रयत्न करते थे और निराश होकर निन्दा पर उतर आते थे।

सवाल यह है कि इस जड़ीभूत सौन्दर्याभिरुचि का क्या कारण है ? मुक्तिबोध का विचार है कि वास्तविक जीवनानुभव का अभाव और व्यापक सामाजिक जीवन के यथार्थ से आलोचकों की दूरी से ही यह जड़ीभूत सौन्दर्याभिरुचि पैदा हुई थी। रचना में व्यक्त सामाजिक जीवन के यथार्थ और वास्तविक जीवनानुभवों के बोध के अभाव के कारण ही आलोचक नए काव्य को संवेदनशील होकर समझ नहीं पाते थे। मुक्तिबोध ने अपने अनेक लेखों के बार-बार आलोचकों से यह माँग की है कि उन्हें भी समाज की जीवन्त गतिशील वास्तविकता का उतना ही बोध होना चाहिए जितना रचनाकारों को। वास्तव में रचना जिस ज़मीन से पैदा हुई है उसको

ठीक-ठीक जाने बिना रचना की जमीन की सही पहचान नहीं हो सकती। जीवन की वास्तविकता ही वह ज़मीन है जिस पर रचनाकार, पाठक और आलोचक तीनों मिलते हैं। मुक्तिबोध ने लिखा है : "वास्तविक जीवन के संवेदनात्मक धरातल पर लेखक और समीक्षक की होड़ है। लेखक और समीक्षक की यह प्रतियोगिता निस्सन्देह वांछनीय है। जिन्दगी को कौन ज्यादा समझता है ? समीक्षक या लेखक ? यद्यपि इन दो के कर्तव्य अलग-अलग हैं फिर भी उनके कर्तव्यों की पूर्ति जीवन के वास्तविक संवेदनात्मक ज्ञान के आधार पर ही होगी। यदि साहित्य जीवन का उद्‌घाटन है तो समीक्षक को यह जानना ही पड़ेगा कि उद्‌घाटित जीवन वास्तविक है या नहीं। असल में कसौटी वास्तविक जीवन का संवेदनात्मक ज्ञान ही है, जो न केवल लेखक और समीक्षक में होता है, वरन् पाठक में भी रहता है।" (नई कविता का आत्मसंघर्ष, पृ. 100) वास्तविक जीवन के संवेदनात्मक ज्ञान से ही आलोचक की सौन्दर्याभिरुचि की जड़ता टूटती है और वास्तविक जीवन के संवेदनात्मक ज्ञान के अभाव में सौन्दर्याभिरुचि जड़ीभूत होने लगती है। सौन्दर्याभिरुचि का विकास केवल कलात्मक अनुभव से ही नहीं होता, उसके लिए व्यापक सामाजिक जीवन और यथार्थ का बोध भी जरूरी है। वास्तविक जीवन के यथार्थ के बोध के अभाव में आलोचक केवल अपने पाण्डित्य और चतुराई के सहारे समीक्षा करता चलता है। अगर नई कविता के काल की प्रगतिशील आलोचना उस समय की प्रगतिशील रचनाशीलता के साथ न्याय न कर सकी तो इसका अर्थ यही है कि प्रगतिशील आलोचक रचना में व्यक्त यथार्थ और अनुभव को सामाजिक जीवन के यथार्थ और अनुभव की कसौटी पर कसने के बदले नई रचनाशीलता को पुराने काव्य-पैटर्न और सिद्धान्तों की कसौटी पर कसने की कोशिश कर रहे थे।

मार्क्सवादी आलोचकों से मुक्तिबोध का कहना यह था कि मार्क्सवाद एक विज्ञान है इसलिए मार्क्सवादी आलोचकों को जीवनगत और काव्यगत तथ्यों का अनुशीलन करना चाहिए था और तथ्यानुशीलन के आधार पर ही नई कविता का मूल्यांकन करना ज़रूरी था। उनका यह भी कहना था कि ऐसे तथ्यानुशीलन के अभाव में आलोचना आत्मग्रस्त और व्यक्ति-केन्द्रित हो जाती है। मुक्तिबोध की यह माँग थी कि जो यथार्थ की गति को एक विशेष दिशा में मोड़ने की महत्त्वाकांक्षा रखते हैं, उन्हें यथार्थ की गति और कविता में उसकी अभिव्यक्ति को समझने का प्रयत्न करना चाहिए, बेबुनियाद रायज़नी को आलोचना मानने का भ्रम नहीं पालना चाहिए।

प्रगतिशील आलोचकों ने नई कविता की जो आलोचना की, उसके बारे में मुक्तिबोध की राय यह है कि उस आलोचना की प्रवृत्ति ध्वंसात्मक थी, दृष्टि संकीर्णतावादी और तरीका स्थूल। फलतः रचनाकार आलोचकों से दूर होने लगे। ऐसी ही स्थिति में नई कविता के कलावादी व्यक्तिवादियों द्वारा प्रगतिशील रचनाशीलता पर

आक्रमण हुए। मुक्तिबोध उस काल में प्रगतिशील साहित्य के प्रभाव घटने के अनेक कारणों में से एक महत्त्वपूर्ण कारण 'प्रगतिवादियों की समीक्षा की अपूर्णताओं' को भी मानते हैं। मुक्तिबोध को इस बात का गहरा दुःख था कि प्रगतिवादी आलोचना की कमज़ोरियों के कारण नए लेखक प्रगतिवाद से दूर हटने लगे, पुराने प्रगतिशील लेखक हतोत्साहित होने लगे और कलावादी व्यक्तिवादियों को प्रगतिशील रचनाओं और रचनाकारों पर आक्रमण करने का मौका मिल गया। उस काल की प्रगतिशील रचनाशीलता के प्रभाव को कम करने में प्रगतिशील आलोचकों के समर्पणवादी रवैये का जितना हाथ है, उससे कम विध्वंसवादी रवैये का नहीं।

मुक्तिबोध ने अपने समय की प्रगतिशील आलोचना की आकांक्षा और वास्तविक स्थिति पर विचार करते हुए लिखा है कि प्रगतिशील आलोचना के उद्देश्य महान् थे, आलोचकों का दायित्व गम्भीर था। आलोचकों के मन में नेतृत्व की आकांक्षा थी, लेकिन उनमें नेतृत्व के लिए पर्याप्त आवश्यक गुण नहीं थे। मुक्तिबोध ने लिखा है कि "इस नेतृत्व की कमजोरी ने हिन्दी के वास्तविक प्रगतिशील साहित्य के और आगे विकास में बाधा उपस्थित की है और उनके व्यक्तिगत दुराग्रहों ने उसका गला घोंटने में कोई कसर नहीं रखी। यही कारण है कि प्रगतिशील कविता अधिक उन्नति न कर सकी और विपक्षियों को यह कहने का मौका मिला कि प्रगतिशील कविता मर गई है, उसका युग समाप्त हो गया है"। (नए साहित्य का सौन्दर्यशास्त्र, पृ. 75) प्रगतिशील आलोचना का मुख्य उद्देश्य था प्रगतिशील साहित्य के विकास का मार्ग-दर्शन करना और उसका सहायक बनना, लेकिन वह बदले में उसके विकास में बाधक बन गई। उस काल की प्रगतिशील समीक्षा की यह परिणति अत्यन्त विडम्बनापूर्ण है।

मुक्तिबोध के अधिकांश आलोचनात्मक लेखों को पढ़ने से यह लगता है कि जब वे नई कविता की प्रगतिशील आलोचकों द्वारा की गई आलोचना पर विचार करते हैं या प्रगतिवादी आलोचना की शक्ति और कमजोरियों की बात करते हैं तो उनके सामने मुख्यतः आलोचक डॉ. रामविलास शर्मा रहते हैं। ऐसा इसलिए है कि डॉ. रामविलास शर्मा उस समय के सर्वाधिक समर्थ प्रगतिवादी आलोचक थे, (और अब भी हैं) और प्रगतिवादी समीक्षा का नेतृत्व भी उन्हीं के हाथों में था। मुक्तिबोध और डॉ. रामविलास शर्मा के इस बहस के सन्दर्भ में ब्रेख्त और लूकाच के बीच की बहस को याद करना अप्रासंगिक न होगा। निश्चय ही न तो मुक्तिबोध ब्रेख्त हैं और न डॉ. रामविलास शर्मा लूकाच, लेकिन इन दोनों बहसों के अनेक मुद्दे एक जैसे हैं। लूकाच की तरह डॉ. रामविलास शर्मा समकालीन रचनाशीलता के ऊपर परम्परा को प्रतिष्ठित करते हैं, मुक्तिबोध ब्रेख्त की तरह समकालीन रचनाशीलता की कमजोरियों की आलोचना करते हुए भी उसकी शक्ति और विकासशीलता में अपनी आस्था व्यक्त करते हैं। लूकाच यूरोप के नए लेखकों को 19वीं

शताब्दी के महान् यथार्थवादी लेखकों के मार्ग पर चलने की सलाह देते हैं और डॉ. शर्मा अपने समय की नई कविता के सामने छायावाद की कविता को आदर्श के रूप में पेश करते हैं। रचनाकार मुक्तिबोध बार-बार ब्रेख्त की तरह ही नई विषय-वस्तु की खोज और नए शिल्प के विकास पर ज़ोर देते हैं। मुक्तिबोध ब्रेख्त की तरह ही नई रचनाशीलता के लिए परम्परा से अधिक महत्त्वपूर्ण ऐतिहासिक यथार्थ के परिवर्तित रूप की पहचान और उसके अनुरूप अभिव्यक्ति प्रणाली के विकास को मानते हैं। इस प्रसंग में यह भी याद करना ग़लत नहीं होगा कि लूकाच ने अपने जीवन के अन्तिम दिनों में नाटककार और कवि ब्रेख्त की महानता को स्वीकार किया था और ब्रेख्त के नए मूल्यांकन का संकल्प भी किया था। इसके ठीक विपरीत डॉ. रामविलास शर्मा ने मुक्तिबोध के मरने के बाद 'धर्मयुग' जैसी घनघोर प्रतिक्रितावादी पत्रिका के मंच से मुक्तिबोध पर निर्मम प्रहार किया था। इसके बाद नए प्रगतिशील रचनाकारों के बीच मुक्तिबोध की अपार लोकप्रियता से परेशान होकर 'निराला की साहित्य साधना-भाग दो' के अन्त में मुक्तिबोध के अवमूल्यन का प्रयास किया। डॉ. रामविलास शर्मा ने 1977 में 'नई कविता और अस्तित्ववाद' में मुक्तिबोध की कविता का पुनर्मूल्यांकन करते हुए यद्यपि अपनी अनेक पुरानी मान्यताओं को हठपूर्वक दोहराया है और मनोविश्लेषण के सहारे मुक्तिबोध के रचनाकार व्यक्तित्व की शव-परीक्षा करने का प्रयत्न किया है, लेकिन अन्त में मुक्तिबोध की कविता के सकारात्मक पक्षों को हिन्दी कविता के नए विकास में सहायक माना है। ये दोनों ही विवाद एक ही विचारधारा से सम्बद्ध आलोचक और रचनाकार के बीच के विवाद हैं। आलोचक परम्परा की रक्षा के लिए प्रयत्नशील दिखाई देता है और रचनाकार समकालीनता में जीता है। रचनाकार परिवर्तन और नवीनता को महत्त्व देता है और आलोचक साहित्य की परम्परा और उसमें विकसित होनेवाली व्यवस्था का आग्रही होता है। यह एक सचाई है कि यूरोप के प्रगतिशील साहित्य के विकास ने ब्रेख्त की मान्यताओं को स्वीकार किया है और हिन्दी के नए प्रगतिशील रचनाकारों ने मुक्तिबोध को अपनाया है।

मुक्तिबोध ने प्रगतिशील आलोचकों और आलोचना के साथ जो आलोचनात्मक संघर्ष किया है वह एक प्रकार से उनके आत्मालोचन का ही प्रयास है, यह हम पहले कह चुके हैं। मुक्तिबोध अपनी कविताओं, कहानियों और डायरियों में आत्मालोचन करते समय अपने प्रति जितना निर्मम दिखाई देते हैं उतना निर्मम वे अपनी आलोचनाओं में अपनों के प्रति (प्रगतिशील आलोचकों के प्रति) नहीं हैं। मुक्तिबोध के इस आलोचनात्मक संघर्ष का स्वर, अंदाज और उद्देश्य आत्मालोचन का ही है। कहीं-कहीं अगर उनके स्वर में तीखापन है तो वह अपने समय की प्रगतिशील आलोचना द्वारा प्रगतिशील रचनाशीलता की उपेक्षा और प्रगतिशील आलोचना की कमजोरी के कारण प्रगति-विरोधियों के बढ़ते हुए प्रभाव से उत्पन्न

गहरी वेदना और विक्षोभ से पैदा हुआ है। अपनी कमज़ोरियों के निर्मम आलोचक मुक्तिबोध अपने मित्रों की कमज़ोरियों के प्रति भी उदारता बरतना ठीक नहीं समझते थे। मुक्तिबोध का अपने समय की प्रगतिशील आलोचना के साथ यह आलोचनात्मक संघर्ष 'एकता और संघर्ष,' के दृष्टिकोण से परिचालित है और इसका उद्देश्य भावी प्रगतिशील आलोचना को पहले की कमज़ोरियों से मुक्त करना है। मुक्तिबोध न तो उस प्रकार की एकता के आदी थे जो केवल जय-जयकार में प्रकट होती है और न उस प्रकार के संघर्ष में विश्वास करते थे जो केवल अपनों के विरुद्ध चला करता है। क्या यह अलग से कहने की ज़रूरत है कि ये दोनों ही आदतें इस देश की राजनीति और साहित्य में मार्क्सवादी विचारधारा के विकास में बाधक सिद्ध हुई हैं ?

शब्द और कर्म

कुछ समय पहले हिन्दी के एक लेखक ने कहा था कि "साहित्य शब्द है, कोरा शब्द नहीं, अर्थपूर्ण शब्द है। लेकिन अन्ततः वह शब्द है। क्रान्ति शब्द नहीं कर्म है। शब्द और कर्म दो अलग-अलग चीज़ें हैं।"

शब्द और कर्म या साहित्य और क्रान्ति के सम्बन्ध पर विचार करने के लिए क्रान्ति-विरोधी कुछ साहित्यकारों की बेचैनी अकारण नहीं है। यह सवाल अगर ईमानदारी से पैदा होता तो ऐसे लोगों को साहित्य और क्रान्ति को केवल कलम और बन्दूक तक सीमित न करके दोनों के जटिल द्वन्द्वात्मक सम्बन्ध को गहराई से समझने की सलाह दी जाती। अगर यह सवाल अज्ञान से पैदा होता तो उसे टाला भी जा सकता था। लेकिन सवाल बेईमानी एवं चालाकी से पैदा हुआ है, भ्रम फैलाने के लिए पैदा किया गया है, इसलिए उस पर विचार करना ज़रूरी है। मैं नहीं समझता कि ऐसा कोई भी साहित्यकार होगा जो कलम से गोली दागने की मूर्खतापूर्ण कोशिश करता होगा और क्रान्ति का कोई सामान्य सिपाही भी बन्दूक से कविता लिखने की गलती करता होगा। शब्द और कर्म के सम्बन्ध के बारे में भ्रम पैदा करनेवालों को अच्छी तरह मालूम है कि दोनों के उद्देश्य एक होते हुए भी उनके क्षेत्र और कार्य अलग-अलग हैं। उद्देश्य की एकता ही दोनों को एकता के सूत्र में बाँधती है। चिन्तन और लेखन को क्रान्ति का हथियार माननेवाला साहित्यकार कलम का सिपाही होता है। चिन्तन और लेखन को क्रान्ति का हथियार समझना साहित्य के महत्त्व को घटाना नहीं, बढ़ाना है।

यह सच है कि केवल आक्रोश, शिकायत या चीख-चिल्लाहट का साहित्य क्रान्तिकारी साहित्य नहीं होता; लेकिन यह भी सच है कि हताशा, घुटन, अनास्था और कुण्ठा का साहित्य क्रान्ति विरोधी होता है। शोषक-व्यवस्था की असली तस्वीर को जनता के सामने प्रभावशाली ढंग से रखनेवाला साहित्य क्रान्तिकारी होता है और वही जन-चेतना को जगाने तथा उसे आगे बढ़ाने का काम करता है। क्रान्ति

में साहित्य की भूमिका जितनी महत्त्वपूर्ण होती है, साहित्य के विकास में क्रान्ति की भूमिका उससे अधिक महत्त्वपूर्ण होती है। क्रान्ति के पक्षधर साहित्यकार अपने कर्मशील जीवन में शब्द (साहित्य) और कर्म (क्रान्ति) की एकता अनुभव करते हुए आगे बढ़ते हैं। ऐसा भी हो सकता है कि साहित्यकार को कलम छोड़कर बन्दूक उठाने की ज़रूरत पड़ जाए, और उसे इसके लिए तैयार भी होना चाहिए; क्योंकि क्रान्ति साहित्य से ज़्यादा महत्त्वपूर्ण होती है। शब्द को कर्म से अलग रखनेवाले बुर्जुआ वर्ग से आए हुए कुछ लोग क्रान्तिकारी कहलाने का शौक तो पालते हैं, लेकिन क्रान्ति के लिए आवश्यक कुर्बानी से बचना चाहते हैं। ऐसे लोग केवल शब्दों के सहारे क्रान्ति के नेतृत्व की लालसा अपने मन में पालते हैं। शब्द को कर्म से अलग रखनेवाले ऐसे बुद्धिजीवी कई बार क्रान्ति विरोधी भूमिका अदा करते हैं।

शब्द अगर एक ओर जनता के कर्म से जुड़ता है तो दूसरी ओर लेखक के रचना-कर्म से। मुनष्य की चेतना उसके सामाजिक अस्तित्व के अनुरूप बनती है। व्यक्ति की दृष्टि उसकी जीवन-दशा से प्रभावित होती है। रचनाकार के शब्द, उसकी रचना के शब्द, उसके जीवन-कर्म को प्रतिबिम्बित करते हैं। रचनाकार का रचना-कर्म सम्पूर्ण सामाजिक जीवन से उसके सम्बन्ध का द्योतक होता है। ईमानदार लेखक के जीवन-कर्म और रचना-कर्म में एकता होती है।

क्रान्ति का सपना साहित्य में ही देखा जाता है। जो लोग शब्द और कर्म को परस्पर विरोधी मानते हैं वे क्रान्ति में साहित्य की सहायक भूमिका को अस्वीकार करते हैं। लेकिन ऐसे लोग भाषा में क्रान्ति करके साहित्य की नई भाषा गढ़ने की असफल कोशिश करते हैं। जनता से कटे हुए बौद्धिकों की गढ़ी हुई भाषा (रचना भी) कृत्रिम होने के कारण कमज़ोर और अल्पजीवी होती है। प्रायः महत्त्वपूर्ण रचनाकार जनता के कर्मशील जीवन से रचना की प्रेरणा और अन्तर्वस्तु ग्रहण करते हैं तथा लोकभाषा की सृजनशीलता से अपनी रचना की भाषा को समृद्ध करते हैं। शब्द को कर्म से अलग माननेवाले ही विचारहीन कविता लिखते हैं और कविता से 'विचारों की विदाई' के गीत गाते हैं। शब्द से कर्म को अलग करने की कोशिश वे लोग भी करते हैं जो साहित्य को केवल अभौतिक या आध्यात्मिक वस्तु समझते हैं। गोर्की ने लिखा है कि "रचना-कर्म से लगा हुआ लेखक एक ही समय में कर्म को शब्दों में और शब्दों को कर्म में बदलता है।" गोर्की क्रान्तिकारी कथाकार थे। वे क्रान्ति के कलाकार और कार्यकर्ता दोनों थे। गोर्की शब्द और कर्म के सम्बन्ध के सारे आयामों से खूब परिचित थे, इसलिए उन्होंने शब्द और कर्म की एकता की पुष्टि की है। वास्तव में शब्द को कर्म से जोड़ने का अर्थ है, शब्द को अर्थ से, साहित्य को जीवन से, चिन्तन को यथार्थ से, विचार-क्षेत्र को कर्मक्षेत्र से और साहित्य को क्रान्ति से जोड़ना।

यह ठीक है कि साहित्य का आधार और साधन शब्द है, अर्थपूर्ण शब्द।

अर्थपूर्ण शब्द के सप्रयोजन सुव्यवस्थित प्रयोग से रचना की भाषा बनती है। भाषा साहित्य का साधन है, माध्यम है। भाषा सामाजिक सम्पत्ति है। वह मनुष्य की जीवन-प्रक्रिया में बोध और सम्प्रेषण का माध्यम बनती है। सामाजिक विकास के साथ-साथ भाषा का भी विकास हुआ है। वह मानवीय कार्य-कलाप में समन्वयकारी साधन के रूप में कार्य करती है। मनुष्य की चेतना के निर्माण में भाषा की महत्त्वपूर्ण भूमिका होती है। भाषा क्रियाशील मनुष्य के यथार्थ से सम्बन्ध की अभिव्यक्ति का साधन है। मनुष्य क्रियाशील जीवन में ही संवाद का आकांक्षी होता है। वह भाषा के माध्यम से अपने विचारों एवं अनुभूतियों की अभिव्यक्ति और सम्प्रेषण करता है। मनुष्य के कर्मशील जीवन के साथ ही भाषा का विकास हुआ है। यही नहीं, विचार भी कर्म से ही पैदा होते हैं और कर्म ही विचार की सचाई की कसौटी है। मनुष्य केवल विचारशील या अनुभूतिशील होने के कारण भाषा की आवश्यकता का अनुभव नहीं करता बल्कि वह कर्मशील होने के कारण ही विचार, अनुभूति और भाषा की आवश्यकता का अनुभव करता है। कई बार भाषा मानवीय कार्य-कलाप की संगठनात्मक शक्ति के रूप में काम करती है। शब्द कर्म का प्रेरक होता है और कर्म शब्द की अर्थ-शक्ति का स्रोत। भाषा समाज और व्यक्ति के कर्म, चिन्तन और अनुभूति का साधन ही नहीं है वह अनुभव और चिन्तन का माध्यम भी है।

शब्द-ब्रह्म की निरपेक्ष सत्ता में विश्वास करनेवाले भाववादी विचारक समझते हैं कि भाषा का अस्तित्व समाज से स्वतन्त्र होता है, शब्द कर्म के बन्धनों से मुक्त होता है। भाषा और समाज के सम्बन्ध के बारे में यह धारणा गलत है। मार्क्स और एंगेल्स ने यथार्थ और चेतना तथा भाषा और समाज के सम्बन्ध के बारे में भाववादी और यान्त्रिक भौतिकवादी विचारकों की धारणाओं का खण्डन किया है। मार्क्सवाद के अनुसार चेतना, भाषा और विचार का जीवन के यथार्थ और समाज से द्वन्द्वात्मक सम्बन्ध होता है। इस द्वन्द्वात्मक सम्बन्ध की प्रक्रिया से ही मनुष्य की चेतना, भाषा और चिन्तन का विकास होता है। मार्क्स ने लिखा है कि भाषा उतनी ही पुरानी है जितनी मनुष्य की चेतना, भाषा व्यावहारिक चेतना है। चेतना की तरह भाषा का भी विकास मनुष्य के पारस्परिक सम्पर्क, साहचर्य और सहयोग की आवश्यकता तथा प्रक्रिया से होता है। भाषा मनुष्य के कर्मशील जीवन का एक संघटक तत्त्व है। रेमण्ड विलियम्स ने ठीक ही लिखा है कि भाषा और श्रम मानव-व्यवहार के दो ऐसे परस्पर सम्बद्ध रूप हैं जो एक-दूसरे को प्रभावित करते हुए इतिहास-प्रक्रिया में विकसित हुए हैं। भाषा और यथार्थ के द्वन्द्वात्मक सम्बन्ध की व्याख्या करते हुए रेमण्ड विलियम्स ने यह भी लिखा है कि भाषा केवल भौतिक यथार्थ का प्रतिबिम्बन या अभिव्यंजना नहीं है, भाषा की मदद से हम यथार्थ का बोध प्राप्त करते हैं। भाषा व्यावहारिक चेतना होने के कारण मनुष्य के उत्पादन-सम्बन्धी और दूसरे सामाजिक कार्य-कलापों से प्रभावित होती है और उनको

प्रभावित भी करती है। भाषा के माध्यम से यथार्थ के बोध की प्रक्रिया सामाजिक और अनवरत होती है, इसलिए वह क्रियाशील और परिवर्तनशील समाज में ही घटित होती है। इस प्रक्रिया में भाषा का विकास होता है। यही कारण है कि भाषा का विकास न तो समाज के इतिहास के बाहर होता और न वर्ग-संघर्ष से परे।

साहित्य में भाषा का विशेष रूप और प्रयोजन प्रकट होता है, लेकिन साहित्य की भाषा व्यापक सामाजिक जीवन में व्याप्त भाषा से अलग और कटी हुई नहीं होती। साहित्य की भाषा को सामाजिक जीवन में व्याप्त भाषा से अलग और कटी हुई समझना भाषा और साहित्य-सम्बन्धी रूपवादी चिन्तन का लक्षण है। प्रसिद्ध रूसी भाषा-वैज्ञानिक वालासिनोव ने लिखा है कि शब्द सामाजिक प्रतीक है, वह सामाजिक सम्बन्धों का माध्यम है और यथार्थ के बोध के सन्दर्भ में चेतना का भी माध्यम है। साहित्य-रचना के दौरान रचनाकार अर्थ-सर्जन का जो काम करता है वह एक सामाजिक कार्य है। अर्थ-सर्जन का यह प्रयत्न अपने मूलाधार और प्रयोजन की दृष्टि से सामाजिक होता है। अर्थ की सत्ता और सार्थकता का सामाजिक व्यवहारों, सम्बन्धों और विचारों से गहरा सम्बन्ध होता है। इस प्रकार शब्द और कर्म का सम्बन्ध सतही और स्वैच्छिक नहीं; बुनियादी, प्रयोजनपरक और अनिवार्य होता है।

साहित्य का सम्बन्ध अनुभूति और विचार से होता है और अनुभूति तथा विचार कर्म से पैदा होते हैं। साहित्यकार कर्मशील व्यक्ति ही है और भाषा के माध्यम से रचनाकर्मी भी। रचना-कर्म कर्मशील जीवन से शक्ति प्राप्त करता है और कर्मशील व्यक्ति साहित्य से दिशाबोध। भाववादी चिन्तक जैसे विचार को यथार्थ से स्वतन्त्र मानते हैं वैसे ही भाषा को विचार से भी स्वतन्त्र समझते हैं। चिन्तन का लक्ष्य अगर दुनिया को बदलना भी है तो चिन्तन को क्रियाशील मनुष्य से, भाषा को यथार्थ से और शब्द को कर्म से जोड़ना होगा। कोरा शब्द किसी काम का नहीं होता, किसी के काम का नहीं होता। शब्द में शक्ति कर्म से आती है, कर्मशील व्यक्ति के शब्द अर्थवान होते हैं। आचार्य शुक्ल ने लिखा है कि "कर्म में आनन्द अनुभव करनेवालों का ही नाम कर्मण्य है।" इस आधार पर यह कहा जा सकता है कि कर्महीन कोरे शब्दों से खिलवाड़ करनेवालों का ही नाम अकर्मण्य है। शब्द कर्म से ही जुड़कर सार्थक होता है।

साहित्य में भाषा के माध्यम से मनुष्य की परिभाषा की जाती है। प्रत्येक समर्थ साहित्य और साहित्यकार अपने देशकाल के क्रियाशील मानव-व्यक्तित्व और उसके सामाजिक अस्तित्व की परिभाषा करता है। जो साहित्य या साहित्यकार अपने समय के मनुष्य की जितनी सही परिभाषा (कर्मशील मनुष्य के अन्तर्बाह्य की विशेषताओं और विशिष्टताओं का उद्‌घाटन) कर पाता है वह उतना ही महत्त्वपूर्ण होता है। आचार्य शुक्ल का विचार है कि प्रायः सभी सभ्य जातियों का साहित्य उनके विचारों और व्यापारों से लगा हुआ चलता है। जैसे भाषा से अलग विचारों

का कोई अस्तित्व नहीं होता वैसे ही सामाजिक जीवन से स्वतन्त्र भाषा की कोई सत्ता नहीं होती। साहित्य के अर्थ और मूल्य सामाजिक जीवन से स्वतन्त्र नहीं होते।

वैसे तो हर प्रकार का चिन्तन किसी-न-किसी रूप में सामाजिक जीवन-व्यवस्था के किसी रूप और वर्ग को प्रतिबिम्बित करता है, अपने वर्ग की सेवा करता है, लेकिन वर्गों में विभाजित समाज-व्यवस्था को बदलकर एक शोषणमुक्त समाज-व्यवस्था की स्थापना के लिए प्रतिबद्ध चिन्तन अनिवार्यतः सर्वहारा के क्रान्तिकारी उद्देश्यों से जुड़ा हुआ होता है। चिन्तन, चाहे वह साहित्य के रूप में हो या दर्शन के, वह वैयक्तिक सोच-विचार या आत्मचिन्तन मात्र नहीं है, न वह अमूर्त्त धारणाओं का वैयक्तिक प्रतिपादन ही है। वह एक व्यापक विचारधारात्मक संघर्ष का अविभाज्य अंग होता है। ऐसी स्थिति में शब्द को कर्म से अलग करने की बात वे करते हैं जो वर्ग व्यवस्था के शासन को बनाए रखने के लिए प्रयत्नशील होते हैं। ऐसे बुर्जुआ वर्ग के बुद्धिजीवी अपने वर्गीय सम्बन्धों को छिपाने का प्रयास करते हुए अपने वर्ग की आकांक्षाओं और विचारों की अभिव्यक्ति करते हैं। ग्राम्शी ने लिखा है कि वर्ग समाज में कुछ परम्परागत पेशेवर बुद्धिजीवी होते हैं जो अपने आस-पास एक प्रकार के अन्तर्वर्गीय वातावरण का आडम्बर रचते हैं, लेकिन अन्ततः उनकी असलियत उनके वर्गीय सम्बन्धों से ही बनती है। ऐसे बुद्धिजीवी अपने वर्गीय सम्बन्धों पर रहस्य का पर्दा डाले हुए अपने वर्ग की सेवा करते हैं। शब्द को कर्म से, भाषा को समाज से और साहित्य को जनजीवन से अलग रखने की वकालत करनेवाले बुद्धिजीवी या तो शासक-वर्ग के अंग हैं या अधिक से अधिक पेशेवर बुद्धिजीवी।

भाषा मानवीय संवाद का साधन है। संवादहीनता का संकट भाषा को जीवन की वास्तविकता से और शब्द को कर्म से अलग करने के परिणामस्वरूप होता है। शब्द को कर्म से और साहित्य को क्रान्ति से अलग माननेवाला चिन्तन क्रान्ति-विरोधी विश्व-दृष्टि की उपज है।

2

जब भी साहित्य में सामाजिक परिवर्तन का स्वर उभरता है, साहित्य का जनवादी स्वरूप विकसित होने लगता है, साहित्य में जनता की आवाज़ सुनाई पड़ने लगती है, शब्द और कर्म की दूरी घटने लगती है, क्रान्तिकारी साहित्य का विकास होता है तो शब्द और कर्म की एकता से चिन्तित साहित्यकार तरह-तरह के नए नारों और सिद्धान्तों के सहारे उस एकता को खण्डित करने की कोशिश करने लगते हैं। ऐसी चिन्ता केवल साहित्य की भाषा के स्वरूप के बारे में चिन्ता नहीं है, यह उनकी गहरी विचारधारात्मक चिन्ता की उपज है। क्रान्तिकारी साहित्य के विकास में उनको

जनता की मुक्ति की आकांक्षा और शासक-वर्ग के विचारधारात्मक प्रभुत्व के टूटने का खतरा दिखाई देता है, इसलिए वे शब्द और कर्म के अलगाव की वकालत करते हुए नए रचनाकारों को दिग्भ्रमित करने का प्रयत्न करते हैं। शब्द और कर्म के अलगाव की बात करनेवाले साहित्य को जनता के जीवन, सामाजिक यथार्थ, मुक्ति-संघर्ष और विचारधाराओं से अलग करके अतीत की अन्धेरी स्मृतियों, रहस्य और कल्पना के बीहड़ जंगलों, अन्तर्मन की गुफाओं, अस्तित्व के काल्पनिक संकटों और भविष्य के भयानक सपनों से जोड़ते हैं। ऐसे लोग साहित्य में जन-जीवन की वास्तविकता, शोषक समाज-व्यवस्था के असली रूप और जनता के मुक्ति-संघर्षों की अभिव्यक्ति को बर्दाश्त नहीं कर पाते, इसलिए साहित्य की शुद्धता, आन्तरिकता और स्वायत्तता की दुहाई देते हुए उसे दूसरे मानवीय व्यवहारों और विचारों से मुक्त रखने के अपने 'पूर्वग्रह' को साहित्य चिन्ता के रूप में पेश करते हैं।

शब्द और कर्म के सम्बन्ध के बारे में दृष्टि भेद में साहित्य की जनवादी दृष्टि और अभिजात दृष्टि का टकराव प्रकट होता है। साहित्य की जनवादी दृष्टि शब्द और कर्म में एकता मानती है और साहित्य की अभिजातवादी दृष्टि दोनों के बीच दूरी की वकालत करती है। साहित्य की अभिजातवादी दृष्टि अपने भाववादी आधार और रूपवादी आग्रह के कारण साहित्य को जीवन के यथार्थ और सर्वहारा की विचारधारा से मुक्त देखना चाहती है। आधुनिक हिन्दी साहित्य के इतिहास में जनवादी और अभिजातवादी साहित्य-दृष्टियों का टकराव कई बार हुआ है। आजकल साहित्य की अभिजातवादी दृष्टि का मंच 'पूर्वग्रह' बना हुआ है। जो काम कभी 'परिमल समूह' ने किया था वही काम आजकल 'पूर्वग्रह मण्डली' इस बीच के इतिहास से बहुत कुछ सीखकर, अधिक चालाकी से कर रही है। 'पूर्वग्रह मण्डली' के चिन्तक किसी 'दिशा-विशेष (जनवाद की दिशा) में से जानेवाली' रचनाशीलता से चिढ़ते हैं, वे समकालीन रचनाशीलता को जन-जीवन के यथार्थ से काटकर 'अन्धेरी स्मृतियों' में भटकना चाहते हैं और आलोचना में 'स्मृति का पुनर्वास' कराने या स्वयं आलोचना को स्मृति बनाने का प्रयास कर रहे हैं। साहित्य को समकालीन जीवन के यथार्थ से और शब्द को कर्म से अलग करके स्मृति से तोड़ने का यह प्रयास अकारण नहीं है, इसके पीछे साहित्य की एक विशेष दृष्टि सक्रिय है।

'पूर्वग्रह मण्डली' के एक विचारक निर्मल वर्मा हैं, जो शब्द और कर्म की एकता के विरोधी तथा शब्द और स्मृति की एकता के समर्थक हैं। यही नहीं, निर्मल वर्मा साहित्य को यथार्थ से और मनुष्य को इतिहास से निकाल कर स्मृति और मिथक की दुनिया में ले जाना चाहते हैं। वे रचनाकारों को 'औसत यथार्थ के अन्धेरे से मुक्ति पाकर' 'स्मृति और भाषा की अन्धेरी जड़ों में रास्ता टटोलने' की सलाह देते हैं। निर्मल वर्मा के साहित्य का कोई भी पाठक यह देख सकता है कि वे दूसरे रचनाकारों को वही करने की सलाह दे रहे हैं जो वे अपनी रचनाओं में करते रहे

हैं। निर्मल वर्मा का सारा साहित्य स्मृतियों का साहित्य है, जातीय स्मृतियों का नहीं, नितान्त वैयक्तिक अन्धेरी स्मृतियों का। लगता है उनके अनुसार रचनाकारों की नियति अन्धेरे में भटकने की ही है, वह अन्धेरा चाहे यथार्थ का हो या स्मृतियों का। वास्तव में अनैतिहासिक और मिथकीय दृष्टि से यथार्थ को देखने पर अगर चारों ओर अन्धेरा ही अन्धेरा दिखाई देता है तो कोई आश्चर्य की बात नहीं है।

निर्मल वर्मा एक लेखक होने के नाते यह जानते हैं कि "लेखक शब्दों से मुक्ति नहीं पा सकता" लेकिन उनका खयाल है कि लेखक के लिए यथार्थ से मुक्ति आवश्यक है। ऐसा खयाल वही लेखक पाल सकता है जो मानता हो कि "शब्द पीछे मुड़ कर अपनी तरफ देखता है तो खुद विचार बन जाता है।" इस प्रकार निर्मल वर्मा के अनुसार शब्द, भाषा, साहित्य और विचार का जीवन के यथार्थ व्यवहार और इतिहास की प्रक्रिया से कोई सम्बन्ध नहीं होता। ऐसी स्थिति में यह लगता है कि निर्मल वर्मा साहित्यकारों के लिए जिन स्मृतियों की जड़ों में रास्ता टटोलने की सलाह देते हैं, वे 'निर्वैयक्तिक, गैर-ऐतिहासिक मिथक सम्पन्न' यथार्थशून्य अन्धेरी स्मृतियाँ हैं। निर्मल वर्मा के अनुसार 'शब्द और स्मृति' के समन्वय का यही असली रूप है जिसमें कर्मशून्य शब्द अयथार्थ अन्धेरी स्मृतियों के पीछे भटकते रहते हैं।

शब्द को केवल स्मृति तक सीमित करने, रचना और आलोचना में केवल स्मृतियों के पुनर्वास का आग्रह करने का अर्थ है समकालीन साहित्य को अतीतजीवी बनाना। स्मृतियों का एक रूप 'जातीय जीवन की स्मृतियाँ' भी होती हैं और भाषा तथा साहित्य के इतिहास में उनकी महत्त्वपूर्ण भूमिका होती है। भाषा और साहित्य के जातीय रूप में जातीय स्मृतियाँ सुरक्षित रहती हैं। जैसे वर्तमान समाज और जनता का जीवन जातीय स्मृतियों से जुड़ा हुआ है वैसे ही भाषा और साहित्य के वर्तमान जातीय स्वरूप में भी जातीय स्मृतियाँ प्रकट होती हैं। लेकिन जातीय स्मृतियाँ निर्वैयक्तिक, गैर-ऐतिहासिक, मिथक-सम्पन्न अन्धेरी स्मृतियाँ नहीं होतीं, वे विशेष ऐतिहासिक अवस्था में जातीय जीवन के कर्म और चिन्तन की स्मृतियाँ होती हैं। हिन्दी जाति का साहित्य अनैतिहासिक, कर्मशून्य, मिथकीय, अन्धेरी स्मृतियों का भण्डार नहीं है, उसमें एक संघर्षशील और कर्मशील जाति के कर्म और चिन्तन की स्मृतियाँ हैं। समकालीन सन्दर्भ में जातीय जीवन और समाज के विकास में सहायक स्मृतियों को ही नई रचनाशीलता में लाया जा सकता है, पुरानी, गैर-ऐतिहासिक, मिथकीय अन्धेरी स्मृतियों को नहीं।

अगर हम केवल काव्य-भाषा के सन्दर्भ में भी शब्द और स्मृति या समकालीन कविता की भाषा और जातीय स्मृतियों के सम्बन्ध पर विचार करें तो यह मालूम होगा कि केवल पुराने बिम्बों, प्रतीकों, मिथकों, पात्रों, घटनाओं आदि के रूप में जातीय स्मृति की भरमार से किसी रचना की भाषा जीवन्त, संवेदनशील, सर्जनात्मक और समकालीन नहीं होती, उसमें समकालीन यथार्थ की व्यंजना की अधिक क्षमता

भी नहीं आ जाती। रचना की भाषा की समकालीनता, समकालीन यथार्थ से जुड़ी हुई भाषा से उसके सम्बन्ध के कारण विकसित होती है। केवल स्मृति-निर्भर भाषा समकालीन यथार्थ की व्यंजना में सक्षम नहीं होती। समकालीन जीवन और समाज के व्यवहार की भाषा में जातीय स्मृतियाँ मौजूद होती हैं, लेकिन वे समकालीन जीवन के कर्म और चिन्तन से प्रभावित और परिवर्तित रूप में मौजूद होती हैं। समकालीन रचना की भाषा में जातीय स्मृतियों की सर्जनात्मक उपस्थिति के लिए केवल अतीत की ओर देखने के बदले वर्तमान जीवन और उसकी भाषा की ओर देखना ज़्यादा ज़रूरी है। समकालीन यथार्थ की अभिव्यक्ति के लिए समकालीन यथार्थ की पूरी समझ और उसकी पुनर्रचना तथा व्यंजना में सक्षम भाषा का विकास आवश्यक है।

रचना में भाषा का प्रयोजन यथार्थ को संवेद्य और सर्जित अर्थ को संप्रेष्य बनाना है। हर काल की संवेदनशीलता मुख्यतः अपने समय के समाज और जीवन के यथार्थ से निर्मित होती है। उस संवेदनशीलता के अनुरूप भाषा का भी विकास होता है। यथार्थ, संवेदना और भाषा की समकालीन समानधर्मिता की समझ से रहित रचना अजायबघर की वस्तु बन जाती है। दुलारे सतसई, उद्धव-शतक और कृष्णायन जैसी तुकबन्दियाँ परम्परा प्रेमी पण्डितों द्वारा पुरस्कृत होने के बावजूद जनता द्वारा तिरस्कृत होती हैं। यही नहीं, असाध्य वीणा, आत्मजयी और कनुप्रिया जैसी कविताएँ जातीय स्मृति की वैशाखी के सहारे शाश्वत होने की कोशिश के बावजूद यथार्थ, संवेदना और भाषा की समकालीनता के अभाव में कुछ ही दिनों में अप्रासंगिक होकर केवल स्मृतिकारों के काम की रह गई हैं।

'पूर्वग्रह मण्डली' के मुख्य प्रवक्ता, काव्य-शासक अशोक वाजपेयी हैं जो नए कवियों को नया काव्यानुशासन सिखा रहे हैं। उनके नए काव्यानुशासन की एक विशेषता यह है कि उनको 'किसी दिशा-विशेष में ले जानेवाली' कविता से चिढ़ होती है; क्योंकि ऐसी कविता उनको अपने 'स्वतन्त्र निर्णय' और निजी 'कर्म की सम्भावना' के लिए ख़तरनाक लगती है। इस नए काव्यानुशासन के कुछ मुख्य सूत्र ये हैं :

1. कविता कवि की सम्पूर्ण नागरिकता है।
2. अब केन्द्र में कवि नहीं, कविता है।
3. कविता की स्वतन्त्र सत्ता है। वह किसी अन्य मानव-व्यवहार या विचार का पिछलग्गू नहीं है।
4. आज कविता विचारधारा के प्रभावों से मुक्त है।
5. कविता अन्ततः एक बनाई हुई वस्तु है।

अशोक वाजपेयी के नए काव्यानुशासन के इस पाँच-सूत्री कार्यक्रम को देखकर अगर किसी को नए-पुराने और देशी-विदेशी रूपवादियों की कविता सम्बन्धी धारणाओं का स्मरण हो आए तो उसे यह मान लेना चाहिए कि शायद इसी प्रकार आलोचना

में 'स्मृति का पुनर्वास' होता है।

बहुत पहले जार्ज आर्वेल ने लेखक के नागरिक और लेखक व्यक्तित्व में अन्तर स्थापित किया था। उसको अज्ञेय ने बहुत दिनों तक दुहराया। लेखक के नागरिक और लेखक व्यक्तित्व का भेद भ्रान्तिपूर्ण है, लेकिन इसके बावजूद इसमें लेखक के नागरिक दायित्व की स्वीकृति है। अशोक वाजपेयी की अद्वैतवादी आलोचना-दृष्टि के अनुसार कवि की सम्पूर्ण नागरिकता कविता लिखने तक सीमित है। कवियों को सामाजिक दायित्व के बोध (बोझ भी) से मुक्त करके अशोक वाजपेयी अज्ञेय से चार कदम आगे निकल रहे हैं। यह एक काव्यशासक का कवियों की नागरिकता के बारे में निर्णय है। साहित्यकारों की नागरिकता के बारे में अशोक वाजपेयी की यह चिन्ता नई नहीं है। 'पूर्वग्रह'-1 में उन्होंने आलोचना को 'एकान्त नागरिकता' कहा था। अशोक वाजपेयी ने टी. एस. एलियट और नई समीक्षा की कविता सम्बन्धी रूपवादी धारणाओं और शब्दावली को दुहराते हुए नए काव्यानुशासन के नाम पर नए ढंग से वही काम किया है जो पिछले 25 वर्षों से अज्ञेय करते आ रहे हैं। पता नहीं पूर्वग्रह के जिस कविता विशेषांक के सम्पादकीय में नए काव्यानुशासन का यह पाँच-सूत्री कार्यक्रम है, उसमें छपे कवि इसको स्वीकार करते हैं या नहीं। जो भी हो, समकालीन कविता को जनजीवन के यथार्थ से और जनता के मुक्ति-संघर्ष को दिशा देनेवाली विचारधारा से अलग करने का प्रयास पूर्वग्रह के मंच से हो रहा है।

सार्त्र ने लिखा है कि एक युग का साहित्य अपने युग को समग्रता में आत्मसात करने के अतिरिक्त और क्या है ? इस प्रक्रिया में ही साहित्य अपने युग के यथार्थ को उद्घाटित, निरूपित और प्रस्तुत करता है। जनता ऐसे साहित्य में अपनी वास्तविक स्थिति पहचान कर अपने मुक्ति-संघर्ष की ओर आगे बढ़ती है। कर्म से शब्द के जुड़ने का यह भी एक तरीका है। लेखक अगर व्यापक मानवीय सरोकार से सम्बद्ध है, अगर वह केवल लीलाभाव या क्रीड़ाभाव से शब्दों से खिलवाड़ करने को साहित्य-रचना नहीं समझता, अगर वह बेहतर मानव-भविष्य के संकल्प से जुड़ा है, तो वह निश्चय ही अपने कर्म को—रचना कर्म को—और उसके माध्यम शब्द को जनता के क्रान्तिकारी कर्म से जोड़ना चाहेगा। इसी प्रक्रिया में वह साहित्य को सामाजिक बदलाव के क्रान्तिकारी कर्म का सहायक बना सकता है, शब्द को कर्म में बदल सकता है।

शब्द और कर्म की एकता का प्रमाण जनता के जीवन में दिखाई देता है। भक्तिकाल के मानवतावादी कवियों की कविता का भारतीय जनता के कर्मशील जीवन में क्या स्थान है, यह जनता के जीवन को जानने की आकांक्षा और तत्परता रखनेवाला कोई भी व्यक्ति देख सकता है। हाँ, जो जनता को विवेकहीन भीड़ समझते हैं, वे जनता के कर्मशील जीवन में साहित्य की सार्थकता को नहीं देख पाते और नहीं देख सकते। इसका यह अर्थ नहीं है कि हर प्रकार का साहित्य जनता के कर्मशील

जीवन का अंग बन सकता है। जो साहित्य जनता क कर्मशील जीवन में उपयोगी होता है, जनता उसी साहित्य को अपनाती है। यही कारण है कि भक्तिकाल के कवि जनता के अपने कवि हैं, लेकिन रीतिकाल की कविता केवल पण्डितों के विनोद और मनोरंजन के काम आती है, उसका जनता के जीवन में कोई स्थान नहीं है।

शब्द और कर्म का विशेष सम्बन्ध प्रायः राष्ट्रीय संकट, राष्ट्रीय आन्दोलन, जातीय जागरण और राष्ट्रीय मुवित-संघर्षों के काल में प्रकट होता है। भारतीय स्वाधीनता आन्दोलन के दौरान शब्द और कर्म का सहयोग देखा जा सकता है। क्रान्तिकारी भावनाओं की अभिव्यक्ति करनेवाली कविताओं को गाते हुए शहीद होनेवाले क्रान्तिकारी शब्द और कर्म की एकता सिद्ध करते हैं। दुनिया भर के जन-आन्दोलन और क्रान्तिकारी संघर्षों के दौरान जनता के भावों एवं विचारों की अभिव्यक्ति करनेवाले साहित्य और क्रान्तिकारी कर्म की एकता एक ऐसी ऐतिहासिक सचाई है जिसे कोई 'पूर्वग्रही' ही अस्वीकार कर सकता है। तीसरी दुनिया के अधिकांश देशों में सक्रिय राष्ट्रीय जनतान्त्रिक मुक्ति-आन्दोलनों में जनता के पक्षधर साहित्यकारों की सक्रिय साझेदारी में शब्द और कर्म की एकता दिखाई देती है।

क्रान्तिकारी रचनाकारों की रचनाओं से शब्द और कर्म की एकता प्रकट होती है और क्रान्तिक...रियों की रचनाशीलता से भी, लेकिन शब्द और कर्म या साहित्य और क्रान्ति की एकता का अकाट्य प्रमाण महान् क्रान्तिकारी लेनिन का यह अनुभवसिद्ध कथन है कि "शब्द कर्म भी हैं।"

●●●